司法解释适用指引丛书

— 21 —

知识产权
司法解释适用指引

司法实务版

人民法院出版社 编

人民法院出版社

图书在版编目（CIP）数据

知识产权司法解释适用指引 / 人民法院出版社编. 北京 : 人民法院出版社, 2025. 6. -- ISBN 978-7-5109-4376-8

Ⅰ. D923.405

中国国家版本馆CIP数据核字第2024T4L521号

知识产权司法解释适用指引

人民法院出版社　编

策划编辑　姜　峤
责任编辑　尹立霞
执行编辑　叶　白
出版发行　人民法院出版社
地　　址　北京市东城区东交民巷 27 号（100745）
电　　话　（010）67550635（责任编辑）　67550558（发行部查询）
65223677（读者服务部）
客服 QQ　2092078039
网　　址　http：//www.courtbook.com.cn
E－mail　courtpress@sohu.com
印　　刷　三河市国英印务有限公司
经　　销　新华书店

开　　本　787 毫米 ×1092 毫米　1/16
字　　数　470 千字
印　　张　30
版　　次　2025 年 6 月第 1 版　2025 年 6 月第 1 次印刷
书　　号　ISBN 978-7-5109-4376-8
定　　价　96.00 元

编写说明

为准确理解和适用司法解释，助力人民法院统一法律适用，更好地满足法律工作者办案与查询的需求，我们编写了本套丛书。本丛书每本以某一类别或某一司法解释为主题，汇集与该司法解释相关的最高人民法院司法政策精要、司法解释、司法观点、人民法院案例库案例、法答网精选答问以及相关的法律、法规、规章、司法文件等内容，兼具检索与研习功能，能够让广大法律实务工作者全面、快捷、方便地查找到该类案件办理所需的全部材料。

本丛书立足审判，涵盖婚姻家庭、劳动争议、公司企业、诉讼证据、民事诉讼、刑事诉讼、贪污贿赂渎职案件等27个法律专业领域，品类丰富齐全，为立案、调解、仲裁、诉讼、执行等工作提供权威指导，可以更好地服务司法审判、公众学法、学者科研、律师办案。本书为其中的《知识产权司法解释适用指引》。

本丛书各栏目具体编写情况如下：

【司法政策精要】该栏目摘编自最高人民法院公布的各种审判指导意见、会议纪要，最高人民法院院长对审判工作有重要指导意义的讲话，最高人民法院分管副院长在全国性审判工作会议上的讲话等。文中序号为原文序号，未作删改。

【司法解释】该栏目收录最新公布的司法解释，并在司法解释后附“导读及适用要点”，摘编自最高人民法院专家法官对该司法解释的权威解读，为该司法解释的准确适用提供参考、借鉴。

【司法观点】该栏目针对当前审判实务中难点、疑点、热点以及前沿问题，全面系统地总结和梳理了最高人民法院类案审判实践中的裁判理念和法律适用问题，帮助读者全面快速了解最高人民法院对审判实践中重点、难点问题的立场、观点，准确把握审判实践的具体方法、办案依据和裁判尺度。

【人民法院案例库案例】该栏目收录了人民法院案例库中的相关指导性案例及参考案例，精选裁判要点及裁判要旨，为司法实务提供了权威、规范、全面的案例指引。本书收录的人民法院案例库案例截至2025年6月。

【法答网精选答问】最高人民法院发布的精选答问具有释法说理、普法宣传等多方面的功能效用，一个精选问答可以解决一类法律问题，指导一批争议案例，是“附理由书的批复”。

【相关规定】该栏目精选现行有效相关法律、法规、司法解释、规章等内容，版本权威、内容实用，方便读者对照查询。

值得一提的是，本丛书为首次将最高人民法院裁判观点、人民法院案例库案例、法答网精选答问进行融合出版的图书。2023年，最高人民法院推动建立面向全社会的人民法院案例库、贯通四级法院的法答网。“一网一库”上线运行以来，充分发挥审判监督指导作用，促进统一裁判标准，有效提升广大法官的审判能力，助力司法审判提质增效，取得积极成效。本丛书进一步深化库网融合，促进统一法律适用的功能效用，为法律实务工作者提供覆盖全面、与时俱进的“活教材”。

本丛书内容简洁明了，查询方便快捷，在编排上力求全面、新颖、务实，但疏漏之处在所难免，欢迎广大读者提出批评和改进意见，以便为读者提供更好的法律服务。

人民法院出版社

二〇二五年六月

目　录

第一部分　司法解释

第二部分　司法观点

一、著作权

二、商标权

第三部分　最高人民法院指导性案例

三、专利权

四、不正当竞争

五、植物新品种

第四部分　人民法院案例库参考案例

一、著作权

二、商标权

第五部分　法答网精选答问

第六部分　相关规定

第一部分　司法解释

一、综　合

最高人民法院　最高人民检察院
关于办理侵犯知识产权刑事案件适用法律若干问题的解释

法释〔2025〕5号

（2025年4月7日最高人民法院审判委员会第1947次会议、2025年4月11日最高人民检察院第十四届检察委员会第五十一次会议通过　2025年4月23日最高人民法院、最高人民检察院公告公布　自2025年4月26日起施行）

为依法惩治侵犯知识产权犯罪，维护社会主义市场经济秩序，根据《中华人民共和国刑法》《中华人民共和国刑事诉讼法》等法律的有关规定，结合司法实践，现就办理侵犯知识产权刑事案件适用法律的若干问题解释如下：

第一条　未经注册商标所有人许可，在同一种商品、服务上使用与其注册商标相同的商标，具有下列情形之一的，应当认定为刑法第二百一十三条规定的“同一种商品、服务”：

（一）行为人实际生产销售的商品名称、实际提供的服务名称与权利人注册商标核定使用的商品、服务名称相同的；

（二）商品名称不同，但在功能、用途、主要原料、消费对象、销售渠道等方面相同或者基本相同，相关公众一般认为是同种商品的；

（三）服务名称不同，但在服务的目的、内容、方式、对象、场所等方面相同或者基本相同，相关公众一般认为是同种服务的。

认定“同一种商品、服务”，应当在权利人注册商标核定使用的商品、服务和行为人实际生产销售的商品、实际提供的服务之间进行比较。

第二条 与被假冒的注册商标完全相同，或者与被假冒的注册商标基本无差别、足以对相关公众产生误导的商标，应当认定为刑法第二百一十三条规定的“与其注册商标相同的商标”。具有下列情形之一的，应当认定为与被假冒的注册商标基本无差别、足以对相关公众产生误导的商标：

（一）改变注册商标的字体、字母大小写或者文字横竖排列，与注册商标基本无差别的；

（二）改变注册商标的文字、字母、数字等之间的间距，与注册商标基本无差别的；

（三）改变注册商标颜色，不影响体现注册商标显著特征的；

（四）在注册商标上仅增加商品通用名称、型号等缺乏显著特征要素，不影响体现注册商标显著特征的；

（五）与立体注册商标的三维标志及平面要素基本无差别的；

（六）其他与注册商标基本无差别、足以对相关公众产生误导的。

第三条 未经注册商标所有人许可，在同一种商品上使用与其注册商标相同的商标，具有下列情形之一的，应当认定为刑法第二百一十三条规定的“情节严重”：

（一）违法所得数额在三万元以上或者非法经营数额在五万元以上的；

（二）假冒两种以上注册商标，违法所得数额在二万元以上或者非法经营数额在三万元以上的；

（三）二年内因实施刑法第二百一十三条至第二百一十五条规定的行为受过刑事处罚或者行政处罚后再次实施，违法所得数额在二万元以上或者非法经营数额在三万元以上的；

（四）其他情节严重的情形。

未经注册商标所有人许可，在同一种服务上使用与其注册商标相同的商标，具有下列情形之一的，应当认定为刑法第二百一十三条规定的“情节严重”：

（一）违法所得数额在五万元以上的；

（二）假冒两种以上注册商标，违法所得数额在三万元以上的；

（三）二年内因实施刑法第二百一十三条至第二百一十五条规定的行为受过刑事处罚或者行政处罚后再次实施，违法所得数额在三万元以上的；

（四）其他情节严重的情形。

既假冒商品注册商标，又假冒服务注册商标，假冒商品注册商标的违法所得数额不足本条第一款规定标准，但与假冒服务注册商标的违法所得数额合计达到本条第二款规定标准的，应当认定为刑法第二百一十三条规定的“情节严重”。

违法所得数额、非法经营数额达到本条前三款相应规定标准十倍以上的，应当认定为刑法第二百一十三条规定的“情节特别严重”。

第四条 销售假冒注册商标的商品，具有下列情形之一的，可以认定为刑法第二百一十四条规定的“明知”，但有证据证明确实不知道的除外：

（一）知道自己销售的商品上的注册商标被涂改、调换或者覆盖的；

（二）伪造、涂改商标注册人授权文件或者知道该文件被伪造、涂改的；

（三）因销售假冒注册商标的商品受过刑事处罚或者行政处罚，又销售同一种假冒注册商标的商品的；

（四）无正当理由以明显低于市场价格进货或者销售的；

（五）被行政执法机关、司法机关发现销售假冒注册商标的商品后，转移、销毁侵权商品、会计凭证等证据或者提供虚假证明的；

（六）其他可以认定为明知是假冒注册商标的商品的情形。

第五条 销售明知是假冒注册商标的商品，违法所得数额在三万元以上的，应当认定为刑法第二百一十四条规定的“违法所得数额较大”；具有下列情形之一的，应当认定为刑法第二百一十四条规定的“其他严重情节”：

（一）销售金额在五万元以上的；

（二）二年内因实施刑法第二百一十三条至第二百一十五条规定的行为受过刑事处罚或者行政处罚后再次实施，违法所得数额在二万元以上或者销售金额在三万元以上的；

（三）假冒注册商标的商品尚未销售，货值金额达到本款前两项规定的销售金额标准三倍以上，或者已销售商品的销售金额不足本款前两项标准，但与尚未销售商品的货值金额合计达到本款前两项规定的销售金额标准三倍以上的。

违法所得数额、销售金额、货值金额或者销售金额与货值金额合计达到本条前款相应规定标准十倍以上的，应当认定为刑法第二百一十四条规定的“违法所得数额巨大或者有其他特别严重情节”。

第六条 伪造、擅自制造他人注册商标标识或者销售伪造、擅自制造的注册商标标识，具有下列情形之一的，应当认定为刑法第二百一十五条规定的“情节严重”：

（一）标识数量在一万件以上，或者违法所得数额在二万元以上，或者非法经营数额在三万元以上的；

（二）伪造、擅自制造或者销售伪造、擅自制造两种以上注册商标标识，标识数量在五千件以上，或者违法所得数额在一万元以上，或者非法经营数额在二万元以上的；

（三）二年内因实施刑法第二百一十三条至第二百一十五条规定的行为受过刑事处罚或者行政处罚后再次实施，标识数量在五千件以上，或者违法所得数额在一万元以上，或者非法经营数额在二万元以上的；

（四）销售他人非法制造的注册商标标识，尚未销售的标识数量达到本款前三项规定标准三倍以上，或者已销售的标识数量不足本款前三项标准，但与尚未销售的标识数量合计达到本款前三项规定标准三倍以上的；

（五）其他情节严重的情形。

标识数量、违法所得数额、非法经营数额达到本条前款相应规定标准五倍以上的，应当认定为刑法第二百一十五条规定的“情节特别严重”。

第七条 本解释所称“两种以上注册商标”，是指识别商品、服务不同来源的两种以上注册商标。虽然注册商标不同，但在同一种商品、服务上使用，均指向同一商品、服务来源的，不应当认定为“两种以上注册商标”。

本解释所称注册商标标识“件”，一般是指标有完整商标图样的一份标识。对于在一件有形载体上印制数个标识图样，该标识图样不能脱离有形载体单独使用的，应当认定为一件标识。

第八条 实施刑法第二百一十三条规定的假冒注册商标犯罪，又销售该假冒注册商标的商品，构成犯罪的，应当依照刑法第二百一十三条的规定，以假冒注册商标罪定罪处罚。

实施刑法第二百一十三条规定的假冒注册商标犯罪，又销售明知是他人的假冒注册商标的商品，构成犯罪的，应当实行数罪并罚。

第九条 具有下列情形之一的，应当认定为刑法第二百一十六条规定的“假冒他人专利”：

（一）伪造或者变造他人的专利证书、专利文件或者专利申请文件的；

（二）未经许可，在其制造或者销售的产品、产品包装上标注他人专利号的；

（三）未经许可，在合同、产品说明书或者广告等宣传材料中使用他人的专利号，使人误认为是他人发明、实用新型或者外观设计的。

第十条 假冒他人专利，具有下列情形之一的，应当认定为刑法第二百一十六条规定的“情节严重”：

（一）违法所得数额在十万元以上或者非法经营数额在二十万元以上的；

（二）给专利权人造成直接经济损失三十万元以上的；

（三）假冒两项以上他人专利，违法所得数额在五万元以上或者非法经营数额在十万元以上的；

（四）二年内因实施假冒他人专利的行为受过刑事处罚或者行政处罚后再次实施，违法所得数额在五万元以上或者非法经营数额在十万元以上的；

（五）其他情节严重的情形。

第十一条 实施侵犯著作权或者与著作权有关的权利的行为，没有取得著作权人、录音录像制作者、表演者授权，或者伪造、涂改授权许可文件，或者超出授权许可范围，应当认定为刑法第二百一十七条规定的“未经著作权人许可”、“未经录音录像制作者许可”、“未经表演者许可”。

在刑法第二百一十七条规定的作品、录音录像制品上以通常方式署名的自然人、法人或者非法人组织，应当推定为著作权人或者录音录像制作者，且该作品、录音录像制品上存在着相应权利，但有相反证据的除外。

在涉案作品、录音录像制品种类众多且权利人分散的案件中，有证据证明涉案作品、录音录像制品系非法出版、复制发行、通过信息网络向公众传播，且出版者、复制发行者、信息网络传播者不能提供获得著作权人、录音录像制作者、表演者许可的相关证据材料的，可以认定为刑法第二百一十七条规定的“未经著作权人许可”、“未经录音录像制作者许可”、“未经表演者许可”。但是，有证据证明权利人放弃权利、涉案作品的著作权或者录音录像制品、表演者的有关权利不受我国著作权法保护、权利保护期限已经届满等情形除外。

第十二条 未经著作权人或者与著作权有关的权利人许可，既复制又发行或者为发行而复制作品、录音录像制品的行为，应当认定为刑法第二百一十七条规定的“复制发行”。

未经著作权人或者与著作权有关的权利人许可，以有线或者无线的方式向公众提供，使公众可以在其选定的时间和地点获得作品、录音录像制品、表演的，应当认定为刑法第二百一十七条规定的“通过信息网络向公众传播”。

第十三条 实施刑法第二百一十七条规定的侵犯著作权或者与著作权有关的权利的行为，违法所得数额在三万元以上的，应当认定为刑法第二百一十七条规定的“违法所得数额较大”；具有下列情形之一的，应当认定为刑法第二百一十七条规定的“其他严重情节”：

（一）非法经营数额在五万元以上的；

（二）二年内因实施刑法第二百一十七条、第二百一十八条规定的行为受过刑事处罚或者行政处罚后再次实施，违法所得数额在二万元以上或者非法经营数额在三万元以上的；

（三）复制发行他人作品或者录音录像制品，复制件数量合计在五百份（张）以上的；

（四）通过信息网络向公众传播他人作品、录音录像制品或者表演，数量合计在五百件（部）以上的，或者下载数量达到一万次以上的，或者被点击数量达到十万次以上的，或者以会员制方式传播，注册会员数量达到一千人以上的；

（五）数额或者数量虽未达到本款第一项至第四项规定标准，但分别达到其中两项以上标准一半以上的。

明知他人实施侵犯著作权犯罪，而向他人提供主要用于避开、破坏技术措施的装置或者部件，或者为他人避开、破坏技术措施提供技术服务，违法所得数额、非法经营数额达到前款规定标准的，应当以侵犯著作权罪追究刑事责任。

数额、数量达到本条前两款相应规定标准十倍以上的，应当认定为刑法第二百一十七条规定的“违法所得数额巨大或者有其他特别严重情节”。

第十四条　销售明知是刑法第二百一十七条规定的侵权复制品，违法所得数额在五万元以上的，应当认定为刑法第二百一十八条规定的“违法所得数额巨大”；具有下列情形之一的，应当认定为刑法第二百一十八条规定的“其他严重情节”：

（一）销售金额在十万元以上的；

（二）二年内因实施刑法第二百一十七条、第二百一十八条规定的行为受过刑事处罚或者行政处罚后再次实施，违法所得数额在三万元以上或者销售金额在五万元以上的；

（三）销售他人作品或者录音录像制品，复制件数量合计在一千份（张）以上的；

（四）侵权复制品尚未销售，货值金额或者侵权复制品数量达到本款前三项规定标准三倍以上，或者已销售侵权复制品的销售金额、数量不足本款前三项标准，但与尚未销售的侵权复制品的货值金额、数量合计达到本款前三项规定标准三倍以上的。

第十五条　实施刑法第二百一十七条规定的侵犯著作权犯罪，又销售该侵权复制品，构成犯罪的，应当依照刑法第二百一十七条的规定，以侵犯著作权罪定罪处罚。

实施刑法第二百一十七条规定的侵犯著作权犯罪，又销售明知是他人的侵权复制品，构成犯罪的，应当实行数罪并罚。

第十六条　采取非法复制等方式获取商业秘密的，应当认定为刑法第二百一十九条第一款第一项规定的“盗窃”；未经授权或者超越授权使用计算机信息系统等方式获取商业秘密的，应当认定为刑法第二百一十九条第一款第一项规定的“电子侵入”。

第十七条　侵犯商业秘密，具有下列情形之一的，应当认定为刑法第二百一十九条规定的“情节严重”：

（一）给商业秘密的权利人造成损失数额在三十万元以上的；

（二）因侵犯商业秘密违法所得数额在三十万元以上的；

（三）二年内因实施刑法第二百一十九条、第二百一十九条之一规定的行为受过刑事处罚或者行政处罚后再次实施，造成损失数额或者违法所得数额在十万元以上的；

（四）其他情节严重的情形。

侵犯商业秘密，直接导致商业秘密的权利人因重大经营困难而破产、倒闭的，或者数额达到本条前款相应规定标准十倍以上的，应当认定为刑法第二百一十九条规定的“情节特别严重”。

第十八条 本解释规定的侵犯商业秘密“损失数额”，按照下列方式予以认定：

（一）以不正当手段获取权利人的商业秘密，尚未披露、使用或者允许他人使用的，损失数额可以根据该项商业秘密的合理许可使用费确定；

（二）以不正当手段获取权利人的商业秘密后，披露、使用或者允许他人使用的，损失数额可以根据权利人因被侵权造成利润的损失确定，但该损失数额低于商业秘密合理许可使用费的，根据合理许可使用费确定；

（三）违反保密义务或者权利人有关保守商业秘密的要求，披露、使用或者允许他人使用其所掌握的商业秘密的，损失数额可以根据权利人因被侵权造成利润的损失确定；

（四）明知商业秘密是不正当手段获取或者是违反保密义务、权利人有关保守商业秘密的要求披露、使用、允许使用，仍获取、披露、使用或者允许他人使用的，损失数额可以根据权利人因被侵权造成利润的损失确定；

（五）因侵犯商业秘密行为导致商业秘密已为公众所知悉或者灭失的，损失数额可以根据该项商业秘密的商业价值确定。商业秘密的商业价值，可以根据该项商业秘密的研究开发成本、实施该项商业秘密的收益等因素综合确定。

前款第二项至第四项规定的权利人因被侵权造成利润的损失，可以根据权利人因被侵权造成产品销售量减少的总数乘以权利人每件产品的合理利润确定；产品销售量减少的总数无法确定的，可以根据侵权产品销售量乘以权利人每件产品的合理利润确定。商业秘密系用于服务等其他经营活动的，损失数额可以根据权利人因被侵权而减少的合理利润确定。

商业秘密的权利人为减轻对商业运营、商业计划的损失或者重新恢复计算机信息系统安全、其他系统安全而支出的补救费用，应当计入给商业秘密的权利人造成的损失。

第十九条 本解释规定的侵犯商业秘密“违法所得数额”，是指因披露、允许他人使用商业秘密而获得的财物或者其他财产性利益的价值，或者因使用商业秘密所获得的利润。该利润可以根据侵权产品销售量乘以每件侵权产品的合理利润确定。

第二十条 为境外机构、组织、人员窃取、刺探、收买、非法提供商业秘密，具有本解释第十七条规定情形的，应当认定为刑法第二百一十九条之一规定的“情节严重”。

第二十一条 在刑事诉讼程序中，当事人、辩护人、诉讼代理人或者案外人书面申请对有关商业秘密或者其他需要保密的商业信息的证据、材料采取保密措施的，应当根据案件情况采取组织诉讼参与人签署保密承诺书等必要的保密措施。

违反前款有关保密措施的要求或者法律法规规定的保密义务的，依法承担相应责任。擅自披露、使用或者允许他人使用在刑事诉讼程序中接触、获取的商业秘密，构成犯罪的，依法追究刑事责任。

第二十二条 明知他人实施侵犯知识产权犯罪，具有下列行为之一的，以共同犯罪论处，但法律和司法解释另有规定的除外：

（一）提供生产、制造侵权产品的主要原材料、辅助材料、半成品、包装材料、机械设备、标签标识、生产技术、配方等帮助的；

（二）提供贷款、资金、账号、许可证件、支付结算等服务的；

（三）提供生产、经营场所或者运输、仓储、保管、快递、邮寄等服务的；

（四）提供互联网接入、服务器托管、网络存储、通讯传输等技术支持的；

（五）其他帮助侵犯知识产权犯罪的情形。

第二十三条 实施侵犯知识产权犯罪，具有下列情形之一的，一般酌情从重处罚：

（一）主要以侵犯知识产权为业的；

（二）在重大自然灾害、事故灾难、公共卫生事件期间，假冒抢险救灾、防疫物资等商品或者服务注册商标的；

（三）拒不交出违法所得的。

第二十四条 实施侵犯知识产权犯罪，具有下列情形之一的，可以依法从轻处罚：

（一）认罪认罚的；

（二）取得权利人谅解的；

（三）以不正当手段获取权利人的商业秘密后尚未披露、使用或者允许他人使用的。

犯罪情节轻微的，可以依法不起诉或者免予刑事处罚。情节显著轻微危害不大的，不以犯罪论处。

第二十五条 实施侵犯知识产权犯罪的，应当综合考虑犯罪违法所得数额、非法经营数额、给权利人造成的损失数额、侵权假冒物品数量及社会危害性等情节，依法判处罚金。

罚金数额一般在违法所得数额的一倍以上十倍以下确定。违法所得数额无法查清的，罚金数额一般按照非法经营数额的百分之五十以上一倍以下确定。违法所得数额和非法经营数额均无法查清，判处三年以下有期徒刑、拘役或者单处罚金的，一般在三万元以上一百万元以下确定罚金数额；判处三年以上有期徒刑的，一般在十五万元以上五百万元以下确定罚金数额。

第二十六条 单位实施刑法第二百一十三条至第二百一十九条之一行为的，对单位判处罚金，并对其直接负责的主管人员和其他直接责任人员，依照本解释规定的定罪量刑标准处罚。

第二十七条 除特殊情况外，假冒注册商标的商品、非法制造的注册商标标识、侵犯著作权的复制品、主要用于制造假冒注册商标的商品、注册商标标识或者侵权复制品的材料和工具，应当依法予以没收和销毁。

上述物品需要作为民事、行政案件的证据使用的，经权利人申请，可以在民事、行政案件终结后或者采取取样、拍照等方式对证据固定后予以销毁。

第二十八条 本解释所称"非法经营数额"，是指行为人在实施侵犯知识产权行为过程中，制造、储存、运输、销售侵权产品的价值。已销售侵权产品的价值，按照实际销售的价格计算。尚未销售侵权产品的价值，按照已经查清的侵权产品实际销售平均价格计算。实际销售平均价格无法查清的，按照侵权产品的标价计算。无法查清实际销售价格或者侵权产品没有标价的，按照被侵权产品的市场中间价格计算。

本解释所称“货值金额”，依照前款规定的尚未销售的侵犯知识产权的产品价值认定。

本解释所称“销售金额”，是指行为人在实施侵犯知识产权行为过程中，出售侵权产品后所得和应得的全部违法收入。

本解释所称“违法所得数额”，是指行为人出售侵犯知识产权的产品后所得和应得的全部违法收入扣除原材料、所售产品的购进价款；提供服务的，扣除该项服务中所使用产品的购进价款。通过收取服务费、会员费或者广告费等方式营利的，收取的费用应当认定为“违法所得”。

第二十九条　多次实施侵犯知识产权行为，未经处理且依法应当追诉的，定罪量刑所涉数额、数量等分别累计计算。

对于已经制作完成但尚未附着或者尚未全部附着假冒注册商标标识的产品，有证据证明该产品将假冒他人注册商标的，其价值计入非法经营数额。

第三十条　人民法院依法受理侵犯知识产权刑事自诉案件，对于当事人因客观原因不能取得的证据，在提起自诉时能够提供有关线索，申请人民法院调取的，人民法院应当依法调取。

第三十一条　本解释自2025年4月26日起施行。

本解释施行后，《最高人民法院、最高人民检察院关于办理侵犯知识产权刑事案件具体应用法律若干问题的解释》（法释〔2004〕19号）、《最高人民法院、最高人民检察院关于办理侵犯知识产权刑事案件具体应用法律若干问题的解释（二）》（法释〔2007〕6号）、《最高人民法院、最高人民检察院关于办理侵犯知识产权刑事案件具体应用法律若干问题的解释（三）》（法释〔2020〕10号）及《最高人民法院、最高人民检察院关于办理侵犯著作权刑事案件中涉及录音录像制品有关问题的批复》（法释〔2005〕12号）同时废止。

本解释施行后，之前发布的司法解释和规范性文件与本解释不一致的，以本解释为准。

【导读及适用要点】

2025 年 4 月 24 日，最高人民法院、最高人民检察院联合举行新闻发布会，发布《关于办理侵犯知识产权刑事案件适用法律若干问题的解释》（以下简称《知识产权刑事解释》）及知识产权刑事保护典型案例。最高人民法院副院长陶凯元、最高人民法院民三庭（知识产权审判庭）庭长李剑、最高人民检察院知识产权检察厅副厅长刘太宗出席发布会。发布会由最高人民法院新闻局副局长姬忠彪主持。发布会上，最高人民法院、最高人民检察院相关部门负责人回答了记者提问。

问：知识产权严格保护的目的，不止于让受害者权益得以挽回，更要让侵权者付出更重代价，以严格公正司法树立鲜明导向。请问，《知识产权刑事解释》是如何贯彻知识产权严格保护理念的？

答：知识产权刑事保护是知识产权保护体系中最具有威慑力的方式，是严格保护最直接的体现，也是知识产权民事、行政保护有效发挥作用的重要保障。《知识产权刑事解释》贯彻落实党中央关于加强知识产权保护、加大刑事打击力度的决策部署，坚持依法严格保护原则，降低入罪标准、增加入罪情形、规定从重处罚条款、提高罚金适用上限。下面，作具体说明：

一是降低入罪标准。《知识产权刑事解释》主要沿用原有司法解释规定的入罪标准，并根据实际降低了标识犯罪以及假冒专利罪、销售侵权复制品罪的入罪标准，凸显知识产权严格保护理念。

二是增加入罪情形。《刑法修正案（十一）》修改了销售假冒注册商标的商品罪、销售侵权复制品罪、侵犯商业秘密罪的入罪规定。《知识产权刑事解释》结合司法实际，增加入罪情形。例如将“销售金额”“货值金额”“销售复制件数量”等规定为销售侵权复制品罪的入罪情形；为依法严惩多次侵权、长期侵权，针对二年内受过刑事处罚或者行政处罚后再次实施侵权的情形降低入罪数额标准。

三是规定从重处罚条款。《知识产权刑事解释》规定了从重处罚条款，重点打击社会危害性和主观恶意较大的以侵犯知识产权为业、在特殊时期假冒特殊商品、服务注册商标的行为以及没有悔罪表现的拒不交出违法所得等情形，充分发挥刑罚威慑和预防犯罪的功能。

四是提高罚金适用上限。侵犯知识产权犯罪是破坏社会主义市场经济秩序犯罪，罚金刑的准确适用至关重要。《知识产权刑事解释》在沿用原有司法解释相关规定的基础上，将“罚金数额一般在违法所得数额的一倍以上五倍以下确定”修改为“一倍以上十倍以下”，提高罚金刑适用的上限。

需要说明的是，惩治侵犯知识产权犯罪坚持依法严格保护，仍然需要贯彻落实宽严相济刑事政策，坚持罪责刑相一致。

问：发布稿中提到，《知识产权刑事解释》的一个重要特点是坚持法治统一，确保司法标准一致。能否详细介绍一下，《知识产权刑事解释》在哪些方面体现了这个特点？

答：侵犯知识产权犯罪的一个突出特点是刑事、民事、行政问题交织，办案中特别强调对知识产权权利基础的审查。《知识产权刑事解释》制定过程中，严格落实法秩序统一原则，实现刑事法律规范与知识产权部门法规定之间的协调，同时又兼顾刑法保护的特殊性，加强知识产权综合司法保护。

一是在重要概念上与知识产权部门法保持一致。《知识产权刑事解释》第十二条专门规定了侵犯著作权罪中“通过信息网络向公众传播”行为的含义，与《著作权法》第十条规定的“信息网络传播权”保持一致。以往的《知识产权刑事司法解释》中，将“通过信息网络向公众传播”解释为“复制发行”。鉴于《刑法修正案（十一）》增加规定了信息网络传播行为，作为侵犯著作权罪的行为类型之一，与“复制发行”并列，原有司法解释的规定已不合适。因此，《知识产权刑事解释》对“通过信息网络向公众传播”概念做出解释，与“复制发行”明确区分，也与著作权法意义上的广播权相区分。

二是在法律适用上与行政执法规定保持协调。“违法所得数额”是评价侵犯知识产权犯罪行为的社会危害性的重要维度，也是主要的入罪标准。《知识产权刑事解释》明确了“违法所得数额”的概念和计算方式，需要扣除一定成本，与“非法经营数额”相区分。《知识产权刑事解释》参考借鉴了《工商行政管理机关行政处罚案件违法所得认定办法》的内容，实现行政执法与刑事司法的有效衔接。在“非法经营数额”的认定标准上，也与行政主管机关的相关规定保持协调。

三是兼顾知识产权刑事案件的特点和要求。《刑法》具有最后手段性特点，更加注重对行为的实质评价。《知识产权刑事解释》在认定犯罪构成时，较民事侵权、行政违法采取更为严格的标准。例如，《知识产权刑事解释》第七条专门明确了侵犯商标权犯罪中“两种以上注册商标”和注册商标标识“件”的概念和认定方式。对于“两种以上注册商标”的认定，要从商标的识别商品和服务来源的功能出发，重视审查相关商标是否指向同一商品来源，而不能直接以不同商标注册号的商标数量来认定。关于注册商标标识“件”的认定，一般是指标有完整商标图样的一份标识。对于在一件有形载体上印制数个标识图样，该标识图样不能脱离有形载体单独使用的，应当认定为一件标识。

问：商业秘密是重要的知识产权和企业的核心竞争力，有的商业秘密会影响一个企业的生死存亡，需要在法律上给予严格保护。请问，《知识产权刑事解释》对商业秘密的定罪量刑等标准是怎么规定的？

答：商业秘密是经营者知识和智慧的结晶，是企业无形资产的重要组成部分，对企业的生存和发展相当重要，《刑法修正案（十一）》据此对侵犯商业秘密罪作出重大修改，优化入罪标准为“情节严重”，将最高法定刑提高至十年。《知识产权刑事解释》第十七条规定了“情节严重”的入罪标准，即造成损失数额或者违法所得数额“三十万元以上”，二年内因侵犯商业秘密受过刑事处罚或者行政处罚后再次实施的，犯罪数额降低为“十万元以上”。

一是关于损失数额的认定。《知识产权刑事解释》第十八条主要沿用原有相关司法解释，区分不同行为的社会危害程度，规定不同的认定标准。对于以盗窃等不正当手段获取商业秘密的，社会危害性大，可以按照商业秘密的合理许可使用费确定损失，并不要求实际使用商业秘密；对于“违约型”侵犯商业秘密以及“以侵犯商业秘密罪论处”的情形，按照行为人使用商业秘密造成权利人利润的损失计算；对于造成商业秘密丧失非公知性或者灭失的，按照商业秘密的商业价值认定损失数额。

二是关于违法所得数额的认定。《知识产权刑事解释》第十九条规定了侵犯商业秘密行为违法所得数额的认定方式。行为人以不正当手段获取商业秘密后或者违反保密义务，将商业秘密转让给第三人，第三人往往支付钱款等财物。《知识产权刑事解释》据此规定，因披露或者允许他人使用商业秘密而获得的财物或者其他财产性利益的价值，可以直接认定为违法所得。因使用商业秘密所获得的利润亦可以认定为违法所得，该利润根据侵权产品销售量乘以每件侵权产品的合理利润确定。

三是关于量刑升档的认定。《知识产权刑事解释》第十七条根据实际，将原有相关司法解释规定的“直接导致商业秘密的权利人因重大经营困难而破产、倒闭的”入罪情形作为升档量刑标准，严惩严重的犯罪行为。

另外，为境外窃取、刺探、收买、非法提供商业秘密罪是《刑法修正案（十一）》新增罪名，该罪是行为犯，原则上只要行为人实施了相关行为，就构成该罪。为境外窃取、刺探、收买、非法提供商业秘密罪的行为方式与侵犯商业秘密罪的实行行为实质上是一致的。行为人窃取、刺探商业秘密，可能会采取盗窃、欺诈、胁迫、电子侵入等不正当手段；收买商业秘密的，可能会采取贿赂手段；非法提供主要是指知悉、持有商业秘密的人将商业秘密披露给境外机构、组织、人员的行为。需要说明的是，《知识产权刑事解释》第十七条规定的侵犯商业秘密罪入罪情形，是为境外窃取、刺探、收买、非法提供商业秘密罪第二个量刑档次“情节严重”的认定标准，确保两罪在定罪量刑方面的有效衔接。

问：版权是文化产业的有机组成部分，加强版权刑事司法保护是服务文化强国建设的重要方面和当然要求。请问《知识产权刑事解释》关于加强版权保护方面有哪些重点和亮点？

答：版权是文化产业的重要内容。加强版权刑事司法保护，对于激发文化创新活力、规范文化市场秩序、推动文化繁荣发展具有重要意义。《刑法》中关于版权保护，规定了侵犯著作权罪和销售侵权复制品罪两个罪名。《知识产权刑事解释》在原有规定的基础上，按照《刑法》规定，对这两个罪的定罪量刑标准作了修改和完善，增强司法实践中的可操作性，彰显依法严格保护理念，主要体现在以下三个方面。

一是落实刑法保护的明确要求。《刑法修正案（十一）》对侵犯著作权罪的罪状作了大幅度修改，将“侵犯表演者权”“破坏技术措施”等行为纳入刑法规制，扩大了刑事保护的范围，《知识产权刑事解释》相应增加了相关内容。例如，在“未经著作权人许可”的基础上，增加规定了未经录音录像制作者许可”“未经表演者许可”；对于明知他人实施侵犯著作权犯罪，而向他人提供主要用于避开、破坏技术措施的装置或者部件，或者为他人避开、破坏技术措施提供技术服务，违法所得数额、非法经营数额达到司法解释规定标准的，明确规定应当以侵犯著作权罪追究刑事责任。

二是合理划清了此罪与彼罪界限。原来《知识产权刑事司法解释》将"复制发行"规定为"包括复制、发行或者既复制又发行的行为"，"发行"包括总发行、批发、零售、通过信息网络传播以及出租、展销等活动。按此规定，对于购买后销售侵权复制品的行为，都符合《刑法》第二百一十七条规定的"复制发行"，侵犯著作权罪与销售侵权复制品罪的界限并不清晰。这次司法解释作了调整，明确"复制发行"是指既复制又发行或者为发行而复制，而不包括单独发行的行为。

三是完善细化了定罪量刑标准。《知识产权刑事解释》吸收原有司法解释规定内容，在结合司法实践经验的基础上，进一步明确了侵犯著作权罪、销售侵权复制品罪的"其他严重情节"的具体情形。主要修改之处有：对于侵犯著作权罪，新增"下载数量达到一万次以上的"入罪情形，保留"被点击数量"作为入罪标准，并由"五万次"适当提高到"十万次"；对于销售侵权复制品罪，增加规定"销售金额十万元以上的""销售他人作品或者录音录像制品，复制件数量合计在一千份（张）以上的"，属于"其他严重情节"。将"违法所得数额巨大"的入罪标准由"十万元"修改为"五万元"，与其他知识产权罪名之间保持相对平衡。

最高人民法院
关于知识产权民事诉讼证据的若干规定

法释〔2020〕12号

（2020年11月9日最高人民法院审判委员会第1815次会议通过
2020年11月16日最高人民法院公告公布　自2020年11月18日起施行）

为保障和便利当事人依法行使诉讼权利，保证人民法院公正、及时审理知识产权民事案件，根据《中华人民共和国民事诉讼法》等有关法律规定，结合知识产权民事审判实际，制定本规定。

第一条　知识产权民事诉讼当事人应当遵循诚信原则，依照法律及司法解释的规定，积极、全面、正确、诚实地提供证据。

第二条　当事人对自己提出的主张，应当提供证据加以证明。根据案件审理情况，人民法院可以适用民事诉讼法第六十五条第二款[①]的规定，根据当事人的主张及待证事实、当事人的证据持有情况、举证能力等，要求当事人提供有关证据。

第三条　专利方法制造的产品不属于新产品的，侵害专利权纠纷的原告应当举证证明下列事实：

（一）被告制造的产品与使用专利方法制造的产品属于相同产品；

（二）被告制造的产品经由专利方法制造的可能性较大；

（三）原告为证明被告使用了专利方法尽到合理努力。

原告完成前款举证后，人民法院可以要求被告举证证明其产品制造方法不同于专利方法。

第四条　被告依法主张合法来源抗辩的，应当举证证明合法取得被诉侵权产品、复制品的事实，包括合法的购货渠道、合理的价格和直接的供货方等。

被告提供的被诉侵权产品、复制品来源证据与其合理注意义务程度相当的，可以认定其完成前款所称举证，并推定其不知道被诉侵权产品、复制品侵害知识产权。被告的经营规模、专业程度、市场交易习惯等，可以作为确定其合理注意义务的证据。

第五条　提起确认不侵害知识产权之诉的原告应当举证证明下列事实：

（一）被告向原告发出侵权警告或者对原告进行侵权投诉；

（二）原告向被告发出诉权行使催告及催告时间、送达时间；

（三）被告未在合理期限内提起诉讼。

第六条　对于未在法定期限内提起行政诉讼的行政行为所认定的基本事实，或者行政行为认定的基本事实已为生效裁判所确认的部分，当事人在知识产权民事诉讼中无须再证明，但有相反证据足以推翻的除外。

第七条　权利人为发现或者证明知识产权侵权行为，自行或者委托他人

---

① 现为《民事诉讼法》（2023 年修正）第六十八条第二款。

以普通购买者的名义向被诉侵权人购买侵权物品所取得的实物、票据等可以作为起诉被诉侵权人侵权的证据。

被诉侵权人基于他人行为而实施侵害知识产权行为所形成的证据，可以作为权利人起诉其侵权的证据，但被诉侵权人仅基于权利人的取证行为而实施侵害知识产权行为的除外。

第八条 中华人民共和国领域外形成的下列证据，当事人仅以该证据未办理公证、认证等证明手续为由提出异议的，人民法院不予支持：

（一）已为发生法律效力的人民法院裁判所确认的；

（二）已为仲裁机构生效裁决所确认的；

（三）能够从官方或者公开渠道获得的公开出版物、专利文献等；

（四）有其他证据能够证明真实性的。

第九条 中华人民共和国领域外形成的证据，存在下列情形之一的，当事人仅以该证据未办理认证手续为由提出异议的，人民法院不予支持：

（一）提出异议的当事人对证据的真实性明确认可的；

（二）对方当事人提供证人证言对证据的真实性予以确认，且证人明确表示如作伪证愿意接受处罚的。

前款第二项所称证人作伪证，构成民事诉讼法第一百一十一条①规定情形的，人民法院依法处理。

第十条 在一审程序中已经根据民事诉讼法第五十九条②、第二百六十四条③的规定办理授权委托书公证、认证或者其他证明手续的，在后续诉讼程序中，人民法院可以不再要求办理该授权委托书的上述证明手续。

第十一条 人民法院对于当事人或者利害关系人的证据保全申请，应当结合下列因素进行审查：

（一）申请人是否已就其主张提供初步证据；

（二）证据是否可以由申请人自行收集；

（三）证据灭失或者以后难以取得的可能性及其对证明待证事实的影响；

（四）可能采取的保全措施对证据持有人的影响。

① 现为《民事诉讼法》（2023年修正）第一百一十四条。

② 现为《民事诉讼法》（2023年修正）第六十二条。

③ 现为《民事诉讼法》（2023年修正）第二百七十五条。

第十二条　人民法院进行证据保全，应当以有效固定证据为限，尽量减少对保全标的物价值的损害和对证据持有人正常生产经营的影响。

证据保全涉及技术方案的，可以采取制作现场勘验笔录、绘图、拍照、录音、录像、复制设计和生产图纸等保全措施。

第十三条　当事人无正当理由拒不配合或者妨害证据保全，致使无法保全证据的，人民法院可以确定由其承担不利后果。构成民事诉讼法第一百一十一条规定情形的，人民法院依法处理。

第十四条　对于人民法院已经采取保全措施的证据，当事人擅自拆装证据实物、篡改证据材料或者实施其他破坏证据的行为，致使证据不能使用的，人民法院可以确定由其承担不利后果。构成民事诉讼法第一百一十一条规定情形的，人民法院依法处理。

第十五条　人民法院进行证据保全，可以要求当事人或者诉讼代理人到场，必要时可以根据当事人的申请通知有专门知识的人到场，也可以指派技术调查官参与证据保全。

证据为案外人持有的，人民法院可以对其持有的证据采取保全措施。

第十六条　人民法院进行证据保全，应当制作笔录、保全证据清单，记录保全时间、地点、实施人、在场人、保全经过、保全标的物状态，由实施人、在场人签名或者盖章。有关人员拒绝签名或者盖章的，不影响保全的效力，人民法院可以在笔录上记明并拍照、录像。

第十七条　被申请人对证据保全的范围、措施、必要性等提出异议并提供相关证据，人民法院经审查认为异议理由成立的，可以变更、终止、解除证据保全。

第十八条　申请人放弃使用被保全证据，但被保全证据涉及案件基本事实查明或者其他当事人主张使用的，人民法院可以对该证据进行审查认定。

第十九条　人民法院可以对下列待证事实的专门性问题委托鉴定：

（一）被诉侵权技术方案与专利技术方案、现有技术的对应技术特征在手段、功能、效果等方面的异同；

（二）被诉侵权作品与主张权利的作品的异同；

（三）当事人主张的商业秘密与所属领域已为公众所知悉的信息的异同、被诉侵权的信息与商业秘密的异同；

（四）被诉侵权物与授权品种在特征、特性方面的异同，其不同是否因非遗传变异所致；

（五）被诉侵权集成电路布图设计与请求保护的集成电路布图设计的异同；

（六）合同涉及的技术是否存在缺陷；

（七）电子数据的真实性、完整性；

（八）其他需要委托鉴定的专门性问题。

第二十条 经人民法院准许或者双方当事人同意，鉴定人可以将鉴定所涉部分检测事项委托其他检测机构进行检测，鉴定人对根据检测结果出具的鉴定意见承担法律责任。

第二十一条 鉴定业务领域未实行鉴定人和鉴定机构统一登记管理制度的，人民法院可以依照《最高人民法院关于民事诉讼证据的若干规定》第三十二条规定的鉴定人选任程序，确定具有相应技术水平的专业机构、专业人员鉴定。

第二十二条 人民法院应当听取各方当事人意见，并结合当事人提出的证据确定鉴定范围。鉴定过程中，一方当事人申请变更鉴定范围，对方当事人无异议的，人民法院可以准许。

第二十三条 人民法院应当结合下列因素对鉴定意见进行审查：

（一）鉴定人是否具备相应资格；

（二）鉴定人是否具备解决相关专门性问题应有的知识、经验及技能；

（三）鉴定方法和鉴定程序是否规范，技术手段是否可靠；

（四）送检材料是否经过当事人质证且符合鉴定条件；

（五）鉴定意见的依据是否充分；

（六）鉴定人有无应当回避的法定事由；

（七）鉴定人在鉴定过程中有无徇私舞弊或者其他影响公正鉴定的情形。

第二十四条 承担举证责任的当事人书面申请人民法院责令控制证据的对方当事人提交证据，申请理由成立的，人民法院应当作出裁定，责令其提交。

第二十五条 人民法院依法要求当事人提交有关证据，其无正当理由拒不提交、提交虚假证据、毁灭证据或者实施其他致使证据不能使用行为的，人民法院可以推定对方当事人就该证据所涉证明事项的主张成立。

当事人实施前款所列行为，构成民事诉讼法第一百一十一条规定情形的，人民法院依法处理。

第二十六条 证据涉及商业秘密或者其他需要保密的商业信息的，人民法院应当在相关诉讼参与人接触该证据前，要求其签订保密协议、作出保密承诺，或者以裁定等法律文书责令其不得出于本案诉讼之外的任何目的披露、使用、允许他人使用在诉讼程序中接触到的秘密信息。

当事人申请对接触前款所称证据的人员范围作出限制，人民法院经审查认为确有必要的，应当准许。

第二十七条 证人应当出庭作证，接受审判人员及当事人的询问。

双方当事人同意并经人民法院准许，证人不出庭的，人民法院应当组织当事人对该证人证言进行质证。

第二十八条 当事人可以申请有专门知识的人出庭，就专业问题提出意见。经法庭准许，当事人可以对有专门知识的人进行询问。

第二十九条 人民法院指派技术调查官参与庭前会议、开庭审理的，技术调查官可以就案件所涉技术问题询问当事人、诉讼代理人、有专门知识的人、证人、鉴定人、勘验人等。

第三十条 当事人对公证文书提出异议，并提供相反证据足以推翻的，人民法院对该公证文书不予采纳。

当事人对公证文书提出异议的理由成立的，人民法院可以要求公证机构出具说明或者补正，并结合其他相关证据对该公证文书进行审核认定。

第三十一条 当事人提供的财务账簿、会计凭证、销售合同、进出货单据、上市公司年报、招股说明书、网站或者宣传册等有关记载，设备系统存储的交易数据，第三方平台统计的商品流通数据，评估报告，知识产权许可使用合同以及市场监管、税务、金融部门的记录等，可以作为证据，用以证明当事人主张的侵害知识产权赔偿数额。

第三十二条 当事人主张参照知识产权许可使用费的合理倍数确定赔偿数额的，人民法院可以考量下列因素对许可使用费证据进行审核认定：

（一）许可使用费是否实际支付及支付方式，许可使用合同是否实际履行或者备案；

（二）许可使用的权利内容、方式、范围、期限；

（三）被许可人与许可人是否存在利害关系；

（四）行业许可的通常标准。

第三十三条 本规定自2020年11月18日起施行。本院以前发布的相关司法解释与本规定不一致的，以本规定为准。

【导读及适用要点】

一、关于证据提供令

《最高人民法院关于适用〈中华人民共和国民事诉讼法〉的解释》（以下简称《民事诉讼法解释》）第一百一十二条就书证提出令作出规定，但是，知识产权民事诉讼中，除了书证，还有大量侵权实物、生产现场等证据为侵权人所掌握，书证提出令难以解决此种情形下知识产权权利人“举证难”的问题。基于此，《最高人民法院关于知识产权民事诉讼证据的若干规定》（以下简称《知产证据规定》）第二十四条将“书证提出令”扩大到“证据提供令”，规定主张权利的当事人因客观原因对其权利主张难以举证的，可以书面申请人民法院责令控制证据的对方当事人提交证据，申请理由成立的，人民法院应当作出裁定责令对方当事人提交。

证据提供令制度是破解知识产权权利人“举证难”的有力举措，能够促进案件事实查明和实现裁判结果客观公正。需要注意的是，证据提供令不同于《知产证据规定》第二条所规定的人民法院依职权要求有关当事人承担举证义务，其适用依当事人申请，对申请人和被申请人也有明确的主体资格要求：申请人为承担举证责任的当事人，被申请人为控制证据的对方当事人。申请证据提供令的当事人应当在其书面申请书中明确其要求对方提供的证据、申请理由、待证事实等。证据提供令是对当事人课以的举证义务，在形式上应当正式严谨，以书面裁定为宜，当事人拒不履行证据提供令的，将会承担相应的法律后果。

二、关于证明妨碍

为保障有关证据提交规定的有效执行，《知产证据规定》第二十五条明确了证明妨碍规则的适用。对于经人民法院依法要求提交有关证据的当事人，如果其无正当理由拒不提交、提交虚假证据、毁灭证据或者实施其他致使证据不能使用行为的，人民法院可以推定对方当事人就该证据所涉证明事项的主张成立，其行为构成《民事诉讼法》第一百一十一条[①]规定的“伪造、毁灭重要证据”“拒不履行人民法院已经发生法律效力的判决、裁定”等情形的，人民法院可以依法予以制裁，对其采取妨害民事诉讼的强制措施。通过对当事人不法行为法律后果的明确，促使其积极履行举证义务，保障诉讼程序的顺利进行。

需要注意的是，《知产证据规定》二十五条的证明妨碍规则既适用于第二条人民法院依职权要求当事人提供证据的情形，也适用于第二十四条人民法院依当事人申请签发证据提供令的情形。当事人对其妨碍诉讼和不诚信诉讼的行为，不仅要承担事实推定上的不利后果，而且有可能被采取妨碍民事诉讼的强制措施，情节严重构成犯罪的，还会面临刑事责任的追究。

三、关于当事人举证的特殊规定

专利侵权纠纷、确认不侵权之诉、民行交叉诉讼、合法来源抗辩、陷阱取证等都是知识产权民事诉讼较之普通民事诉讼较为特殊的情形，相应的证据规则亦具有一定的特殊性。根据知识产权民事审判实践，《知产证据规定》第三、四、五、六、七条对上述情形下当事人举证的特殊规定予以明确。

《专利法》第六十六条第一款规定新产品制造方法专利侵权纠纷中的举证责任倒置规则，但是，在非新产品制造方法专利纠纷中，制造侵权产品的生产步骤和工艺参数仍为侵权人所掌握，权利人难以接近侵权人的生产现场和生产记录以取得完整的侵权产品制造方法证据，只是相对于新产品制造方法专利，在专利申请日前，通过其他方法已经制造出与通过专利方法制造的产品相同的产品，因此，该相同产品经由专利方法制造的可能性没有新产品经

---

① 现为《民事诉讼法》(2023 年修正）第一百一十四条。

由专利方法制造的可能性大。为准确查明案件事实,《知产证据规定》第三条规定，在原告完成相应举证后，由被告举证证明其产品制造方法不同于专利方法。其中，原告是否为证明被告使用了专利方法尽到合理努力，根据具体案情确定。例如，原告是否申请证据保全，原告是否尝试接近被告生产现场进行取证等均可以作为考量因素。

合法来源抗辩是知识产权侵权纠纷中较为常见的抗辩事由，成立要件包括两项：主观上的不知道和客观上的来源合法。由被告对被诉侵权产品、复制品来源合法承担举证责任在实践中已经达成共识，但是对于被告不知道侵权事实的举证责任承担，以及何种程度的来源证据才能证明合法来源，存在不同认识。从司法政策导向来看，销售者并非侵权源头，对其举证要求不宜过高,《知产证据规定》第四条规定，如果被告已提供证据证明产品来源合法，即系通过合法的购货渠道、合理的价格、适格的市场主体等正常商业方式取得被诉侵权产品、复制品，则可以推定其无过错。这种推定可以由权利人继续举证来推翻，例如，权利人曾向其发送侵权警告函等。至于被告提供的来源证据是否能证明合法取得，应当结合其合理注意义务进行判断，被告的经营规模、专业程度、市场交易习惯等，可以作为确定其合理注意义务的证据。通常情况下，批发市场的小商贩和一定规模的商贸公司，其对于被诉侵权产品、复制品是否侵权的认知能力是不同的，对其提供的合法来源证据需要结合具体案情和交易习惯综合判断。

确认不侵害知识产权之诉是知识产权领域特有的诉讼，2010 年施行的《最高人民法院关于审理侵犯专利权纠纷案件应用法律若干问题的解释》中对确认不侵害专利权之诉予以明确。随后，2011 年修正的《民事案件案由规定》明确了确认不侵害商标权、著作权之诉。司法实践中，当事人还提起确认不侵害商业秘密等诉讼。《知产证据规定》第五条对提起诉讼时原告的举证责任作出规定。需要注意的是，该条依据的是提起该类诉讼的程序性条件，即诉是否成立的条件，故仅对程序性事项的举证责任作出规定，不涉及是否侵权的实体事项的举证。

与普通民事诉讼不同，知识产权诉讼中民行交叉的情形十分普遍。2019 年修正的《最高人民法院关于民事诉讼证据的若干规定》(以下简称《民事证据规定》) 第十条对免证事实进行了列举。司法实践中，当事人常常会在民事诉讼中提交专利、商标的复审、异议、无效宣告、撤销等审查决定，这些决定有的未经过司法审查，有的正处于行政诉讼中，对其中认定的事实是否还需举证需要明确。《民事诉讼法解释》第一百一十四条规定，公文书证所记载的事项推定为真实，但有相反证据足以推翻的除外。基于此，《知产证据规定》第六条以基本不存在撤销风险的行政行为所认定的基本事实为标准，适用免证规则，包括未在法定期限内提起行政诉讼的行政行为所认定的基本事实，以及行政行为认定的基本事实已为生效裁判所确认的部分。

知识产权侵权行为隐蔽性的特点对传统的取证方式提出挑战，司法实践中“陷阱取证”的情形大量存在。陷阱取证方式可分为“机会提供型”和“犯意诱发型”。对于前者，即《知产证据规定》第七条第一款规定的取证方式，其目的无不正当性，其行为也未损害公共利益和他人合法权益，符合加强保护的司法政策，其形成的证据可以作为权利人起诉侵权的证据。对于后者，即《知产证据规定》第七条第二款规定情形所证明的侵权行为，则应进一步加大打击力度。根据诱发犯意的主体的不同，将基于他人诱发产生的行为纳入共同侵权的范畴，权利人可以以此形成的证据起诉被诉侵权人和第三人共同侵权。但是，仅基于权利人诱发产生的行为则应排除在侵权行为之外，由此取得的证据不具有证据能力。

四、关于域外证据的公证认证

2019 年修正的《民事证据规定》第十六条仅对两类域外证据的形式要件作出规定：公文书证办理公证手续和涉及身份关系的证据办理公证认证手续。基于此，《知产证据规定》第八、九、十条就知识产权民事诉讼中域外证据公证认证手续的免除和简化作出规定。

对民事诉讼中的域外证据提出形式要件上的要求，其目的是更为准确地认定其真实性。根据知识产权民事审判实践，《知产证据规定》第八条对域外证据的公证认证手续免除情形作出列举。免除的原因在于：有其他证据能够证明该域外证据的真实性。如果不符合第八条规定的情形，但符合《知产证据规定》第九条规定的情形，则可以免除相关域外证据的认证手续。为便利当事人诉讼，提高诉讼效率，《知产证据规定》第十条还明确规定，对于域外形成的授权委托书，在不同审级程序中无须重复办理公证认证等证明手续。

五、关于证据保全

如前所述，知识产权民事诉讼具有不同于传统民事诉讼的一些特点和难点，证据保全是知识产权民事诉讼中广泛采用的取证方式。《知产证据规定》在《民事诉讼法》《民事诉讼法解释》《民事证据规定》等法律和司法解释的基础上，结合知识产权民事诉讼的特点，从证据保全申请的审查、保全措施、妨害证据保全的后果、破坏已保全证据的法律责任、证据保全的参与人、证据保全笔录的制作、被申请人的异议程序等多个方面，作出相应规定，进一步增强指导性和操作性。

《民事诉讼法》第八十一条[①]规定，在证据可能灭失或者以后难以取得的情况下，当事人可以向人民法院申请证据保全，但是，对于证据保全申请的审查，各地法院掌握的标准各有不同。为此，《知产证据规定》第十一条对证据保全申请的各项审查因素进行了细化列举。需要注意的是，对证据保全申请的审查应当以必要性为基本标准。为平衡申请人与被申请人的利益，《知产证据规定》第十二条规定了证据保全的实施原则及措施。对于证据保全的实施，除坚持传统的及时、必要原则外，还应当把握好两方面的关系：一是有效固定证据，全面、真实反映证据状况，二是防止保全导致不必要的损失，保持在“最低强度”，通过拍照足以证明的，无须查封；通过查封足以证明的，无须扣押，以此类推，尽量减少对保全标的物的损害和对证据持有人的干扰。对于知识产权民事诉讼中普遍存在的涉及技术方案的证据保全，《知产证据规定》第十二条第二款给出保全措施的指引，以贯彻上述实施原则。

司法实践中，拒不配合和妨害证据保全的现象时有发生，为增强法律权威，督促当事人履行诉讼义务，保障证据保全的顺利实施，《知产证据规定》第十三条、第十四条，明确了当事人无正当理由拒不配合或者妨害证据保全，致使无法保全证据的，或者破坏已经采取保全措施的证据，致该证据不能使用的，人民法院可以确定由其承担不利后果，构成《民事诉讼法》第一百一十一条所规定的“伪造、毁灭重要证据”“拒不履行人民法院已经发生法律效力的判决、裁定”等情形的，人民法院可以依法予以制裁，对其采取妨害民

① 现为《民事诉讼法》(2023年修正)第八十四条。

事诉讼的强制措施，情节严重构成犯罪的，还会面临刑事责任的追究。需要注意的是，《知产证据规定》第十三条、第十四条规范的是证据保全中妨害诉讼秩序的行为，与第二十五条规定的证明妨碍规则在制度目的、适用对象等方面有所不同，相应的法律后果也有所区别。在证据保全的实施过程中，为防止证据持有人事先转移、销毁或者篡改证据，保全裁定可以不事先送达。同时为保障其知情权，保全人员到达证据保全现场实施保全措施之前，应当先向其送达证据保全裁定书，告知其相关权利义务，尽可能减少抵触情绪，争取其主动配合，防止拒不配合和妨碍保全等情形的出现。

在证据保全实施过程中，当事人或其诉讼代理人到场，可以当场确认所保全的证据是否为其申请的证据，防止在后续证据交换和质证过程中产生争议。为此，《知产证据规定》第十五条对证据保全的参与人作出规定。同时，知识产权诉讼证据常常涉及专业的技术问题，为准确保全证据，根据证据情况，该条规定必要时当事人可以申请有专门知识的人参与证据保全，人民法院也可以指派技术调查官参与证据保全。另外，当拟保全证据为案外人所持有时，例如，当事人的电子数据保存在第三方所有的服务器等情形下，该条规定人民法院可以直接向证据持有人保全证据。

为规范证据保全，防止当事人对证据保全过程和证据提出质疑，《知产证据规定》第十六条对证据保全的记录作出操作性规定。同时明确，在场的有关人员拒绝签名或者盖章的，不影响保全效力。为保障证据保全被申请人的权利，《知产证据规定》第十七条对其异议程序作出规定，明确被申请人有权对证据保全的范围、措施、必要性等提出异议并提供相关证据，人民法院应对此进行审查并视情作出处理。

当事人申请证据保全行为本身，意味着其愿意并期望在已经开始或将要开始的诉讼程序中使用该证据，但是，当出现被保全证据对其不利等情形时，其往往会放弃使用被保全证据。为防止证据保全制度的滥用，《知产证据规定》第十八条规定，被保全证据涉及案件基本事实查明或者其他当事人主张使用的，即使申请人放弃使用被保全证据，人民法院也可以对该证据进行审查认定，以便准确查明案件事实。

六、关于司法鉴定

知识产权案件常常涉及复杂的技术问题。为保证事实查明的准确、客观，知识产权司法实践中建立了较为成熟完备的事实查明机制，司法鉴定是其中的重要组成部分。根据知识产权民事审判实践，《知产证据规定》对可以委托司法鉴定的事项、另行委托检测、鉴定人的选任、鉴定范围的确定、鉴定意见的审查等方面作出规定。

事实和法律问题交织是知识产权案件的特点之一，司法实践中，常常出现涉及法律适用的鉴定意见。为此，《知产证据规定》总结实践经验，在第十九条对可以委托司法鉴定的事项予以列举，明确了鉴定事项仅限于与待证事实有关的专门性问题，涉及法律适用的问题不属于鉴定事项，不能通过鉴定方法解决，例如，专利侵权纠纷中是否构成等同侵权、著作权侵权纠纷中是否属于实质性相似等。

科学技术的飞速发展使知识产权审判实践不断面临新问题、新挑战，在鉴定事项涉及复杂或者新兴的技术问题，需要专业的检测仪器、设备的情形下，《知产证据规定》第二十条规定，经人民法院准许或者双方当事人同意，鉴定人可以将部分事项委托相关检测机构检测，例如，具有相应技术条件的科研院所、实验室、高校等，再由鉴定人根据检测结果出具鉴定意见并承担法律责任。需要强调的是，相关检测机构出具的检测结果视为鉴定人出具的，由鉴定人承担法律责任。另外，司法实践中，有些鉴定事项涉及的专业领域较为特殊，或者属于新兴、前沿科技领域，会出现在该领域没有实行“鉴定人和鉴定机构统一登记管理制度”，但又需要通过委托鉴定查明案件事实的情形。为此，《知产证据规定》第二十一条规定，可以依照《民事证据规定》有关鉴定人选任程序的规定，确定专业机构、专业人员进行鉴定，以满足司法实践需求。

鉴定范围的确定对于准确查明案件事实具有重要意义，《知产证据规定》第二十二条规定，鉴定范围的确定应当听取各方当事人的意见。对于一方当事人的鉴定范围变更申请，更应当充分考虑对方当事人的意见。但是，对于鉴定范围的确定和变更，即使各方当事人达成一致意见，仍然需要人民法院审查确定，特别是在法院依职权委托鉴定的情形下。对于鉴定意见的审查，司法实践中形成了较为成熟的做法,《知产证据规定》第二十三条对相关经验进行总结和提炼，明确了审查鉴定意见的考量因素。需要注意的是，在实际的审查过程中，并不是必须对该条列举的所有因素均进行考量。如果存在直接否定鉴定意见证据能力的因素，对于涉及其证明力认定的因素就无须再考量。

七、关于诉讼中的商业秘密保护

随着知识产权司法实践的不断发展，在越来越多的案件中出现证据涉及商业秘密或者其他需要保密的商业信息的情况。出于对商业秘密泄露的担心，当事人对提交相关证据心存疑虑，既不利于案件事实的查明，也给诉讼程序的顺利进行带来困难。《知产证据规定》高度重视诉讼中商业秘密的保护，在总结司法实践成熟经验的基础上，在第二十六条对人民法院可以采取的保密措施、限制接触相关证据的主体等予以明确，规定证据涉及商业秘密或者其他需要保密的商业信息的，人民法院应当在相关诉讼参与人接触该证据前，要求其签订保密协议、作出保密承诺，或者以裁定等法律文书责令其不得出于本案诉讼之外的任何目的披露、使用、允许他人使用在诉讼程序中接触到的秘密信息。当事人申请对接触前款所称证据的人员范围作出限制，人民法院经审查认为确有必要的，应当准许。

需要注意的是,《知产证据规定》第二十六条的规定适用于整个诉讼过程，包括证据保全、司法鉴定、证据交换和质证等各个阶段。为增强实践操作性，应当在保密协议书和保密承诺书中尽可能地明确相关违约条款和法律责任。违反保密协议的，适用有关合同的法律法规处理；违反保密承诺的，则按照相关法律规定承担相应的法律责任。相较于保密协议和保密承诺，以“裁定等法律文书”责令相关诉讼参与人承担保密义务，亦即实践中通常所称的“秘密保持令”，其约束力和强制力更强，如果违反，将可能适用《民事诉讼法》第一百一十一条等规定，被采取妨害民事诉讼的强制措施，情节严重构成犯罪的，还会面临刑事责任的追究。其中“裁定等法律文书”的规定，是为了增强法条适用弹性，在明确实践指南的同时，为未来法律修订和司法实践不同需求提供更大空间。限制接触证据的人员范围，可以包括对方当事人，也可以包括其他诉讼参与人，例如诉讼代理人、有专门知识的人等，由人民法院根据案件事实查明和诉讼程序进行的需要，审查后决定是否准许。

八、关于相关诉讼参与人出庭

由于技术事实、损害赔偿等事实查明的客观需要，专家辅助人制度、技术调查官制度等在知识产权民事诉讼中广泛应用。《知产证据规定》第二十七条、第二十八条、第二十九条分别对证人、有专门知识的人、技术调查官出庭作出规定。

《知产证据规定》第二十七条旨在强调证人以出庭作证为原则，双方当事人同意并经人民法院准许，不出庭作证的证人，其证言必须进行质证。需要注意的是，远程在线参加庭审也是证人出庭作证的方式之一，不属于证人未出庭的情形。第二十八条明确有专门知识的人仅对专门性问题提出意见，经法庭准许，当事人可以对自己申请出庭的有专门知识的人询问，也可以对对方当事人申请出庭的有专门知识的人询问。司法实践中，还有双方当事人申请出庭的有专门知识的人互相质询的情形，对于准确查明案件事实具有重要作用。第二十九条是对技术调查官出庭的规定，强调其可以在庭上就案件所涉技术问题询问当事人和相关诉讼参与人。技术调查官制度是知识产权领域较为特殊的事实查明制度，技术调查官的身份定位、具体职责、意见效力等适用《最高人民法院关于技术调查官参与知识产权案件诉讼活动的若干规定》的有关规定。

九、关于证据的审核认定

在证据的审核认定部分，《知产证据规定》主要对公证证据、损害赔偿证据、许可使用费证据的相关内容作出规定。

《民事诉讼法》第六十九条[①]规定，经过法定程序公证证明的法律事实和文书应当作为认定事实的根据，但有相反证据足以推翻公证证明的除外。面对知识产权客体的特殊性带来的取证困难，基于公证证据高于一般证据的证明效力，公证取证成为知识产权民事诉讼中最为常见的取证方式。通常情况下，人民法院会对公证证据予以采纳。但是，有些公证文书存在制作程序错

① 现为《民事诉讼法》（2023年修正）第七十二条。

误、不合常理等情形，对方当事人提出异议。为此，《知产证据规定》第三十条规定，如果对方当事人提出异议的同时提供了足以推翻公证文书的相关证据，人民法院不得采纳该证据。如果对方当事人提出异议但没有提供足以推翻公证文书的相关证据，人民法院经审查认为异议成立的，基于《民事诉讼法》赋予公证证据的较高效力，可以要求公证机构出具说明或者补正公证书，同时结合其他相关证据对公证文书进行审核认定。

对于实践中反映较为强烈的知识产权侵权损害“赔偿低”的问题，其症结之一在于缺乏精细化计算损害赔偿数额的证据。根据相关法律规定，人民法院通常会以权利人因被侵权遭受的损失、侵权人因侵权获得的利益、知识产权许可使用费的合理倍数等为基础确定侵害知识产权损害赔偿的数额。司法实践中，当事人常常苦于不知如何证明上述事实，导致酌定赔偿和法定赔偿的大量适用。为引导当事人正确收集证据，促进知识产权损害赔偿计算精细化的实现，《知产证据规定》第三十一条对证明上述事实的证据作出列举。需要注意的是，当事人提交的第三十一条所列证据，可以作为确定侵害知识产权的赔偿数额的证据，但是其证明力如何，是否能够采纳，还需要人民法院结合其他证据，综合各种因素全面审查后作出认定。在参照许可使用费的合理倍数确定损害赔偿数额的情况下，如何审核认定当事人提交的许可使用费证据，《知产证据规定》第三十二条作出具体规定，审核认定的关键在于参照的许可使用费是否真实发生、是否符合行业标准，其许可使用的权项、方式、范围、期限等是否具有可比性。

（撰稿人：林广海　李　剑　吴　蓉）

最高人民法院
关于审理侵犯商业秘密民事案件适用法律若干问题的规定

法释〔2020〕7号

（2020年8月24日最高人民法院审判委员会第1810次会议通过
2020年9月10日最高人民法院公告公布　自2020年9月12日起施行）

为正确审理侵犯商业秘密民事案件，根据《中华人民共和国反不正当竞争法》《中华人民共和国民事诉讼法》等有关法律规定，结合审判实际，制定本规定。

第一条　与技术有关的结构、原料、组分、配方、材料、样品、样式、植物新品种繁殖材料、工艺、方法或其步骤、算法、数据、计算机程序及其有关文档等信息，人民法院可以认定构成反不正当竞争法第九条[①]第四款所称的技术信息。

与经营活动有关的创意、管理、销售、财务、计划、样本、招投标材料、客户信息、数据等信息，人民法院可以认定构成反不正当竞争法第九条第四款所称的经营信息。

前款所称的客户信息，包括客户的名称、地址、联系方式以及交易习惯、意向、内容等信息。

第二条　当事人仅以与特定客户保持长期稳定交易关系为由，主张该特定客户属于商业秘密的，人民法院不予支持。

客户基于对员工个人的信赖而与该员工所在单位进行交易，该员工离职后，能够证明客户自愿选择与该员工或者该员工所在的新单位进行交易的，人民法院应当认定该员工没有采用不正当手段获取权利人的商业秘密。

第三条　权利人请求保护的信息在被诉侵权行为发生时不为所属领域的

① 现为《反不正当竞争法》（2025年修订）第十条。

相关人员普遍知悉和容易获得的，人民法院应当认定为反不正当竞争法第九条第四款所称的不为公众所知悉。

第四条　具有下列情形之一的，人民法院可以认定有关信息为公众所知悉：

（一）该信息在所属领域属于一般常识或者行业惯例的；

（二）该信息仅涉及产品的尺寸、结构、材料、部件的简单组合等内容，所属领域的相关人员通过观察上市产品即可直接获得的；

（三）该信息已经在公开出版物或者其他媒体上公开披露的；

（四）该信息已通过公开的报告会、展览等方式公开的；

（五）所属领域的相关人员从其他公开渠道可以获得该信息的。

将为公众所知悉的信息进行整理、改进、加工后形成的新信息，符合本规定第三条规定的，应当认定该新信息不为公众所知悉。

第五条　权利人为防止商业秘密泄露，在被诉侵权行为发生以前所采取的合理保密措施，人民法院应当认定为反不正当竞争法第九条第四款所称的相应保密措施。

人民法院应当根据商业秘密及其载体的性质、商业秘密的商业价值、保密措施的可识别程度、保密措施与商业秘密的对应程度以及权利人的保密意愿等因素，认定权利人是否采取了相应保密措施。

第六条　具有下列情形之一，在正常情况下足以防止商业秘密泄露的，人民法院应当认定权利人采取了相应保密措施：

（一）签订保密协议或者在合同中约定保密义务的；

（二）通过章程、培训、规章制度、书面告知等方式，对能够接触、获取商业秘密的员工、前员工、供应商、客户、来访者等提出保密要求的；

（三）对涉密的厂房、车间等生产经营场所限制来访者或者进行区分管理的；

（四）以标记、分类、隔离、加密、封存、限制能够接触或者获取的人员范围等方式，对商业秘密及其载体进行区分和管理的；

（五）对能够接触、获取商业秘密的计算机设备、电子设备、网络设备、存储设备、软件等，采取禁止或者限制使用、访问、存储、复制等措施的；

（六）要求离职员工登记、返还、清除、销毁其接触或者获取的商业秘密及其载体，继续承担保密义务的；

（七）采取其他合理保密措施的。

第七条 权利人请求保护的信息因不为公众所知悉而具有现实的或者潜在的商业价值的，人民法院经审查可以认定为反不正当竞争法第九条第四款所称的具有商业价值。

生产经营活动中形成的阶段性成果符合前款规定的，人民法院经审查可以认定该成果具有商业价值。

第八条 被诉侵权人以违反法律规定或者公认的商业道德的方式获取权利人的商业秘密的，人民法院应当认定属于反不正当竞争法第九条第一款所称的以其他不正当手段获取权利人的商业秘密。

第九条 被诉侵权人在生产经营活动中直接使用商业秘密，或者对商业秘密进行修改、改进后使用，或者根据商业秘密调整、优化、改进有关生产经营活动的，人民法院应当认定属于反不正当竞争法第九条所称的使用商业秘密。

第十条 当事人根据法律规定或者合同约定所承担的保密义务，人民法院应当认定属于反不正当竞争法第九条第一款所称的保密义务。

当事人未在合同中约定保密义务，但根据诚信原则以及合同的性质、目的、缔约过程、交易习惯等，被诉侵权人知道或者应当知道其获取的信息属于权利人的商业秘密的，人民法院应当认定被诉侵权人对其获取的商业秘密承担保密义务。

第十一条 法人、非法人组织的经营、管理人员以及具有劳动关系的其他人员，人民法院可以认定为反不正当竞争法第九条第三款所称的员工、前员工。

第十二条 人民法院认定员工、前员工是否有渠道或者机会获取权利人的商业秘密，可以考虑与其有关的下列因素：

（一）职务、职责、权限；

（二）承担的本职工作或者单位分配的任务；

（三）参与和商业秘密有关的生产经营活动的具体情形；

（四）是否保管、使用、存储、复制、控制或者以其他方式接触、获取商业秘密及其载体；

（五）需要考虑的其他因素。

第十三条　被诉侵权信息与商业秘密不存在实质性区别的，人民法院可以认定被诉侵权信息与商业秘密构成反不正当竞争法第三十二条[①]第二款所称的实质上相同。

人民法院认定是否构成前款所称的实质上相同，可以考虑下列因素：

（一）被诉侵权信息与商业秘密的异同程度；

（二）所属领域的相关人员在被诉侵权行为发生时是否容易想到被诉侵权信息与商业秘密的区别；

（三）被诉侵权信息与商业秘密的用途、使用方式、目的、效果等是否具有实质性差异；

（四）公有领域中与商业秘密相关信息的情况；

（五）需要考虑的其他因素。

第十四条　通过自行开发研制或者反向工程获得被诉侵权信息的，人民法院应当认定不属于反不正当竞争法第九条规定的侵犯商业秘密行为。

前款所称的反向工程，是指通过技术手段对从公开渠道取得的产品进行拆卸、测绘、分析等而获得该产品的有关技术信息。

被诉侵权人以不正当手段获取权利人的商业秘密后，又以反向工程为由主张未侵犯商业秘密的，人民法院不予支持。

第十五条　被申请人试图或者已经以不正当手段获取、披露、使用或者允许他人使用权利人所主张的商业秘密，不采取行为保全措施会使判决难以执行或者造成当事人其他损害，或者将会使权利人的合法权益受到难以弥补的损害的，人民法院可以依法裁定采取行为保全措施。

前款规定的情形属于民事诉讼法第一百条[②]、第一百零一条[③]所称情况紧急的，人民法院应当在四十八小时内作出裁定。

第十六条　经营者以外的其他自然人、法人和非法人组织侵犯商业秘密，权利人依据反不正当竞争法第十七条[④]的规定主张侵权人应当承担的民事责任

① 现为《反不正当竞争法》（2025 年修订）第三十九条。
② 现为《民事诉讼法》（2023 年修正）第一百零三条。
③ 现为《民事诉讼法》（2023 年修正）第一百一十四条。
④ 现为《反不正当竞争法》（2025 年修订）第二十二条。

的，人民法院应予支持。

第十七条 人民法院对于侵犯商业秘密行为判决停止侵害的民事责任时，停止侵害的时间一般应当持续到该商业秘密已为公众所知悉时为止。

依照前款规定判决停止侵害的时间明显不合理的，人民法院可以在依法保护权利人的商业秘密竞争优势的情况下，判决侵权人在一定期限或者范围内停止使用该商业秘密。

第十八条 权利人请求判决侵权人返还或者销毁商业秘密载体，清除其控制的商业秘密信息的，人民法院一般应予支持。

第十九条 因侵权行为导致商业秘密为公众所知悉的，人民法院依法确定赔偿数额时，可以考虑商业秘密的商业价值。

人民法院认定前款所称的商业价值，应当考虑研究开发成本、实施该项商业秘密的收益、可得利益、可保持竞争优势的时间等因素。

第二十条 权利人请求参照商业秘密许可使用费确定因被侵权所受到的实际损失的，人民法院可以根据许可的性质、内容、实际履行情况以及侵权行为的性质、情节、后果等因素确定。

人民法院依照反不正当竞争法第十七条第四款确定赔偿数额的，可以考虑商业秘密的性质、商业价值、研究开发成本、创新程度、能带来的竞争优势以及侵权人的主观过错、侵权行为的性质、情节、后果等因素。

第二十一条 对于涉及当事人或者案外人的商业秘密的证据、材料，当事人或者案外人书面申请人民法院采取保密措施的，人民法院应当在保全、证据交换、质证、委托鉴定、询问、庭审等诉讼活动中采取必要的保密措施。

违反前款所称的保密措施的要求，擅自披露商业秘密或者在诉讼活动之外使用或者允许他人使用在诉讼中接触、获取的商业秘密的，应当依法承担民事责任。构成民事诉讼法第一百一十一条规定情形的，人民法院可以依法采取强制措施。构成犯罪的，依法追究刑事责任。

第二十二条 人民法院审理侵犯商业秘密民事案件时，对在侵犯商业秘密犯罪刑事诉讼程序中形成的证据，应当按照法定程序，全面、客观地审查。

由公安机关、检察机关或者人民法院保存的与被诉侵权行为具有关联性的证据，侵犯商业秘密民事案件的当事人及其诉讼代理人因客观原因不能自行收集，申请调查收集的，人民法院应当准许，但可能影响正在进行的刑事诉讼程序的除外。

第二十三条　当事人主张依据生效刑事裁判认定的实际损失或者违法所得确定涉及同一侵犯商业秘密行为的民事案件赔偿数额的，人民法院应予支持。

第二十四条　权利人已经提供侵权人因侵权所获得的利益的初步证据，但与侵犯商业秘密行为相关的账簿、资料由侵权人掌握的，人民法院可以根据权利人的申请，责令侵权人提供该账簿、资料。侵权人无正当理由拒不提供或者不如实提供的，人民法院可以根据权利人的主张和提供的证据认定侵权人因侵权所获得的利益。

第二十五条　当事人以涉及同一被诉侵犯商业秘密行为的刑事案件尚未审结为由，请求中止审理侵犯商业秘密民事案件，人民法院在听取当事人意见后认为必须以该刑事案件的审理结果为依据的，应予支持。

第二十六条　对于侵犯商业秘密行为，商业秘密独占使用许可合同的被许可人提起诉讼的，人民法院应当依法受理。

排他使用许可合同的被许可人和权利人共同提起诉讼，或者在权利人不起诉的情况下自行提起诉讼的，人民法院应当依法受理。

普通使用许可合同的被许可人和权利人共同提起诉讼，或者经权利人书面授权单独提起诉讼的，人民法院应当依法受理。

第二十七条　权利人应当在一审法庭辩论结束前明确所主张的商业秘密具体内容。仅能明确部分的，人民法院对该明确的部分进行审理。

权利人在第二审程序中另行主张其在一审中未明确的商业秘密具体内容的，第二审人民法院可以根据当事人自愿的原则就与该商业秘密具体内容有关的诉讼请求进行调解；调解不成的，告知当事人另行起诉。双方当事人均同意由第二审人民法院一并审理的，第二审人民法院可以一并裁判。

第二十八条　人民法院审理侵犯商业秘密民事案件，适用被诉侵权行为发生时的法律。被诉侵权行为在法律修改之前已经发生且持续到法律修改之后的，适用修改后的法律。

第二十九条　本规定自2020年9月12日起施行。最高人民法院以前发布的相关司法解释与本规定不一致的，以本规定为准。

本规定施行后，人民法院正在审理的一审、二审案件适用本规定；施行前已经作出生效裁判的案件，不适用本规定再审。

【导读及适用要点】

一、关于客户信息

关于与客户信息有关的商业秘密，2007 年《审理不正当竞争民事案件的解释》第十三条第一款规定："商业秘密中的客户名单，一般是指客户的名称、地址、联系方式以及交易的习惯、意向、内容等构成的区别于相关公知信息的特殊客户信息，包括汇集众多客户的客户名册，以及保持长期稳定交易关系的特定客户。"司法实践中，"客户名单"商业秘密的认定一直存在较大争议，案件审理难度较大。权利人往往通过主张"客户名单"商业秘密，来实现垄断特定客户资源，阻止他人尤其是离职员工与其竞争的目的。自 2007 年以来，随着信息网络技术的发展和普及，搜集、管理特定客户信息的难度已显著降低，经营者对于客户信息的管理多已不再采用传统的名单、名册等方式，而是普遍采用数据库、计算机软件、云服务等数字化、网络化方式。而且，特定的客户信息要获得商业秘密的保护，同样必须符合《反不正当竞争法》第九条规定的构成要件。基于上述考虑，《审理侵犯商业秘密民事案件的规定》第一条未再使用"客户名单"的表述，而是使用"客户信息"，并对 2007 年《审理不正当竞争民事案件的解释》第十三条的规定进行了修改和完善，删除了其中的"区别于相关公知信息的特殊客户信息，包括汇集众多客户的客户名册"。

《审理侵犯商业秘密民事案件的规定》第二条第一款规定："当事人仅以与特定客户保持长期稳定交易关系为由，主张该特定客户属于商业秘密的，人民法院不予支持。"主要考虑是，保持长期稳定交易关系的客户本身并不必然属于商业秘密，要获得商业秘密保护，也必须符合商业秘密的法定构成要件。为鼓励依法公平有序竞争，避免以商业秘密保护的名义变相垄断"保持长期稳定交易关系"的客户，故删除了 2007 年《审理不正当竞争民事案件的解释》第十三条第一款中的"保持长期稳定交易关系的特定客户"。

二、不为公众所知悉的认定

《审理侵犯商业秘密民事案件的规定》第三条、第四条对《反不正当竞争法》第九条规定的商业秘密构成要件之一“不为公众所知悉”作出规定。“不为公众所知悉”的判断主体是所属领域的相关人员；判断的标准是既不能“普遍知悉”，也不能“容易获得”；认定的时间点是“被诉侵权行为发生时”。

司法实践中，特定信息“不为公众所知悉”属于消极事实，难以通过举证直接证明，故《审理侵犯商业秘密民事案件的规定》第四条对“为公众所知悉”的五种典型情形作出示例性规定，并删除了 2007 年《审理不正当竞争民事案件的解释》第九条规定的“该信息无需付出一定的代价而容易获得”。

信息以及信息的组合都可以获得商业秘密的保护，故对“为公众所知悉”的信息进行整理、改进、加工后形成的新信息，只要符合商业秘密的法定构成要件，同样可以获得商业秘密的保护。

三、关于商业秘密的“使用”

依照《反不正当竞争法》第九条的规定，“使用”“允许他人使用”商业秘密是法定的侵犯商业秘密行为。《审理侵犯商业秘密民事案件的规定》第九条对商业秘密的“使用”作出规定，主要包括三种类型：一是在生产、经营等活动中直接使用商业秘密。例如，使用构成商业秘密的配方、方法、工艺，直接用于制造同样的产品。二是在商业秘密的基础上，进一步修改、改进后再进行使用。例如，对于属于商业秘密的配方进行改进后，制造特定的产品。三是根据权利人的商业秘密，相应调整、优化、改进与之有关的生产经营活动。例如，根据权利人研发失败所形成的数据、技术资料等商业秘密，以及研发过程中形成的阶段性成果商业秘密等，相应优化、调整研发方向；根据权利人的经营信息商业秘密，相应调整营销策略、价格等。侵权人违法“使用”或者“允许他人使用”商业秘密的直接后果，就是能够获得不正当的竞争优势，包括提供替代性的产品或者服务，或者降低成本、节省时间、提高效率等。

关于“阶段性成果”，《审理侵犯商业秘密民事案件的规定》第七条明确其同样可以具有商业价值。第七条、第九条规定的“生产经营活动”也包括研发活动。

四、关于保密义务

2019 年修正《反不正当竞争法》时，在第九条有关侵犯商业秘密行为的规定中增加了“违反保密义务”的规定。《审理侵犯商业秘密民事案件的规定》第十条对保密义务作出了进一步规定。

《审理侵犯商业秘密民事案件的规定》第十条第一款规定了根据法律规定所承担的保密义务，以及合同约定的保密义务。该款规定的“合同约定”，既包括就保护商业秘密专门签署的保密协议，也包括在劳动合同、竞业限制协议、技术合同等各类合同中约定的有关保护商业秘密的具体条款。第二款规定：“当事人未在合同中约定保密义务，但根据诚信原则以及合同的性质、目的、缔约过程、交易习惯等，被诉侵权人知道或者应当知道其获取的信息属于权利人的商业秘密的，人民法院应当认定被诉侵权人对其获取的商业秘密承担保密义务。”

五、诉讼中的商业秘密保护

通过商业秘密保护的信息具有无形性的特点，一旦脱离权利人的控制，就很难再通过物理手段限制商业秘密信息的扩散和传播。司法实践中，权利人维权顾虑多的重要原因之一就在于担心诉讼活动中的“二次泄密”，尤其是在证据保全、证据交换、委托鉴定等环节，商业秘密被泄露甚至违法披露的风险更大。被诉侵权人以及案外人，也会面临在诉讼中如何保护其商业秘密的问题，故《审理侵犯商业秘密民事案件的规定》第二十一条对人民法院在诉讼活动中采取必要的保密措施作出规定。此外，《最高人民法院关于知识产权民事诉讼证据的若干规定》第二十六条进一步规定，人民法院可以采取“要求其签订保密协议、作出保密承诺，或者以裁定等法律文书责令其不得出于本案诉讼之外的任何目的披露、使用、允许他人使用在诉讼程序中接触到的秘密信息”等措施。当事人及其他诉讼参与人违反前述司法解释规定的保密措施的，应依法承担相应的法律责任。

六、与刑民交叉有关的问题

刑民交叉问题在侵犯商业秘密民事案件审判实践中较为突出，除《审理侵犯商业秘密民事案件的规定》第二十三条有关赔偿数额的规定外，《审理侵犯商业秘密民事案件的规定》还从以下三个方面作出规定。

第一，关于证据的审核认定。人民法院审理侵犯商业秘密民事案件，有时会涉及对相关刑事诉讼程序中形成的证据的审核和认定，例如鉴定意见、犯罪嫌疑人的供述、证人证言，以及刑事诉讼程序中的书证、物证、电子数据等。《审理侵犯商业秘密民事案件的规定》第二十二条第一款规定："人民法院审理侵犯商业秘密民事案件时，对在侵犯商业秘密犯罪刑事诉讼程序中形成的证据，应当按照法定程序，全面、客观地审查。"

第二，关于人民法院依申请调查收集证据。对于由公安机关、检察机关或者人民法院保存的与被诉侵权行为具有关联性的证据，当事人及其诉讼代理人如果不能自行收集，可以依法申请人民法院进行调查收集。根据《刑事诉讼法》第四十条的规定，辩护律师自人民检察院对案件审查起诉之日起，可以查阅、摘抄、复制本案的案卷材料。其他辩护人经人民法院、人民检察院许可，也可以查阅、摘抄、复制上述材料。由于前述规定对"查阅、摘抄、复制"案卷材料的时间起点作出了明确规定，故《审理侵犯商业秘密民事案件的规定》第二十二条第二款规定："……当事人及其诉讼代理人因客观原因不能自行收集，申请调查收集的，人民法院应当准许，但可能影响正在进行的刑事诉讼程序的除外。"司法实践中，对于是否确实属于"可能影响正在进行的刑事诉讼程序"，应当有相应的法律依据和事实依据。

第三，关于涉及同一被诉侵犯商业秘密行为的刑民交叉案件，是否中止民事案件的审理问题。《审理侵犯商业秘密民事案件的规定》起草过程中，各方有不同认识，我们重点考虑以下方面：（1）侵犯商业秘密案件，尤其是侵犯技术秘密案件的事实查明难度大，法律适用较为疑难复杂。司法实践中，人民法院在民事案件中认定权利人请求保护的信息不构成商业秘密，或者被诉侵权人不构成侵权，但相关刑事案件中认定被诉侵权人构成犯罪的"倒挂"的现象客观存在。（2）是否中止民事案件，需要考虑权利人有权通过民事判决及时获得司法救济，尤其是尽快判决停止侵害，及时获得侵权赔偿；必要时，还应由人民法院依法裁定采取行为保全、证据保全措施。中止民事案件有可能导致权利人难以获得充分、及时的司法救济。（3）《全国法院民商事审判工作会议纪要》（法〔2019〕254号）第130条规定："人民法院在审理民商事案件时，如果民商事案件必须以相关刑事案件的审理结果为依据，而刑事案件尚未审结的，应当根据《民事诉讼法》第一百五十条第五项[①]的规定裁定中止诉讼。待刑事案件审结后，再恢复民商事案件的审理。如果民商事案件不是必须以相关的刑事案件的审理结果为依据，则民商事案件应当继续审理。"综合考虑上述因素，《审理侵犯商业秘密民事案件的规定》第二十五条规定："……人民法院在听取当事人意见后认为必须以该刑事案件的审理结果为依据的，应予支持。"

七、由权利人明确其主张的商业秘密具体内容

商业秘密不为公众所知悉，在一审程序中，只有在权利人确定其请求保护的商业秘密具体内容（秘密点）后，被诉侵权人才能有针对性地答辩和举证，人民法院才能相应地确定审理范围，安排好审理进度。司法实践中，权利人在诉讼程序中反复变更其主张的商业秘密具体内容，或者在二审甚至再审程序中仍然主张变更的情况并不鲜见。

《审理侵犯商业秘密民事案件的规定》第二十七条第一款规定："权利人应当在一审法庭辩论结束前明确所主张的商业秘密具体内容。仅能明确部分的，人民法院对该明确的部分进行审理。"关于时间点的选择，主要考虑是，根据《民事诉讼法解释》第二百三十二条的规定，原告可以在一审法庭辩论结束前增加诉讼请求，故规定为"一审法庭辩论结束前"。有意见建议增加有关"权利人在一审法庭辩论终结前请求变更、增加其主张的商业秘密具体内容，人民法院可以准许"的规定，鉴于《审理侵犯商业秘密民事案件的规定》第二十七条一款能够涵盖此情形，故未再作出相关规定。对于当事人在一审中不能明确的部分，人民法院可以不予审理，对当事人的相关主张及诉讼请求不予支持。

---

① 现为《民事诉讼法》（2023年修正）第一百五十三条第五项。

关于第二审程序，《民事诉讼法解释》第三百二十八条[①]规定："在第二审程序中，原审原告增加独立的诉讼请求或者原审被告提出反诉的，第二审人民法院可以根据当事人自愿的原则就新增加的诉讼请求或者反诉进行调解；调解不成的，告知当事人另行起诉。双方当事人同意由第二审人民法院一并审理的，第二审人民法院可以一并裁判。"权利人在二审程序中另行主张其在一审中未明确的商业秘密具体内容的，性质上与二审中增加独立的诉讼请求类似，故《审理侵犯商业秘密民事案件的规定》第二十七条第二款规定第二审人民法院可以先根据当事人自愿的原则进行调解；调解不成的，告知当事人另行起诉。双方当事人均同意由第二审人民法院一并审理的，可以一并裁判。

（撰稿人：林广海　李　剑　杜微科）

最高人民法院
关于审查知识产权纠纷行为保全案件适用法律若干问题的规定

法释〔2018〕21号

（2018年11月26日最高人民法院审判委员会第1755次会议通过
2018年12月12日最高人民法院公告公布　自2019年1月1日起施行）

为正确审查知识产权纠纷行为保全案件，及时有效保护当事人的合法权益，根据《中华人民共和国民事诉讼法》《中华人民共和国专利法》《中华人民共和国商标法》《中华人民共和国著作权法》等有关法律规定，结合审判、执行工作实际，制定本规定。

第一条　本规定中的知识产权纠纷是指《民事案件案由规定》中的知识

① 现为《最高人民法院关于适用〈中华人民共和国民事诉讼法〉的解释》（2022年修正）第三百二十六条。

产权与竞争纠纷。

第二条 知识产权纠纷的当事人在判决、裁定或者仲裁裁决生效前，依据民事诉讼法第一百条[①]、第一百零一条[②]规定申请行为保全的，人民法院应当受理。

知识产权许可合同的被许可人申请诉前责令停止侵害知识产权行为的，独占许可合同的被许可人可以单独向人民法院提出申请；排他许可合同的被许可人在权利人不申请的情况下，可以单独提出申请；普通许可合同的被许可人经权利人明确授权以自己的名义起诉的，可以单独提出申请。

第三条 申请诉前行为保全，应当向被申请人住所地具有相应知识产权纠纷管辖权的人民法院或者对案件具有管辖权的人民法院提出。

当事人约定仲裁的，应当向前款规定的人民法院申请行为保全。

第四条 向人民法院申请行为保全，应当递交申请书和相应证据。申请书应当载明下列事项：

（一）申请人与被申请人的身份、送达地址、联系方式；

（二）申请采取行为保全措施的内容和期限；

（三）申请所依据的事实、理由，包括被申请人的行为将会使申请人的合法权益受到难以弥补的损害或者造成案件裁决难以执行等损害的具体说明；

（四）为行为保全提供担保的财产信息或资信证明，或者不需要提供担保的理由；

（五）其他需要载明的事项。

第五条 人民法院裁定采取行为保全措施前，应当询问申请人和被申请人，但因情况紧急或者询问可能影响保全措施执行等情形除外。

人民法院裁定采取行为保全措施或者裁定驳回申请的，应当向申请人、被申请人送达裁定书。向被申请人送达裁定书可能影响采取保全措施的，人民法院可以在采取保全措施后及时向被申请人送达裁定书，至迟不得超过五日。

当事人在仲裁过程中申请行为保全的，应当通过仲裁机构向人民法院提

---

① 现为《民事诉讼法》（2023 年修正）第一百零三条。

② 现为《民事诉讼法》（2023 年修正）第一百零四条。

交申请书、仲裁案件受理通知书等相关材料。人民法院裁定采取行为保全措施或者裁定驳回申请的，应当将裁定书送达当事人，并通知仲裁机构。

第六条 有下列情况之一，不立即采取行为保全措施即足以损害申请人利益的，应当认定属于民事诉讼法第一百条、第一百零一条规定的“情况紧急”：

（一）申请人的商业秘密即将被非法披露；

（二）申请人的发表权、隐私权等人身权利即将受到侵害；

（三）诉争的知识产权即将被非法处分；

（四）申请人的知识产权在展销会等时效性较强的场合正在或者即将受到侵害；

（五）时效性较强的热播节目正在或者即将受到侵害；

（六）其他需要立即采取行为保全措施的情况。

第七条 人民法院审查行为保全申请，应当综合考量下列因素：

（一）申请人的请求是否具有事实基础和法律依据，包括请求保护的知识产权效力是否稳定；

（二）不采取行为保全措施是否会使申请人的合法权益受到难以弥补的损害或者造成案件裁决难以执行等损害；

（三）不采取行为保全措施对申请人造成的损害是否超过采取行为保全措施对被申请人造成的损害；

（四）采取行为保全措施是否损害社会公共利益；

（五）其他应当考量的因素。

第八条 人民法院审查判断申请人请求保护的知识产权效力是否稳定，应当综合考量下列因素：

（一）所涉权利的类型或者属性；

（二）所涉权利是否经过实质审查；

（三）所涉权利是否处于宣告无效或者撤销程序中以及被宣告无效或者撤销的可能性；

（四）所涉权利是否存在权属争议；

（五）其他可能导致所涉权利效力不稳定的因素。

第九条 申请人以实用新型或者外观设计专利权为依据申请行为保全的，

应当提交由国务院专利行政部门作出的检索报告、专利权评价报告或者专利复审委员会维持该专利权有效的决定。申请人无正当理由拒不提交的，人民法院应当裁定驳回其申请。

第十条 在知识产权与不正当竞争纠纷行为保全案件中，有下列情形之一的，应当认定属于民事诉讼法第一百零一条规定的“难以弥补的损害”：

（一）被申请人的行为将会侵害申请人享有的商誉或者发表权、隐私权等人身性质的权利且造成无法挽回的损害；

（二）被申请人的行为将会导致侵权行为难以控制且显著增加申请人损害；

（三）被申请人的侵害行为将会导致申请人的相关市场份额明显减少；

（四）对申请人造成其他难以弥补的损害。

第十一条 申请人申请行为保全的，应当依法提供担保。

申请人提供的担保数额，应当相当于被申请人可能因执行行为保全措施所遭受的损失，包括责令停止侵权行为所涉产品的销售收益、保管费用等合理损失。

在执行行为保全措施过程中，被申请人可能因此遭受的损失超过申请人担保数额的，人民法院可以责令申请人追加相应的担保。申请人拒不追加的，可以裁定解除或者部分解除保全措施。

第十二条 人民法院采取的行为保全措施，一般不因被申请人提供担保而解除，但是申请人同意的除外。

第十三条 人民法院裁定采取行为保全措施的，应当根据申请人的请求或者案件具体情况等因素合理确定保全措施的期限。

裁定停止侵害知识产权行为的效力，一般应当维持至案件裁判生效时止。

人民法院根据申请人的请求、追加担保等情况，可以裁定继续采取保全措施。申请人请求续行保全措施的，应当在期限届满前七日内提出。

第十四条 当事人不服行为保全裁定申请复议的，人民法院应当在收到复议申请后十日内审查并作出裁定。

第十五条 人民法院采取行为保全的方法和措施，依照执行程序相关规定处理。

第十六条　有下列情形之一的，应当认定属于民事诉讼法第一百零五条[①]规定的“申请有错误”：

（一）申请人在采取行为保全措施后三十日内不依法提起诉讼或者申请仲裁；

（二）行为保全措施因请求保护的知识产权被宣告无效等原因自始不当；

（三）申请责令被申请人停止侵害知识产权或者不正当竞争，但生效裁判认定不构成侵权或者不正当竞争；

（四）其他属于申请有错误的情形。

第十七条　当事人申请解除行为保全措施，人民法院收到申请后经审查符合《最高人民法院关于适用〈中华人民共和国民事诉讼法〉的解释》第一百六十六条规定的情形的，应当在五日内裁定解除。

申请人撤回行为保全申请或者申请解除行为保全措施的，不因此免除民事诉讼法第一百零五条规定的赔偿责任。

第十八条　被申请人依据民事诉讼法第一百零五条规定提起赔偿诉讼，申请人申请诉前行为保全后没有起诉或者当事人约定仲裁的，由采取保全措施的人民法院管辖；申请人已经起诉的，由受理起诉的人民法院管辖。

第十九条　申请人同时申请行为保全、财产保全或者证据保全的，人民法院应当依法分别审查不同类型保全申请是否符合条件，并作出裁定。

为避免被申请人实施转移财产、毁灭证据等行为致使保全目的无法实现，人民法院可以根据案件具体情况决定不同类型保全措施的执行顺序。

第二十条　申请人申请行为保全，应当依照《诉讼费用交纳办法》关于申请采取行为保全措施的规定交纳申请费。

第二十一条　本规定自2019年1月1日起施行。最高人民法院以前发布的相关司法解释与本规定不一致的，以本规定为准。

---

① 现为《民事诉讼法》（2023年修正）第一百零八条。

【导读及适用要点】

一、关于适用范围

在2012年修正的《民事诉讼法》之前，知识产权领域的行为保全主要适用于诉前责令停止侵害知识产权行为的侵权纠纷，具体制度内容体现在两个诉前停止侵权司法解释。《最高人民法院关于审查知识产权纠纷行为保全案件适用法律若干问题的规定》(以下简称《行为保全规定》)作为规范知识产权纠纷行为保全案件的司法解释，其不仅调整责令停止侵害知识产权行为这种保全类型，而且调整所有因知识产权纠纷引发的行为保全案件。《行为保全规定》第一条规定："本规定中的知识产权纠纷是指《民事案件案由规定》中的知识产权与竞争纠纷。"《民事案件案由规定》第五部分的标题即为知识产权与竞争纠纷，具体包括知识产权合同、权属、侵权纠纷以及不正当竞争纠纷、垄断纠纷。

《行为保全规定》主要规定了依申请采取行为保全措施的相关内容。根据《民事诉讼法》第一百条①的规定，当事人没有提出申请的，人民法院在必要时也可以裁定采取保全措施。因此，人民法院依职权采取行为保全措施，也适用本规定。

二、关于申请主体

《行为保全规定》第二条第一款规定的知识产权纠纷的当事人，既包括已经起诉的当事人，也包括尚未起诉的潜在当事人。只要能够成为知识产权纠纷的当事人，即有权就相关知识产权纠纷申请行为保全。需要说明的是，根据《民事诉讼法》第一百零一条②的规定，诉前行为保全的申请人是利害关系人，其在起诉后成为案件的当事人。为了避免与专利法等知识产权法律法规中规定的利害关系人相混淆，《行为保全规定》未使用"利害关系人"的

① 现为《民事诉讼法》(2023年修正)第一百零三条。
② 现为《民事诉讼法》(2023年修正)第一百零四条。

概念。

《行为保全规定》第二条第二款是关于知识产权许可合同的被许可人申请诉前责令停止侵害知识产权条件的规定。《最高人民法院关于对诉前停止侵犯专利权行为适用法律问题的若干规定》（以下简称《专利诉前停止侵权司法解释》）和《最高人民法院关于诉前停止侵犯注册商标专用权行为和保全证据适用法律问题的解释》（以下简称《商标诉前停止侵权司法解释》）两个诉前停止侵权司法解释第一条分别规定了独占被许可人、排他被许可人可以申请诉前停止侵权。《最高人民法院关于审理商标民事纠纷案件适用法律若干问题的解释》第四条规定，在发生注册商标专用权被侵害时，普通使用许可合同的被许可人经商标注册人明确授权，可以提起诉讼。最高人民法院在相关案件中已经认定专利普通许可合同的被许可人可以提起专利侵权诉讼。在此基础上，《行为保全规定》第二条第二款规定，普通许可合同的被许可人经权利人明确授权以自己的名义起诉的，可以单独提出申请。至于知识产权被许可人在合同、权属等其他类型知识产权纠纷中是否有权申请行为保全，取决于其在该知识产权纠纷中是否具有当事人地位。

三、关于管辖法院

根据《民事诉讼法》第一百条的规定，诉中保全应当向受理诉讼的法院，或者更准确地说应当是正在审理相关诉讼的法院（包括一审、二审和再审法院）提出申请，因此，不存在确定管辖法院的问题。根据《民事诉讼法》第一百零一条的规定，诉前保全应当向被保全财产所在地、被申请人住所地或者对案件有管辖权的人民法院申请。考虑到被保全财产所在地的人民法院应当是针对财产保全申请，《行为保全规定》第三条关于诉前行为保全管辖法院的规定只保留了后两个连结点。鉴于知识产权纠纷实行指定管辖和集中管辖，该条对被申请人住所地人民法院这一连结点增加了具有相应知识产权纠纷管辖权的限定。

知识产权纠纷的当事人如果就相关纠纷约定了仲裁，在申请仲裁前或者申请仲裁之后仲裁裁决作出前申请行为保全的，根据《行为保全规定》第三条第二款规定，应当向该条第一款规定的人民法院申请，也就是向知识产权纠纷的当事人没有约定以仲裁方式解决纠纷的情况下对该纠纷有管辖权的人民法院申请。

此外，如果知识产权纠纷的当事人约定了管辖法院，诉前行为保全申请也应当向《行为保全规定》第三条第一款规定的人民法院提出。双方约定的管辖法院本身是对案件具有管辖权的法院，当然有权受理诉前行为保全申请。

四、关于申请书的要求

《行为保全规定》第四条关于申请书及载明事项的规定承继了两个诉前停止侵权司法解释第三条规定的内容。该条第二项中规定的“申请采取行为保全措施的内容”，是指申请人请求人民法院责令被申请人作出一定行为或者禁止被申请人作出一定行为的具体内容。该条第三项规定的“申请所依据的事实、理由”，是对《民事诉讼法》第一百条和第一百零一条所规定的申请行为保全的前提条件的合并概括。其中，该条第三项规定的“被申请人的行为”，是指《民事诉讼法》第一百条规定的“当事人一方的行为”，即行为保全措施针对的对象，也是引发行为保全的原因，该行为包括作为和不作为。例如，在技术委托开发合同纠纷中，受托人超过合同约定时间不提交委托开发成果，属于不作为，委托人可申请责令受托人交付委托开发成果。根据《民事诉讼法》第一百条的规定，引发行为保全还包括其他原因。《行为保全规定》第四条第三项未写出其他原因，是出于文字简洁的考虑。该条第三项规定的“造成案件裁决难以执行等损害”，是对《民事诉讼法》第一百条规定的“使判决难以执行或者造成当事人其他损害”的概括。

两个诉前停止侵权司法解释对申请人应当提交的证据作出了规定，《行为保全规定》对此未作具体规定。《行为保全规定》第七条至第十条等关于行为保全必要性考量因素的规定可以指导当事人提供证据。

五、关于审查程序、裁定书送达及仲裁过程中申请行为保全的规定

两个诉前停止侵权司法解释和《民事诉讼法》对于行为保全申请的审查和措施的采取没有要求必须听取双方当事人意见，也没有要求区分不同情况采取不同审查方式。两个诉前停止侵权司法解释总体上采取了先作出裁定再在复议中听取被申请人意见的做法。这是出于迅速和保密的需要而对行为保全申请采取了事后审查方式。从知识产权纠纷行为保全案件的司法实践看，

鉴于知识产权案件的复杂性，人民法院倾向于经过询问再裁定是否采取措施，除非因为情况紧急无法询问或者询问可能影响行为保全措施的执行。在总结司法实践经验和借鉴域外相关规定的基础上，同时考虑到行为保全措施对双方当事人利益影响重大，《行为保全规定》第五条第一款规定，人民法院裁定采取行为保全措施前，应当询问申请人和被申请人，但因情况紧急或者询问可能影响保全措施执行等情形除外。也就是说，行为保全申请的审查，以询问为原则，以不询问为例外。

裁定采取保全措施的，在保全裁定执行之前一般应当向双方当事人送达裁定书。但是，如果送达可能影响采取保全措施的，根据《行为保全规定》第五条第二款，也可以在采取保全措施后 5 日内及时向被申请人送达裁定。如对于责令被申请人不得处分诉争商标的保全裁定，被申请人知悉后可能私自转让诉争商标。对此，人民法院可以先不向被申请人送达保全裁定，而是先向核准注册商标转让的商标行政部门送达协助执行通知书，然后再向被申请人送达保全裁定，从而避免被申请人逃避执行保全裁定。对于驳回保全申请的，同样要求向当事人送达裁定书，以保障当事人及时申请复议的权利。

《行为保全规定》第五条第三款是对仲裁过程中申请行为保全的要求，即通过仲裁机构向人民法院提交申请书等相关材料，与《最高人民法院关于人民法院办理财产保全案件若干问题的规定》第三条保持了一致。

六、关于情况紧急的规定

根据《民事诉讼法》第一百条和第一百零一条的规定，情况紧急是申请诉前行为保全的前提，诉中行为保全申请也有属于情况紧急的；对于情况紧急下申请的行为保全，人民法院必须在接受申请后 48 小时内作出裁定。因此，《民事诉讼法》规定的 48 小时审查时限仅限于情况紧急。对于非情况紧急的诉中行为保全申请，《民事诉讼法》未明确规定审查期限，但是，人民法院也应当及时进行审查并作出裁定，否则将会影响行为保全作为一项程序性救济所本应具备的及时性。

两个诉前停止侵权司法解释第九条均规定了诉前停止侵权案件的审查期限，即人民法院接受停止侵权的申请后，经审查符合该司法解释第四条的，应在48小时内作出书面裁定。2008年修正的《专利法》第六十六条[①]第三款和《专利诉前停止侵权司法解释》第九条第二款对48小时的审查期限作出了变通规定。在《行为保全规定》的起草和调研过程中，各地法院普遍认为，对于很多诉前责令停止侵权的申请，无法在48小时内完成审查并作出裁定。2012年修订的《民事诉讼法》将情况紧急作为48小时审查时间要求的前提，解决了48小时的严格审查期限所带来的问题。与此同时带来的新问题是，如何认定情况紧急？

《行为保全规定》第六条在总结行为保全司法实战经验的基础上列举了属于情况紧急的几种情况。由于情况紧急下的行为保全申请，人民法院应当在48小时内作出裁定，因此，《行为保全规定》第六条在列举的同时也明确了情况紧急应当是不立即采取保全措施压即足以损害申请人利益的情况。

七、关于行为保全必要性的考量因素

《行为保全规定》第七条至第十条是关于行为保全必要性考量因素的规定，其中第七条是需要考量的所有因素，第八条至第十条是对第七条中相关因素的进一步解释。两个诉前停止侵权司法解释第十一条规定了对当事人不服保全裁定的复议申请进行审查时应当考量的四项因素，《行为保全规定》第七条规定的第一项、第二项、第四项因素包含其中。

关于《行为保全规定》第七条规定的第一项因素。两个诉前停止侵权司法解释中规定的第一项因素为被申请人正在实施或者即将实施的行为是否构成侵犯专利权或者注册商标专用权，该因素的法律依据为2000年修正的《专利法》第六十一条[②]和2001年修正的《商标法》第五十七条[③]。由于在诉讼尚未启动或者案件尚未审理终结之前，人民法院难以判断一方当事人的行为是否构成侵权，因此该因素被有意无意地解释为侵权可能性或者胜诉可能性。《行为保全规定》第七条第一项将该因素规定为“申请人的请求是否具有事实基础和法律依据，包括请求保护的知识产权效力是否稳定”。在司法实践中判断申请人的请求是否具有事实基础和法律依据，主要还是判断申请人的请

① 现为《专利法》(2020年修正)第七十二条。
② 现为《专利法》(2020年修正)第七十二条。
③ 现为《商标法》(2019年修正)第六十五条。

求是否具有胜诉可能性。考虑到行为保全裁定属于程序性裁定，而且《民事诉讼法》第一百条和第一百零一条规定本身也含有可能的因素，因此，适用《行为保全规定》审查行为保全申请时，对于胜诉可能性的程度把握达到优势可能性即可。此外，第一项因素中的“包括请求保护的知识产权效力是否稳定”适用于申请行为保全旨在保护知识产权或者其依据是知识产权的情况，如申请责令停止侵害知识产权，应当考虑请求保护的知识产权效力是否稳定。《行为保全规定》第八条进一步规定了在审查判断知识产权效力是否稳定时应当综合考量的具体因素。对于旨在维护公平竞争秩序而非保护知识产权的行为保全申请，无法考量也无须考量知识产权效力是否稳定。

关于第二项因素，即不采取行为保全措施是否会使申请人的合法权益受到难以弥补的损害或者造成案件裁决难以执行等损害。该因素是对《民事诉讼法》第一百零一条规定的诉前保全的前提条件（使申请人的合法权益受到难以弥补的损害）和《民事诉讼法》第一百条规定的诉中保全的前提条件（使判决难以执行或者造成当事人其他损害）的合并概括规定，其中，案件裁决不仅包括法院判决，还包括仲裁裁决。

关于第三项因素，即不采取行为保全措施对申请人造成的损害是否超过采取行为保全措施对被申请人造成的损害。早在2005年，最高人民法院就关注如何处理好诉前责令停止侵权行为与防止权利滥用之间的平衡，注重考量不采取禁令对申请人造成的损害是否会严重于采取禁令可能对被申请人产生的损害。人民法院在知识产权侵权纠纷中判决停止侵权时也会衡量双方利益得失。在总结司法实践经验的基础上，《行为保全规定》第七条第三项规定了双方利益的衡量这一考量因素。

关于第四项因素，即采取行为保全措施是否损害社会公共利益。该因素已经为《最高人民法院关于当前经济形势下知识产权审判服务大局若干问题的意见》（法发〔2009〕23号）所明确。该意见指出，人民法院应当严格审查被申请人的社会公共利益抗辩，一般只有在涉及公众健康、环保以及其他重大社会利益的情况下才予考虑。

《行为保全规定》第九条是关于依据实用新型和外观设计专利权申请行为保全相关要求的规定。在我国现行专利审查制度中，实用新型和外观设计专利均不经过实质审查，容易被他人向专利复审委员会请求宣告无效，因此其效力稳定性差。基于此考虑,《行为保全规定》第九条对依据此两类专利权申请行为保全提出特殊要求，即提交相关检索报告、专利权评价报告或者专利复审委员会维持该专利权有效的决定。这样可以防止相关专利权人滥用权利申请行为保全。

《行为保全规定》第十条是关于如何认定难以弥补的损害的规定。《最高人民法院关于当前经济形势下知识产权审判服务大局若干问题的意见》(法发〔2009〕23号)曾经提出明确要求:“在认定是否会对申请人造成难以弥补的损害时，应当重点考虑有关损害是否可以通过金钱赔偿予以弥补以及是否有可执行的合理预期。”《行为保全规定》第十条在总结司法实践经验的基础上列举了在知识产权与不正当竞争纠纷行为保全案件中属于难以弥补的损害的情形，其中，第一项具体情形是被申请人的行为将会侵害申请人享有的商誉或者发表权、隐私权等人身性质的权利且造成无法挽回的损害，该情形主要是指金钱赔偿无法弥补的情形；第二项与第三项具体情形分别为被申请人的行为将会导致侵权行为难以控制且增加申请人损害与被申请人的侵害行为将会导致申请人相关市场份额明显减少，此两项情形往往导致申请人市场竞争优势或者商业机会的严重丧失，虽然可以通过金钱予以赔偿，但是申请人的损失非常大或者非常复杂，以至于无法准确计算其数额，也属于难以弥补的损害；第四项情形属于兜底情形，可以在具体案件中进行探索予以明确。

我国《民事诉讼法》对于财产保全和行为保全在条文规范上采用了根据保全启动时间的不同进行合并规定的模式，即第一百条规定诉中财产保全和诉中行为保全，第一百零一条规定诉前财产保全和诉前行为保全。在此模式下,《民事诉讼法》对于相同时间阶段的财产保全与行为保全的必要性条件的规定在字面表述上是一致的。德国、日本、韩国等国家是将保全分成假扣押与假处分两种类型，根据保全针对对象的不同对保全进行分类进而规定不同的保全必要性条件，保全必要性与保全启动时间无关。根据《民事诉讼法》第一百条的规定，诉中行为保全的必要性是“可能因当事人一方的行为或者其他原因。使判决难以执行或者造成当事人其他损害”。根据《民事诉讼法》第一百零一条的规定，诉前行为保全的必要性是“因情况紧急，不立即申请保全将会使其合法权益受到难以弥补的损害”。从《民事诉讼法》的字面规定来看，我国诉中行为保全与诉前行为保全的必要性条件即给申请人造成的损害是不一致的。此外，诉前行为保全的前提是情况紧急，而诉中行为保全并未一律要求情况紧急。由于行为保全的启动时间不同，诉前行为保全的必要性条件应当比诉中行为保全的必要性条件更为严格。但在司法实践中，两种行为保全的必要性条件即给当事人造成的损害，可能并不容易区分。当然，随着诉讼进程的推进，由于法院审查双方当事人相关信息更加全面深入，对上述因素更容易作出准确的判断。在调研过程中，也有法院提出两种行为保全的考量因素应当适用相同标准。在司法实践中，知识产权权利人在申请诉中行为保全或者人民法院在裁定支持诉中行为保全时也有不自觉地将难以弥补的损害作为理由的情况。综上考虑，《行为保全规定》仅通过第十条规定了如何判断诉前行为保全的必要性条件即难以弥补的损害，对于诉中行为保全的必要性条件即“使判决难以执行或者造成当事人其他损害”的认定未作规定，人民法院可以参考关于难以弥补的损害的判断规则。这样就可以将诉前行为保全与诉中行为保全的必要性条件协调一致起来，增加了当事人权利救济的便利性和司法解释的可操作性。

八、关于申请人的担保

《行为保全规定》第十一条第一款规定：“申请人申请行为保全的，应当依法提供担保。”上述规定中的依法，首先是指依据《民事诉讼法》第九章有关保全申请中申请人提供相保的规定，如《民事诉讼法》第一百零一条明确要求申请诉前保全应当提供担保，而《民事诉讼法》第一百条关于申请诉中保全的规定只是要求人民法院可以责令申请人提供担保；其次是指其他法律法规或者司法解释对提供相保有要求的，申请人也应当遵守。

《行为保全规定》第十一条第二款是关于如何确定申请人提供的担保数额的规定，该规定是执行 TRIPs 协议要求的具体体现。TRIPs 协议第五十条之三规定，司法当局应有权责令申请人提供足以保护被申请人和防止申请人滥用权利的诉讼保证金，或提供与之相当的担保。上述要求实际上明确了申请人提供的担保是为了在此后申请保全被认定为有错误的情况下赔偿被申请人因执行行为保全措施所遭受的损失。两个诉前停止侵权司法解释第六条关于担保范围的规定已经体现了上述要求的精神。《行为保全规定》第十一条第二款规定明确了确定行为保全申请人应当提供的担保数额的基本原则，即要求申请人提供的担保相当于被申请人可能因执行保全措施所遭受的损失，其中，在请求停止侵害知识产权的行为保全申请中，此类损失即责令停止侵权行为所涉产品的销售收益、保管费用等合理损失。

九、关于被申请人担保与行为保全措施的解除

《行为保全规定》第十二条规定："人民法院采取的行为保全措施、一般不因被申请人提供担保而解除，但是申请人同意的除外。"该条基本沿用了两个诉前停止侵权司法解释第八条的规定。知识产权纠纷与因物权、债权等财产性权利引发的纠纷不同，知识产权纠纷的裁判关注实施知识产权或者其他经营行为的合法性，因此而提出的行为保全申请针对的是知识产权纠纷的诉讼标的，是否采取保全措施对双方当事人利益影响比较重大，因此，不宜因被申请人提供担保而解除保全措施。该条也与《最高人民法院关于人民法院办理财产保全案件若干问题的规定》第二十二条关于"被保全人请求对作为争议标的的财产解除保全的，须经申请保全人同意"的规定精神保持了一致。

十、关于行为保全措施期限的规定

《行为保全规定》第十三条是关于行为保全措施期限的规定，其中，第一款是关于确定保全措施期限的一般规定，第二款针对最为普遍的一种保全类型即责令停止侵害知识产权行为保全措施，规定了可能确定的最长期限即一般应当维持至案件裁判生效时止。在实践中，从责令停止侵害知识产权保全裁定主文本身的内容来看，有的会写明"效力维持至本案判决生效日止"；而很多裁定基本上不写明期限，但实际上裁定的效力一般应当维持至案件的实体裁判生效时止，而裁定的效力即决定了保全措施的期限。基于这一点《行为保全规定》第十三条第二款并未区分采取保全措施裁定的效力期限与保全措施本身的期限。

十一、关于不服保全裁定的复议

《民事诉讼法》第一百零八条[①]规定："当事人对保全或者先予执行的裁定

① 现为《民事诉讼法》(2023年修正)第一百一十一条。

不服的，可以申请复议一次。复议期间不停止裁定的执行。"《民事诉讼法解释》第一百七十一条规定："当事人对保全或者先予执行裁定不服的，可以自收到裁定书之日起五日内向作出裁定的人民法院申请复议。人民法院应当在收到复议申请后十日内审查。裁定正确的，驳回当事人的申请；裁定不当的，变更或者撤销原裁定。"上述两条规定中的保全裁定既包括采取保全措施的保全裁定，也包括驳回申请的保全裁定。在上述规定基础上，《行为保全规定》第十四条进一步规定："当事人不服行为保全裁定申请复议的，人民法院应当在收到复议申请后十日内审查并作出裁定。"该条明确了不服保全裁定申请复议的文书处理形式应当为裁定。此前，对于驳回复议申请的，有法院采用了决定书的形式。与决定相比，裁定应当向社会公开，公开既便于社会公众的监督，也有利于总结交流行为保全实践经验。对于不服行为保全裁定申请复议的审查，人民法院同样应当依据《行为保全规定》第七条至第十条关于行为保全必要性考量因素等规定进行。

十二、关于行为保全裁定的执行

从措施的性质和目的来看，民事行为保全措施在很大程度上相当于生效裁判的提前强制执行。但民事行为保全程序不仅包括保全措施的执行程序，还包括对保全申请进行审查以判断是否采取保全措施的程序，即形成保全措施执行依据的程序。我国《民事诉讼法》分别使用专章对保全程序和强制执行程序进行了规定，在保全程序中仅规定裁定采取保全措施的应当立即开始执行，对可以采取的具体措施未作规定。《民事诉讼法解释》第一百五十六条规定："人民法院采取财产保全的方法和措施，依照执行程序相关规定办理。"借鉴上述规定，《行为保全规定》第十五条规定："人民法院采取行为保全的方法和措施，依照执行程序相关规定办理。"此外，对于被申请人拒不履行行为保全裁定的，人民法院可以依照《民事诉讼法》第一百一十一条[①]的规定采取民事强制措施。

① 现为《民事诉讼法》（2023 年修正）第一百一十四条。

十三、关于申请有错误与保全措施的解除

1. 申请有错误的认定

《行为保全规定》第十六条对《民事诉讼法》第一百零五条[①]规定的“申请有错误”进行了解释。其中，前三项是具体情形，采用了客观归责原则，不考虑申请人的主观过错，第四项是兜底规定，当然也应当遵循同样原则。之所以采取客观归责原则，主要是基于以下考虑：第一，国际公约对于知识产权执法中的临时措施也采取严格责任。TRIPs 协议第五十条之七规定：“如果临时措施被撤销，或如果因申请人的任何行为或疏忽失效，或如果事后发现始终不存在对知识产权的侵犯或侵权威胁，则根据被告请求，司法当局应有权责令申请人就有关的临时措施给被告造成的任何损害向被告提供适当赔偿。”第二，保全程序作为普通救济程序的补充，要求及时作出判断，本身具有一定的判断失误的风险，申请人作为保全措施的发动者和受益人，应当对因此而给被申请人造成的损失承担赔偿责任。让申请人承担严格责任，有助于申请人在发动保全程序时慎重行事，减少由于滥诉而给他人造成的损害，亦符合通常理解的公平观念。司法实践中已经有生效裁判明确了申请人最终败诉是申请有错误的认定标准之一。第三，从境外经验看，临时禁令被认定错误的情形通常亦不以主观过错为要件。例如，请求保护的专利权被宣告无效，请求保护的专利权存在权属纠纷并被认定不属于原告所有，请求保护的专利权有效但被告的行为并不构成侵权等，并不考虑过错。第四，行为保全与财产保全的性质有根本区别。行为保全在很大程度上相当于生效裁判的提前强制执行，是申请人权利的提前救济，如果申请人的请求未得到生效裁判的支持，则意味着申请行为保全存在错误；而财产保全仅仅是履行生效裁判的保障。相对于财产保全，行为保全对被申请人利益影响重大，故行为保全申请有错误应当采用客观归责原则，不宜采用财产保全申请有错误的认定中适用的过错归责原则。

根据《行为保全规定》第十六条，属于申请有错误的第一项具体情形是，申请人在采取行为保全措施后 30 日内不依法提起诉讼或者申请仲裁。《民事

---

① 现为《民事诉讼法》（2023 年修正）第一百零八条。

诉讼法》第一百零一条第三款规定，申请人在人民法院采取保全措施后30日内不依法提起诉讼或者申请仲裁的，人民法院应当解除保全。在这种情形下，被申请人已经因保全措施遭受了损失，而申请人未提起诉讼或者申请仲裁，申请人的请求也无法依据生效裁判判断是否应当得到支持。为督促申请人实质解决双方争议，同时也防止申请人滥用诉权，《行为保全规定》第十六条第一项将申请人未在《民事诉讼法》规定的时间内提起诉讼或者申请仲裁作为申请有错误的一种情形。

属于申请有错误的第二项具体情形是，行为保全措施因请求保护的知识产权被宣告无效等原因自始不当。行为保全措施自始不当属于申请有错误，在字面上比较容易理解。但是，还需要进一步明确何为自始不当。该项规定仅写明了自始不当中最常见的一种，即请求保护的知识产权被宣告无效。在适用该项规定时，需要注意与《专利法》第四十七条关于宣告专利权无效的决定对于此前人民法院已经作出并已执行的专利侵权判决等不具有追溯力的规定的协调。在法院依申请采取了责令停止侵害专利权的行为保全措施的情况下，如果涉案专利权在案件实体裁判前被宣告无效，案件实体裁判最终判定不构成侵权，则根据《行为保全规定》第十六条第二项或者第三项，均属于申请有错误；如果涉案专利权在案件实体裁判后被宣告无效，且案件实体裁判最终判定侵权成立并且已经执行，宣告专利权无效的决定对案件实体裁判不具有溯及力，已经采取的责令停止侵害专利权的行为保全措施被判定侵权成立的案件实体裁判所吸收，不属于申请有错误。

属于申请有错误的第三项具体情形是，申请责令被申请人停止侵害知识产权或者不正当竞争，但生效裁判认定不构成侵权或者不正当竞争。该项规定在起草过程中曾经先后规定为“申请人在本案生效裁判中败诉（另一方案：申请人在本案生效裁判中与行为保全有关的请求未得到支持）”与“申请人的起诉或者诉讼请求、仲裁请求被生效裁判驳回”。之所以修改为目前的表述，主要有两点考虑：一是以前表述的规定在部分诉请被支持、部分诉请被驳回的情况下如何适用有争议；二是已经因申请有错误而引发的赔偿诉讼基本发生在知识产权侵权领域，垄断领域尚没有此类案件发生，以前表述的规定在垄断纠纷行为保全案件领域适用的前景难以判断。当然，修改后的该条并不意味着在其他领域如知识权属纠纷、合同纠纷、垄断纠纷中，排除申请有错误的认定适用客观归责原则。

2．申请有错误与解除保全措施的关系

《行为保全规定》第十六条规定了属于申请行为保全有错误的具体情形。第十七条是关于行为保全措施解除的规定，根据该条规定，法院经审查，只要符合《民事诉讼法解释》第一百六十六条规定的情形，就应当在5日内裁定解除。这就与《民事诉讼法解释》关于解除保全（包括财产保全和行为保全）的具体情形的规定很好地衔接起来。《民事诉讼法解释》第一百六十六条规定："裁定采取保全措施后，有下列情形之一的，人民法院应当作出解除保全裁定：（一）保全错误的；（二）申请人撤回保全申请的；（三）申请人的起诉或者诉讼请求被生效裁判驳回的；（四）人民法院认为应当解除保全的其他情形。解除以登记方式实施的保全措施的，应当向登记机关发出协助执行通知书。"上述规定中的保全错误的应当包括申请有错误，申请有错误属于保全错误的一种，因此在申请有错误的情况下，应当及时解除保全措施。鉴于双方当事人一般最先得知解除保全的事由，因此《行为保全规定》第十七条第一款规定了依当事人申请而启动解除程序，但并不排除人民法院依职权而解除保全措施。

十四、关于因申请知识产权制纠行为保全损害责任纠纷的管辖

因申请知识产权纠纷行为保全损害责任纠纷是指被申请人依据《民事诉讼法》第一百零五条规定，以申请知识产权纠纷行为保全有错误为由提起的请求申请人赔偿损失的纠纷。对于此类纠纷的管辖，《行为保全规定》第十八条规定："被申请人依据民事诉讼法第一百零五条规定提起赔偿诉讼，申请人申请诉前行为保全后没有起诉或者当事人约定仲裁的，由采取保全措施的人民法院管辖；申请人已经起诉的，由受理起诉的人民法院管辖。"该条规定与《民事诉讼法解释》第二十七条关于因申请诉前保全损害责任纠纷的管辖法院的规定在基本精神上保持了一致。

与两个诉前停止侵权司法解释第十三条规定相比，《行为保全规定》第十八条规定明确了此类纠纷的管辖法院。此外，两个诉前停止侵权司法解释第十三条规定的因申请行为保全损害责任纠纷的另一救济方式，即被申请人在申请人提起的侵权诉讼中提出损害赔偿请求，人民法院一并处理，在实践中

尚未见到，故《行为保全规定》未保留该救济方式。

十五、关于同时申请不同类型保全的处理

实践中，有同时申请行为保全、财产保全或者证据保全的情况。《民事诉讼法》对不同类型保全申请规定了不同的必要性条件，其中，《民事诉讼法》第八十一条[①]规定了证据保全的条件，第一百条和第一百零一条规定了诉中财产保全和诉中行为保全、诉前财产保全和诉前行为保全的条件。根据《行为保全规定》第十九条，人民法院应当依法分别审查不同类型保全申请是否符合条件，并作出裁定。分别审查不同类型保全申请是否符合条件，是《民事诉讼法》规定的当然要求。《行为保全规定》第十九条之所以明确规定分别审查，旨在强调厘清行为保全与财产保全、证据保全的区别。此外，实践中有的法院在一份裁定中同时支持行为保全申请和证据保全申请，这样有助于提高工作效率，因此，《行为保全规定》第十九条对同时申请不同类型保全的，并未要求分别作出裁定。

十六、关于申请费

对于申请费，《专利诉前停止侵权司法解释》第十八条和商标诉前停止侵权司法解释第十七条规定，申请人应当按照《人民法院诉讼收费办法》及其补充规定缴纳费用。2007 年 4 月 1 日起施行的《诉讼费用交纳办法》中没有对知识产权纠纷行为保全案件的申请费作出具体规定，实践中一般是按照财产保全案件收取申请费，但行为保全案件不涉及财产数额，因此收费很少，即便疑难复杂如“中国好声音”行为保全案，也只收取了 30 元案件受理费。《诉讼费用交纳办法》中关于行为保全的规定目前仅有第十四条第七项关于海事强制令的规定，即申请海事强制令的，每件交纳 1000 元至 5000 元申请费。考虑到行为保全的性质与海事强制令的性质一致，而行为保全申请审查的工作量大、时间紧、难度高，《行为保全规定》第二十条规定“申请人申请行为保全，应当依照《诉讼费用交纳办法》关于申请采取行为保全措施的规定交纳申请费。”目前就是依照关于海事强制令的规定收取费用。如果将来《诉讼

① 现为《民事诉讼法》（2023 年修正）第八十四条。

费用交纳办法》修订增加了行为保全的一般规定，则依照修订后的规定交纳申请费。

（撰稿人：宋晓明　王　闯　夏君丽　郎贵梅）

二、著作权

最高人民法院
关于审理侵害信息网络传播权民事纠纷案件适用法律若干问题的规定

（2012年11月26日最高人民法院审判委员会第1561次会议通过
根据2020年12月23日最高人民法院审判委员会第1823次会议通过的《最高人民法院关于修改〈最高人民法院关于审理侵犯专利权纠纷案件应用法律若干问题的解释（二）〉等十八件知识产权类司法解释的决定》修正）

为正确审理侵害信息网络传播权民事纠纷案件，依法保护信息网络传播权，促进信息网络产业健康发展，维护公共利益，根据《中华人民共和国民法典》《中华人民共和国著作权法》《中华人民共和国民事诉讼法》等有关法律规定，结合审判实际，制定本规定。

第一条　人民法院审理侵害信息网络传播权民事纠纷案件，在依法行使裁量权时，应当兼顾权利人、网络服务提供者和社会公众的利益。

第二条　本规定所称信息网络，包括以计算机、电视机、固定电话机、移动电话机等电子设备为终端的计算机互联网、广播电视网、固定通信网、移动通信网等信息网络，以及向公众开放的局域网络。

第三条　网络用户、网络服务提供者未经许可，通过信息网络提供权利人享有信息网络传播权的作品、表演、录音录像制品，除法律、行政法规另有规定外，人民法院应当认定其构成侵害信息网络传播权行为。

通过上传到网络服务器、设置共享文件或者利用文件分享软件等方式，将作品、表演、录音录像制品置于信息网络中，使公众能够在个人选定的时间和地点以下载、浏览或者其他方式获得的，人民法院应当认定其实施了前款规定的提供行为。

第四条　有证据证明网络服务提供者与他人以分工合作等方式共同提供作品、表演、录音录像制品，构成共同侵权行为的，人民法院应当判令其承担连带责任。网络服务提供者能够证明其仅提供自动接入、自动传输、信息存储空间、搜索、链接、文件分享技术等网络服务，主张其不构成共同侵权行为的，人民法院应予支持。

第五条　网络服务提供者以提供网页快照、缩略图等方式实质替代其他网络服务提供者向公众提供相关作品的，人民法院应当认定其构成提供行为。

前款规定的提供行为不影响相关作品的正常使用，且未不合理损害权利人对该作品的合法权益，网络服务提供者主张其未侵害信息网络传播权的，人民法院应予支持。

第六条　原告有初步证据证明网络服务提供者提供了相关作品、表演、录音录像制品，但网络服务提供者能够证明其仅提供网络服务，且无过错的，人民法院不应认定为构成侵权。

第七条　网络服务提供者在提供网络服务时教唆或者帮助网络用户实施侵害信息网络传播权行为的，人民法院应当判令其承担侵权责任。

网络服务提供者以言语、推介技术支持、奖励积分等方式诱导、鼓励网络用户实施侵害信息网络传播权行为的，人民法院应当认定其构成教唆侵权行为。

网络服务提供者明知或者应知网络用户利用网络服务侵害信息网络传播权，未采取删除、屏蔽、断开链接等必要措施，或者提供技术支持等帮助行为的，人民法院应当认定其构成帮助侵权行为。

第八条　人民法院应当根据网络服务提供者的过错，确定其是否承担教唆、帮助侵权责任。网络服务提供者的过错包括对于网络用户侵害信息网络传播权行为的明知或者应知。

网络服务提供者未对网络用户侵害信息网络传播权的行为主动进行审查

的，人民法院不应据此认定其具有过错。

网络服务提供者能够证明已采取合理、有效的技术措施，仍难以发现网络用户侵害信息网络传播权行为的，人民法院应当认定其不具有过错。

第九条 人民法院应当根据网络用户侵害信息网络传播权的具体事实是否明显，综合考虑以下因素，认定网络服务提供者是否构成应知：

（一）基于网络服务提供者提供服务的性质、方式及其引发侵权的可能性大小，应当具备的管理信息的能力；

（二）传播的作品、表演、录音录像制品的类型、知名度及侵权信息的明显程度；

（三）网络服务提供者是否主动对作品、表演、录音录像制品进行了选择、编辑、修改、推荐等；

（四）网络服务提供者是否积极采取了预防侵权的合理措施；

（五）网络服务提供者是否设置便捷程序接收侵权通知并及时对侵权通知作出合理的反应；

（六）网络服务提供者是否针对同一网络用户的重复侵权行为采取了相应的合理措施；

（七）其他相关因素。

第十条 网络服务提供者在提供网络服务时，对热播影视作品等以设置榜单、目录、索引、描述性段落、内容简介等方式进行推荐，且公众可以在其网页上直接以下载、浏览或者其他方式获得的，人民法院可以认定其应知网络用户侵害信息网络传播权。

第十一条 网络服务提供者从网络用户提供的作品、表演、录音录像制品中直接获得经济利益的，人民法院应当认定其对该网络用户侵害信息网络传播权的行为负有较高的注意义务。

网络服务提供者针对特定作品、表演、录音录像制品投放广告获取收益，或者获取与其传播的作品、表演、录音录像制品存在其他特定联系的经济利益，应当认定为前款规定的直接获得经济利益。网络服务提供者因提供网络服务而收取一般性广告费、服务费等，不属于本款规定的情形。

第十二条 有下列情形之一的，人民法院可以根据案件具体情况，认定提供信息存储空间服务的网络服务提供者应知网络用户侵害信息网络传播权：

（一）将热播影视作品等置于首页或者其他主要页面等能够为网络服务提供者明显感知的位置的；

（二）对热播影视作品等的主题、内容主动进行选择、编辑、整理、推荐，或者为其设立专门的排行榜的；

（三）其他可以明显感知相关作品、表演、录音录像制品为未经许可提供，仍未采取合理措施的情形。

第十三条　网络服务提供者接到权利人以书信、传真、电子邮件等方式提交的通知及构成侵权的初步证据，未及时根据初步证据和服务类型采取必要措施的，人民法院应当认定其明知相关侵害信息网络传播权行为。

第十四条　人民法院认定网络服务提供者转送通知、采取必要措施是否及时，应当根据权利人提交通知的形式，通知的准确程度，采取措施的难易程度，网络服务的性质，所涉作品、表演、录音录像制品的类型、知名度、数量等因素综合判断。

第十五条　侵害信息网络传播权民事纠纷案件由侵权行为地或者被告住所地人民法院管辖。侵权行为地包括实施被诉侵权行为的网络服务器、计算机终端等设备所在地。侵权行为地和被告住所地均难以确定或者在境外的，原告发现侵权内容的计算机终端等设备所在地可以视为侵权行为地。

第十六条　本规定施行之日起，《最高人民法院关于审理涉及计算机网络著作权纠纷案件适用法律若干问题的解释》（法释〔2006〕11号）同时废止。

本规定施行之后尚未终审的侵害信息网络传播权民事纠纷案件，适用本规定。本规定施行前已经终审，当事人申请再审或者按照审判监督程序决定再审的，不适用本规定。

【导读及适用要点】

一、第十三条的修改说明和理解与适用

【修改说明】

根据《民法典》第一千一百九十五条第一款、第二款的规定，本条强调

了权利人向网络服务提供者发出通知时，应当同时提供“构成侵权的初步证据”。本条增加“根据初步证据和服务类型”作为网络服务提供者采取必要措施的依据，此外，删除“删除、屏蔽、断开链接等”必要措施，直接以“必要措施”概括规定。

【理解与适用】

《民法典》第一千一百九十五条第一款规定：“网络用户利用网络服务实施侵权行为的，权利人有权通知网络服务提供者采取删除、屏蔽、断开链接等必要措施。通知应当包括构成侵权的初步证据及权利人的真实身份信息。”《信息网络传播权保护条例》第十四条规定，通知书应该包含“构成侵权的初步证明材料”。与《侵权责任法》[①]相比，《民法典》第一千一百九十五条新增了权利人“通知应当包括构成侵权的初步证据”的规定，因此，尽管《信息网络传播权保护条例》第十四条对上述规定已有体现，但在修改过程中，仍有必要对《民法典》的规定予以强调和重申。此外，第一千一百九十五条第二款规定：“网络服务提供者接到通知后，应当及时将该通知转送相关网络用户，并根据构成侵权的初步证据和服务类型采取必要措施；未及时采取必要措施的，对损害的扩大部分与该网络用户承担连带责任。”该条款明确指出，网络服务提供者可以根据“服务类型”的不同采取必要措施，但对“必要措施”并未作列举，故删除了原条文中的“删除、屏蔽、断开链接等”。

二、第十四条的修改说明和理解与适用

【修改说明】

根据《民法典》第一千一百九十五条第二款规定，增加网络服务提供者“转送通知”的认定，删除“删除、屏蔽、断开链接等”必要措施，直接以“必要措施”概括规定。

【理解与适用】

《民法典》第一千一百九十五条第二款规定：“网络服务提供者接到通知后，应当及时将该通知转送相关网络用户，并根据构成侵权的初步证据和服

① 原《侵权责任法》于2009年12月26日第十一届全国人民代表大会常务委员会第十二次会议通过。根据《民法典》第一千二百六十条的规定，《民法典》自2021年1月1日起施行，原《侵权责任法》同时废止。

务类型采取必要措施，未及时采取必要措施的，对损害的扩大部分与该网络用户承担连带责任。”为避免因接到权利人通知即采取措施带来的不利后果，该条款增加了网络服务提供者的转通知义务，明确了网络服务提供者“转送通知”及时性的判断标准，以指导司法实践。此外，由于《民法典》第一千一百九十五条并未对“必要措施”作列举，故删除了原条文中的“删除、屏蔽、断开链接等”。

［载最高人民法院民法典贯彻实施工作领导小组办公室编：《最高人民法院实施民法典清理司法解释修改条文（111 件）理解与适用》，人民法院出版社 2022 年版］

最高人民法院
关于审理著作权民事纠纷案件适用法律若干问题的解释

（2002 年 10 月 12 日最高人民法院审判委员会第 1246 次会议通过
根据 2020 年 12 月 23 日最高人民法院审判委员会第 1823 次会议通过的《最高人民法院关于修改〈最高人民法院关于审理侵犯专利权纠纷案件应用法律若干问题的解释（二）〉等十八件知识产权类司法解释的决定》修正）

为了正确审理著作权民事纠纷案件，根据《中华人民共和国民法典》《中华人民共和国著作权法》《中华人民共和国民事诉讼法》等法律的规定，就适用法律若干问题解释如下：

第一条　人民法院受理以下著作权民事纠纷案件：

（一）著作权及与著作权有关权益权属、侵权、合同纠纷案件；

（二）申请诉前停止侵害著作权、与著作权有关权益行为，申请诉前财产保全、诉前证据保全案件；

（三）其他著作权、与著作权有关权益纠纷案件。

第二条　著作权民事纠纷案件，由中级以上人民法院管辖。

各高级人民法院根据本辖区的实际情况，可以报请最高人民法院批准，由若干基层人民法院管辖第一审著作权民事纠纷案件。

第三条 对著作权行政管理部门查处的侵害著作权行为，当事人向人民法院提起诉讼追究该行为人民事责任的，人民法院应当受理。

人民法院审理已经过著作权行政管理部门处理的侵害著作权行为的民事纠纷案件，应当对案件事实进行全面审查。

第四条 因侵害著作权行为提起的民事诉讼，由著作权法第四十七条①、第四十八条②所规定侵权行为的实施地、侵权复制品储藏地或者查封扣押地、被告住所地人民法院管辖。

前款规定的侵权复制品储藏地，是指大量或者经常性储存、隐匿侵权复制品所在地；查封扣押地，是指海关、版权等行政机关依法查封、扣押侵权复制品所在地。

第五条 对涉及不同侵权行为实施地的多个被告提起的共同诉讼，原告可以选择向其中一个被告的侵权行为实施地人民法院提起诉讼；仅对其中某一被告提起的诉讼，该被告侵权行为实施地的人民法院有管辖权。

第六条 依法成立的著作权集体管理组织，根据著作权人的书面授权，以自己的名义提起诉讼，人民法院应当受理。

第七条 当事人提供的涉及著作权的底稿、原件、合法出版物、著作权登记证书、认证机构出具的证明、取得权利的合同等，可以作为证据。

在作品或者制品上署名的自然人、法人或者非法人组织视为著作权、与著作权有关权益的权利人，但有相反证明的除外。

第八条 当事人自行或者委托他人以定购、现场交易等方式购买侵权复制品而取得的实物、发票等，可以作为证据。

公证人员在未向涉嫌侵权的一方当事人表明身份的情况下，如实对另一方当事人按照前款规定的方式取得的证据和取证过程出具的公证书，应当作为证据使用，但有相反证据的除外。

第九条 著作权法第十条第（一）项规定的“公之于众”，是指著作权人

① 现为《著作权法》（2020年修正）第五十二条。
② 现为《著作权法》（2020年修正）第五十三条。

自行或者经著作权人许可将作品向不特定的人公开，但不以公众知晓为构成条件。

第十条　著作权法第十五条[①]第二款所指的作品，著作权人是自然人的，其保护期适用著作权法第二十一条[②]第一款的规定；著作权人是法人或非法人组织的，其保护期适用著作权法第二十一条第二款的规定。

第十一条　因作品署名顺序发生的纠纷，人民法院按照下列原则处理：有约定的按约定确定署名顺序；没有约定的，可以按照创作作品付出的劳动、作品排列、作者姓氏笔划等确定署名顺序。

第十二条　按照著作权法第十七条[③]规定委托作品著作权属于受托人的情形，委托人在约定的使用范围内享有使用作品的权利；双方没有约定使用作品范围的，委托人可以在委托创作的特定目的范围内免费使用该作品。

第十三条　除著作权法第十一条第三款规定的情形外，由他人执笔，本人审阅定稿并以本人名义发表的报告、讲话等作品，著作权归报告人或者讲话人享有。著作权人可以支付执笔人适当的报酬。

第十四条　当事人合意以特定人物经历为题材完成的自传体作品，当事人对著作权权属有约定的，依其约定；没有约定的，著作权归该特定人物享有，执笔人或整理人对作品完成付出劳动的，著作权人可以向其支付适当的报酬。

第十五条　由不同作者就同一题材创作的作品，作品的表达系独立完成并且有创作性的，应当认定作者各自享有独立著作权。

第十六条　通过大众传播媒介传播的单纯事实消息属于著作权法第五条第（二）项规定的时事新闻。传播报道他人采编的时事新闻，应当注明出处。

第十七条　著作权法第三十三条[④]第二款规定的转载，是指报纸、期刊登载其他报刊已发表作品的行为。转载未注明被转载作品的作者和最初登载的报刊出处的，应当承担消除影响、赔礼道歉等民事责任。

第十八条　著作权法第二十二条[⑤]第（十）项规定的室外公共场所的艺术

---

① 现为《著作权法》(2020 年修正）第十七条。
② 现为《著作权法》(2020 年修正）第二十三条。
③ 现为《著作权法》(2020 年修正）第十九条。
④ 现为《著作权法》(2020 年修正）第三十五条。
⑤ 现为《著作权法》(2020 年修正）第二十四条。

作品，是指设置或者陈列在室外社会公众活动处所的雕塑、绘画、书法等艺术作品。

对前款规定艺术作品的临摹、绘画、摄影、录像人，可以对其成果以合理的方式和范围再行使用，不构成侵权。

第十九条 出版者、制作者应当对其出版、制作有合法授权承担举证责任，发行者、出租者应当对其发行或者出租的复制品有合法来源承担举证责任。举证不能的，依据著作权法第四十七条、第四十八条的相应规定承担法律责任。

第二十条 出版物侵害他人著作权的，出版者应当根据其过错、侵权程度及损害后果等承担赔偿损失的责任。

出版者对其出版行为的授权、稿件来源和署名、所编辑出版物的内容等未尽到合理注意义务的，依据著作权法第四十九条的规定，承担赔偿损失的责任。

出版者应对其已尽合理注意义务承担举证责任。

第二十一条 计算机软件用户未经许可或者超过许可范围商业使用计算机软件的，依据著作权法第四十八条第（一）项、《计算机软件保护条例》第二十四条第（一）项的规定承担民事责任。

第二十二条 著作权转让合同未采取书面形式的，人民法院依据民法典第四百九十条的规定审查合同是否成立。

第二十三条 出版者将著作权人交付出版的作品丢失、毁损致使出版合同不能履行的，著作权人有权依据民法典第一百八十六条、第二百三十八条、第一千一百八十四条等规定要求出版者承担相应的民事责任。

第二十四条 权利人的实际损失，可以根据权利人因侵权所造成复制品发行减少量或者侵权复制品销售量与权利人发行该复制品单位利润乘积计算。发行减少量难以确定的，按照侵权复制品市场销售量确定。

第二十五条 权利人的实际损失或者侵权人的违法所得无法确定的，人民法院根据当事人的请求或者依职权适用著作权法第四十九条[1]第二款的规定确定赔偿数额。

---

[1] 现为《著作权法》（2020 年修正）第五十四条。

人民法院在确定赔偿数额时，应当考虑作品类型、合理使用费、侵权行为性质、后果等情节综合确定。

当事人按照本条第一款的规定就赔偿数额达成协议的，应当准许。

第二十六条　著作权法第四十九条第一款[①]规定的制止侵权行为所支付的合理开支，包括权利人或者委托代理人对侵权行为进行调查、取证的合理费用。

人民法院根据当事人的诉讼请求和具体案情，可以将符合国家有关部门规定的律师费用计算在赔偿范围内。

第二十七条　侵害著作权的诉讼时效为三年，自著作权人知道或者应当知道权利受到损害以及义务人之日起计算。权利人超过三年起诉的，如果侵权行为在起诉时仍在持续，在该著作权保护期内，人民法院应当判决被告停止侵权行为；侵权损害赔偿数额应当自权利人向人民法院起诉之日起向前推算三年计算。

第二十八条　人民法院采取保全措施的，依据民事诉讼法及《最高人民法院关于审查知识产权纠纷行为保全案件适用法律若干问题的规定》的有关规定办理。

第二十九条　除本解释另行规定外，人民法院受理的著作权民事纠纷案件，涉及著作权法修改前发生的民事行为的，适用修改前著作权法的规定；涉及著作权法修改以后发生的民事行为的，适用修改后著作权法的规定；涉及著作权法修改前发生，持续到著作权法修改后的民事行为的，适用修改后著作权法的规定。

第三十条　以前的有关规定与本解释不一致的，以本解释为准。

① 现为《著作权法》(2020年修正)第五十三条第三款。

【导读及适用要点】

一、关于适应性修改条文的说明

1. 引言：《民法典》颁布实施后，《民法通则》[①]及《合同法》同时废止，因此，在对《最高人民法院关于审理著作权民事纠纷案件适用法律若干问题的解释》进行修改时，将其引言相应修改。

2. 第一条、第三条、第四条：与《民法典》侵害民事权益、停止侵害表述保持一致，将“侵犯著作权”修改为“侵害著作权”。

3. 第二条、第五条：为保持文字严谨，将第二条“各高级人民法院根据本辖区的实际情况，可以确定若干基层人民法院管辖第一审著作权民事纠纷案件”修改为“各高级人民法院根据本辖区的实际情况，可以报请最高人民法院批准，由若干基层人民法院管辖第一审著作权民事纠纷案件”。第5条“原告可以选择其中一个被告的侵权行为实施地人民法院管辖”修改为“原告可以选择向其中一个被告的侵权行为实施地人民法院提起诉讼”。

4. 第七条、第十条：在民事主体称谓上与《民法典》非法人组织保持一致，将“其他组织”修改为“非法人组织”。

5. 第四条、第十七条、第十九条、第二十一条、第二十五条、第二十六条：《著作权法》经2010年修正后，司法解释相关条文中对应的《著作权法》条款发生了变化，据此作出相应修改。

6. 第二十二条、第二十三条：《合同法》《民法通则》条款被《民法典》相应条款取代，《著作权法》相应条款已删除，故将第二十二条、第二十三条相应修改。

7. 第二十七条（原第二十八条）：为与《民法典》侵害民事权益、诉讼时效的规定保持一致，故相应修改。

8. 第二十八条（原第三十条）：与《民事诉讼法》及最高人民法院行为

---

① 原《民法通则》于1986年4月12日第六届全国人民代表大会第四次会议通过。根据《民法典》第一吉二百六十条的规定，《民法典》自2021年1月1日起施行，原《民法通则》同时废止。

保全司法解释规定保持一致，删除第一款，将第二款相应修改。

二、关于重点修改条文的修改说明和理解与适用

（一）第二十条

【修改说明】

《民法通则》第一百一十七条第一款在《民法典》中无对应条款，将第三款予以删除。

【理解与适用】

本条是解决出版物侵害他人著作权时，出版者是否应当承担责任以及如何承担责任的规定。本条解释原文系按照过错、对过错的判断、无过错情况、对过错的举证责任顺序作出的规定。出版物侵害他人著作权的，对于出版者，原则上按照过错承担赔偿责任，具体赔偿责任根据过错、侵权情节及后果予以确定。出版者过错判断可从其是否尽到合理注意义务，包括授权、来源、署名、内容等方面予以判断。出版者主张其已尽合理注意义务的，承担举证责任。

修改后的解释保留了过错、对过错的判断、举证责任的规定。对于无过错的情形，原解释第二款依照《民法通则》第一百一十七条有关侵占的规定，作出了出版者在无过错情况下亦应承担返还侵权获利的规定。《民法典》并无与《民法通则》第一百一十七条相应的条款，本次修改将第三款规定予以删除。实践中，通过案例指导等方式进一步明确。

（二）第二十九条（原第三十一条）

【修改说明】

原解释第三十一条是为解决2001年《著作权法》修正后新旧法适用的问题。因《著作权法》此后又进行了修正，仍保留2001年10月27日的时间点存在障碍，故作出修改。

【理解与适用】

本条系为解决新旧法适用问题所作规定。本条保留原规定的精神，即按照行为发生时法律的规则适用新旧法。主要包括三个方面：一是涉及《著作权法》修改前发生的民事行为的，适用修改前的法律；二是涉及《著作权法》修改后发生的民事行为的，适用修改后的法律；《著作权法》修改前发生，但

持续至《著作权法》修改后的，适用修改后的《著作权法》。

三、关于删除条文的说明

1. 原第二十七条：本条规定是为解决 2001 年《著作权法》修改后未结案件赔偿责任的参照适用问题，目前已无实际保留的必要。

2. 原第二十九条：《民法典》没有保留民事制裁的相关规定，本条规定缺乏上位法依据，予以删除。

［载最高人民法院民法典贯彻实施工作领导小组办公室编：《最高人民法院实施民法典清理司法解释修改条文（111 件）理解与适用》，人民法院出版社 2022 年版］

三、商标权

最高人民法院
关于人民法院对注册商标权进行财产保全的解释

（2000 年 11 月 22 日最高人民法院审判委员会第 1144 次会议通过
根据 2020 年 12 月 23 日最高人民法院审判委员会第 1823 次会议通过的《最高人民法院关于修改〈最高人民法院关于审理侵犯专利权纠纷案件应用法律若干问题的解释（二）〉等十八件知识产权类司法解释的决定》修正）

为了正确实施对注册商标权的财产保全措施，避免重复保全，现就人民法院对注册商标权进行财产保全有关问题解释如下：

第一条 人民法院根据民事诉讼法有关规定采取财产保全措施时，需要对注册商标权进行保全的，应当向国家知识产权局商标局（以下简称商标局）发出协助执行通知书，载明要求商标局协助保全的注册商标的名称、注册人、注册证号码、保全期限以及协助执行保全的内容，包括禁止转让、注销注册商标、变更注册事项和办理商标权质押登记等事项。

第二条　对注册商标权保全的期限一次不得超过一年，自商标局收到协助执行通知书之日起计算。如果仍然需要对该注册商标权继续采取保全措施的，人民法院应当在保全期限届满前向商标局重新发出协助执行通知书，要求继续保全。否则，视为自动解除对该注册商标权的财产保全。

第三条　人民法院对已经进行保全的注册商标权，不得重复进行保全。

【导读及适用要点】

《最高人民法院关于人民法院对注册商标权进行财产保全的解释》(以下简称《注册商标权财产保全解释》)仅涉及称谓和期限的适应性修改。根据2018年《中央编办关于国家知识产权局所属事业单位机构编制的批复》，原国家工商行政管理总局[①]商标局、商标评审委员会、商标审查协作中心整合为国家知识产权局商标局，是国家知识产权局所属事业单位。因此在对《注册商标权财产保全解释》修改时，将第1条中的“国家工商行政管理局”修改为“国家知识产权局”。此外，2015年施行的《民事诉讼法解释》第四百八十七条第一款[②]规定“人民法院冻结被执行人的银行存款的期限不得超过一年，查封、扣押动产的期限不得超过两年，查封不动产、冻结其他财产权的期限不得超过三年”，故将《注册商标权财产保全解释》第二条“对注册商标权保全的期限一次不得超过六个月”修改为“对注册商标权保全的期限一次不得超过一年”。

［载最高人民法院民法典贯彻实施工作领导小组办公室编：《最高人民法院实施民法典清理司法解释修改条文（111件）理解与适用》，人民法院出版社2022年版］

① 2018年，国家工商行政管理总局改为国家市场监督管理总局。

② 现为《最高人民法院关于适用〈中华人民共和国民事诉讼法〉的解释》(2022年修正)第四百八十五条第一款。

最高人民法院
关于审理商标案件有关管辖和法律适用范围问题的解释

（2001 年 12 月 25 日最高人民法院审判委员会第 1203 次会议通过
根据 2020 年 12 月 23 日最高人民法院审判委员会第 1823 次会议
通过的《最高人民法院关于修改〈最高人民法院关于审理
侵犯专利权纠纷案件应用法律若干问题的解释（二）〉
等十八件知识产权类司法解释的决定》修正）

《全国人民代表大会常务委员会关于修改〈中华人民共和国商标法〉的决定》（以下简称商标法修改决定）已由第九届全国人民代表大会常务委员会第二十四次会议通过，自 2001 年 12 月 1 日起施行。为了正确审理商标案件，根据《中华人民共和国商标法》（以下简称商标法）、《中华人民共和国民事诉讼法》和《中华人民共和国行政诉讼法》（以下简称行政诉讼法）的规定，现就人民法院审理商标案件有关管辖和法律适用范围等问题，作如下解释：

第一条 人民法院受理以下商标案件：

1. 不服国家知识产权局作出的复审决定或者裁定的行政案件；
2. 不服国家知识产权局作出的有关商标的其他行政行为的案件；
3. 商标权权属纠纷案件；
4. 侵害商标权纠纷案件；
5. 确认不侵害商标权纠纷案件；
6. 商标权转让合同纠纷案件；
7. 商标使用许可合同纠纷案件；
8. 商标代理合同纠纷案件；
9. 申请诉前停止侵害注册商标专用权案件；
10. 申请停止侵害注册商标专用权损害责任案件；
11. 申请诉前财产保全案件；

12．申请诉前证据保全案件；

13．其他商标案件。

第二条　本解释第一条所列第 1 项第一审案件，由北京市高级人民法院根据最高人民法院的授权确定其辖区内有关中级人民法院管辖。

本解释第一条所列第 2 项第一审案件，根据行政诉讼法的有关规定确定管辖。

商标民事纠纷第一审案件，由中级以上人民法院管辖。

各高级人民法院根据本辖区的实际情况，经最高人民法院批准，可以在较大城市确定 1—2 个基层人民法院受理第一审商标民事纠纷案件。

第三条　商标注册人或者利害关系人向国家知识产权局就侵犯商标权行为请求处理，又向人民法院提起侵害商标权诉讼请求损害赔偿的，人民法院应当受理。

第四条　国家知识产权局在商标法修改决定施行前受理的案件，于该决定施行后作出复审决定或裁定，当事人对复审决定或裁定不服向人民法院起诉的，人民法院应当受理。

第五条　除本解释另行规定外，对商标法修改决定施行前发生，属于修改后商标法第四条、第五条、第八条、第九条第一款、第十条第一款第（二）、（三）、（四）项、第十条第二款、第十一条、第十二条、第十三条、第十五条、第十六条、第二十四条、第二十五条、第三十一条所列举的情形，国家知识产权局于商标法修改决定施行后作出复审决定或者裁定，当事人不服向人民法院起诉的行政案件，适用修改后商标法的相应规定进行审查；属于其他情形的，适用修改前商标法的相应规定进行审查。

第六条　当事人就商标法修改决定施行时已满一年的注册商标发生争议，不服国家知识产权局作出的裁定向人民法院起诉的，适用修改前商标法第二十七条第二款规定的提出申请的期限处理；商标法修改决定施行时商标注册不满一年的，适用修改后商标法第四十一条第二款、第三款规定的提出申请的期限处理。

第七条　对商标法修改决定施行前发生的侵犯商标专用权行为，商标注册人或者利害关系人于该决定施行后在起诉前向人民法院提出申请采取责令停止侵权行为或者保全证据措施的，适用修改后商标法第五十七条、第五十八条的规定。

第八条 对商标法修改决定施行前发生的侵犯商标专用权行为起诉的案件，人民法院于该决定施行时尚未作出生效判决的，参照修改后商标法第五十六条的规定处理。

第九条 除本解释另行规定外，商标法修改决定施行后人民法院受理的商标民事纠纷案件，涉及该决定施行前发生的民事行为的，适用修改前商标法的规定；涉及该决定施行后发生的民事行为的，适用修改后商标法的规定；涉及该决定施行前发生，持续到该决定施行后的民事行为的，分别适用修改前、后商标法的规定。

第十条 人民法院受理的侵犯商标权纠纷案件，已经过行政管理部门处理的，人民法院仍应当就当事人民事争议的事实进行审查。

【导读及适用要点】

一、关于适应性修改条文的说明

《最高人民法院关于审理商标案件有关管辖和法律适用范围问题的解释》（以下简称《审理商标案件管辖和法律适用的解释》）中第三条、第四条、第五条、第六条、第十条仅涉及因主管部门职能调整产生的称谓变化。根据2018年《中央编办关于国家知识产权局所属事业单位机构编制的批复》，原国家工商行政管理总局[①]商标局、商标评审委员会、商标审查协作中心整合为国家知识产权局商标局，是国家知识产权局所属事业单位。因此在对《审理商标案件管辖和法律适用的解释》修改时，将各条款中的“国务院工商行政管理部门商标评审委员会”“商标评审委员会”修改为“国家知识产权局”。

二、关于第一文的修改说明

第一、二项的修改，依据中央机构改革后的职能调整，将“商标评审委

① 2018年，国家工商行政管理总局改为国家市场监督管理总局。

员会”修改为“国家知识产权局”。

第三、四项的修改，依据《最高人民法院关于印发修改后的〈民事案件案由规定〉的通知》，“159. 商标权权属、侵权纠纷（1）商标权权属纠纷（2）侵害商标权纠纷”进行调整。

增加第五项，依据《民事案件案由规定》“169. 确认不侵害知识产权纠纷（2）确认不侵害商标权纠纷”，增加“确认不侵害商标权纠纷案件”。

原第五项改为第六项，并依据《民事案件案由规定》“147. 商标合同纠纷（1）商标权转让合同纠纷”进行调整。

原第六项改为第七项，并依据《民事案件案由规定》“147. 商标合同纠纷（2）商标使用许可合同纠纷”进行调整。

增加第八项，依据《民事案件案由规定》“147. 商标合同纠纷（3）商标代理合同纠纷”，增加“商标代理合同纠纷案件”。

原第七项改为第九项，并依据《民事案件案由规定》“426. 申请诉前停止侵害注册商标专用权”进行调整。

增加第十项，依据《民事案件案由规定》“170. 因申请知识产权临时措施损害责任纠纷（2）因申请诉前停止侵害注册商标专用权损害责任纠纷”，增加“申请停止侵害注册商标专用权损害责任案件”。

原第八至十项的序号进行相应调整。

［载最高人民法院民法典贯彻实施工作领导小组办公室编：《最高人民法院实施民法典清理司法解释修改条文（111 件）理解与适用》，人民法院出版社 2022 年版］

最高人民法院
关于审理商标民事纠纷案件适用法律若干问题的解释

（2002 年 10 月 12 日最高人民法院审判委员会第 1246 次会议通过
根据 2020 年 12 月 23 日最高人民法院审判委员会第 1823 次会议通过的《最高人民法院关于修改〈最高人民法院关于审理侵犯专利权纠纷案件应用法律若干问题的解释（二）〉等十八件知识产权类司法解释的决定》修正）

为了正确审理商标纠纷案件，根据《中华人民共和国民法典》《中华人民共和国商标法》《中华人民共和国民事诉讼法》等法律的规定，就适用法律若干问题解释如下：

第一条 下列行为属于商标法第五十七条第（七）项规定的给他人注册商标专用权造成其他损害的行为：

（一）将与他人注册商标相同或者相近似的文字作为企业的字号在相同或者类似商品上突出使用，容易使相关公众产生误认的；

（二）复制、摹仿、翻译他人注册的驰名商标或其主要部分在不相同或者不相类似商品上作为商标使用，误导公众，致使该驰名商标注册人的利益可能受到损害的；

（三）将与他人注册商标相同或者相近似的文字注册为域名，并且通过该域名进行相关商品交易的电子商务，容易使相关公众产生误认的。

第二条 依据商标法第十三条第二款的规定，复制、摹仿、翻译他人未在中国注册的驰名商标或其主要部分，在相同或者类似商品上作为商标使用，容易导致混淆的，应当承担停止侵害的民事法律责任。

第三条 商标法第四十三条规定的商标使用许可包括以下三类：

（一）独占使用许可，是指商标注册人在约定的期间、地域和以约定的方式，将该注册商标仅许可一个被许可人使用，商标注册人依约定不得使用该注册商标；

（二）排他使用许可，是指商标注册人在约定的期间、地域和以约定的方式，将该注册商标仅许可一个被许可人使用，商标注册人依约定可以使用该注册商标但不得另行许可他人使用该注册商标；

（三）普通使用许可，是指商标注册人在约定的期间、地域和以约定的方式，许可他人使用其注册商标，并可自行使用该注册商标和许可他人使用其注册商标。

第四条　商标法第六十条第一款规定的利害关系人，包括注册商标使用许可合同的被许可人、注册商标财产权利的合法继承人等。

在发生注册商标专用权被侵害时，独占使用许可合同的被许可人可以向人民法院提起诉讼；排他使用许可合同的被许可人可以和商标注册人共同起诉，也可以在商标注册人不起诉的情况下，自行提起诉讼；普通使用许可合同的被许可人经商标注册人明确授权，可以提起诉讼。

第五条　商标注册人或者利害关系人在注册商标续展宽展期内提出续展申请，未获核准前，以他人侵犯其注册商标专用权提起诉讼的，人民法院应当受理。

第六条　因侵犯注册商标专用权行为提起的民事诉讼，由商标法第十三条、第五十七条所规定侵权行为的实施地、侵权商品的储藏地或者查封扣押地、被告住所地人民法院管辖。

前款规定的侵权商品的储藏地，是指大量或者经常性储存、隐匿侵权商品所在地；查封扣押地，是指海关等行政机关依法查封、扣押侵权商品所在地。

第七条　对涉及不同侵权行为实施地的多个被告提起的共同诉讼，原告可以选择其中一个被告的侵权行为实施地人民法院管辖；仅对其中某一被告提起的诉讼，该被告侵权行为实施地的人民法院有管辖权。

第八条　商标法所称相关公众，是指与商标所标识的某类商品或者服务有关的消费者和与前述商品或者服务的营销有密切关系的其他经营者。

第九条　商标法第五十七条第（一）（二）项规定的商标相同，是指被控侵权的商标与原告的注册商标相比较，二者在视觉上基本无差别。

商标法第五十七条第（二）项规定的商标近似，是指被控侵权的商标与原告的注册商标相比较，其文字的字形、读音、含义或者图形的构图及颜色，或者其各要素组合后的整体结构相似，或者其立体形状、颜色组合近似，易使相关公众对商品的来源产生误认或者认为其来源与原告注册商标的商品有特定的联系。

第十条 人民法院依据商标法第五十七条第（一）（二）项的规定，认定商标相同或者近似按照以下原则进行：

（一）以相关公众的一般注意力为标准；

（二）既要进行对商标的整体比对，又要进行对商标主要部分的比对，比对应当在比对对象隔离的状态下分别进行；

（三）判断商标是否近似，应当考虑请求保护注册商标的显著性和知名度。

第十一条 商标法第五十七条第（二）项规定的类似商品，是指在功能、用途、生产部门、销售渠道、消费对象等方面相同，或者相关公众一般认为其存在特定联系、容易造成混淆的商品。

类似服务，是指在服务的目的、内容、方式、对象等方面相同，或者相关公众一般认为存在特定联系、容易造成混淆的服务。

商品与服务类似，是指商品和服务之间存在特定联系，容易使相关公众混淆。

第十二条 人民法院依据商标法第五十七条第（二）项的规定，认定商品或者服务是否类似，应当以相关公众对商品或者服务的一般认识综合判断；《商标注册用商品和服务国际分类表》《类似商品和服务区分表》可以作为判断类似商品或者服务的参考。

第十三条 人民法院依据商标法第六十三条第一款的规定确定侵权人的赔偿责任时，可以根据权利人选择的计算方法计算赔偿数额。

第十四条 商标法第六十三条第一款规定的侵权所获得的利益，可以根据侵权商品销售量与该商品单位利润乘积计算；该商品单位利润无法查明的，按照注册商标商品的单位利润计算。

第十五条 商标法第六十三条第一款规定的因被侵权所受到的损失，可以根据权利人因侵权所造成商品销售减少量或者侵权商品销售量与该注册商标商品的单位利润乘积计算。

第十六条　权利人因被侵权所受到的实际损失、侵权人因侵权所获得的利益、注册商标使用许可费均难以确定的，人民法院可以根据当事人的请求或者依职权适用商标法第六十三条第三款的规定确定赔偿数额。

人民法院在适用商标法第六十三条第三款规定确定赔偿数额时，应当考虑侵权行为的性质、期间、后果，侵权人的主观过错程度，商标的声誉及制止侵权行为的合理开支等因素综合确定。

当事人按照本条第一款的规定就赔偿数额达成协议的，应当准许。

第十七条　商标法第六十三条第一款规定的制止侵权行为所支付的合理开支，包括权利人或者委托代理人对侵权行为进行调查、取证的合理费用。

人民法院根据当事人的诉讼请求和案件具体情况，可以将符合国家有关部门规定的律师费用计算在赔偿范围内。

第十八条　侵犯注册商标专用权的诉讼时效为三年，自商标注册人或者利害权利人知道或者应当知道权利受到损害以及义务人之日起计算。商标注册人或者利害关系人超过三年起诉的，如果侵权行为在起诉时仍在持续，在该注册商标专用权有效期限内，人民法院应当判决被告停止侵权行为，侵权损害赔偿数额应当自权利人向人民法院起诉之日起向前推算三年计算。

第十九条　商标使用许可合同未经备案的，不影响该许可合同的效力，但当事人另有约定的除外。

第二十条　注册商标的转让不影响转让前已经生效的商标使用许可合同的效力，但商标使用许可合同另有约定的除外。

第二十一条　人民法院在审理侵犯注册商标专用权纠纷案件中，依据民法典第一百七十九条、商标法第六十条的规定和案件具体情况，可以判决侵权人承担停止侵害、排除妨碍、消除危险、赔偿损失、消除影响等民事责任，还可以作出罚款，收缴侵权商品、伪造的商标标识和主要用于生产侵权商品的材料、工具、设备等财物的民事制裁决定。罚款数额可以参照商标法第六十条第二款的有关规定确定。

行政管理部门对同一侵犯注册商标专用权行为已经给予行政处罚的，人民法院不再予以民事制裁。

第二十二条　人民法院在审理商标纠纷案件中，根据当事人的请求和案件的具体情况，可以对涉及的注册商标是否驰名依法作出认定。

认定驰名商标，应当依照商标法第十四条的规定进行。

当事人对曾经被行政主管机关或者人民法院认定的驰名商标请求保护的，对方当事人对涉及的商标驰名不持异议，人民法院不再审查。提出异议的，人民法院依照商标法第十四条的规定审查。

第二十三条 本解释有关商品商标的规定，适用于服务商标。

第二十四条 以前的有关规定与本解释不一致的，以本解释为准。

【导读及适用要点】

一、关于第十六条的修改说明和理解与适用

【修改说明】

修正后的《商标法》第六十三条第三款规定，人民法院适用法定赔偿的前提条件为“权利人因被侵权所受到的实际损失、侵权人因侵权所获得的利益、注册商标许可使用费难以确定的”，据此，将第十六条第一款的相关内容作出相应修改。关于适用法定赔偿确定赔偿数额的考量因素，鉴于修正后《商标法》第六十三条专门将注册商标许可使用费的倍数规定为确定赔偿数额的方式之一，且适用法定赔偿确定赔偿数额的前提条件亦包括“注册商标许可使用费难以确定的”，故第十六条在列举适用法定赔偿的考量因素时，不再专门涉及注册商标使用许可的相关因素。此外，在总结人民法院审判实践经验的基础上，第十六条还增加了“侵权人的主观过错程度”作为适用法定赔偿的考量因素。

【理解与适用】

第十六条第一款的修改内容，实质上仍属于适应性修改，对此部分的理解与适用不再赘述。第十六条第二款列举的适用法定赔偿考量因素，虽然不再专门涉及注册商标使用许可的相关因素，但是并不意味着与注册商标使用许可有关的因素对于法定赔偿的适用不再具有任何意义。适用法定赔偿确定赔偿数额是对各相关因素的综合考量，对于权利人提供的商标使用许可合同等相关证据，如果无法据此确定注册商标许可使用费数额，但能够体现注册

商标的使用情况及知名度，亦可作为确定赔偿数额的参考因素。此外，审判实践中，侵权人的主观过错程度已经普遍成为人民法院适用法定赔偿确定赔偿额的重要考量因素，在具体案件中，可以结合注册商标知名度、侵权人与权利人所属行业或所处地域范围、侵权人以往侵权情节、侵权人已受行政处罚情况等因素综合认定侵权人的主观过错程度。

二、关于第十八条的修改说明和理解与适用

【修改说明】

《民法典》第一百八十八条第一款规定："向人民法院请求保护民事权利的诉讼时效期间为三年。法律另有规定的，依照其规定。诉讼时效期间自权利人知道或者应当知道权利受到损害以及义务人之日起计算。法律另有规定的，依照其规定。"《商标法》对保护注册商标专用权的诉讼时效未作特别规定，故根据《民法典》关于诉讼时效的相关规定，将侵害注册商标专用权的诉讼时效修改为"三年"，将侵害注册商标专用权诉讼时效的起算时间修改为"自商标注册人或者利害权利人知道或者应当知道权利受到损害以及义务人之日起计算"。

【理解与适用】

第十八条中对于商标侵权的诉讼时效期间由二年改为三年，实质上属于适应性修改。关于诉讼时效的起算，根据《民法典》规定，普通诉讼时效期间的起算需满足以下条件：（1）权利人知道或者应当知道权利受到损害；（2）权利人知道或应当知道具体义务人。据此，保护注册商标专用权的诉讼时效期间的起算亦需满足上述条件。首先，虽然商标权客观上受到侵害，但是商标权人可能并不知道权利受侵害情况，故诉讼时效期间的起算应将商标权人知道或应当知道权利受侵害作为条件之一。所谓应当知道，指的是以一般人的标准，商标权人在当时的情况下应当知道权利受到侵害。其次，诉讼时效制度的目的和价值是督促权利人及时行使权利、便于证据的收集和判断以及维护社会关系和秩序的稳定，[①] 而非消灭权利。如果商标权人仅知道或者应当

① 最高人民法院民法典贯彻实施工作领导小组主编：《中华人民共和国民法典总则编理解与适用（下）》，人民法院出版社 2020 年版，第 946 页。

知道权利受到侵害，但不知道具体义务人，则无法行使请求权，故诉讼时效期间的起算仅要求商标权人知道或应当知道权利受到侵害还不够，还需要商标权人知道或应当知道具体的义务人。

三、删除第十九条第二款

【修改说明】

修正后《商标法》第四十三条第三款规定："……商标使用许可未经备案不得对抗善意第三人。"上述条文内容已经涵盖第十九条第二款相应内容，故对第十九条第二款予以删除。

【理解与适用】

处理相关问题直接适用《商标法》第四十三条的相关规定。

四、关于第二十一条的修改说明和理解与适用

【修改说明】

世界贸易组织《与贸易有关的知识产权协定》第四十六条规定："为了对侵权活动造成有效的威慑，司法当局有权在不进行任何补偿的情况下，将已经发现正处于侵权状态的商品排除出商业渠道、予以销毁。司法当局还有权令在侵权物品生产中主要使用的材料和工具以减少进一步侵权危险的方式不作任何补偿地在商业渠道以外予以处置。"据此，《商标法》在修改时对相关内容进行了补充完善，加大了对商标侵权行为的处罚力度，重新规定行政管理部门在处理商标侵权行为时，有权没收、销毁侵权商品和"主要"用于制造侵权商品、伪造注册商标标识的工具，而不限于原来的"专门"工具。修正后的《商标法》第六十条第二款规定："工商行政管理部门处理时，认定侵权行为成立的，责令立即停止侵权行为，没收、销毁侵权商品和主要用于制造侵权商品、伪造注册商标标识的工具……"根据上述条文表述，对本解释第二十一条第一款中的相关内容作出相应调整。

【理解与适用】

在侵犯注册商标专用权纠纷案件中，人民法院依据《商标法》第六十条的规定和案件具体情况作出民事制裁决定的形式包括罚款，收缴侵权商品、伪造的商标标识和主要用于生产侵权商品的材料、工具、设备等财物。其中，

人民法院有权决定收缴的材料、工具、设备等财物仅要求系“主要”用于生产侵权商品的财物，而不限于“专门”工具。

［载最高人民法院民法典贯彻实施工作领导小组办公室编:《最高人民法院实施民法典清理司法解释修改条文（111件）理解与适用》，人民法院出版社2022年版］

最高人民法院
关于审理涉及驰名商标保护的民事纠纷案件应用法律若干问题的解释

（2009年4月22日最高人民法院审判委员会第1467次会议通过
根据2020年12月23日最高人民法院审判委员会第1823次会议
通过的《最高人民法院关于修改〈最高人民法院关于审理
侵犯专利权纠纷案件应用法律若干问题的解释（二）〉
等十八件知识产权类司法解释的决定》修正）

为在审理侵犯商标权等民事纠纷案件中依法保护驰名商标，根据《中华人民共和国商标法》《中华人民共和国反不正当竞争法》《中华人民共和国民事诉讼法》等有关法律规定，结合审判实际，制定本解释。

第一条　本解释所称驰名商标，是指在中国境内为相关公众所熟知的商标。

第二条　在下列民事纠纷案件中，当事人以商标驰名作为事实根据，人民法院根据案件具体情况，认为确有必要的，对所涉商标是否驰名作出认定:

（一）以违反商标法第十三条的规定为由，提起的侵犯商标权诉讼；

（二）以企业名称与其驰名商标相同或者近似为由，提起的侵犯商标权或者不正当竞争诉讼；

（三）符合本解释第六条规定的抗辩或者反诉的诉讼。

第三条　在下列民事纠纷案件中，人民法院对于所涉商标是否驰名不予审查:

（一）被诉侵犯商标权或者不正当竞争行为的成立不以商标驰名为事实根据的；

（二）被诉侵犯商标权或者不正当竞争行为因不具备法律规定的其他要件而不成立的。

原告以被告注册、使用的域名与其注册商标相同或者近似，并通过该域名进行相关商品交易的电子商务，足以造成相关公众误认为由，提起的侵权诉讼，按照前款第（一）项的规定处理。

第四条 人民法院认定商标是否驰名，应当以证明其驰名的事实为依据，综合考虑商标法第十四条第一款规定的各项因素，但是根据案件具体情况无需考虑该条规定的全部因素即足以认定商标驰名的情形除外。

第五条 当事人主张商标驰名的，应当根据案件具体情况，提供下列证据，证明被诉侵犯商标权或者不正当竞争行为发生时，其商标已属驰名：

（一）使用该商标的商品的市场份额、销售区域、利税等；

（二）该商标的持续使用时间；

（三）该商标的宣传或者促销活动的方式、持续时间、程度、资金投入和地域范围；

（四）该商标曾被作为驰名商标受保护的记录；

（五）该商标享有的市场声誉；

（六）证明该商标已属驰名的其他事实。

前款所涉及的商标使用的时间、范围、方式等，包括其核准注册前持续使用的情形。

对于商标使用时间长短、行业排名、市场调查报告、市场价值评估报告、是否曾被认定为著名商标等证据，人民法院应当结合认定商标驰名的其他证据，客观、全面地进行审查。

第六条 原告以被诉商标的使用侵犯其注册商标专用权为由提起民事诉讼，被告以原告的注册商标复制、摹仿或者翻译其在先未注册驰名商标为由提出抗辩或者提起反诉的，应当对其在先未注册商标驰名的事实负举证责任。

第七条 被诉侵犯商标权或者不正当竞争行为发生前，曾被人民法院或者行政管理部门认定驰名的商标，被告对该商标驰名的事实不持异议的，人民法院应当予以认定。被告提出异议的，原告仍应当对该商标驰名的事实负举证责任。

除本解释另有规定外，人民法院对于商标驰名的事实，不适用民事诉讼证据的自认规则。

第八条　对于在中国境内为社会公众所熟知的商标，原告已提供其商标驰名的基本证据，或者被告不持异议的，人民法院对该商标驰名的事实予以认定。

第九条　足以使相关公众对使用驰名商标和被诉商标的商品来源产生误认，或者足以使相关公众认为使用驰名商标和被诉商标的经营者之间具有许可使用、关联企业关系等特定联系的，属于商标法第十三条第二款规定的“容易导致混淆”。

足以使相关公众认为被诉商标与驰名商标具有相当程度的联系，而减弱驰名商标的显著性、贬损驰名商标的市场声誉，或者不正当利用驰名商标的市场声誉的，属于商标法第十三条第三款规定的“误导公众，致使该驰名商标注册人的利益可能受到损害”。

第十条　原告请求禁止被告在不相类似商品上使用与原告驰名的注册商标相同或者近似的商标或者企业名称的，人民法院应当根据案件具体情况，综合考虑以下因素后作出裁判：

（一）该驰名商标的显著程度；

（二）该驰名商标在使用被诉商标或者企业名称的商品的相关公众中的知晓程度；

（三）使用驰名商标的商品与使用被诉商标或者企业名称的商品之间的关联程度；

（四）其他相关因素。

第十一条　被告使用的注册商标违反商标法第十三条的规定，复制、摹仿或者翻译原告驰名商标，构成侵犯商标权的，人民法院应当根据原告的请求，依法判决禁止被告使用该商标，但被告的注册商标有下列情形之一的，人民法院对原告的请求不予支持：

（一）已经超过商标法第四十五条第一款规定的请求宣告无效期限的；

（二）被告提出注册申请时，原告的商标并不驰名的。

第十二条　当事人请求保护的未注册驰名商标，属于商标法第十条、第十一条、第十二条规定不得作为商标使用或者注册情形的，人民法院不予支持。

第十三条 在涉及驰名商标保护的民事纠纷案件中，人民法院对于商标驰名的认定，仅作为案件事实和判决理由，不写入判决主文；以调解方式审结的，在调解书中对商标驰名的事实不予认定。

第十四条 本院以前有关司法解释与本解释不一致的，以本解释为准。

【导读及适用要点】

《最高人民法院关于审理涉及驰名商标保护的民事纠纷案件应用法律若干问题的解释》仅涉及对部分法律条文及法律用语的调整。《商标法》于2019年进行了修正，根据修正后的《商标法》，将第一条、第八条中的“在中国境内为相关公众广为知晓的商标”修改为“在中国境内为相关公众所熟知的商标”。根据修正后的《商标法》，将第四条中的“商标法第十四条”修改为“商标法第十四条第一款”；将第九条第一款中的“商标法第十三条第一款”修改为“商标法第十三条第二款”，将第九条第二款中的“商标法第十三条第二款”修改为“商标法第十三条第三款”；将第十一条第一项中的“商标法第四十一条第二款规定的请求撤销期限的”修改为“商标法第四十五条第一款规定的请求宣告无效期限的”。另外，根据商标行政管理相关机构职能变更情况，将第七条中的“国务院工商行政管理部门”修改为“行政管理部门”。

［载最高人民法院民法典贯彻实施工作领导小组办公室编：《最高人民法院实施民法典清理司法解释修改条文（111件）理解与适用》，人民法院出版社2022年版］

四、专利权

最高人民法院
关于审理申请注册的药品相关的专利权纠纷民事案件适用法律若干问题的规定

法释〔2021〕13号

（2021年5月24日最高人民法院审判委员会第1839次会议通过
2021年7月4日最高人民法院公告公布　自2021年7月5日起施行）

为正确审理申请注册的药品相关的专利权纠纷民事案件，根据《中华人民共和国专利法》《中华人民共和国民事诉讼法》等有关法律规定，结合知识产权审判实际，制定本规定。

第一条　当事人依据专利法第七十六条规定提起的确认是否落入专利权保护范围纠纷的第一审案件，由北京知识产权法院管辖。

第二条　专利法第七十六条所称相关的专利，是指适用国务院有关行政部门关于药品上市许可审批与药品上市许可申请阶段专利权纠纷解决的具体衔接办法（以下简称衔接办法）的专利。

专利法第七十六条所称利害关系人，是指前款所称专利的被许可人、相关药品上市许可持有人。

第三条　专利权人或者利害关系人依据专利法第七十六条起诉的，应当按照民事诉讼法第一百一十九条第三项[①]的规定提交下列材料：

（一）国务院有关行政部门依据衔接办法所设平台中登记的相关专利信息，包括专利名称、专利号、相关的权利要求等；

（二）国务院有关行政部门依据衔接办法所设平台中公示的申请注册药品

① 现为《民事诉讼法》（2023年修正）第一百二十二条第三项。

的相关信息，包括药品名称、药品类型、注册类别以及申请注册药品与所涉及的上市药品之间的对应关系等；

（三）药品上市许可申请人依据衔接办法作出的四类声明及声明依据。

药品上市许可申请人应当在一审答辩期内，向人民法院提交其向国家药品审评机构申报的、与认定是否落入相关专利权保护范围对应的必要技术资料副本。

第四条　专利权人或者利害关系人在衔接办法规定的期限内未向人民法院提起诉讼的，药品上市许可申请人可以向人民法院起诉，请求确认申请注册药品未落入相关专利权保护范围。

第五条　当事人以国务院专利行政部门已经受理专利法第七十六条所称行政裁决请求为由，主张不应当受理专利法第七十六条所称诉讼或者申请中止诉讼的，人民法院不予支持。

第六条　当事人依据专利法第七十六条起诉后，以国务院专利行政部门已经受理宣告相关专利权无效的请求为由，申请中止诉讼的，人民法院一般不予支持。

第七条　药品上市许可申请人主张具有专利法第六十七条、第七十五条第二项等规定情形的，人民法院经审查属实，可以判决确认申请注册的药品相关技术方案未落入相关专利权保护范围。

第八条　当事人对其在诉讼中获取的商业秘密或者其他需要保密的商业信息负有保密义务，擅自披露或者在该诉讼活动之外使用、允许他人使用的，应当依法承担民事责任。构成民事诉讼法第一百一十一条[①]规定情形的，人民法院应当依法处理。

第九条　药品上市许可申请人向人民法院提交的申请注册的药品相关技术方案，与其向国家药品审评机构申报的技术资料明显不符，妨碍人民法院审理案件的，人民法院依照民事诉讼法第一百一十一条的规定处理。

第十条　专利权人或者利害关系人在专利法第七十六条所称诉讼中申请行为保全，请求禁止药品上市许可申请人在相关专利权有效期内实施专利法第十一条规定的行为的，人民法院依照专利法、民事诉讼法有关规定处理；

---

① 现为《民事诉讼法》（2023 年修正）第一百一十四条。

请求禁止药品上市申请行为或者审评审批行为的，人民法院不予支持。

第十一条　在针对同一专利权和申请注册药品的侵害专利权或者确认不侵害专利权诉讼中，当事人主张依据专利法第七十六条所称诉讼的生效判决认定涉案药品技术方案是否落入相关专利权保护范围的，人民法院一般予以支持。但是，有证据证明被诉侵权药品技术方案与申请注册的药品相关技术方案不一致或者新主张的事由成立的除外。

第十二条　专利权人或者利害关系人知道或者应当知道其主张的专利权应当被宣告无效或者申请注册药品的相关技术方案未落入专利权保护范围，仍提起专利法第七十六条所称诉讼或者请求行政裁决的，药品上市许可申请人可以向北京知识产权法院提起损害赔偿之诉。

第十三条　人民法院依法向当事人在国务院有关行政部门依据衔接办法所设平台登载的联系人、通讯地址、电子邮件等进行的送达，视为有效送达。当事人向人民法院提交送达地址确认书后，人民法院也可以向该确认书载明的送达地址送达。

第十四条　本规定自 2021 年 7 月 5 日起施行。本院以前发布的相关司法解释与本规定不一致的，以本规定为准。

【导读及适用要点】

《最高人民法院关于审理申请注册的药品相关的专利权纠纷民事案件适用法律若干问题的规定》（以下简称《审理申请注册药品专利权的规定》）对《专利法》第七十六条所称诉讼（以下简称药品专利链接诉讼）的管辖法院、具体案由、起诉材料、诉权行使方式、行政与司法程序衔接、抗辩事由、诉讼中商业秘密保护、行为保全、败诉反赔、送达方式等作了规定，为公正及时审理好该类案件提供了明确指引。

一、关于管辖与案由

《审理申请注册药品专利权的规定》第一条明确了药品专利链接诉讼的管辖法院和案由。

药品专利链接诉讼的第一审民事案件由北京知识产权法院集中管辖，主要有以下考虑：第一，与现有知识产权法院管辖安排精神一致。将该类案件集中在知识产权法院审理，符合《全国人民代表大会常务委员会关于在北京、上海、广州设立知识产权法院的决定》以及《最高人民法院关于北京、上海、广州知识产权法院案件管辖的规定》关于知识产权案件管辖安排的原则和精神。第二，集中在北京知识产权法院管辖，有利于整合优质审判资源、统一裁判尺度。此类民事案件往往同时涉及北京知识产权法院管辖的专利行政案件，集中管辖有利于保障不同诉讼程序的有机衔接，也便于与国务院有关行政部门工作协调。

1. 关于该类案件的上诉案件管辖

依据《全国人民代表大会常务委员会关于专利等知识产权案件诉讼程序若干问题的决定》(当事人对发明专利、实用新型专利、植物新品种、集成电路布图设计、技术秘密、计算机软件、垄断等专业技术性较强的知识产权民事案件第一审判决、裁定不服，提起上诉的，由最高人民法院审理)，以及《最高人民法院关于知识产权法庭若干问题的规定》第二条第一项（知识产权法庭审理下列案件：不服高级人民法院、知识产权法院、中级人民法院作出的发明专利、实用新型专利、植物新品种、集成电路布图设计、技术秘密、计算机软件、垄断第一审民事案件判决、裁定而提起上诉的案件)，当事人对北京知识产权法院作出的药品专利链接诉讼的一审判决或裁定不服的，应当向最高人民法院知识产权法庭提起上诉。鉴于对北京知识产权法院作出的有关专利的民事判决或裁定不服的上诉管辖已有明确规定，《审理申请注册药品专利权的规定》未再重复规定。

2. 关于该类案件能否提级管辖问题

因该类案件属于民事一审案件且不涉及赔偿数额，可以依照《民事诉讼法》第十九条的规定提级管辖，这是民事诉讼法的题中应有之义，故《审理申请注册药品专利权的规定》未再规定。

3. 关于案由

根据《专利法》第七十六条以及 2021 年 1 月修改的《最高人民法院关于审理专利权纠纷案件适用法律问题的若干规定》,《审理申请注册药品专利权的规定》第一条将案由表述为“确认是否落入专利权保护范围纠纷”。

二、关于相关的专利

《审理申请注册药品专利权的规定》作为药品专利链接制度的组成部分，需要与《专利法》第七十六条第三款规定的关于药品上市许可审批与药品上市许可申请阶段专利权纠纷解决的具体衔接办法即《药品专利纠纷早期解决机制实施办法（试行）》协调衔接，以便共同落实《专利法》第七十六条的规定。

《专利法》第七十六条第一款未进一步明确相关的专利范围。《药品专利纠纷早期解决机制实施办法（试行）》第二条规定，国务院药品监督管理部门建立中国上市药品专利信息登记平台（以下简称平台），供药品上市许可持有人登记在中国境内注册上市的药品相关专利信息，并向社会公示。未在平台登记相关专利信息的，不适用本办法。根据该规定，相关的专利是指国务院行政部门依据《药品专利纠纷早期解决机制实施办法（试行）》所设平台中登记的专利。鉴于《审理申请注册药品专利权的规定》需要与《药品专利纠纷早期解决机制实施办法（试行）》相衔接，故《审理申请注册药品专利权的规定》第二条第一款与《药品专利纠纷早期解决机制实施办法（试行）》第二条保持一致。

三、关于相关当事人及诉权行使

《专利法》第七十六条所称相关当事人，不仅包括有关专利权人或者利害关系人，还包括药品上市许可申请人。《审理申请注册药品专利权的规定》第二条第二款规定，《专利法》第七十六条所称的利害关系人，是指相关专利的被许可人、相关药品上市许可持有人。

专利的被许可人，包括专利独占许可合同的被许可人、专利排他许可合同的被许可人以及专利普通许可合同的被许可人三种。关于被许可人诉权的行使，2001 年《最高人民法院关于对诉前停止侵犯专利权行为适用法律问题的若干规定》早有规定，后被 2018 年《最高人民法院关于审查知识产权纠纷行为保全案件适用法律若干问题的规定》吸收。具体而言，专利独占许可合同的被许可人可以单独向法院起诉，专利排他许可合同的被许可人在专利权人不起诉的情况下可以起诉。专利普通许可合同的被许可人经权利人明确授权以自己的名义起诉的，可以单独提出申请。相关药品上市许可持有人应当属于权利人或者被许可人。多年的司法实践证明，被许可人诉权行使的规定是成熟的，因此，《审理申请注册药品专利权的规定》未再重复规定。

关于当事人诉权行使问题。《专利法》第七十六条规定，药品上市许可申请人、有关专利权人或者利害关系人可以向人民法院起诉。为了保障双方当事人诉权的平等，又避免因平行诉讼带来程序繁复、不合理迟延药品审批等问题，鉴于《药品专利纠纷早期解决机制实施办法（试行）》规定专利权人或者利害关系人在四十五日内起诉或申请行政裁决的将引发等待期，故《审理申请注册药品专利权的规定》第四条与之保持协调。上述四十五日之后，专利权人、利害关系人或者药品上市许可申请人均可提起药品专利链接诉讼，不再区分先后。

四、当事人需要提交的证据材料

《审理申请注册药品专利权的规定》第三条第一款明确规定了专利权人或者利害关系人在起诉时应当提交的证据材料，当事人均可依据《药品专利纠纷早期解决机制实施办法（试行）》获得相关证据材料。其中，第一项是平台中登记的相关专利信息；第二项是申请注册的药品相关信息，包括药品名称、药品类型、注册类别以及申请注册药品与所涉及的上市药品之间的对应关系等；第三项是药品上市许可申请人作出的四类声明及声明依据。以上三项信息在平台中均能够获得。同样，药品上市许可申请人在提起确认不落入药品专利权保护范围的诉讼时也需要提交上述三项材料。同时，《审理申请注册药品专利权的规定》第三条也表明是否落入专利权保护范围诉讼仍然是以专利权为基础进行诉讼，不同的专利权应当分别起诉。同一药品涉及多个专利权的，可以依法合并审理。

需要指出的是，《审理申请注册药品专利权的规定》第三条规定的证据材料属于《民事诉讼法》第一百一十九条第三项[①]规定的起诉条件。《民事诉讼法》第一百一十九条第三项规定，起诉必须有具体的诉讼请求和事实、理由。《最高人民法院关于适用〈中华人民共和国民事诉讼法〉的解释》第二百零八

① 现为《民事诉讼法》（2023年修正）第一百二十二条第三项。

条第三款规定，立案后发现不符合起诉条件或者属于《民事诉讼法》第一百二十四条[①]规定情形的，裁定驳回起诉。专利权人或者利害关系人提交的证据材料如果不符合《审理申请注册药品专利权的规定》第三条的规定，则意味着不符合起诉条件，依法不予立案；已经受理的，依法裁定驳回起诉。例如，相关专利权人或者利害关系人依据在平台中登记的专利提起诉讼，主张在平台生效之前已经提交申请但尚在审评审批过程中的仿制药落入相关专利权保护范围的，如果无法提交药品上市许可申请人作出的四类声明及声明依据，则不满足立案条件。

《审理申请注册药品专利权的规定》第三条第二款规定，药品上市许可申请人应当在一审答辩期内，向人民法院提交其向国家药品审评机构申报的、与认定是否落入相关专利权保护范围对应的必要技术资料副本。该技术资料是判断是否落入相关专利权保护范围的关键证据。需要指出的是，药品上市许可申请人应当如实向法院提交上述必要技术资料副本，否则，人民法院可依照《民事诉讼法》第一百一十一条[②]的规定处理。

五、药品专利链接诉讼与行政裁决的关系

《审理申请注册药品专利权的规定》第五条规定了行政裁决程序与司法程序的衔接问题。《专利法》第七十六条第一款规定了药品专利链接诉讼即司法链接，第二款规定了药品行政裁决即行政链接。需要强调的是，司法程序不受行政机关受理行政裁决申请以及作出行政裁决的影响。依据《药品专利纠纷早期解决机制行政裁决办法》第四条第五项的规定，当事人请求国家知识产权局对药品专利纠纷进行行政裁决的，需要满足人民法院此前未就该药品专利纠纷立案这一条件。也就是说，行政裁决需要以司法程序未予立案为前提。因此，当事人如果先行选择了申请行政裁决，则不影响其再向人民法院起诉；反之，如果当事人已经向人民法院起诉并已立案，则不能就相同的药品和相同的专利权再向国家知识产权局申请行政裁决。同时，《药品专利纠纷早期解决机制实施办法（试行）》和《药品专利纠纷早期解决机制行政裁决办

① 现为《民事诉讼法》（2023 年修正）第一百二十七条。
② 现为《民事诉讼法》（2023 年修正）第一百一十四条。

法》均规定，当事人对国家知识产权局作出的药品专利纠纷行政裁决不服的，可以依法向人民法院起诉。

关于不服国家知识产权局作出的药品专利链接行政裁决起诉的行政案件的管辖法院，《最高人民法院关于北京、上海、广州知识产权法院案件管辖的规定》(2020年修正)第一条第一项规定："知识产权法院管辖所在市辖区内的下列第一审案件：（一）专利、植物新品种、集成电路布图设计、技术秘密、计算机软件民事和行政案件"。国家知识产权局作出的药品专利链接纠纷行政裁决属于北京知识产权法院管辖所在辖区内的专利行政案件，应由北京知识产权法院管辖第一审案件。同时，依据《最高人民法院关于知识产权法庭若干问题的规定》第二条第二项的规定，知识产权法庭审理不服北京知识产权法院对发明专利、实用新型专利、外观设计专利、植物新品种、集成电路布图设计授权确权作出的第一审行政案件判决、裁定而提起上诉的案件。因此，不服北京知识产权法院作出的一审行政判决或裁定，应向最高人民法院知识产权法庭提出上诉。鉴于现有司法解释已经明确了不服药品专利链接行政裁决起诉的行政案件的管辖法院，故《审理申请注册药品专利权的规定》未作重复规定。

六、药品专利链接诉讼与专利无效程序的关系

《审理申请注册药品专利权的规定》第六条规定了专利无效行政程序与药品专利链接诉讼的关系。药品相关专利一般为发明专利，经过国家专利行政部门的实质审查。2015年修正的《最高人民法院关于审理专利纠纷案件适用法律问题的若干规定》第十一条规定，人民法院受理的侵犯发明专利权纠纷案件或者经专利复审委员会审查维持专利权的侵犯实用新型、外观设计专利权纠纷案件，被告在答辩期间内请求宣告该项专利权无效的，人民法院可以不中止诉讼。《审理申请注册药品专利权的规定》保持与前述专利纠纷司法解释一致，规定对药品专利权请求宣告无效的，一般不中止审理。

七、不侵权抗辩理由的审查

《审理申请注册药品专利权的规定》第七条规定了对于不侵权抗辩理由的审查。主要考虑是，如果确实存在《专利法》第六十七条、第七十五条第二

项规定的不侵权抗辩事由，又不对药品上市许可申请人提出的相关主张进行审理，必然导致当事人的诉讼利益失衡。尤其是如果未能对不侵权抗辩事由进行审理，径行判决认定申请注册的药品相关技术方案落入相关专利权保护范围，则申请注册的药品不能批准上市，就失去依据《专利法》第六十五条提起专利侵权诉讼的事实基础，药品上市许可申请人也就失去了在侵权诉讼中提出存在《专利法》第六十七条、第七十五条第二项规定的不侵权抗辩事由的救济途径。

八、诉讼中的商业秘密保护

《审理申请注册药品专利权的规定》第八条规定了当事人在诉讼中的保密义务。仿制药在进行申请时提交的材料中往往会涉及商业秘密或者其他需要保密的商业信息，专利权人或利害关系人与仿制药申请人为同行业竞争者，为避免当事人通过诉讼获取上述信息后进行诉讼活动之外的使用或允许他人使用，专门作出本条规定。

通过商业秘密保护的信息具有无形性的特点，一旦脱离权利人的控制，就很难再通过物理手段限制商业秘密信息的扩散和传播。司法实践中，为保障在证据保全、证据交换、委托鉴定等环节商业秘密不被泄露、披露等，2020 年 9 月 12 日发布的《最高人民法院关于审理侵犯商业秘密民事案件适用法律若干问题的规定》第二十一条专门对人民法院在诉讼活动中采取必要的保密措施作出规定。此外，《最高人民法院关于知识产权民事诉讼证据的若干规定》第二十六条进一步规定，人民法院可以采取要求相关诉讼参与人签订保密协议、作出保密承诺，或者以裁定等法律文书责令等措施。当事人及其他诉讼参与人违反前述司法解释的规定，应依法承担民事责任乃至于刑事责任。《审理申请注册药品专利权的规定》结合药品专利链接诉讼的特点，再次重申当事人对其在诉讼中获取的商业秘密或者其他需要保密的商业信息负有保密义务，擅自披露或者在该诉讼活动之外使用、允许他人使用的，应当依法承担民事责任；构成《民事诉讼法》第一百一十一条规定情形的，人民法院应当依法处理。

九、关于行为保全

药品专利链接诉讼解决的是药品审评审批阶段的争议，原则上不涉及《专利法》第六十五条所称专利侵权纠纷。换言之，药品专利链接诉讼属于确认是否落入专利权保护范围的确认之诉，不是侵权之诉，一般不涉及行为保全。因此,《审理申请注册药品专利权的规定》第十条规定，当事人请求禁止药品上市申请行为或者审评审批行为的，人民法院不予支持。

根据《民事诉讼法》及《专利法》关于诉前行为保全的规定，专利权人或利害关系人可以向有管辖权的法院申请诉前行为保全，请求法院禁止药品上市许可申请人实施《专利法》第十一条规定的专利侵权行为。如果在药品专利链接诉讼尚未审结前，仿制药已获得上市许可，专利权人或者利害关系人面临向哪个法院申请行为保全的问题。如果严格按照诉讼性质区分，则应当向对专利侵权纠纷有管辖权的法院申请诉前行为保全，但是，这样不仅增加当事人诉讼成本，还增加了不同法院之间的协调成本。为了有效发挥药品专利链接诉讼的制度目标,《审理申请注册药品专利权的规定》第十条规定了行为保全。

关于行为保全的条件。《审理申请注册药品专利权的规定》第十条采用指引性规定的方式，明确了在《专利法》第七十六条所称诉讼中申请行为保全需要满足《民事诉讼法》第一百条①、第一百零一条②规定的条件。

十、药品专利链接诉讼与传统专利侵权诉讼的关系

药品专利链接诉讼是一种新的案件类型,《审理申请注册药品专利权的规定》明确案由为确认是否落入专利权保护范围纠纷。该类诉讼与传统专利侵权诉讼的不同主要体现在三个方面：第一，性质不同。药品专利链接诉讼属于确认之诉，没有具体的给付请求，不涉及赔偿问题；传统专利侵权诉讼大多有具体给付请求。第二，权利基础不同。《审理申请注册药品专利权的规定》第二条规定，相关专利权是指适用国务院有关行政部门关于药品上市许

① 现为《民事诉讼法》(2023 年修正）第一百零三条。

② 现为《民事诉讼法》(2023 年修正）第一百零四条。

可审批与药品上市许可申请阶段专利权纠纷解决的具体衔接办法的专利，即登记在依照《药品专利纠纷早期解决机制实施办法（试行）》所设平台中的与药品相关的专利权才可以作为提起药品专利链接诉讼的权利基础。第三，引发诉讼条件不同。药品专利链接诉讼是指发生在药品审评审批过程中因申请注册的药品相关的专利权产生的纠纷，因此，该类诉讼只针对在药品审评审批过程中的专利纠纷，且需要药品上市许可申请人作出第四类声明，即平台收录的被仿制药相关专利权应当被宣告无效，或者其仿制药未落入相关专利权保护范围。

药品专利链接制度的目的是让与药品相关的专利权纠纷早期解决，因此，药品专利链接诉讼与传统专利侵权诉讼之间又具有紧密的联系。为了避免当事人利用不同诉讼程序持续阻碍仿制药上市，也为了保障药品上市后的稳定性，保障公众的药品可及性，防止当事人在专利链接诉讼之后又重复提起专利侵权之诉，切实贯彻专利纠纷早期解决的制度设计初衷，《审理申请注册药品专利权的规定》第十一条规定，药品专利链接诉讼的生效判决，特别是关于是否落入专利权保护范围的认定，对于在后的针对同一专利权和申请注册的药品的专利侵权诉讼具有既判力。这样既可以提高传统专利侵权案件的审判效率，又可以让药品专利早期解决机制得到有效贯彻。

此外，结合司法实践中出现的情况，如，最高人民法院（2015）民三终字第1号甲公司与乙公司侵害发明专利权纠纷案，《审理申请注册药品专利权的规定》作出了但书规定，即有证据证明被诉侵权药品技术方案与申请注册的药品相关技术方案不一致或者新主张的事由成立的除外。

十一、关于滥诉反赔

为更好地平衡专利权人、利害关系人与药品上市许可申请人的利益，根据我国《民法典》的规定，《审理申请注册药品专利权的规定》第十二条规定了滥诉反赔制度。

《民法典》第一百三十二条规定，民事主体不得滥用民事权利损害国家利益、社会公共利益或者他人合法权益。《民事诉讼法》第十三条第一款规定，民事诉讼应当遵循诚信原则。《专利法》第二十条第一款规定，申请专利和行使专利应当遵循诚实信用原则。不得滥用专利权损害公共利益或者他人合法权益。第四十七条第二款规定，因专利权人的恶意给他人造成的损失，应当给予赔偿。此外，药品专利链接诉讼如果引发等待期，将产生类似行为保全的效果，故行为保全的相关规则亦可借鉴。可见，规定滥诉反赔具有充分的法律依据。

关于滥诉反赔的条件。首先，主观要件上，专利权人或者利害关系人知道或者应当知道其主张的专利权应当被宣告无效或者申请注册药品的相关技术方案未落入专利权保护范围。这里的“知道或应当知道”，与一般侵权案件中掌握的标准一致。其次，客观要件上，需要给药品上市许可申请人造成了损失。

关于该类案件的管辖。鉴于此类案件与药品专利链接诉讼关系密切，该类案件由北京知识产权法院一并管辖。此类案件的级别管辖与行为保全损害赔偿案件一致，依照《民事诉讼法》中关于级别管辖的规定执行。

（撰稿人：林广海　李　剑　杜微科　张玲玲）

最高人民法院
关于审理专利授权确权行政案件适用法律若干问题的规定（一）

法释〔2020〕8号

（2020年8月24日最高人民法院审判委员会第1810次会议通过
2020年9月10日最高人民法院公告公布　自2020年9月12日起施行）

为正确审理专利授权确权行政案件，根据《中华人民共和国专利法》《中华人民共和国行政诉讼法》等法律规定，结合审判实际，制定本规定。

第一条　本规定所称专利授权行政案件，是指专利申请人因不服国务院专利行政部门作出的专利复审请求审查决定，向人民法院提起诉讼的案件。

本规定所称专利确权行政案件，是指专利权人或者无效宣告请求人因不服国务院专利行政部门作出的专利无效宣告请求审查决定，向人民法院提起诉讼的案件。

本规定所称被诉决定，是指国务院专利行政部门作出的专利复审请求审查决定、专利无效宣告请求审查决定。

第二条　人民法院应当以所属技术领域的技术人员在阅读权利要求书、说明书及附图后所理解的通常含义，界定权利要求的用语。权利要求的用语在说明书及附图中有明确定义或者说明的，按照其界定。

依照前款规定不能界定的，可以结合所属技术领域的技术人员通常采用的技术词典、技术手册、工具书、教科书、国家或者行业技术标准等界定。

第三条　人民法院在专利确权行政案件中界定权利要求的用语时，可以参考已被专利侵权民事案件生效裁判采纳的专利权人的相关陈述。

第四条　权利要求书、说明书及附图中的语法、文字、数字、标点、图形、符号等有明显错误或者歧义，但所属技术领域的技术人员通过阅读权利要求书、说明书及附图可以得出唯一理解的，人民法院应当根据该唯一理解作出认定。

第五条　当事人有证据证明专利申请人、专利权人违反诚实信用原则，虚构、编造说明书及附图中的具体实施方式、技术效果以及数据、图表等有关技术内容，并据此主张相关权利要求不符合专利法有关规定的，人民法院应予支持。

第六条　说明书未充分公开特定技术内容，导致在专利申请日有下列情形之一的，人民法院应当认定说明书及与该特定技术内容相关的权利要求不符合专利法第二十六条第三款的规定：

（一）权利要求限定的技术方案不能实施的；

（二）实施权利要求限定的技术方案不能解决发明或者实用新型所要解决的技术问题的；

（三）确认权利要求限定的技术方案能够解决发明或者实用新型所要解决的技术问题，需要付出过度劳动的。

当事人仅依据前款规定的未充分公开的特定技术内容，主张与该特定技术内容相关的权利要求符合专利法第二十六条第四款关于“权利要求书应当以说明书为依据”的规定的，人民法院不予支持。

第七条　所属技术领域的技术人员根据说明书及附图，认为权利要求有下列情形之一的，人民法院应当认定该权利要求不符合专利法第二十六条第四款关于清楚地限定要求专利保护的范围的规定：

（一）限定的发明主题类型不明确的；

（二）不能合理确定权利要求中技术特征的含义的；

（三）技术特征之间存在明显矛盾且无法合理解释的。

第八条 所属技术领域的技术人员阅读说明书及附图后，在申请日不能得到或者合理概括得出权利要求限定的技术方案的，人民法院应当认定该权利要求不符合专利法第二十六条第四款关于“权利要求书应当以说明书为依据”的规定。

第九条 以功能或者效果限定的技术特征，是指对于结构、组分、步骤、条件等技术特征或者技术特征之间的相互关系等，仅通过其在发明创造中所起的功能或者效果进行限定的技术特征，但所属技术领域的技术人员通过阅读权利要求即可直接、明确地确定实现该功能或者效果的具体实施方式的除外。

对于前款规定的以功能或者效果限定的技术特征，权利要求书、说明书及附图未公开能够实现该功能或者效果的任何具体实施方式的，人民法院应当认定说明书和具有该技术特征的权利要求不符合专利法第二十六条第三款的规定。

第十条 药品专利申请人在申请日以后提交补充实验数据，主张依赖该数据证明专利申请符合专利法第二十二条第三款、第二十六条第三款等规定的，人民法院应予审查。

第十一条 当事人对实验数据的真实性产生争议的，提交实验数据的一方当事人应当举证证明实验数据的来源和形成过程。人民法院可以通知实验负责人到庭，就实验原料、步骤、条件、环境或者参数以及完成实验的人员、机构等作出说明。

第十二条 人民法院确定权利要求限定的技术方案的技术领域，应当综合考虑主题名称等权利要求的全部内容、说明书关于技术领域和背景技术的记载，以及该技术方案所实现的功能和用途等。

第十三条 说明书及附图未明确记载区别技术特征在权利要求限定的技术方案中所能达到的技术效果的，人民法院可以结合所属技术领域的公知常识，根据区别技术特征与权利要求中其他技术特征的关系，区别技术特征在权利要求限定的技术方案中的作用等，认定所属技术领域的技术人员所能确定的该权利要求实际解决的技术问题。

被诉决定对权利要求实际解决的技术问题未认定或者认定错误的，不影响人民法院对权利要求的创造性依法作出认定。

第十四条　人民法院认定外观设计专利产品的一般消费者所具有的知识水平和认知能力，应当考虑申请日时外观设计专利产品的设计空间。设计空间较大的，人民法院可以认定一般消费者通常不容易注意到不同设计之间的较小区别；设计空间较小的，人民法院可以认定一般消费者通常更容易注意到不同设计之间的较小区别。

对于前款所称设计空间的认定，人民法院可以综合考虑下列因素：

（一）产品的功能、用途；

（二）现有设计的整体状况；

（三）惯常设计；

（四）法律、行政法规的强制性规定；

（五）国家、行业技术标准；

（六）需要考虑的其他因素。

第十五条　外观设计的图片、照片存在矛盾、缺失或者模糊不清等情形，导致一般消费者无法根据图片、照片及简要说明确定所要保护的外观设计的，人民法院应当认定其不符合专利法第二十七条第二款关于“清楚地显示要求专利保护的产品的外观设计”的规定。

第十六条　人民法院认定外观设计是否符合专利法第二十三条的规定，应当综合判断外观设计的整体视觉效果。

为实现特定技术功能必须具备或者仅有有限选择的设计特征，对于外观设计专利视觉效果的整体观察和综合判断不具有显著影响。

第十七条　外观设计与相同或者相近种类产品的一项现有设计相比，整体视觉效果相同或者属于仅具有局部细微区别等实质相同的情形的，人民法院应当认定其构成专利法第二十三条第一款规定的“属于现有设计”。

除前款规定的情形外，外观设计与相同或者相近种类产品的一项现有设计相比，二者的区别对整体视觉效果不具有显著影响的，人民法院应当认定其不具有专利法第二十三条第二款规定的“明显区别”。

人民法院应当根据外观设计产品的用途，认定产品种类是否相同或者相近。确定产品的用途，可以参考外观设计的简要说明、外观设计产品分类表、产品的功能以及产品销售、实际使用的情况等因素。

第十八条 外观设计专利与相同种类产品上同日申请的另一项外观设计专利相比，整体视觉效果相同或者属于仅具有局部细微区别等实质相同的情形的，人民法院应当认定其不符合专利法第九条关于“同样的发明创造只能授予一项专利权”的规定。

第十九条 外观设计与申请日以前提出申请、申请日以后公告，且属于相同或者相近种类产品的另一项外观设计相比，整体视觉效果相同或者属于仅具有局部细微区别等实质相同的情形的，人民法院应当认定其构成专利法第二十三条第一款规定的“同样的外观设计”。

第二十条 根据现有设计整体上给出的设计启示，以一般消费者容易想到的设计特征转用、拼合或者替换等方式，获得与外观设计专利的整体视觉效果相同或者仅具有局部细微区别等实质相同的外观设计，且不具有独特视觉效果的，人民法院应当认定该外观设计专利与现有设计特征的组合相比不具有专利法第二十三条第二款规定的“明显区别”。

具有下列情形之一的，人民法院可以认定存在前款所称的设计启示：

（一）将相同种类产品上不同部分的设计特征进行拼合或者替换的；

（二）现有设计公开了将特定种类产品的设计特征转用于外观设计专利产品的；

（三）现有设计公开了将不同的特定种类产品的外观设计特征进行拼合的；

（四）将现有设计中的图案直接或者仅做细微改变后用于外观设计专利产品的；

（五）将单一自然物的特征转用于外观设计专利产品的；

（六）单纯采用基本几何形状或者仅做细微改变后得到外观设计的；

（七）使用一般消费者公知的建筑物、作品、标识等的全部或者部分设计的。

第二十一条 人民法院在认定本规定第二十条所称的独特视觉效果时，

可以综合考虑下列因素：

（一）外观设计专利产品的设计空间；

（二）产品种类的关联度；

（三）转用、拼合、替换的设计特征的数量和难易程度；

（四）需要考虑的其他因素。

第二十二条　专利法第二十三条第三款所称的“合法权利”，包括就作品、商标、地理标志、姓名、企业名称、肖像，以及有一定影响的商品名称、包装、装潢等享有的合法权利或者权益。

第二十三条　当事人主张专利复审、无效宣告请求审查程序中的下列情形属于行政诉讼法第七十条第三项规定的“违反法定程序的”，人民法院应予支持：

（一）遗漏当事人提出的理由和证据，且对当事人权利产生实质性影响的；

（二）未依法通知应当参加审查程序的专利申请人、专利权人及无效宣告请求人等，对其权利产生实质性影响的；

（三）未向当事人告知合议组组成人员，且合议组组成人员存在法定回避事由而未回避的；

（四）未给予被诉决定对其不利的一方当事人针对被诉决定所依据的理由、证据和认定的事实陈述意见的机会的；

（五）主动引入当事人未主张的公知常识或者惯常设计，未听取当事人意见且对当事人权利产生实质性影响的；

（六）其他违反法定程序，可能对当事人权利产生实质性影响的。

第二十四条　被诉决定有下列情形之一的，人民法院可以依照行政诉讼法第七十条的规定，判决部分撤销：

（一）被诉决定对于权利要求书中的部分权利要求的认定错误，其余正确的；

（二）被诉决定对于专利法第三十一条第二款规定的“一件外观设计专利申请”中的部分外观设计认定错误，其余正确的；

（三）其他可以判决部分撤销的情形。

第二十五条　被诉决定对当事人主张的全部无效理由和证据均已评述并

宣告权利要求无效，人民法院认为被诉决定认定该权利要求无效的理由均不能成立的，应当判决撤销或者部分撤销该决定，并可视情判决被告就该权利要求重新作出审查决定。

第二十六条 审查决定系直接依据生效裁判重新作出且未引入新的事实和理由，当事人对该决定提起诉讼的，人民法院依法裁定不予受理；已经受理的，依法裁定驳回起诉。

第二十七条 被诉决定查明事实或者适用法律确有不当，但对专利授权确权的认定结论正确的，人民法院可以在纠正相关事实查明和法律适用的基础上判决驳回原告的诉讼请求。

第二十八条 当事人主张有关技术内容属于公知常识或者有关设计特征属于惯常设计的，人民法院可以要求其提供证据证明或者作出说明。

第二十九条 专利申请人、专利权人在专利授权确权行政案件中提供新的证据，用于证明专利申请不应当被驳回或者专利权应当维持有效的，人民法院一般应予审查。

第三十条 无效宣告请求人在专利确权行政案件中提供新的证据，人民法院一般不予审查，但下列证据除外：

（一）证明在专利无效宣告请求审查程序中已主张的公知常识或者惯常设计的；

（二）证明所属技术领域的技术人员或者一般消费者的知识水平和认知能力的；

（三）证明外观设计专利产品的设计空间或者现有设计的整体状况的；

（四）补强在专利无效宣告请求审查程序中已被采信证据的证明力的；

（五）反驳其他当事人在诉讼中提供的证据的。

第三十一条 人民法院可以要求当事人提供本规定第二十九条、第三十条规定的新的证据。

当事人向人民法院提供的证据系其在专利复审、无效宣告请求审查程序中被依法要求提供但无正当理由未提供的，人民法院一般不予采纳。

第三十二条 本规定自 2020 年 9 月 12 日起施行。

本规定施行后，人民法院正在审理的一审、二审案件适用本规定；施行前已经作出生效裁判的案件，不适用本规定再审。

【导读及适用要点】

一、权利要求用语的界定

《最高人民法院关于审理专利授权确权行政案件适用法律若干问题的规定（一）》（以下简称《审理专利授权确权的规定》）第二条明确，对于专利授权确权行政案件，人民法院在界定权利要求的用语时同样遵循“内部证据优先”原则。首先，应当以所属技术领域的技术人员阅读权利要求书、说明书及附图后所理解的通常含义界定权利要求的用语。其次，权利要求的用语在说明书及附图中有明确定义或者说明的，从其界定。最后，以上述方法仍无法界定的，可以结合所属技术领域的技术人员通常采用的技术词典、技术手册、工具书、教科书、国家或者行业技术标准等界定。关于原征求意见稿中的“发明目的”，已被第二条规定的“所属技术领域的技术人员阅读权利要求书、说明书”所涵盖，故不再单独作出规定。

关于界定权利要求的用语时如何考虑专利审查档案，第二条未作规定，主要考虑是：其一，从社会征求意见的反馈情况看，对于在界定权利要求用语时是否考虑专利审查档案，仍然存在较大争议；其二，专利授权确权行政案件的核心争议在于被诉决定的合法性以及涉案专利（申请）的合法性，而被诉决定以及当事人在行政程序中提交的修改、意见陈述等，本身即构成涉案专利（申请）的审查档案的一部分。为发挥权利要求书以及专利（申请）文件本身的公示作用，应引导权利人（申请人）尽量通过修改专利（申请）文件以符合《专利法》的相关规定。没有被国务院专利行政部门接受的修改，以及权利人（申请人）单方作出的意见陈述，均具有较强的主观性且未向社会公众公示。司法实践中，可根据具体案情将其作为参考因素之一。

《审理专利授权确权的规定》第三条明确，人民法院界定权利要求的用语时可以参考已被专利侵权民事案件生效裁判采纳的专利权人的相关陈述。该条旨在引导、督促专利权人在专利确权程序和侵权诉讼程序中都能谨慎、诚信地陈述，对权利要求的用语的含义进行解释，避免权利人在不同程序中作不同陈述。司法实践中，专利权人在侵权民事案件中为了将被诉侵权技术方案纳入专利权的保护范围，往往会将权利要求用语作扩大解释。但在专利确权行政案件中，权利人针对无效宣告请求人提出的现有技术和无效理由，往往又会限缩解释权利要求的用语，以避免专利权被宣告无效，即“两头得利”。通过第三条规定，专利权人在专利侵权诉讼程序中的相关陈述具有一定的反向作用，有助于避免两头得利的发生。因权利要求书、说明书和附图是界定权利要求用语的根本依据，故专利权人在专利侵权诉讼程序中的陈述仅具有参考作用。第三条规定较为原则，既起到引导、督促作用，也为司法实践提供了裁判依据。

《审理专利授权确权的规定》第四条规定，如果权利要求、说明书及附图中存在明显错误或歧义，人民法院应当根据所属技术领域的技术人员阅读权利要求书、说明书及附图后得出的唯一理解，对权利要求、说明书及附图中的明显错误进行“修正”。第四条与《最高人民法院关于审理侵犯专利权纠纷案件应用法律若干问题的解释（二）》第四条的规定基本一致。

二、专利申请人、专利权人虚构、编造技术内容的认定

《审理专利授权确权的规定》第五条规定了专利申请人、专利权人在专利说明书及附图中虚构、编造技术内容的法律后果。在专利授权确权行政案件审判实践中，一定程度上存在专利申请人、专利权人违反诚实信用原则，虚构、编造说明书及附图中的技术内容的情形。此种情形在涉及化学、医药、材料等需要实验数据验证的技术领域较为突出，严重扰乱了正常的专利申请、审查和案件审理秩序。2020 年修正的《专利法》第二十条规定：“申请专利和行使专利权应当遵循诚实信用原则。”《国家知识产权局关于规范申请专利行为的办法》[①] 第二条明确规定，“所提交专利申请存在编造、伪造或变造发明创造内容、实验数据或技术效果”属于“非正常申请专利行为”。为依法制裁此类违法行为，第五条明确对于此类情形，当事人主张相关权利要求不符合《专利法》有关规定的，人民法院应予支持。司法实践中，人民法院可以适用《专利法》第二十六条第三款的规定，认定与虚构、编造的技术内容相关的权利要求应当被宣告无效。

---

① 已被 2024 年 1 月 20 日被《规范申请专利行为的规定》废止。

三、说明书充分公开的认定

《审理专利授权确权的规定》第六条对《专利法》第二十六条第三款有关说明书“充分公开”的适用作了进一步明确。理解与适用该条应把握三个方面：一是在认定说明书是否“充分公开”时，应以“所属技术领域的技术人员”作为判断主体。二是判断充分公开的时间点，应以申请日为准。三是对于是否“充分公开”，应聚焦“权利要求限定的技术方案”，以“所属技术领域的技术人员能够实现”为准。第六条还明确了未“充分公开”的三类具体情形。说明书中的特定内容未能充分公开的，人民法院应当注意有所区分，认定保护范围与之相关的特定权利要求不符合《专利法》第二十六条第三款的规定，而不能笼统地认定整个专利或者全部权利要求不符合法律规定。

四、权利要求以说明书为依据

根据《专利法》第二十六条第四款的规定，专利权人、专利申请人可以在说明书、附图公开的技术内容的基础上，合理概括一定的保护范围，而不仅仅限于具体实施方式本身。相应的，专利权的保护范围应当与专利的技术贡献、创新程度以及说明书公开的技术内容相适应。故《审理专利授权确权的规定》第八条规定，所属技术领域的技术人员“在申请日不能得到或者合理概括得出权利要求限定的技术方案的”，不符合《专利法》第二十六条第四款的规定。

专利说明书与权利要求书紧密联系、相互依存，《专利法》第二十六第三款、第四款的适用也是一体两面，高度关联的。故《审理专利授权确权的规定》第六条规定，当事人仅依据说明书中未充分公开的特定技术内容，主张与该特定技术内容相关的权利要求符合《专利法》第二十六条第四款关于“权利要求书应当以说明书为依据”的规定的，人民法院不予支持。

《审理专利授权确权的规定》第九条对以功能或者效果限定的技术特征（功能性特征）作出规定。功能性特征以拟实现的特定功能或者效果限定专利权的保护范围，而不是以实现该功能或者效果的具体技术手段（结构、连接关系、步骤、工艺条件等）进行限定，其字面含义限定的保护范围极为宽泛，包括能够实现该功能或者效果的所有具体实施方式。为确保公共利益和激励创新兼得，给后续科技创新和改进发明留下必要的空间，《最高人民法院关于审理侵犯专利权纠纷案件应用法律若干问题的解释》第四条规定，人民法院应当结合说明书和附图描述的该功能或者效果的具体实施方式及其等同的实施方式，确定该技术特征的内容。《最高人民法院关于审理侵犯专利权纠纷案件应用法律若干问题的解释（二）》第八条对功能性特征的界定作出了进一步的规定。

在构成司法解释所称功能性特征的前提下，如果说明书、附图中没有记载实现功能性特征的任何具体实施方式，那么在认定功能性特征的保护范围时会存在难以克服的障碍。尤其是对于实用新型专利而言，其在授权前没有经过实质性审查，更加容易出现此类情形。故第九条规定可以认定其不符合《专利法》第二十六条第三款的规定。因此，权利人（专利申请人）在撰写说明书时，至少应当记载一项与功能性特征对应的具体实施方式，以符合专利说明书应当“充分公开”的规定。至于根据该具体实施方式，是否能够得到或者合理概括得出该功能性特征，以符合《专利法》第二十六条第四款的规定，仍然需要根据案件具体情况进行审理和认定。

五、实际解决的技术问题

《审理专利授权确权的规定》第十三条对判断创造性时确定“实际解决的技术问题”作出规定。在认定权利要求的创造性时，以“三步法”作为最主要的判断方法，其中的第二步为根据权利要求与最接近的现有技术的区别技术特征，来确定权利要求限定的技术方案所实际解决的技术问题。第十三条第一款规定，如果说明书中没有明确记载与区别技术特征对应的技术效果，可以结合所属技术领域的公知常识、区别技术特征与其他技术特征的关系、区别技术特征在权利要求限定的技术方案中的作用等作出认定。

在涉及创造性判断的案件中，人民法院确定实际解决的技术问题的目的，是使得技术启示的认定以及权利要求的创造性的判断更为客观。故第十三条第二款规定，即使被诉决定对于实际解决的技术问题未予认定或者认定错误的，不影响人民法院对权利要求是否具有创造性依法作出认定，而不能仅以实际解决的技术问题认定错误为由即撤销被诉决定。之所以这样规定，是为了实质性解决当事人之间有关权利要求是否具有创造性的争议。

六、外观设计的设计空间

设计空间，是指对产品的外观设计进行创新性设计的自由度。在近年来的行政执法和司法实践中，已有多件案件对设计空间进行了认定，逐步形成了共识。《审理专利授权确权的规定》第十四条第一款对设计空间作出规定，与《最高人民法院关于审理侵犯专利权纠纷案件应用法律若干问题的解释（二）》第十四条的规定基本一致。《审理专利授权确权的规定》第十四条第二款对认定设计空间时需要考虑的因素作出规定。

七、外观设计专利是否符合《专利法》第二十三条的认定

《专利法》第二十三条规定了外观设计专利应当满足的授权确权条件，第九条对禁止重复授权作出了规定。《审理专利授权确权的规定》第十六条至第二十二条对相关情形的认定作出进一步明确。

《审理专利授权确权的规定》第十七条第一款规定的是“属于现有设计”的情形，即外观设计专利与一项现有设计单独对比，二者的整体视觉效果相同或者实质相同；第二款规定的是，外观设计专利与一项现有设计单独对比，二者的整体视觉效果不具有“明显区别”的认定；第三款对产品种类是否相同或者相近的认定作出规定，该规定与《最高人民法院关于审理侵犯专利权纠纷案件应用法律若干问题的解释》第九条的规定基本一致。

《审理专利授权确权的规定》第十九条对外观设计专利的“抵触设计”作出了规定。根据《专利法》第二十三条第一款的规定，在相同或者相近种类产品上，如果在先申请、在后公开另一项外观设计专利申请，并且其与外观设计专利的整体视觉效果相同，或者属于仅具有细微区别等实质相同的情形，则构成外观设计专利的抵触设计。

《审理专利授权确权的规定》第二十条对外观设计专利与现有设计特征的组合相比是否具有“明显区别”的认定作出规定。《专利法》第二十三条第二款规定：“授予专利权的外观设计与……现有设计特征的组合相比，应当具有明显区别。”该规定是《专利法》2008年修正时增加的内容，目的是提高外观设计专利授权标准，提升专利质量。该规定明确了可以对不同的现有设计的设计特征进行组合后，再与外观设计专利对比。该规定与发明、实用新型专

利的创造性的认定类似。故作出本条规定时，参考、借鉴了创造性认定的相关规定和经验。一是借鉴了创造性判断中的“技术启示”的概念。即可以综合考虑现有设计的整体状况，根据现有设计整体上给出的设计启示进行判断，以使得判断标准更加客观。二是判断主体采用了一般消费者，没有采用本领域的设计人员，以避免在认定外观设计专利的合法性时，在适用不同法律规定时采取不同的判断主体。三是认定外观设计专利是否具有“明显区别”，关键在于其整体视觉效果是否是“容易想到”的。即根据现有设计，是否容易想到通过常规的设计方法，包括设计特征的转用、拼合或者替换等，获得整体视觉效果相同或者实质相同（仅有细微区别）的外观设计。四是规定需要考虑外观设计专利是否具有“独特视觉效果”。《审理专利授权确权的规定》第二十条第二款对于“设计启示”的认定进行了列举。第二十一条对“独特视觉效果”进行了规定。

关于禁止重复授权，《专利法》第九条规定：“同样的发明创造只能授予一项专利权。”《审理专利授权确权的规定》第十八条对外观设计专利重复授权的认定作出进一步规定。需要注意的是，外观设计专利权的保护范围不仅与外观设计本身有关，也与体现该外观设计的产品类别有关；外观设计专利权的保护范围具有一定的弹性，既包括外观设计相同的情形，也包括与外观设计专利实质相同的情形。因此，如果两项外观设计专利的保护范围存在实质性差异，则不属于重复授权。

八、与证据有关的问题

（一）实验数据

实验数据是通过实验形成的，人民法院审查认定时，既要考虑实验数据本身是否客观真实，也要考虑实验过程是否客观真实，以及实验方案与专利技术方案的相关性。实验数据的真实性和准确性涉及多种因素，尤其是实验原料、步骤、条件、环境或者参数等，与之相关的证据材料一般均由提交实验数据的一方当事人所掌握。

综合考虑双方当事人的主张及证据持有情况、举证能力等因素，《审理专利授权确权的规定》第十一条规定，当事人对实验数据的真实性产生争议时，提交实验数据的一方当事人应当举证证明实验数据的来源和形成过程。人民法院还可以通知实验负责人到庭就实验原料、步骤、条件、环境或者参数以及完成实验的人员、机构等作出说明。实验负责人出庭作出说明时，要接受人民法院的询问，经人民法院准许，对方当事人、诉讼代理人及其有关专家辅助人等也可以对其进行询问，以便人民法院对实验数据的真实性作出正确认定。

关于《审理专利授权确权的规定》第十条规定的“药品专利申请人在申请日以后提交补充实验数据”，其本身并不是专利说明书的组成部分。人民法院审查时既要注意药品研发确有自身特点和规律，也要坚持专利法规定的先申请制度和“公开换保护”基本原理；既要依法保护创新成果，也要防止申请人抢占申请日“跑马圈地”后又通过补充实验数据获得不正当利益，确保公共利益和激励创新兼得。

（二）公知常识、惯常设计

公知常识和惯常设计，涉及所属技术领域的技术人员和一般消费者的知识水平和认知能力的认定，属于司法认知的范畴。客观认定所属技术领域的技术人员和一般消费者的知识水平和认知能力，对于依法、公正审理好专利授权确权案件具有重要影响。由于具体案件可能会涉及不同的专业技术领域、不同产品类别以及客观认识的局限性，当事人在诉讼中也常常对此产生较大争议。《审理专利授权确权的规定》第二十八条规定，对于当事人主张的公知常识和惯常设计，人民法院可以要求其提供证据证明或者充分说明。通常而言，所属技术领域普遍采用的工具书、教科书、字典、词典、手册、国家或者行业标准等，可以作为认定公知常识和惯常设计的证据。

（三）新的证据

专利授权确权行政诉讼是关于是否授予专利权和专利权是否有效的司法救济程序，为证明其主张成立，当事人可能会在诉讼过程中提供其在行政程序中没有提供过的新的证据。对于专利申请人和专利权人在此阶段提供证据用于证明专利申请应当授权，或者专利权有效的，由于已经没有其他救济途径或者补救措施，故《审理专利授权确权的规定》第二十九条规定人民法院一般应当予以审查。

无效宣告请求人在专利确权行政案件中提供新的证据，用于证明专利权应当被宣告无效的，由于其可以另行提出无效宣告请求，且相关证据已经超出无效行政决定的审理范围，故《审理专利授权确权的规定》第三十条规定人民法院一般不予审查。但是，对于不涉及新的事实和理由的证据，与所属技术领域的技术人员或者一般消费者的知识水平和认知能力有关的证据，以及反驳证据等，可以允许其提交并审查。

九、关于裁判方式

（一）被诉决定的部分撤销

《行政诉讼法》第七十条规定："行政行为有下列情形之一的，人民法院判决撤销或者部分撤销，并可以判决被告重新作出行政行为：……"为进一步提高行政审查和司法诉讼效率，有效解决当前审判实践中存在的专利权效力迟迟难以确定等问题，《审理专利授权确权的规定》第二十四条规定人民法院可以仅对被诉决定中的错误部分予以撤销，维持被诉决定中的正确部分。由此，有利于避免在被诉决定中存在可以区分的部分的情况下，简单地全部撤销被诉决定并判令国务院专利行政部门全部重新作出审查决定。

起草过程中，有观点认为，对于《审理专利授权确权的规定》第二十四条规定的情形，应由国务院专利行政部门重新作出决定。我们认为，依照《行政诉讼法》第七十条的规定，人民法院有权仅判决撤销审查决定的错误部分，在不影响当事人实体权利的情况下，可不再判令国务院专利行政部门重新作出审查决定，以防止国务院专利行政部门根据生效判决再次作出审查决定后，又被提起诉讼形成循环诉讼。

（二）视情判决重新作出审查决定

依照《行政诉讼法》第七十条的规定，在该条规定的特定情形下，人民法院"可以"而不是"应当"判决被告重新作出行政行为。因此，根据具体案情，人民法院有权不再判决被告重新作出行政行为。在国务院专利行政部门已经对当事人主张的全部无效理由和证据均进行审查并作出认定，宣告专利权无效的情形下，一旦被诉决定被生效判决撤销，则专利权自然仍处于合法有效的状态。此时，没有必要由国务院专利行政部门再次审查，对一项本就有效的专利重新作出审查决定并认定其有效，同时也可以避免当事人对重新作出的审查决定再次提起行政诉讼，产生循环诉讼和程序空转。因此，《审理专利授权确权的规定》第二十五条规定此种情形下，人民法院"可视情判决被告就该权利要求重新作出审查决定”。

（三）不再撤销被诉决定

当事人不服专利复审决定或专利无效宣告请求审查决定而提起行政诉讼，一般都会请求撤销被诉决定，判令国务院专利行政部门重新作出审查决定。专利授权确权行政案件中的实质性争议，绝大多数在于对专利申请是否应当获得授权或者专利权是否应当被宣告无效作出的认定。尤其是，专利无效行政程序中有关专利权效力的认定，往往直接涉及相关专利侵权民事案件的审理，如果不能尽早确定专利权的效力，会导致专利权的效力和当事人的权利义务关系长期处于不稳定状态，影响相关民事案件的审理。因此，《审理专利授权确权的规定》第二十七条规定，在专利复审决定、无效宣告请求审查决定的结论正确的情况下，即使其中认定事实和适用法律存在错误，人民法院可以在裁判文书的判理部分纠正相关错误后驳回原告诉讼请求，而不再撤销被诉决定。

十、关于“一事不再理”

在被诉决定被生效裁判撤销的情况下，国务院专利行政部门应依据该生效裁判的认定以及判项，重新作出审查决定。在新作出的决定直接依据生效裁判作出，并未引入新的事实和理由，与前案的当事人、事实和理由等均相同的情况下，当事人再次对新的决定提起的行政诉讼与之前的行政诉讼构成“一事”。故《审理专利授权确权的规定》第二十六条规定，当事人对该新的决定提起诉讼的，人民法院依法裁定不予受理；已经受理的，依法裁定驳回起诉。

（撰稿人：林广海　李　剑　杜微科　吴　蓉）

最高人民法院
关于审理侵犯专利权纠纷案件应用法律若干问题的解释（二）

（2016年1月25日最高人民法院审判委员会第1676次会议通过
根据2020年12月23日最高人民法院审判委员会第1823次会议
通过的《最高人民法院关于修改〈最高人民法院关于审理
侵犯专利权纠纷案件应用法律若干问题的解释（二）〉
等十八件知识产权类司法解释的决定》修正）

为正确审理侵犯专利权纠纷案件，根据《中华人民共和国民法典》《中华人民共和国专利法》《中华人民共和国民事诉讼法》等有关法律规定，结合审判实践，制定本解释。

第一条　权利要求书有两项以上权利要求的，权利人应当在起诉状中载明据以起诉被诉侵权人侵犯其专利权的权利要求。起诉状对此未记载或者记载不明的，人民法院应当要求权利人明确。经释明，权利人仍不予明确的，人民法院可以裁定驳回起诉。

第二条　权利人在专利侵权诉讼中主张的权利要求被国务院专利行政部门宣告无效的，审理侵犯专利权纠纷案件的人民法院可以裁定驳回权利人基于该无效权利要求的起诉。

有证据证明宣告上述权利要求无效的决定被生效的行政判决撤销的，权利人可以另行起诉。

专利权人另行起诉的，诉讼时效期间从本条第二款所称行政判决书送达之日起计算。

第三条　因明显违反专利法第二十六条第三款、第四款导致说明书无法用于解释权利要求，且不属于本解释第四条规定的情形，专利权因此被请求宣告无效的，审理侵犯专利权纠纷案件的人民法院一般应当裁定中止诉讼；在合理期限内专利权未被请求宣告无效的，人民法院可以根据权利要求的记载确定专利权的保护范围。

第四条　权利要求书、说明书及附图中的语法、文字、标点、图形、符号等存有歧义，但本领域普通技术人员通过阅读权利要求书、说明书及附图可以得出唯一理解的，人民法院应当根据该唯一理解予以认定。

第五条　在人民法院确定专利权的保护范围时，独立权利要求的前序部分、特征部分以及从属权利要求的引用部分、限定部分记载的技术特征均有限定作用。

第六条　人民法院可以运用与涉案专利存在分案申请关系的其他专利及其专利审查档案、生效的专利授权确权裁判文书解释涉案专利的权利要求。

专利审查档案，包括专利审查、复审、无效程序中专利申请人或者专利权人提交的书面材料，国务院专利行政部门制作的审查意见通知书、会晤记录、口头审理记录、生效的专利复审请求审查决定书和专利权无效宣告请求审查决定书等。

第七条　被诉侵权技术方案在包含封闭式组合物权利要求全部技术特征的基础上增加其他技术特征的，人民法院应当认定被诉侵权技术方案未落入专利权的保护范围，但该增加的技术特征属于不可避免的常规数量杂质的除外。

前款所称封闭式组合物权利要求，一般不包括中药组合物权利要求。

第八条　功能性特征，是指对于结构、组分、步骤、条件或其之间的关系等，通过其在发明创造中所起的功能或者效果进行限定的技术特征，但本领域普通技术人员仅通过阅读权利要求即可直接、明确地确定实现上述功能或者效果的具体实施方式的除外。

与说明书及附图记载的实现前款所称功能或者效果不可缺少的技术特征相比，被诉侵权技术方案的相应技术特征是以基本相同的手段，实现相同的功能，达到相同的效果，且本领域普通技术人员在被诉侵权行为发生时无需经过创造性劳动就能够联想到的，人民法院应当认定该相应技术特征与功能性特征相同或者等同。

第九条　被诉侵权技术方案不能适用于权利要求中使用环境特征所限定的使用环境的，人民法院应当认定被诉侵权技术方案未落入专利权的保护范围。

第十条 对于权利要求中以制备方法界定产品的技术特征，被诉侵权产品的制备方法与其不相同也不等同的，人民法院应当认定被诉侵权技术方案未落入专利权的保护范围。

第十一条 方法权利要求未明确记载技术步骤的先后顺序，但本领域普通技术人员阅读权利要求书、说明书及附图后直接、明确地认为该技术步骤应当按照特定顺序实施的，人民法院应当认定该步骤顺序对于专利权的保护范围具有限定作用。

第十二条 权利要求采用“至少”“不超过”等用语对数值特征进行界定，且本领域普通技术人员阅读权利要求书、说明书及附图后认为专利技术方案特别强调该用语对技术特征的限定作用，权利人主张与其不相同的数值特征属于等同特征的，人民法院不予支持。

第十三条 权利人证明专利申请人、专利权人在专利授权确权程序中对权利要求书、说明书及附图的限缩性修改或者陈述被明确否定的，人民法院应当认定该修改或者陈述未导致技术方案的放弃。

第十四条 人民法院在认定一般消费者对于外观设计所具有的知识水平和认知能力时，一般应当考虑被诉侵权行为发生时授权外观设计所属相同或者相近种类产品的设计空间。设计空间较大的，人民法院可以认定一般消费者通常不容易注意到不同设计之间的较小区别；设计空间较小的，人民法院可以认定一般消费者通常更容易注意到不同设计之间的较小区别。

第十五条 对于成套产品的外观设计专利，被诉侵权设计与其一项外观设计相同或者近似的，人民法院应当认定被诉侵权设计落入专利权的保护范围。

第十六条 对于组装关系唯一的组件产品的外观设计专利，被诉侵权设计与其组合状态下的外观设计相同或者近似的，人民法院应当认定被诉侵权设计落入专利权的保护范围。

对于各构件之间无组装关系或者组装关系不唯一的组件产品的外观设计专利，被诉侵权设计与其全部单个构件的外观设计均相同或者近似的，人民法院应当认定被诉侵权设计落入专利权的保护范围；被诉侵权设计缺少其单个构件的外观设计或者与之不相同也不近似的，人民法院应当认定被诉侵权设计未落入专利权的保护范围。

第十七条　对于变化状态产品的外观设计专利，被诉侵权设计与变化状态图所示各种使用状态下的外观设计均相同或者近似的，人民法院应当认定被诉侵权设计落入专利权的保护范围；被诉侵权设计缺少其一种使用状态下的外观设计或者与之不相同也不近似的，人民法院应当认定被诉侵权设计未落入专利权的保护范围。

第十八条　权利人依据专利法第十三条诉请在发明专利申请公布日至授权公告日期间实施该发明的单位或者个人支付适当费用的，人民法院可以参照有关专利许可使用费合理确定。

发明专利申请公布时申请人请求保护的范围与发明专利公告授权时的专利权保护范围不一致，被诉技术方案均落入上述两种范围的，人民法院应当认定被告在前款所称期间内实施了该发明；被诉技术方案仅落入其中一种范围的，人民法院应当认定被告在前款所称期间内未实施该发明。

发明专利公告授权后，未经专利权人许可，为生产经营目的使用、许诺销售、销售在本条第一款所称期间内已由他人制造、销售、进口的产品，且该他人已支付或者书面承诺支付专利法第十三条规定的适当费用的，对于权利人关于上述使用、许诺销售、销售行为侵犯专利权的主张，人民法院不予支持。

第十九条　产品买卖合同依法成立的，人民法院应当认定属于专利法第十一条规定的销售。

第二十条　对于将依照专利方法直接获得的产品进一步加工、处理而获得的后续产品，进行再加工、处理的，人民法院应当认定不属于专利法第十一条规定的“使用依照该专利方法直接获得的产品”。

第二十一条　明知有关产品系专门用于实施专利的材料、设备、零部件、中间物等，未经专利权人许可，为生产经营目的将该产品提供给他人实施了侵犯专利权的行为，权利人主张该提供者的行为属于民法典第一千一百六十九条规定的帮助他人实施侵权行为的，人民法院应予支持。

明知有关产品、方法被授予专利权，未经专利权人许可，为生产经营目的积极诱导他人实施了侵犯专利权的行为，权利人主张该诱导者的行为属于民法典第一千一百六十九条规定的教唆他人实施侵权行为的，人民法院应予支持。

第二十二条 对于被诉侵权人主张的现有技术抗辩或者现有设计抗辩，人民法院应当依照专利申请日时施行的专利法界定现有技术或者现有设计。

第二十三条 被诉侵权技术方案或者外观设计落入在先的涉案专利权的保护范围，被诉侵权人以其技术方案或者外观设计被授予专利权为由抗辩不侵犯涉案专利权的，人民法院不予支持。

第二十四条 推荐性国家、行业或者地方标准明示所涉必要专利的信息，被诉侵权人以实施该标准无需专利权人许可为由抗辩不侵犯该专利权的，人民法院一般不予支持。

推荐性国家、行业或者地方标准明示所涉必要专利的信息，专利权人、被诉侵权人协商该专利的实施许可条件时，专利权人故意违反其在标准制定中承诺的公平、合理、无歧视的许可义务，导致无法达成专利实施许可合同，且被诉侵权人在协商中无明显过错的，对于权利人请求停止标准实施行为的主张，人民法院一般不予支持。

本条第二款所称实施许可条件，应当由专利权人、被诉侵权人协商确定。经充分协商，仍无法达成一致的，可以请求人民法院确定。人民法院在确定上述实施许可条件时，应当根据公平、合理、无歧视的原则，综合考虑专利的创新程度及其在标准中的作用、标准所属的技术领域、标准的性质、标准实施的范围和相关的许可条件等因素。

法律、行政法规对实施标准中的专利另有规定的，从其规定。

第二十五条 为生产经营目的使用、许诺销售或者销售不知道是未经专利权人许可而制造并售出的专利侵权产品，且举证证明该产品合法来源的，对于权利人请求停止上述使用、许诺销售、销售行为的主张，人民法院应予支持，但被诉侵权产品的使用者举证证明其已支付该产品的合理对价的除外。

本条第一款所称不知道，是指实际不知道且不应当知道。

本条第一款所称合法来源，是指通过合法的销售渠道、通常的买卖合同等正常商业方式取得产品。对于合法来源，使用者、许诺销售者或者销售者应当提供符合交易习惯的相关证据。

第二十六条 被告构成对专利权的侵犯，权利人请求判令其停止侵权行为的，人民法院应予支持，但基于国家利益、公共利益的考量，人民法院可以不判令被告停止被诉行为，而判令其支付相应的合理费用。

第二十七条　权利人因被侵权所受到的实际损失难以确定的，人民法院应当依照专利法第六十五条第一款[①]的规定，要求权利人对侵权人因侵权所获得的利益进行举证；在权利人已经提供侵权人所获利益的初步证据，而与专利侵权行为相关的账簿、资料主要由侵权人掌握的情况下，人民法院可以责令侵权人提供该账簿、资料；侵权人无正当理由拒不提供或者提供虚假的账簿、资料的，人民法院可以根据权利人的主张和提供的证据认定侵权人因侵权所获得的利益。

第二十八条　权利人、侵权人依法约定专利侵权的赔偿数额或者赔偿计算方法，并在专利侵权诉讼中主张依据该约定确定赔偿数额的，人民法院应予支持。

第二十九条　宣告专利权无效的决定作出后，当事人根据该决定依法申请再审，请求撤销专利权无效宣告前人民法院作出但未执行的专利侵权的判决、调解书的，人民法院可以裁定中止再审审查，并中止原判决、调解书的执行。

专利权人向人民法院提供充分、有效的担保，请求继续执行前款所称判决、调解书的，人民法院应当继续执行；侵权人向人民法院提供充分、有效的反担保，请求中止执行的，人民法院应当准许。人民法院生效裁判未撤销宣告专利权无效的决定的，专利权人应当赔偿因继续执行给对方造成的损失；宣告专利权无效的决定被人民法院生效裁判撤销，专利权仍有效的，人民法院可以依据前款所称判决、调解书直接执行上述反担保财产。

第三十条　在法定期限内对宣告专利权无效的决定不向人民法院起诉或者起诉后生效裁判未撤销该决定，当事人根据该决定依法申请再审，请求撤销宣告专利权无效前人民法院作出但未执行的专利侵权的判决、调解书的，人民法院应当再审。当事人根据该决定，依法申请终结执行宣告专利权无效前人民法院作出但未执行的专利侵权的判决、调解书的，人民法院应当裁定终结执行。

第三十一条　本解释自2016年4月1日起施行。最高人民法院以前发布的相关司法解释与本解释不一致的，以本解释为准。

---

① 现为《专利法》(2020年修正）第七十一条第一款。

【导读及适用要点】

一、关于原告对权利要求的选择

2009年公布的《最高人民法院关于审理侵犯专利权纠纷案件应用法律若干问题的解释》(以下简称《专利法解释》)第一条规定，权利人有权选择一项或多项权利要求，据以提起专利侵权之诉。实践中，有部分原告并未在起诉状中明确记载据以起诉的权利要求。对此，人民法院应当通过释明要求原告明确。通常情况下，原告在法院释明后，就会作出明确的选择。极个别情况下，经释明，原告仍不明确其选择的权利要求，则属于起诉条件不成就，应当依法裁定驳回起诉，这是对《民事诉讼法》第一百一十九条①第三项、第一百二十一条②第三项规定的受理条件的细化，并不构成对原告诉权的限制。

起草中，曾有另一种观点认为，经释明，原告仍不明确其选择的权利要求的，人民法院应当推定其选择全部权利要求或者全部的独立权利要求。考虑到此观点不利于促使原告积极选择权利要求，《最高人民法院关于审理侵犯专利权纠纷案件应用法律若干问题的解释（二）》(以下简称《审理侵犯专利权纠纷解释（二）》)未予采纳。

关于原告在法院释明后明确其选择的权利要求的时间问题，按照民事诉讼的审理程序，法院通常在立案阶段以及证据交换、庭审阶段才有机会向原告释明权利要求选择的问题，相应的，原告在法院释明后对权利要求进行选择，可能发生在案件受理、审理前准备、法庭调查等三个时段。如果在案件受理阶段，权利人仍不予明确，人民法院应当裁定不予受理。但实践中，立案阶段通常难以在短时间内就利要求的选择进行释明。根据《民事诉讼法》

---

① 现为《民事诉讼法》(2023年修正)第一百二十二条。

② 现为《民事诉讼法》(2023年修正)第一百二十四条。

第一百三十三条[①]及其司法解释第二百二十四条[②]、第二百二十五条[③]的规定，原告应当在庭前会议明确其诉讼请求。如果不召集庭前会议，则原告也应当在法庭调查开始阶段明确其选择的权利要求。因为权利要求的确定是侵权对比的基础，如果原告不明确其据以起诉的权利要求，法庭调查实际上无法展开。

二、关于民行交叉纠纷的实质性解决

专利侵权纠纷案件的审理周期较长，主要是由现行民行二元分立的诉讼架构造成的。权利人起诉被告侵犯其专利权，被告往往向国务院专利行政部门另行提起宣告专利权无效的请求，而审理侵犯专利权纠纷案件的法院又无权审查专利权的效力，通常中止民事诉讼，等待专利授权确权行政诉讼的结果。即使在有权审理专利侵权、专利无效诉讼的北京知识产权法院和北京市高级人民法院，民事、行政的诉讼程序仍是泾渭分明。而且，专利授权确权程序过于繁冗，循环诉讼和程序空转的情况较为突出，不利于纠纷的实质性解决。

为提高专利侵权诉讼的审理效率，尽可能缓解审理周期较长的影响，充分考虑专利授权确权行政诉讼改变国务院专利行政部门决定的比例较低的实际，《审理侵犯专利权纠纷解释（二）》第二条设计了先行裁驳、另行起诉的制度，即在国务院专利行政部门作出宣告专利权无效的决定后，审理侵犯专利权纠纷案件的法院便可以裁定驳回起诉，无须等待专利行政诉讼的最终结果，并通过另行起诉给权利人以司法救济途径。需要注意的是，如果原告起诉被诉侵权技术方案落入其多项权利要求，而其中部分权利要求被宣告无效，则仅驳回原告基于该被宣告无效的权利要求的起诉，对于未被宣告无效的权利要求仍继续审理。之所以采用从程序上裁定驳回起诉，而非实体上判决驳回诉讼请求，主要是考虑若无效决定被行政裁判推翻，则权利人仍可另行起诉。需要指出的是，作出驳回起诉裁定的审理侵犯专利权纠纷案件的人

① 现为《民事诉讼法》（2023年修正）第一百三十六条。

② 现为《最高人民法院关于适用〈中华人民共和国民事诉讼法〉的解释》（2022年修正）第二百二十四条。

③ 现为《最高人民法院关于适用〈中华人民共和国民事诉讼法〉的解释》（2022年修正）第二百二十五条。

民法院包括一审法院和二审法院。如果在二审阶段国务院专利行政部门作出宣告无效的决定，二审法院可以径行裁定驳回起诉。由此引发的一个问题是，一审裁判文书已认定的证据，在另行提起的诉讼中是否具有当然的证明力？由于二审法院基于专利被宣告无效从程序上裁定驳回起诉，对于一审裁判文书并未回应，因此，一审文书已认定的证据不宜简单地被否定，特别是对于庭审笔录中当事人确认的内容，在另行提起的诉讼中一般对于当事人具有拘束力。

在现行《专利法解释》中，将专利权人及被许可人等利害关系人统称为权利人。因专利侵权诉讼的原告可能仅为专利被许可人，如果其不参加专利无效程序，则不是行政判决书的被送达人，其另行起诉的时效计算适用民法通则关于诉讼时效的一般规定，即知道或应当知道专利权恢复有效的时间。为避免文字繁冗，《审理侵犯专利权纠纷解释（二）》第二条第三款仅规定了专利权人另行起诉的时效计算。

虽然《审理侵犯专利权纠纷解释（二）》第二条在提高诉讼效率方面进行了积极探索，但受现行法律规定的限制，并不能从根本上解决民行二元分立导致的周期长问题，仍有待立法层面的改造。比如，《审理侵犯专利权纠纷解释（二）》第三条规定，对于专利存在明显违反《专利法》第二十六条第三款或第四款、应被宣告无效的情形，审理专利侵权案件的法院也只能先向当事人释明，告知其启动专利无效宣告程序，除非属于《审理侵犯专利权纠纷解释（二）》第四条规定的情形。若无效程序被启动，则专利侵权诉讼一般应当中止。当然，若经对比，被诉侵权技术方案不落入专利权保护范围，则不需要中止诉讼，径行判定被告不侵权即可。只有在合理期限内（专利复审委员会通常在七个工作日内完成对申请材料的审查），该专利权未被请求宣告无效的，人民法院才可以根据权利要求的记载确定专利权的保护范围。该条所称明显违反，是指权利要求与说明书“风马牛不相及”，构成技术方案实质上的矛盾，以至于无法运用说明书解释权利要求。对于权利要求得不到说明书支持的其他情形，不适用本条，旨在避免侵权程序过多地介入无效程序以及由此带来的裁判标准不一的问题。

三、关于权利要求解释的尺度

作为划定专利权权利边界的标尺，权利要求是专利法的核心概念，专利制度中的许多规则都是围绕权利要求而展开。2009 年发布的《专利法解释》曾体现了强化权利要求公示性的导向，《审理侵犯专利权纠纷解释（二）》继续贯彻了这一指导思想，旨在增强专利权保护范围的确定性，为社会公众提供明确的法律预期，促使专利文件撰写水平的提高。这也是充分考虑我国现阶段专利质量总体上还处在较低水平的现状以及创新驱动发展战略实施的需求。

《审理侵犯专利权纠纷解释（二）》第五条、第九条、第十条和第十二条分别针对前序特征、使用环境特征、产品权利要求中的制备方法和数值特征中的强调用语，规定上述特征和用语对专利权保护范围具有限定作用，这充分体现了对权利要求公示性的尊重。至于上述特征和用语是否属于专利的必要技术特征，是专利授权确权阶段应当解决好的问题，审理侵犯专利权纠纷案件的人民法院对此不宜再作甄别。也就是说，专利文件撰写人在专利申请阶段对于上述特征和用语的表述应给予足够的注意。

需要指出的是，文字表达本身具有一定的局限性，权利要求书对专利技术方案的概括难以做到全面、精准。而且，专利文件撰写水平的提高需要一个过程，不可能一蹴而就。因此，在强调权利要求公示性这一基本导向的同时，权利要求的解释需要保有一定的弹性，避免唯文字论，使真正有技术贡献的专利能获得比较周延的保护。比如，《审理侵犯专利权纠纷解释（二）》第四条规定，对于专利文件中存有的歧义，只要本领域普通技术人员可以得出唯一理解的，人民法院应当按照此唯一理解予以矫正；再如，《审理侵犯专利权纠纷解释（二）》第十一条规定，方法权利要求未明确记载的步骤顺序在满足一定条件时可以构成专利技术特征。该条与第四条均在一定程度上实质弥补了专利文件撰写的疏忽。为了避免适用的泛化，增加了“唯一”“直接、明确地”等限定条件。

四、关于封闭式组合物权利要求解释

《审理侵犯专利权纠纷解释（二）》第七条明确了实践中争议已久的封闭

式组合物权利要求的解释规则，也凸显了对权利要求公示性的尊重以及维护社会公众对专利权保护范围的信赖。因为历次版本的《专利审查指南》对于封闭式组合物权利要求的规定是相同的，即不得含有该权利要求所述特征之外的其他组分，除非是无法避免的常量杂质。通过长期的专利实践，此撰写方式和解释规则已为业界普遍接受，《审理侵犯专利权纠纷解释（二）》第七条第一款规定的解释规则与《专利审查指南》保持了一致。

起草中，曾有另一种观点认为，根据增加的技术特征是否产生实质性影响而判断是否构成侵权。虽然这一观点可以弥补专利文件撰写的疏漏，在个案中对当事人的利益给予比较公平的处理，但是，该观点导致专利权的权利边界更加模糊，包括其他创新主体在内的社会公众难以从公示的专利文件本身清楚地判断自己的创新活动是否落入专利权的保护范围，而只能不断通过个案诉讼进行试探，这等于本应由专利权人解决的问题转移给了社会公众，无疑增加了创新的成本，损害了规则的公平性。如果专利权人在专利授权程序中出于各种原因选择了保护范围相对较小的封闭式权利要求，从而导致其获得授权的权利要求没有预想的保护范围大，那么，本来有机会主张更宽保护范围却未主张的专利权人应当对自己的这一选择承担相应的法律后果。也就是说，在专利侵权诉讼中，如果专利权人主张其封闭式权利要求并未排除其他未限定的组分，应当不予支持。上述解释规则看似严格，但专利权人在申请专利时可以在开放式、封闭式、活性成分封闭等多种方式中作出合理选择，从而获得恰当的保护范围。

第七条第二款规定的中药组合物封闭式权利要求属于第七条第一款的例外。中药领域的组合物在作用方式、制作工艺、理化参数等方面皆与化学药物存在根本区别，不宜简单地套用《审理侵犯专利权纠纷解释（二）》第七条第一款的解释规则。而且，我国在中药领域具有独特优势，采取与化学药物组合物不同的权利要求解释规则，符合中药产业发展实际，有利于保护中药领域的创新、推动行业的发展。因此，对于以“由……制成”等主要撰写方式的中药组合物权利要求的解释方法，原则上不适用第七条第一款的规定，而应当审查被诉侵权产品增加的技术特征对于技术问题的解决是否产生实质性影响。如未产生实质性影响，则一般认为被诉侵权产品落入专利权的保护范围。

五、关于功能性特征解释

2009年公布的《专利法解释》第四条确立了功能性特征解释的基本原则，即该功能或者效果的具体实施方式及其等同的实施方式。《审理侵犯专利权纠纷解释（二）》第八条进一步明确了功能性特征的定义以及等同的实施方式认定规则。

第八条第一款的但书将“仅通过阅读权利要求即可直接、明确地确定实现上述功能或者效果的具体实施方式”的技术特征排除在功能性特征之外，包括但不限于变压器、放大器等。对于但书所称技术特征的认定，应注意基于本领域普通技术人员的认识水平和能力，由当事人进行举证。如果构成但书所述情形，则不属于《专利法解释》所称的功能性特征，相应地，无须适用“实施例＋等同”的功能性特征的解释规则。

第八条第二款明确了等同的实施方式认定规则。功能性特征与结构特征的不同点有几点不同：一是对比基础不同。前者是说明书及附图记载的实现所述功能或效果不可缺少的结构特征，而后者是权利要求记载的特征本身。二是认定标准不同。前者要求功能、效果相同，而后者要求功能、效果基本相同。之所以如此规定，主要是考虑功能性特征本身是以功能或者效果表述的技术特征，其字面含义较为宽泛，加之大量的实用新型专利授权未经实质审查，如果对于功能、效果适用基本相同，则会不适当地扩张了专利权的保护范围。因此，《审理侵犯专利权纠纷解释（二）》未采纳二次等同理论，亦即在以具体实施例为基点的一次等同之后，功能性特征的保护范围即已划定，不存在对于功能性特征所述功能或效果的二次等同问题，因此，第八条第二款采用了“相应技术特征与功能性特征相同或者等同”的表述。在等同认定尺度适当从严的同时，为了将专利申请日后新技术导致的等同替换手段涵盖进来，该条将侵权判断的时间点放宽至被诉侵权行为发生时。

六、关于技术方案的放弃

2009年公布的《专利法解释》规定，专利权人在专利授权确权程序中放弃的技术方案，不能在专利侵权程序中通过等同原则将其再纳入专利权的保护范围。但是，何谓技术方案的放弃，实践中存在争议。理论上，放弃可以分为客观上的放弃与具有法律效果的放弃。严格地说，只有后者才能导致禁止反悔规则的适用，亦即权利人为了应对专利授权确权程序中权利有效性受到的挑战而作出的放弃，且该放弃被采信，才导致禁止反悔规则的适用，因此，《审理侵犯专利权纠纷解释（二）》第十三条将被明确否定作为技术方案未放弃的认定要件。因专利行政诉讼可能推翻审查员对有关修改或陈述的认定，故第十三条所称被明确否定，包含专利审查和行政诉讼两个阶段。为增强可操作性，规定专利权人应对其主张的被明确否定负有证明责任，若证明不能，则应认定构成导致禁止反悔规则适用的放弃。

七、关于外观设计的设计空间

《审理侵犯专利权纠纷解释（二）》第十四条所称的设计空间，是指设计者在创作特定产品外观设计时的自由度。设计者在特定产品领域中的设计自由度通常要受到现有设计、技术、法律以及观念等多种因素的制约和影响，特定产品设计空间的大小与认定该外观设计产品的一般消费者对同类或者相近类产品外观设计的知识水平和认知能力具有密切关联。对于设计空间极大的产品领域而言，由于设计者的创作自由度较高，该产品领域内的外观设计必然形式多样、风格迥异，该外观设计产品的一般消费者就更不容易注意到比较细小的设计差别。相反，在设计空间受到很大限制的领域，由于创作自由度较小，该产品领域内的外观设计必然存在较多的相同或者相似之处，该外观设计产品的一般消费者通常会注意到不同设计之间的较小区别。

在考虑设计空间这一因素时，应该认识到，设计空间的大小是一个相对的概念。设计空间极大或者设计空间受到极大限制两种极端情形，设计空间对于外观设计近似性判断的影响较为凸显，但在此外的大多数外观设计侵权案件中，设计空间的作用实际上相对地被弱化，因此，在外观设计专利与被诉侵权设计相同或者相近似的判断中，应当注意避免对设计空间适用的泛化。第八条之所以规定设计空间，目的在于更加准确地确定一般消费者的知识水平和认知能力。

八、关于发明专利临时保护期

发明专利实行早期公开、延迟审查制度，因此存在专利申请公布日与授权公告日之间的临时保护期。《专利法》第十一条规定的侵权行为均存在于专利权被授予之后，在性质上临时保护期内实施发明不属于侵权行为，因此，《审理侵犯专利权纠纷解释（二）》第十八条第一款规定临时保护期使用费可以参照专利许可使用费合理确定。

专利申请公布日与专利授权公告日两时间点的保护范围大多不一致：一是被诉技术方案落入申请公布的范围，但未落入授权公告的范围。因未落入授权公告的范围，则不构成专利侵权，故没有给予临时保护之必要。二是被诉技术方案未落入申请公布的范围，但落入授权公告的范围。因临时保护期内公开的技术方案只能是申请公布的技术方案，而被诉技术方案又未落入该范围，故不应认为在临时保护期内实施了该发明。临时保护的性质在于，基于专利被授权，对此前早期公开的技术方案给予延伸保护。若脱离专利被授权，仅仅根据专利申请被公开就赋予其使用费主张权，尤其是在专利最终未被授权时，对专利申请人权利不恰当的扩张更为凸显。因此，《审理侵犯专利权纠纷解释（二）》第十八条第二款规定，以均落入公布日、公告日两个保护范围作为在临时保护期内实施发明的构成要件。《专利法实施细则》第八十五条第二款以及《欧洲专利公约》第 69.2 条亦佐证了上述观点。

实践中争议较大的问题是，临时保护期内已制造、销售、进口的产品能否在专利授权公告日后销售、许诺销售或者使用？对此，起草中曾有两种意见。第一种意见认为，临时保护期内制造、销售、进口的产品不是侵权产品，专利权人无权在授权公告日之后禁止非侵权产品的后续销售、使用等行为；第二种意见认为，依照《专利法》第十一条的规定，专利权被授予后，专利权人可以禁止他人未经其许可的任何实施行为。使用、销售、许诺销售临时保护期内已制造、销售、进口的产品，不属于《专利法》第六十九条[①]规定的不视为侵权的情形，故应依法被禁止。如果采用第一种意见，就可能导致行为人在临时保护期内囤积产品，待授权公告日后再销售的情况；如果采用第二种意见，则与临时保护期内制造的产品不是侵权产品的定性不符，对于被告过于严苛。因此，《审理侵犯专利权纠纷解释（二）》第十八条作了折中，即以是否支付《专利法》第十三条规定的适当费用作为侵权与否的分界点。

---

① 现为《专利法》（2020 年修正）第七十五条。

实践中，权利人可能在起诉时将制造者、使用者、销售者均作为共同被告，也可能仅起诉销售者，当销售者提出制造者已书面承诺支付适当费用的抗辩时，权利人才申请将制造者追加进来。对此，应当依照《民事诉讼法》及其司法解释的相应规定处理，《审理侵犯专利权纠纷解释（二）》未再赘述。之所以规定书面承诺，一是为了增强操作性，二是为针对制造者、销售者、进口者可能提起的费用之诉提供依据。

九、关于销售

对于《专利法》第十一条规定的销售的界定，起草中曾有三种意见：合同成立说、合同生效说和标的物交付说。因许诺销售在性质上系销售者的单方意思表示，故当买卖双方达成合意时，即不再属于许诺销售的范畴。若采合同生效说，则生效前的合同订立行为仍被界定为许诺销售，这与许诺销售的性质不符。合同成立虽不当然生效，但买卖合同是否生效涉及的是买卖双方权利义务的拘束力问题，不等于《专利法》意义上的销售也必须严格地以此为标准。若合同成立后未交付产品，则不产生应赔偿的损失，但不影响已构成销售的定性。《审理侵犯专利权纠纷解释（二）》第十九条采用合同成立说，其意义在于厘清销售与许诺销售的法律界限。

十、关于教唆、帮助侵权

《侵权责任法》第八条①规定，二人以上共同实施侵权行为，造成他人损害的，应当承担连带责任。第九条②规定，教唆、帮助他人实施侵权行为的，应当与行为人承担连带责任。由此可见，上述两个法条所涉及的行为均应承担连带责任，但教唆、帮助行为并不以共同过错为构成要件。实践中的突出问题是，帮助者与最终实施发明的人之间没有意思联络，明知其提供的零部件等只能用于生产侵犯专利权的产品，而仍然提供给最终实施发明的人实施。鉴于帮助者主观上明知，恶意明显，且其提供的零部件等是发明创造最终实施的专用品，故《审理侵犯专利权纠纷解释（二）》第二十一条第一款将其纳

---

① 对应《民法典》第一千一百六十八条。

② 对应《民法典》第一千一百六十九条。

入《侵权责任法》第九条调整的范围。该条第二款针对的是教唆侵权，其构成要件除了明知，主要是积极诱导，该款所称产品不要求必须是专用品。实践中，需要注意积极诱导与正常传授技术的区别。将教唆、帮助他人实施侵犯专利权的行为予以规制，是《侵权责任法》适用的应有之义，并非在现行法律框架之外给予专利权人以额外的保护，符合我国加强专利权保护的客观实际。

需要强调的是，间接侵权应当以直接侵权为前提，故条文表述为“实施了”侵犯专利权的行为，但并不意味着，在提起间接侵权诉讼之前，必须存在认定直接侵权成立的裁判。此时，则面临是否将间接侵权人和直接侵权人作为共同被告的问题。考虑到可能存在直接侵权人已经被在先裁判认定的情况，人民法院可以根据具体案情依法决定是否作为共同被告，本条未再赘述。但是，从实际操作看，无论是查明案件事实，还是连带责任的确定，乃至判决的执行，将直接侵权人和间接侵权人作为共同被告，效果可能更好。

十一、关于现有技术（设计）的界定标准

专利权系依据修改前的《专利法》(以下简称2008年《专利法》)被授予，被诉专利侵权行为发生在现行《专利法》(以下简称2020年《专利法》)施行之后，因2020年《专利法》将现有技术的范围扩大到域外使用公开，故如何界定该现有技术抗辩中的现有技术存在争议。一种意见认为，2008年《专利法》采相对新颖性标准界定现有技术，但2020年《专利法》提高了授权标准，扩大了可能导致新颖性丧失的情形。有些依据2008年《专利法》获得授权的专利，若适用2020年《专利法》是不能被授权的。实际上，专利权人已经获得了额外的法律保护。2020年《专利法》施行后，就不宜让这种额外的保护继续。针对2020年《专利法》施行后发生的被诉侵权行为，被告主张现有技术抗辩，应依据2020年《专利法》界定现有技术。另一种意见认为，依据2008年《专利法》已经被授予的专利权，其获得的保护程度不能因《专利法》的事后修改而改变，否则，不符合法不溯及既往的基本法理。为保持专利权效力的一致性，《审理侵犯专利权纠纷解释（二）》第二十二条采纳了第二种意见。需要指出的是，该条所称申请日包含优先权日，也就是说，有优先权日的，适用优先权日。

十二、关于在后专利权抗辩

1993年8月16日，最高人民法院就北京市高级人民法院关于天津市东郊农牧场诉中国人民解放军某工厂专利侵权上诉案有关问题的请示作出（93）经他字第20号批复。该批复认为，人民法院不应当仅以被告拥有专利权为由，不进行是否构成专利侵权的分析判断即驳回原告的诉讼请求，而应当分析被告拥有专利权的具体情况以及与原告专利权的关系，从而判定是否构成侵权。为清理此仅存的批复类司法解释，《审理侵犯专利权纠纷解释（二）》第二十三条将该批复精神予以吸收，并在表述上稍作调整。

十三、关于标准实施抗辩

专利侵权诉讼中，被诉侵权人以实施标准为由主张不停止实施行为的法律问题较为典型。该抗辩是否成立，取决于标准实施人的主观状态，即其对标准所涉及专利的知悉程度，而该知悉程度则是由标准对专利信息的披露情况决定的。因此，《审理侵犯专利权纠纷解释（二）》第二十四条在专利信息披露背景下探究当事人的主观过错，进而确定是否判令停止标准实施行为以及民事责任的承担，这仍属于《专利法》和《侵权责任法》的视角，并不直接涉及竞争法的问题。

《审理侵犯专利权纠纷解释（二）》第二十四条第一款、第二款分别从被诉侵权人、权利人两个主体出发，根据其主观过错有无及大小确定其主张是否成立，亦即标准实施行为是否应当被判令停止的定性问题。需要说明的是，条文仅设定在标准明示所涉必要专利这个前提下，但不能据此反向推导标准未明示所涉必要专利的认定规则。其中，该条第二款将专利许可条件的谈判与侵权定性（禁令颁发）联系起来，并且根据标准必要专利的法律性质，视专利权人、被诉侵权人在专利许可谈判中各自不同的地位，对其过错程度进行了区分，即专利权人故意违反导致合同无法达成，而被诉侵权人无明显过错，以使注意义务与法律责任基本对应，并与权利性质相匹配。需要注意的是，第二款所称“专利权人、被诉侵权人协商该专利的实施许可条件时”，并未明确何人负有首先启动协商程序的义务，需要结合具体案情确定。

《审理侵犯专利权纠纷解释（二）》第二十四条第三款规定的专利许可条

件，是指仅对标准实施人在专利侵权诉讼中据此提出抗辩后承担的许可条件如何定量的问题，并不直接规制单纯的标准必要专利许可条件之诉，因此，该款中的实施许可条件增加了“本条第二款所称”的限定。但是，对于标准必要专利许可条件之诉中许可条件的确定，具有重要的参考价值。

鉴于标准必要专利的问题较为复杂，《审理侵犯专利权纠纷解释（二）》摒弃了此前大而全的起草思路，仅就各方能达成共识的典型问题予以明确，而对于争议较大的问题暂不涉及。特别是2013年12月国家标准化管理委员会、国家知识产权局发布的《国家标准涉及专利的管理规定（暂行）》完善了专利信息披露程序，明确了国家标准中涉及的专利应当是必要专利。为保持与上述暂行规定的一致性，《审理侵犯专利权纠纷解释（二）》仅规定推荐性标准（即非强制性标准）及其明示所涉专利的情形。对于上述暂行规定未涉及的标准未披露专利信息、强制性标准、国际标准等问题，将留给司法实践逐步解决。

十四、关于合法来源抗辩

《专利法》第七十条[①]规定，使用者、许诺销售者、销售者合法来源抗辩成立时，免除其赔偿责任。争议在于，善意的使用者在证明合法来源且已支付合理对价的情况下是否还应停止使用。实践中，侵权产品的使用者通常不知道也不应当知道其购买的是侵权产品，因使用者在侵权行为链条的末端，容易被权利人发现，故权利人往往选择起诉使用者。即使制造者、销售者和使用者均为共同被告，若依照《专利法》第七十条，使用者仅免除赔偿损失的责任，其仍应承担停止使用的侵权责任。若不停止使用，则需支付专利使用费，作为不停止使用的替代。然而，使用者在购买侵权产品时已经支付了对价，实际上等于使用者要支付双份的对价。调研发现，近年来以广大使用者为被告的关联案件明显增多，上述现象较为突出。为厘清专利权与其他民事权利的法律边界，根据利益平衡原则，《审理侵犯专利权纠纷解释（二）》第二十五条通过但书将善意使用者予以排除。

在起草中，一种意见认为，该条免除了善意使用者不停止使用的责任，

① 现为《专利法》（2020年修正）第七十七条。

与《专利法》第七十条存在冲突；另一种意见认为，在制度本意上，设立合法来源抗辩制度是为了打击侵权源头，而制造者才是侵权的主要源头。TRIPs协议亦未要求善意使用的行为应被禁止。使用者在主观上是善意的，在客观上提供了合法来源，且在获得该侵权产品时向销售者支付了合理对价，理应阻却专利权禁止力的延伸。专利权排他性强，但不等于可以无限扩张。《专利法》不仅仅是专利权人的法，一味地、过分地强调专利权人单方的利益，置善意使用者的正当利益于不顾，将侵占善意使用者的合理空间、妨碍交易安全，这并非《专利法》第七十条的原意，也有违利益平衡的法律基本精神。在征求有关立法部门意见的基础上，《审理侵犯专利权纠纷解释（二）》采纳了第二种意见。

若权利人反证证明使用者未支付对价或对价明显不合理，则不符合免除停止侵权的构成要件，使用者仍应承担停止使用的民事责任，除非属于《审理侵犯专利权纠纷解释（二）》第二十六条规定的损害国家利益、公共利益的除外情形。《审理侵犯专利权纠纷解释（二）》第二十五条第一款所称合理对价，是指与专利产品基本相当或略低于专利产品的交易价格或交易条件。如果该对价明显低于专利产品的交易价格或条件，通常可以推定购买者应当知道所购产品并非专利产品。

《审理侵犯专利权纠纷解释（二）》第二十五条第三款所称符合交易习惯，是指应根据交易的主体是自然人、个体户或公司，标的物价款的高低，行业或区域的普遍交易方式等认定诉争案件中的交易习惯，进而确定对合法来源的证据要求。实际操作中，应当注意既要避免一律要求合法来源抗辩人提供正规发票，也要防止对合法来源证据认定过宽，导致合法来源抗辩成为逃避侵权制裁的一个出口。

十五、关于不判令停止被诉行为

通常情况下，侵权人应当承担停止侵权的法律责任。但是，如果侵权人停止行为将损害国家利益、公共利益，法院也可以不判令其停止被诉行为，而代之以支付合理的使用费，此为国内外司法实践的通例。关于侵权责任的承担方式，《专利法》没有明确规定，但《侵权责任法》第十五条[①]规定承担侵权责任的方式，可以单独适用，也可以合并适用。《审理侵犯专利权纠纷解释（二）》第二十六条属于在个案中对民事责任承担方式的确定，是《侵权责任法》等法律适用的应有之义。虽然《专利法》规定了专利强制许可制度，但《审理侵犯专利权纠纷解释（二）》第二十六条与专利强制许可制度并行不悖。若将行政机关颁发强制许可作为民事侵权诉讼的前置程序，则将导致民事诉讼的中止，人为地将救济程序复杂化，不利于及时定分止争。需要指出的是，只有在损害国家利益、公共利益等极特殊的例外情况下，法院才不判令停止被诉行为，停止侵权仍是专利侵权责任承担的基本方式。

十六、关于侵权获利的举证

近年来，知识产权侵权案件的赔偿数额较低，备受社会各界关注，赢了官司丢了市场的现象日益凸显。究其原因，赔偿低和举证难是紧密关联的两个问题，导致侵权案件赔偿数额较低的主要原因是有关损失或获利的证据不足，也就是举证难的问题。由于专利侵权的隐蔽性，很多侵权证据由侵权人掌握，而权利人难以取得，也就是说，权利人和侵权人对于侵权证据的举证难易存在较大差别。因此，举证难、赔偿低问题的根本解决，不在于替权利人举证或者简单地提高法定赔偿数额，而应当是制定一套符合知识产权诉讼特点的举证规则。

《审理侵犯专利权纠纷解释（二）》第二十七条对专利侵权诉讼中有关赔偿数额的举证规则进行了一定程度的完善。《专利法》第六十五条[②]明确了赔偿数额的计算顺序，即损失、获利、许可费、法定赔偿次第确定。实践中，权利人对其因被侵权所受到的实际损失通常难以举证。依照《专利法》第六十五条第一款，应当进而确定侵权人因侵权所获得的利益。对此，在参考《商标法》第六十三条第二款有关证据妨碍规定的基础上，根据专利权人的初步举证以及侵权人掌握相关证据的情况，将有关侵权人获利的举证义务分配给侵权人，并将此与《专利法》第六十五条规定的赔偿额计算顺序相衔接。

① 本条已被《民法典》删除。

② 现为《专利法》（2020 年修正）第七十一条。

需要指出的是：第一，该条所称初步证据，可以包括侵权人自己对侵权获利乃至公司整体营利的宣传资料、网站介绍、公司年报等，对权利人的举证要求不宜过严；第二，该规则的适用需以满足两个条件为前提，即以权利人初步举证被告的获利情况，且与专利侵权行为相关的账簿、资料主要由侵权人掌握。若上述两条件均不满足，则无法进行证据妨碍推定，导致侵权获利难以确定。依照《专利法》第六十五条，进而需要确定是否可以参照专利许可费确定赔偿数额。

十七、关于赔偿数额或计算方法的约定

实践中，侵权人在收到权利人的侵权指控后，为尽快平息纠纷，往往就赔偿问题自愿作出承诺，但又在此后的专利侵权诉讼中主张其承诺无效。对此，《审理侵犯专利权纠纷解释（二）》第二十八条规定约定赔偿可以作为确定赔偿数额的一种方式。该条在适用中，应当注意如下三个问题：

第一，约定赔偿在性质上不属于侵权责任与违约责任的竞合。《合同法》第一百二十二条[①]所规定的违约责任与侵权责任发生竞合的前提是当事人双方之间存在基础交易合同关系，基于该交易合同关系，一方当事人的违约行为侵害了对方权益而产生侵权责任。因此，该规定中的违约行为是指对基础交易合同约定义务的违反，且该违约行为同时侵害了对方权益，而不是指对侵权行为发生前后当事人就如何承担赔偿责任所作约定的违反。《侵权责任法》《专利法》等法律并未禁止权利人与侵权人就侵权责任的方式、侵权赔偿数额等作出约定。这种约定的实质是，双方就未来或已经发生的侵权赔偿达成的一种简便的确定方法。当事人基于举证困难、诉讼耗时费力等因素的考虑，自愿对侵权赔偿数额作出约定，这是意思自治的体现，并不违反法律、行政法规的强制性规定，应当认为构成《专利法》第六十五条规定的四种赔偿计算方式之外的另一种独立的赔偿确定方式。这种约定既包括侵权行为发生后的事后约定，也包括侵权行为发生前的事先约定。

第二，虽然《审理侵犯专利权纠纷解释（二）》第二十八条所称约定赔偿在性质上不属于侵权责任与违约责任的竞合，但不意味着第二十八条不涉及

---

① 本条已被《民法典》删除。

《合同法》的适用。第二十八条所称依法约定，主要是指《合同法》，亦即人民法院应当依据《合同法》审查当事人的上述约定是否存在无效、可变更或撤销的情形。如约定不符合《合同法》有关效力问题的规定，则不属于第二十八条所称的依法约定，自然也不能成为确定赔偿数额的依据。但是，一旦上述约定符合《合同法》等法律的规定，就成为当事人确定赔偿数额的“法律”，当事人不得以约定数额比实际损失或获利过高或过低反过来主张约定无效。

第三，权利人和侵权人均可以主张依据该约定确定赔偿数额。虽然实践中大多是权利人主张依据约定确定赔偿数额，而侵权人主张约定过分高于其实际获利。但是，如前所述，既然约定是平等市场主体自愿达成的合意，对于双方当事人而言，依据该约定确定赔偿数额的主张机会应当是均等的，亦即如果侵权人主张依据约定确定赔偿数额，权利人同理不能以约定数额明显低于侵权人获利为由主张不依约确定赔偿数额，除非权利人证明该约定不符合法律规定。

十八、关于专利无效决定对既判力的影响

根据《专利法》第四十七条第二款的规定，宣告专利权无效的决定，对在宣告专利权无效前人民法院作出并已执行的专利侵权的判决、调解书，不具有追溯力。此处的宣告专利权无效的决定，应当理解为产生法律拘束力的专利无效决定，亦即如当事人启动对无效决定司法审查的，须等待专利无效行政诉讼终审认定专利无效。但是，对于专利无效宣告与专利侵权判决孰前孰后的判断，仍应当以专利复审委员会作出专利无效宣告请求审查决定书之日为准。

《审理侵犯专利权纠纷解释（二）》第二十九条是关于依据尚未被司法审查的无效决定申请再审的规定。实践中，专利复审委员会作出的宣告专利权无效的决定被人民法院裁判推翻的比例较低，即使无效决定尚未被司法审查，但为减少专利最终无效后因继续执行导致的执行回转，仍赋予该无效决定一定程度上对抗判决、调解书的效力，即第二十九条第一款规定的“裁定中止审查，并中止原判决、调解书的执行”。又因该专利无效决定尚未被司法审查，故为平衡专利权人与侵权人的执行利益，避免中止原判决、调解书执行

可能产生的副作用，参照《最高人民法院关于适用〈中华人民共和国民事诉讼法〉执行程序若干问题的解释》[①] 第十六条关于执行异议的规定，《审理侵犯专利权纠纷解释（二）》第二十九条第二款规定，在人民法院已经裁定中止执行的情况下，专利权人可以在提供担保后请求继续执行。对此，侵权人则可通过反担保请求中止执行以制衡。当专利权被最终确定是否有效后，人民法院可执行担保或反担保财产，以避免执行利益落空。

《审理侵犯专利权纠纷解释（二）》第三十条是关于依据未启动司法审查或经司法审查终结的专利无效决定申请再审或终结执行的规定。在认定专利侵权成立的裁判文书虽未被撤销，但该文书所认定的受侵害的专利权已被依法宣告无效的情况下，如果被告只能在通过审判监督程序撤销原侵权判决后再申请终结执行，不仅浪费诉讼程序，还徒增当事人的诉讼成本，不利于及时定分止争。因此，从及时给予当事人司法救济的角度出发，通过对《民事诉讼法》规定的终结执行适当解释，以便执行法院在当事人以专利权已经全部无效为由申请终结执行时，直接裁定终结执行，不需等待原执行依据的撤销。同时，终结执行不影响原专利侵权判决的被告另行通过审判监督程序申请撤销原判决。

十九、关于新旧司法解释的衔接

《审理侵犯专利权纠纷解释（二）》系在 2009 年公布的《专利法解释》的基础上，对专利侵权判定标准的进一步丰富和细化，故标题表述为“解释（二）”，旨在为将来的系列《专利法司法解释》预留空间，以便《专利侵权司法解释》的体系化。因 2001 年、2009 年发布的两个《专利法解释》与《审理侵犯专利权纠纷解释（二）》不存在内容上的抵触，故不存在《审理侵犯专利权纠纷解释（二）》取代上述两个司法解释的问题。

二十、关于司法解释的溯及力

关于《审理侵犯专利权纠纷解释（二）》施行后尚未审结的专利侵权纠

---

① 本条规定现为《最高人民法院关于适用〈中华人民共和国民事诉讼法〉执行程序若干问题的解释》（2020 年修正）第十五条。

纷案件是否适用该司法解释的问题，《审理侵犯专利权纠纷解释（二）》未作规定，主要原因是：与一般民事权利不同的是，专利权基于行政授权而产生，其保护范围以权利要求的内容为准，然而，专利申请人在撰写权利要求时无法预见到专利申请日之后权利要求解释规则的变化。《审理侵犯专利权纠纷解释（二）》涉及功能性特征、封闭式权利要求、数值特征特意排除等多个新的解释规则，若溯及既往，则对专利权人有失公允。若将溯及力的时间点设为申请日，因专利的保护期长达二十年或十年，众多的专利侵权纠纷不能适用《审理侵犯专利权纠纷解释（二）》，则会削弱司法解释的作用。鉴于可能遇到溯及力的案件并不多，在征求有关立法机关意见的基础上，《审理侵犯专利权纠纷解释（二）》未再涉及此问题，留待将来在个案中研究解决。

除了前文所述的法律问题，在起草过程中，征求意见稿还对其他一些问题曾予规定。比如，专利抵触申请抗辩、生产经营目的等，最终由于现行《专利法》的限制等原因，未能写入《审理侵犯专利权纠纷解释（二）》，但并不意味着征求意见稿在某些问题上的观点是错误的。有些可能在今后的司法政策、典型案例中予以体现，有些可能需要进一步研究论证、统一认识，还有些是《专利法》本身的深层次问题，需要在本次或以后的《专利法》修改中予以重点关注。

司法解释来源于审判实践，来源于全国法院大量鲜活的案例，正是从这个意义上讲，司法解释是立法的先导。《专利法解释》不仅仅是法官审理专利案件适用的依据，更在填补法律漏洞、细化法律标准等方面发挥着重要作用，构成了我国专利法律制度的有机组成部分。《专利法解释》的施行，将进一步验证和完善有关法律规则，为《专利法》的修改奠定更为扎实的基础。

（撰稿人：宋晓明　王　闯　李　剑）

最高人民法院
关于审理侵犯专利权纠纷案件应用法律若干问题的解释

法释〔2009〕21号

（2009年12月21日最高人民法院审判委员会第1480次会议通过
2009年12月28日最高人民法院公告公布　自2010年1月1日起施行）

为正确审理侵犯专利权纠纷案件，根据《中华人民共和国专利法》、《中华人民共和国民事诉讼法》等有关法律规定，结合审判实际，制定本解释。

第一条　人民法院应当根据权利人主张的权利要求，依据专利法第五十九条第一款[①]的规定确定专利权的保护范围。权利人在一审法庭辩论终结前变更其主张的权利要求的，人民法院应当准许。

权利人主张以从属权利要求确定专利权保护范围的，人民法院应当以该从属权利要求记载的附加技术特征及其引用的权利要求记载的技术特征，确定专利权的保护范围。

第二条　人民法院应当根据权利要求的记载，结合本领域普通技术人员阅读说明书及附图后对权利要求的理解，确定专利法第五十九条第一款规定的权利要求的内容。

第三条　人民法院对于权利要求，可以运用说明书及附图、权利要求书中的相关权利要求、专利审查档案进行解释。说明书对权利要求用语有特别界定的，从其特别界定。

以上述方法仍不能明确权利要求含义的，可以结合工具书、教科书等公知文献以及本领域普通技术人员的通常理解进行解释。

第四条　对于权利要求中以功能或者效果表述的技术特征，人民法院应当结合说明书和附图描述的该功能或者效果的具体实施方式及其等同的实施

① 现为《专利法》(2020年修正)第六十四条第一款。

方式，确定该技术特征的内容。

第五条　对于仅在说明书或者附图中描述而在权利要求中未记载的技术方案，权利人在侵犯专利权纠纷案件中将其纳入专利权保护范围的，人民法院不予支持。

第六条　专利申请人、专利权人在专利授权或者无效宣告程序中，通过对权利要求、说明书的修改或者意见陈述而放弃的技术方案，权利人在侵犯专利权纠纷案件中又将其纳入专利权保护范围的，人民法院不予支持。

第七条　人民法院判定被诉侵权技术方案是否落入专利权的保护范围，应当审查权利人主张的权利要求所记载的全部技术特征。

被诉侵权技术方案包含与权利要求记载的全部技术特征相同或者等同的技术特征的，人民法院应当认定其落入专利权的保护范围；被诉侵权技术方案的技术特征与权利要求记载的全部技术特征相比，缺少权利要求记载的一个以上的技术特征，或者有一个以上技术特征不相同也不等同的，人民法院应当认定其没有落入专利权的保护范围。

第八条　在与外观设计专利产品相同或者相近种类产品上，采用与授权外观设计相同或者近似的外观设计的，人民法院应当认定被诉侵权设计落入专利法第五十九条第二款[①]规定的外观设计专利权的保护范围。

第九条　人民法院应当根据外观设计产品的用途，认定产品种类是否相同或者相近。确定产品的用途，可以参考外观设计的简要说明、国际外观设计分类表、产品的功能以及产品销售、实际使用的情况等因素。

第十条　人民法院应当以外观设计专利产品的一般消费者的知识水平和认知能力，判断外观设计是否相同或者近似。

第十一条　人民法院认定外观设计是否相同或者近似时，应当根据授权外观设计、被诉侵权设计的设计特征，以外观设计的整体视觉效果进行综合判断；对于主要由技术功能决定的设计特征以及对整体视觉效果不产生影响的产品的材料、内部结构等特征，应当不予考虑。

下列情形，通常对外观设计的整体视觉效果更具有影响：

（一）产品正常使用时容易被直接观察到的部位相对于其他部位；

---

① 现为《专利法》（2020年修正）第六十四条第二款。

（二）授权外观设计区别于现有设计的设计特征相对于授权外观设计的其他设计特征。

被诉侵权设计与授权外观设计在整体视觉效果上无差异的，人民法院应当认定两者相同；在整体视觉效果上无实质性差异的，应当认定两者近似。

第十二条　将侵犯发明或者实用新型专利权的产品作为零部件，制造另一产品的，人民法院应当认定属于专利法第十一条规定的使用行为；销售该另一产品的，人民法院应当认定属于专利法第十一条规定的销售行为。

将侵犯外观设计专利权的产品作为零部件，制造另一产品并销售的，人民法院应当认定属于专利法第十一条规定的销售行为，但侵犯外观设计专利权的产品在该另一产品中仅具有技术功能的除外。

对于前两款规定的情形，被诉侵权人之间存在分工合作的，人民法院应当认定为共同侵权。

第十三条　对于使用专利方法获得的原始产品，人民法院应当认定为专利法第十一条规定的依照专利方法直接获得的产品。

对于将上述原始产品进一步加工、处理而获得后续产品的行为，人民法院应当认定属于专利法第十一条规定的使用依照该专利方法直接获得的产品。

第十四条　被诉落入专利权保护范围的全部技术特征，与一项现有技术方案中的相应技术特征相同或者无实质性差异的，人民法院应当认定被诉侵权人实施的技术属于专利法第六十二条[①]规定的现有技术。

被诉侵权设计与一个现有设计相同或者无实质性差异的，人民法院应当认定被诉侵权人实施的设计属于专利法第六十二条规定的现有设计。

第十五条　被诉侵权人以非法获得的技术或者设计主张先用权抗辩的，人民法院不予支持。

有下列情形之一的，人民法院应当认定属于专利法第六十九条第（二）项[②]规定的已经作好制造、使用的必要准备：

（一）已经完成实施发明创造所必需的主要技术图纸或者工艺文件；

（二）已经制造或者购买实施发明创造所必需的主要设备或者原材料。

---

① 现为《专利法》（2020年修正）第六十七条。

② 现为《专利法》（2020年修正）第七十五条第二项。

专利法第六十九条第（二）项规定的原有范围，包括专利申请日前已有的生产规模以及利用已有的生产设备或者根据已有的生产准备可以达到的生产规模。

先用权人在专利申请日后将其已经实施或作好实施必要准备的技术或设计转让或者许可他人实施，被诉侵权人主张该实施行为属于在原有范围内继续实施的，人民法院不予支持，但该技术或设计与原有企业一并转让或者承继的除外。

第十六条　人民法院依据专利法第六十五条第一款①的规定确定侵权人因侵权所获得的利益，应当限于侵权人因侵犯专利权行为所获得的利益；因其他权利所产生的利益，应当合理扣除。

侵犯发明、实用新型专利权的产品系另一产品的零部件的，人民法院应当根据该零部件本身的价值及其在实现成品利润中的作用等因素合理确定赔偿数额。

侵犯外观设计专利权的产品为包装物的，人民法院应当按照包装物本身的价值及其在实现被包装产品利润中的作用等因素合理确定赔偿数额。

第十七条　产品或者制造产品的技术方案在专利申请日以前为国内外公众所知的，人民法院应当认定该产品不属于专利法第六十一条第一款②规定的新产品。

第十八条　权利人向他人发出侵犯专利权的警告，被警告人或者利害关系人经书面催告权利人行使诉权，自权利人收到该书面催告之日起一个月内或者自书面催告发出之日起二个月内，权利人不撤回警告也不提起诉讼，被警告人或者利害关系人向人民法院提起请求确认其行为不侵犯专利权的诉讼的，人民法院应当受理。

第十九条　被诉侵犯专利权行为发生在 2009 年 10 月 1 日以前的，人民法院适用修改前的专利法；发生在 2009 年 10 月 1 日以后的，人民法院适用修改后的专利法。

被诉侵犯专利权行为发生在 2009 年 10 月 1 日以前且持续到 2009 年 10

---

① 现为《专利法》(2020 年修正）第七十一条第一款。

② 现为《专利法》(2020 年修正）第六十六条。

月1日以后，依据修改前和修改后的专利法的规定侵权人均应承担赔偿责任的，人民法院适用修改后的专利法确定赔偿数额。

第二十条 本院以前发布的有关司法解释与本解释不一致的，以本解释为准。

【导读及适用要点】

一、关于发明、实用新型专利侵权的判定

2001年7月1日施行的《最高人民法院关于审理专利纠纷案件适用法律问题的若干规定》确立了专利侵权判定中的等同原则，同时明确，专利权的保护范围不仅包括权利要求记载的技术特征所确定的范围，还包括等同特征所确定的范围。等同原则是克服专利权利要求在表达上的局限性、实现专利权公平保护的一项重要制度。我们既要以等同原则弥补字面侵权的不足，又要防止等同原则过宽过滥的适用，而予以适当的严格限制，避免以等同原则不适当地扩张专利权保护范围，压缩创新空间和损害公共利益。为此，《最高人民法院关于审理侵犯专利权纠纷案件应用法律若干问题的解释》（以下简称《审理侵犯专利权纠纷的解释》）对等同原则的适用规则作出了进一步的明确和完善，尤其是进行了适当的限制。主要体现在对捐献规则和禁止反悔规则的明确。

（一）捐献规则

第五条规定的是专利法理论上的捐献规则。该规则是指，对于说明书记载而权利要求未记载的技术方案，视为专利权人将其捐献给社会公众，不得在专利侵权诉讼中主张上述已捐献的内容属于等同特征所确定的范围。捐献规则实质上是对等同原则适用的一种限制。之所以如此规定，是考虑到以下情形：专利申请人有时为了容易获得授权，权利要求采用比较下位的概念，而说明书及附图又对其扩张解释。专利权人在侵权诉讼中主张说明书所扩张的部分属于等同特征，从而不适当地扩大了专利权的保护范围。实际上，这是一种“两头得利”的行为。专利制度的价值不仅要体现对专利权人利益的

保护，同时也要维护权利要求的公示作用。因此，捐献规则的确立，有利于维护权利要求书的公示性，平衡专利权人与社会公众的利益关系。

举例而言，权利要求明确记载某一个技术特征是“3个螺丝”，而说明书又称，该螺丝也可以是5个、8个、10个。如果被控侵权产品的相应特征是8个螺丝，权利人主张该8个螺丝与3个螺丝等同，依据《审理侵犯专利权纠纷的解释》第五条的规定，权利的上述主张不能成立。因为，权利要求未记载的说明书或者附图描述的技术方案，不属于等同特征限定的专利权保护范围。

（二）禁止反悔规则

禁止反悔规则，是指当一方当事人已经作出某种行为，且被他人所信赖，该当事人以后就不能再否认该行为。第六条规定的是专利法理论上的禁止反悔规则，也是对等同原则适用的一种限制。专利权人对其在授权或无效宣告程序中已放弃的内容，不能通过等同原则的适用再纳入专利权的保护范围。为增强操作性，第六条强调的是，专利申请人、专利权人客观上所作的限制性修改或者意见陈述。该修改或者陈述是权利人主动还是应审查员要求所为，与专利授权条件是否具有法律上的因果关系以及是否被审查员最终采信，均不影响该规则的适用。

（三）全面覆盖原则

第七条规定了专利侵权判定的基本方法，即专利法理论上的“全面覆盖原则”。只要被诉侵权技术方案的技术特征包含了专利权保护范围的技术特征，即认定其落入了专利权的保护范围。被诉侵权技术方案是否包括其他增加的技术特征，在所不问。但是，对于以封闭式权利要求表征的组合物专利，如果被控侵权技术方案含有权利要求记载的组分之外的组分，则应当认为其未落入专利权的保护范围，而不应当以“增加的技术特征不影响侵权判定”为由认定落入保护范围。其实，这与全面覆盖原则并不矛盾。因为组合物封闭式权利要求，是指组合物中仅包括权利要求记载的组分而排除所有其他组分。因此，对其他组分的排除也是封闭式权利要求的内含特征之一。如果被控侵权技术方案存在其他组分，则可以视为没有“覆盖”全部的技术特征，从而没有落入专利权的保护范围。

针对争议较多的应否适用多余指定原则的问题，第七条第一款明确规定，应当审查权利人主张的权利要求所记载的全部技术特征，从而否定了所谓的“多余指定原则”。之所以如此规定，是出于以下考虑：权利要求书的作用是确定专利权的保护范围。即通过向公众表明构成发明或者实用新型的技术方案所包括的全部技术特征，使公众能够清楚地知道实施何种行为不会侵犯专利权。只有对权利要求书所记载的全部技术特征给予全面、充分的尊重，社会公众才不会因权利要求内容不可预见的变动而无所适从，从而保障法律权利的确定性。

二、关于外观设计专利侵权的判定

（一）外观设计专利权的保护范围

我国外观设计专利制度保护的是，以产品为载体的外观设计，而非脱离产品的外观设计。因此，在确定外观设计专利权的保护范围时，应当同时考虑产品的类别以及外观设计两个层面。即，如果产品类别相同或者相近，但被诉侵权设计与授权外观设计不相同也不相似，或者被诉侵权设计与授权外观设计相同或者相似，但产品类别不相同也不相近，则被诉侵权设计没有落入外观设计专利权的保护范围。

（二）产品种类相同或者相近的认定

为提供操作的指引，第九条列举了认定产品用途的参考因素。因用途与功能有时难以区分，故将功能内化为认定用途的参考因素之一。需要澄清的是，第九条所称的“外观设计产品”，包括外观设计专利产品和被控侵权产品。

（三）外观设计相同或者近似的认定

如前所述，外观设计是以产品为载体，并且，通过不同于同类产品且富有美感的外观吸引消费者的注意，获得市场利益的回报。因此，关于侵权诉讼中外观设计近似性的判断，应当基于一般消费者的知识水平和认知能力，根据外观设计的全部设计特征，以外观设计的整体视觉效果进行综合判断。第十条所称的“一般消费者”，是指对授权外观设计的相关设计状况具有常识性了解，并且对不同外观设计之间在形状、图案、色彩上的差别具有分辨力的人，但其通常不会注意到形状、图案、色彩的微小变化。这里的“常识性了解”，不应理解为基础性、简单性的了解，而应当是通晓相关外观设计状况，但其并不具有设计的能力。此外，虽然任何产品都有其消费群体，但并不是任何产品的消费群体都是相同的，应当根据产品的实际购买、使用等情况进行判断。比如，残疾人专用品的消费群体比较特定，而日常生活品的消费群体则很广泛。

第十一条第一款规定的是“整体观察”的对象，即对于外观设计的全部设计特征，都应予考虑。但因外观设计专利保护的是外观，故将功能性特征以及视觉无法直接观察到的非外观特征排除在外。第二款规定的是“综合判断”的考虑因素，通常情况下，主体部分及设计创新部分对外观设计的整体视觉效果更具有影响。在起草过程中，曾有意见主张采用“创新点判断法”，即只有被控侵权产品采用了专利外观设计的创新部分，才能认定为侵权。我们认为，判断外观设计相同或者近似的根本标准是整体视觉效果。而创新部位的设计特征只是影响整体视觉效果的重要组成部分。而且，对于区别于现有设计的特征，应当在当事人举证、质证的基础上认定。鉴于我国外观设计专利未经过实质审查，外观设计的简要说明对设计要点的描述，可以作为判断创新部分的参考。第三款规定的是“综合判断”的标准，即在考察设计特征对外观设计整体视觉效果影响程度的基础上，综合判断不同外观设计的整体视觉效果有无差异或者实质性差异。对一般消费者而言，整体视觉效果无差异的，认定外观设计相同；无实质性差异的，认定外观设计相似。

有意见认为，外观设计与发明、实用新型同为《专利法》规定的“发明创造”，判断侵权是否成立，应当考察被告是否以相同或者相近的方式利用了发明创造，而不是看是否会导致一般消费者的混同，此有别于《商标法》上的混淆理论。本文认为，我国《专利法》虽然将外观设计称为专利，但实质上，外观设计保护的是授权图片所显示的产品的外观，而非发明或实用新型所保护的技术方案，不能简单地套用发明或实用新型侵权判断的一般规则，而是应考虑一般消费者对外观设计的认知。第十一条第三款所称的“整体视觉效果无实质性差异”，与“混同”在本质上是一致的。

三、关于零部件专利侵权

根据《专利法》第七十条[①]的规定，专利侵权产品的使用者在一定条件下可以不承担赔偿责任，而制造者则不能免除赔偿责任。所以，区分制造与使用，具有一定的法律意义。对于将专利侵权产品作为另一产品零部件的情形，司法实践中有两种观点：一是视为“制造”，二是视为“使用”。由于被诉侵权人制造的是该另一产品，对专利侵权产品本身没有制造行为，因此，第十二条将其界定为使用行为。由于外观设计专利侵权行为不包括使用行为，因此，将侵犯外观设计专利权的产品作为零部件，制造该另一产品并销售的，归入销售行为的范畴。但因外观设计专利权保护的是产品的外观，若零部件在最终产品的正常使用中只具有技术功能作用，而不产生视觉效果，则上述行为不能认定为销售。此与《审理侵犯专利权纠纷的解释》第十一条第一款的规定是相呼应的。第十二条第三款是前两款的但书。前两款针对的是，专利侵权产品的制造者与该另一产品制造者之间是正常的买卖关系。

四、关于现有技术抗辩和现有设计抗辩

现有技术抗辩、现有设计抗辩，是2008年《专利法》修改增加的一项制度，是被诉侵权人用于对抗专利权人侵权指控的一种不侵权抗辩。该制度的理论基础是，专利权的保护范围不得包括现有技术。《专利法》第六十二条[②]规定，在专利侵权纠纷中，被控侵权人有证据证明其实施的技术或者设计属于现有技术或者现有设计的，不构成侵犯专利权。关于如何确定被诉侵权人实施的技术属于现有技术，《审理侵犯专利权纠纷的解释》从增强操作性的角度出发，将被诉落入专利权保护范围的技术特征，而非被诉侵权人实施技术的全部技术特征，与一项现有技术的相应技术特征进行对比。如果两者相同或者无实质性差异，则可以认定被诉侵权人实施的技术属于现有技术，从而免除其侵权责任。这样可以节约程序，有利于及时定分止争，保护当事人的合法权益。

① 现为《专利法》(2020年修正）第七十七条。
② 现为《专利法》(2020年修正）第六十七条。

在理解和适用第十四条时，需要注意以下问题：一是，第十四条第一款所称的“被诉落入专利权保护范围的全部技术特征”，是指权利人在起诉时指控侵权的被控侵权技术方案的技术特征。至于该特征是否最终落入专利权的保护范围，并不影响对现有技术抗辩的认定。即，审查现有技术抗辩是否成立，不以判断被诉侵权技术方案是否落入专利权保护范围为前提。二是，为规范自由裁量权的行使，统一司法尺度，《审理侵犯专利权纠纷的解释》将被诉侵权人主张现有技术或现有设计抗辩所能援引的技术方案或设计限定为一个。即，对于不属于一个技术方案或者设计的其他特征的组合，不予支持。但是，这不妨碍当事人在无效宣告程序中根据该证据主张专利权无效。三是，在发明实用新型专利侵权诉讼的现有技术抗辩认定中，与被诉落入专利权保护范围的技术特征进行对比的是，现有技术中的相应技术特征，而非现有技术方案的所有技术特征。亦即，现有技术方案的技术特征在数量上可以等于或者大于被诉落入专利权保护范围的技术特征。但是，现有技术方案与被诉侵权技术方案应当是相同的技术主题，否则，即使特定技术特征相同或者无实质性差异，也不能仅据此认定现有技术抗辩成立。在外观设计专利侵权诉讼的现有设计抗辩认定中，在对比现有设计与被诉侵权设计时，授权外观设计的设计特征通常不能被完全忽视。四是，第十四条所称的“无实质性差异”，在实践中可以参照等同的标准掌握。

五、关于先用权抗辩

专利制度采用申请在先原则，即，专利权只授予第一个向授权机关提出专利申请的人。先用权制度旨在弥补申请在先制度的缺陷。

根据第十五条第一款的规定，被诉侵权人主张先用权抗辩的技术或者设计，不能是非法获得的，而应自己研发或者善意取得、合法受让的。第二款所称的“必要的准备”，针对的是技术方案或者设计本身的完成情况，不以办理行政审批手续为前提。关于《专利法》第六十九条第二项[①]规定的“原有范围”，有意见认为，以“事业目的”来界定“生产规模”，过于严格。本文认为，先用权制度的设计初衷是弥补申请在先主义的不足，如果对原有范围

① 现为《专利法》（2020 年修正）第七十五条第二项。

的过宽解释，在一定程度上会影响专利申请制度，不利于技术的公开和推广。因此，第十五条第三款以生产规模界定“原有范围”。为了合理平衡先用权人与专利权人之间的利益关系，如果先用权人在申请日后将其技术另行转让或许可他人实施，就会增加市场上新的竞争者，有损专利权人的独占权。因此，第四款规定，在申请日后，先用权人只能将其已实施或作好实施必要准备的技术、设计，与原有企业一并转让或者承继。亦即，对于先用权人在申请日前的转让、许可行为，并无此限制。

六、关于特殊情形下赔偿数额的确定

针对被控侵权产品中存在多个涉案专利权或者既有专利权又有商标权的实际情况，在侵犯其中一个或者部分专利权的诉讼中，不宜根据该产品的全部利润确定侵权人的获利，而应当限于侵权人因侵犯本案专利权所获得的利益。第十六条第一款所称的“其他权利”，主要是指知识产权，营销策略等权利之外的因素不在其列。在确定因其他权利所产生的利益时，应当根据具体案情，综合全案合理确定。如果零部件系实现成品技术功能或者效果的关键零部件，且成品的价值主要由该零部件决定的，根据第十六条第二款的规定精神，也可以按照成品的利润计算赔偿数额。

七、关于方法专利中“新产品”的界定

新产品如何界定，直接影响新产品方法专利侵权诉讼中举证责任倒置规则的适用。关于新产品的界定，理论和实践中都存在不同认识。有观点认为，新产品是专利申请日前未在国内公开出售的产品；还有观点认为，新产品是申请专利日前未在国内外出现的产品。为统一新产品的界定标准，借鉴修改后的《专利法》关于新颖性的规定，《审理侵犯专利权纠纷的解释》第十七条规定，产品本身或者制造产品的技术方案，两者有一在专利申请日以前为国内外公众所知的，该产品则不属于新产品。

需要指出的是，第十七条所称的“产品”，是指产品实物，而制造产品的技术方案，可以是产品的结构特征或者理化参数、制备方法。但是，如果仅仅化合物的名称或分子式在申请日前被公开，并不当然意味着，该产品的技术方案已经在申请日前被公开。其实，制造产品的技术方案也可以理解为广

义上的产品，为便于区分和理解，该条将两者分别列明。

八、关于确认不侵权诉讼的起诉条件

最高人民法院曾于2002年7月12日就某请示案作出〔2001〕民三他字第4号批复，引入了知识产权领域的确认不侵权制度。为进一步规范和完善确认不侵权诉讼制度，防止被告动辄提起确认不侵权之诉，在总结审判经验的基础上，第十八条规定了提起此类诉讼的具体条件，特别是被警告人或其利害关系人的书面催告义务。

有些情况下，被警告人或利害关系人可能难以掌握权利人收到书面催告的具体时间，所以，另设“自书面催告发出之日起二个月内”，以增强法条的操作性。第十八条所称的“他人”，包括特定人和非特定人；“利害关系人”应作广义理解，包括经销商等；“提起诉讼”，是指向人民法院提起专利侵权之诉。如果在书面催告后一定期限内，权利人请求管理专利工作的部门处理侵权纠纷，并不能阻却被警告人或利害关系人提起确认不侵权之诉。

需要注意的是，当事人提起确认不侵权之诉，除符合第十八条的规定外，还需符合《民事诉讼法》第一百零八条[①]规定的起诉条件。

（撰稿人：王永昌　李　剑）

① 现为《民事诉讼法》(2023年修正)第一百二十二条。

五、植物新品种

最高人民法院
关于审理侵害植物新品种权纠纷案件具体应用法律问题的若干规定（二）

法释〔2021〕14号

（2021年6月29日最高人民法院审判委员会第1843次会议通过
2021年7月5日最高人民法院公告公布　自2021年7月7日起施行）

为正确审理侵害植物新品种权纠纷案件，根据《中华人民共和国民法典》《中华人民共和国种子法》《中华人民共和国民事诉讼法》等法律规定，结合审判实践，制定本规定。

第一条　植物新品种权（以下简称品种权）或者植物新品种申请权的共有人对权利行使有约定的，人民法院按照其约定处理。没有约定或者约定不明的，共有人主张其可以单独实施或者以普通许可方式许可他人实施的，人民法院应予支持。

共有人单独实施该品种权，其他共有人主张该实施收益在共有人之间分配的，人民法院不予支持，但是其他共有人有证据证明其不具备实施能力或者实施条件的除外。

共有人之一许可他人实施该品种权，其他共有人主张收取的许可费在共有人之间分配的，人民法院应予支持。

第二条　品种权转让未经国务院农业、林业主管部门登记、公告，受让人以品种权人名义提起侵害品种权诉讼的，人民法院不予受理。

第三条　受品种权保护的繁殖材料应当具有繁殖能力，且繁殖出的新个体与该授权品种的特征、特性相同。

前款所称的繁殖材料不限于以品种权申请文件所描述的繁殖方式获得的

繁殖材料。

第四条　以广告、展陈等方式作出销售授权品种的繁殖材料的意思表示的，人民法院可以以销售行为认定处理。

第五条　种植授权品种的繁殖材料的，人民法院可以根据案件具体情况，以生产、繁殖行为认定处理。

第六条　品种权人或者利害关系人（以下合称权利人）举证证明被诉侵权品种繁殖材料使用的名称与授权品种相同的，人民法院可以推定该被诉侵权品种繁殖材料属于授权品种的繁殖材料；有证据证明不属于该授权品种的繁殖材料的，人民法院可以认定被诉侵权人构成假冒品种行为，并参照假冒注册商标行为的有关规定确定民事责任。

第七条　受托人、被许可人超出与品种权人约定的规模或者区域生产、繁殖授权品种的繁殖材料，或者超出与品种权人约定的规模销售授权品种的繁殖材料，品种权人请求判令受托人、被许可人承担侵权责任的，人民法院依法予以支持。

第八条　被诉侵权人知道或者应当知道他人实施侵害品种权的行为，仍然提供收购、存储、运输、以繁殖为目的的加工处理等服务或者提供相关证明材料等条件的，人民法院可以依据民法典第一千一百六十九条的规定认定为帮助他人实施侵权行为。

第九条　被诉侵权物既可以作为繁殖材料又可以作为收获材料，被诉侵权人主张被诉侵权物系作为收获材料用于消费而非用于生产、繁殖的，应当承担相应的举证责任。

第十条　授权品种的繁殖材料经品种权人或者经其许可的单位、个人售出后，权利人主张他人生产、繁殖、销售该繁殖材料构成侵权的，人民法院一般不予支持，但是下列情形除外：

（一）对该繁殖材料生产、繁殖后获得的繁殖材料进行生产、繁殖、销售；

（二）为生产、繁殖目的将该繁殖材料出口到不保护该品种所属植物属或者种的国家或者地区。

第十一条　被诉侵权人主张对授权品种进行的下列生产、繁殖行为属于科研活动的，人民法院应予支持：

（一）利用授权品种培育新品种；

（二）利用授权品种培育形成新品种后，为品种权申请、品种审定、品种登记需要而重复利用授权品种的繁殖材料。

第十二条 农民在其家庭农村土地承包经营合同约定的土地范围内自繁自用授权品种的繁殖材料，权利人对此主张构成侵权的，人民法院不予支持。

对前款规定以外的行为，被诉侵权人主张其行为属于种子法规定的农民自繁自用授权品种的繁殖材料的，人民法院应当综合考虑被诉侵权行为的目的、规模、是否营利等因素予以认定。

第十三条 销售不知道也不应当知道是未经品种权人许可而售出的被诉侵权品种繁殖材料，且举证证明具有合法来源的，人民法院可以不判令销售者承担赔偿责任，但应当判令其停止销售并承担权利人为制止侵权行为所支付的合理开支。

对于前款所称合法来源，销售者一般应当举证证明购货渠道合法、价格合理、存在实际的具体供货方、销售行为符合相关生产经营许可制度等。

第十四条 人民法院根据已经查明侵害品种权的事实，认定侵权行为成立的，可以先行判决停止侵害，并可以依据当事人的请求和具体案情，责令采取消灭活性等阻止被诉侵权物扩散、繁殖的措施。

第十五条 人民法院为确定赔偿数额，在权利人已经尽力举证，而与侵权行为相关的账簿、资料主要由被诉侵权人掌握的情况下，可以责令被诉侵权人提供与侵权行为相关的账簿、资料；被诉侵权人不提供或者提供虚假账簿、资料的，人民法院可以参考权利人的主张和提供的证据判定赔偿数额。

第十六条 被诉侵权人有抗拒保全或者擅自拆封、转移、毁损被保全物等举证妨碍行为，致使案件相关事实无法查明的，人民法院可以推定权利人就该证据所涉证明事项的主张成立。构成民事诉讼法第一百一十一条[①]规定情形的，依法追究法律责任。

第十七条 除有关法律和司法解释规定的情形以外，以下情形也可以认定为侵权行为情节严重：

（一）因侵权被行政处罚或者法院裁判承担责任后，再次实施相同或者类

---

① 现为《民事诉讼法》（2023年修正）第一百一十四条。

似侵权行为；

（二）以侵害品种权为业；

（三）伪造品种权证书；

（四）以无标识、标签的包装销售授权品种；

（五）违反种子法第七十七条[①]第一款第一项、第二项、第四项的规定；

（六）拒不提供被诉侵权物的生产、繁殖、销售和储存地点。

存在前款第一项至第五项情形的，在依法适用惩罚性赔偿时可以按照计算基数的二倍以上确定惩罚性赔偿数额。

第十八条　品种权终止后依法恢复权利，权利人要求实施品种权的单位或者个人支付终止期间实施品种权的费用的，人民法院可以参照有关品种权实施许可费，结合品种类型、种植时间、经营规模、当时的市场价值等因素合理确定。

第十九条　他人未经许可，自品种权初步审查合格公告之日起至被授予品种权之日止，生产、繁殖或者销售该授权品种的繁殖材料，或者为商业目的将该授权品种的繁殖材料重复使用于生产另一品种的繁殖材料，权利人对此主张追偿利益损失的，人民法院可以按照临时保护期使用费纠纷处理，并参照有关品种权实施许可费，结合品种类型、种植时间、经营规模、当时的市场价值等因素合理确定该使用费数额。

前款规定的被诉行为延续到品种授权之后，权利人对品种权临时保护期使用费和侵权损害赔偿均主张权利的，人民法院可以合并审理，但应当分别计算处理。

第二十条　侵害品种权纠纷案件涉及的专门性问题需要鉴定的，由当事人在相关领域鉴定人名录或者国务院农业、林业主管部门向人民法院推荐的鉴定人中协商确定；协商不成的，由人民法院从中指定。

第二十一条　对于没有基因指纹图谱等分子标记检测方法进行鉴定的品种，可以采用行业通用方法对授权品种与被诉侵权物的特征、特性进行同一性判断。

第二十二条　对鉴定意见有异议的一方当事人向人民法院申请复检、补

① 现为《种子法》（2021年修正）第七十六条。

充鉴定或者重新鉴定，但未提出合理理由和证据的，人民法院不予准许。

第二十三条 通过基因指纹图谱等分子标记检测方法进行鉴定，待测样品与对照样品的差异位点小于但接近临界值，被诉侵权人主张二者特征、特性不同的，应当承担举证责任；人民法院也可以根据当事人的申请，采取扩大检测位点进行加测或者提取授权品种标准样品进行测定等方法，并结合其他相关因素作出认定。

第二十四条 田间观察检测与基因指纹图谱等分子标记检测的结论不同的，人民法院应当以田间观察检测结论为准。

第二十五条 本规定自2021年7月7日起施行。本院以前发布的相关司法解释与本规定不一致的，按照本规定执行。

【导读及适用要点】

一、关于权利用尽原则

《种子法》以及《植物新品种保护条例》未规定权利用尽问题。司法实践中，当事人以权利用尽为由进行不侵权抗辩的情况比较多见，有关法院已在不少个案中支持了这一抗辩。各方面普遍建议通过司法解释对此予以明确规定。

对于权利用尽原则能否在司法解释中规定以及是否应当与专利法等知识产权专门法上的权利用尽有所区别，存在不同观点。有观点认为，不宜在司法解释中规定权利用尽原则。理由在于，权利用尽对品种权人的利益进行了重大切割，应当由立法进行规定。另有观点认为，司法解释可以规定品种权权利用尽原则，该原则与专利等法律领域的权利用尽并无差异，不需要规定相关但书。理由在于，根据首次销售原则，合法购买到授权品种繁殖材料的人有权再销售该繁殖材料，包括进行繁殖后得到的繁殖材料。植物新品种权作为知识产权的保护内容之一，不应当与其他知识产权在权利用尽问题上存在不同。还有观点认为，权利用尽必须要有一个地域范围的限制。理由在于，如果不进行区域限制，则会导致超出许可区域范围进行串货的销售行为不构成侵权，与种子生产经营行政管理制度相冲突。

《最高人民法院关于审理侵害植物新品种权纠纷案件具体应用法律问题的若干规定（二）》（以下简称《新的品种权司法解释》）第十条明确规定了权利用尽原则。主要考虑是：

第一，权利用尽原则在知识产权领域已经得到普遍承认和适用，《国际植物新品种保护公约》（1991 年文本）对此亦有明确规定。作为一种不侵权抗辩事由，并非必须要由立法来明确。

第二，权利用尽原则既合理保护了品种权人利益，又维护了交易安全，有利于促进市场流通。

第三，如果不规定权利用尽原则，则品种权人对于其合法售出且已经获得合理利益回报的繁殖材料，仍可以对后续合法获得该繁殖材料的销售者任意主张权利，既对销售者不公平，又妨碍了商品的正常市场流通，显然不符合知识产权制度的宗旨和立法精神。

品种权的重要特征是其保护对象的独特性，其通过保护繁殖材料来保护品种权人利益，而品种权的繁殖材料具有繁殖子代的特性。因此，与专利、著作权等知识产权领域相比，植物新品种领域的权利用尽原则要受到更多限制，避免出现新品种繁殖材料一经合法售出则可以无限繁殖、严重影响品种权人利益的后果。为此，《新的品种权司法解释》第十条特别规定了两个例外。

一是对经权利人许可合法售出的繁殖材料生产、繁殖后获得的繁殖材料，不再适用权利用尽原则，他人再以此进行生产、繁殖、销售的，构成侵权，从而防止以权利用尽为名进行多代繁殖。

二是为生产、繁殖目的将该繁殖材料出口到不保护该品种所属植物属或者种的国家或者地区的行为，亦不适用权利用尽原则。在具体适用中，需要特别留意主张权利用尽抗辩的当事人所针对的繁殖材料是否系对经权利人许可售出的合法繁殖材料进行生产、繁殖后获得的繁殖材料，一旦经历了再次繁殖，则权利用尽原则不再适用。

二、关于科研例外

根据《种子法》规定，利用授权品种培育新品种属于科研例外。对此实务中的观点一致，但对于为品种授权及品种审定的申请需要，未经品种权人许可，重复利用其授权品种的繁殖材料生产、繁殖所申请品种的行为是否构成侵权行为，实践中认识存在分歧。有观点认为，利用授权品种培育形成新品种后，科研活动即告结束，后续为申请品种授权、品种审定、品种登记需要重复利用授权品种繁殖材料的行为均是为了商业目的，不属于科研例外。另有观点认为，对育种相关的科研过程不宜理解过窄，申请品种授权、品种审定、品种登记时，实际上是为了满足行政审批的需要而必须重复利用授权品种繁殖材料，借鉴《专利法》关于为提供行政审批信息需要例外（即 Bolar 例外）的规定，可以将为申请品种授权、品种审定、品种登记需要重复利用授权品种繁殖材料的行为认定为科研例外。

科研育种活动系一个漫长的过程，组配只是其中一个关键环节，组配成功并不意味着科研育种活动即告终结。育种人可能需要申请品种权。对于主要农作物品种而言，还需要经过品种审定，即对新育成的品种或新引进的品种根据审定标准和规定程序，针对品种试验结果进行审核鉴定，决定能否销售或推广并确定适宜推广区域。对部分非主要农作物而言，我国还实行品种登记制度。品种登记的目的是确保进入市场的种子合法，杜绝假冒，建立种业诚信体系和实现可追溯管理。向农业行政主管部门提交申请文件和种子样品申请品种登记，申请人要对其真实性负责，接受监督检查。在申请品种权、品种审定和品种登记时，均需要根据相关行政管理规定提交一定数量的样品。如果将为申请品种权、品种审定或者品种登记的需要而生产繁殖一定数量样品的行为认定为侵权，则不利于植物新品种的研发和行政管理。为此，《新的品种权司法解释》第十一条第二项规定，利用授权品种培育形成新品种后，为品种权申请、品种审定、品种登记需要而重复利用授权品种的繁殖材料进行的生产、繁殖行为属于科研活动。

具体适用第十一条第二项的例外规定时，需注意重复利用授权品种繁殖材料的行为应该以为品种权申请、品种审定、品种登记需要为限，符合比例原则。具体可以考虑：重复利用授权品种繁殖材料行为的目的是否正当，即是否为品种权申请、审定、登记，以及品种权申请、品种审定、品种登记所需要的繁殖材料规模、范围是否为上述目的所必需。需要特别强调的是，获得品种权授权、通过品种审定或者品种登记后，当事人面向市场推广该新品种时，将他人授权品种的繁殖材料重复使用于生产自己品种的繁殖材料的，需要经过作为父母系的授权品种权利人的同意或许可。

三、关于农民自繁自用

我国是农业大国，农民群体庞大。作为一种反哺机制，我国保留了农民对种子自繁自用的权利。随着我国农村土地改革的推进和深化，逐渐出现了新型农民承包大户，以农民专业合作社和家庭农场等新型主体作侵权掩护的现象时有发生，因此，既要依法保护农民的合法正当权益，又要防止滥用农民自繁自用权利实施侵权行为。如何确定农民自繁自用例外的标准和界限，实现农民与品种权人的利益平衡，至关重要。

有观点认为，应该严格限定农民自繁自用例外的适用范围，明确限定农民在其家庭农村土地承包经营合同约定的土地范围内自繁自用授权品种的繁殖材料，且繁殖材料使用量不超过其合理自用量的，才适用自繁自用例外；超出农民家庭联产承包土地的范围及用种量的行为构成侵权行为。理由是：目前农民自留种或串换种情况较少见，一般都是自购种子；以农民自繁自用为借口，以农民为掩护，打着农民旗号，租赁土地实施非法繁殖，制售套包、白包（彩包）侵权种子情况越来越多。另有观点认为，不宜将农民自繁自用例外的适用范围限制过窄。理由是：《种子法》明确规定了农民自繁自用例外，法律明确表达了对该例外的支持态度；农民相对处于社会生产的弱势地位，不应当对其行为进行过多限制，打击农民种粮的积极性，影响农业生产和农村稳定。

综合考虑上述意见的合理之处，尤其是《种子法》第三十七条明确规定“农民个人自繁自用的常规种子有剩余的，可以在当地集贸市场上出售、串换”，《新的品种权司法解释》既明确典型情形下农民自繁自用例外的法律边界，又针对现实情况的复杂性保留一定的制度灵活性，形成了第十二条的规定，力图在制度层面平衡农民自繁自用的生存权益和品种权人的正当利益。第十二条第一款对典型的农民自繁自用行为作出界定，凡是农民在其家庭农村承包经营土地范围内的自繁自用行为，均属于侵权例外；第二款对典型的农民自繁自用行为以外的行为作出原则性指引，明确了应当综合考虑的各种具体因素，即综合考虑被诉侵权行为的目的、规模以及是否营利等因素予以认定。在具体适用时，目的因素主要可以考虑是为商业目的还是为私人或者家庭目的；规模因素主要可以考虑土地范围、被诉侵权物数量等；是否营利因素主要可以考虑是否从中获得利益。当然，对于这一条款的适用，还需要在实践中进一步积累经验。

四、关于合法来源抗辩

合法来源抗辩是知识产权领域常见的抗辩事由。虽然品种权纠纷中的合法来源抗辩尚未通过立法形式得以确立，但已得到大量审判实践的认可。合法来源抗辩的法律基础是《民法典》关于侵权损害赔偿的过错责任原则，旨在维护交易安全，保护市场交易过程中善意的交易相对人，降低交易成本，维护交易秩序。对符合合法来源构成要件的善意销售者免除赔偿责任，是损害赔偿过错责任原则的必然结果，符合民法基本原则和法律精神。合法来源抗辩有助于引导销售者规范经营，引导品种权人溯源维权，进而打击真正的侵权源头。如果不规定合法来源抗辩，反而会使销售者成为生产者、繁殖者这些侵权源头逃脱侵权责任的“马甲”。《与贸易有关的知识产权协定》第四十四条也为善意销售者免责留下了空间，规定合法来源抗辩符合该协定的要求。

司法实务中对合法来源抗辩在植物品种权领域能否适用及其适用条件长期存在不同认识，《新的品种权司法解释》第十三条统一了裁判尺度。具体适用时，需要充分注意第十三条针对植物新品种领域的特点而对合法来源抗辩限定的具体条件。首先，合法来源抗辩主体只能是销售者。其次，合法来源抗辩成立的，销售者仍然要承担停止销售以及赔偿权利人维权合理开支等民事责任。最后，判断销售者合法来源抗辩是否成立时，如前所述，不仅要求销售者满足证明购货渠道合法、价格合理和来源清楚等一般要求以外，销售行为还需符合相关种子生产经营许可制度。鉴于种子领域存在比较完善的行政管理规定，适用合法来源抗辩更具实操性，销售者理应依法取得生产经营许可证却无证经营的，原则上应认定合法来源抗辩不成立。

五、关于许诺销售行为认定

《种子法》以及《植物新品种保护条例》仅规定了销售行为，未明确规定许诺销售行为。对于未经许可许诺销售授权品种繁殖材料的行为如何处理以及司法解释应否规定许诺销售行为，实践中存在分歧。第一种意见认为，许诺销售和销售属于不同的行为样态，在《种子法》以及《植物新品种保护条例》均未规定许诺销售行为的情况下，司法解释不宜规定许诺销售行为。第二种意见认为，许诺销售在《专利法》等知识产权法中已有明确规定，不将许诺销售行为纳入规制范围，不利于加大品种权的保护力度，司法解释有必要规定许诺销售行为。

《新的品种权司法解释》基本采纳了第二种意见，第四条规定，以广告、展陈等方式作出销售授权品种的繁殖材料的意思表示的，人民法院可以以销售行为认定处理。这一规定的主要考虑是：

第一，对许诺销售的行为给予规制，有利于加强对品种权的全链条保护。许诺销售行为在侵害植物新品种权纠纷中常见，侵权人在销售过程中往往以授权品种名称向公众进行展示，且为规避风险多选择将繁殖材料隐蔽处理。将“以广告、展陈等方式作出销售授权品种繁殖材料的意思表示的”许诺销售行为纳入销售行为处理，有助于提升对侵害品种权行为的打击力度。

第二，我国已经加入的《国际植物新品种保护公约》（1978 年文本）第五条第一款对于许诺销售行为有明确规定：“授予育种者权利的效果是在对受保护品种自身的有性或无性繁殖材料进行下列处理时，应事先征得育种者同意：以商业销售为目的之生产；许诺销售；市场销售。”可见，《国际植物新品种保护公约》（1978 年文本）明确要求将许诺销售行为作为侵权行为处理。国内法解释应与我国加入的国际公约一致。虽然法律和行政法规并未规定许诺销售，但是结合我国加入的国际公约以及知识产权理论体系对于销售与许诺销售的理解，应当将许诺销售行为纳入侵权行为处理。

第三，最高人民法院在先案例已经采取了扩张解释销售行为以涵盖许诺销售行为的处理办法。在再审申请人莱州市某研究所与被申请人任某某侵害植物新品种权纠纷案［（2017）最高法民申 5006 号］中，最高人民法院结合《国际植物新品种保护公约》（1978 年文本）的规定，明确指出《植物新品种保护条例》第六条所称的销售应该包括许诺销售行为。该案判决取得了很好的社会效果，并在国际会议上获得好评。《新的品种权司法解释》第四条借鉴了该案的处理思路。

考虑到审理专利纠纷案件的相关司法解释已经对许诺销售的行为表现作了明确界定,《新的品种权司法解释》第四条并未过多罗列许诺销售的行为表现，仅仅列举了广告、展陈等方式，在具体把握时，并不以上述列举行为表现方式为限。此外，下一步《种子法》修改如果将许诺销售行为单独作为一种侵权行为，则应当按照法律规定直接认定为许诺销售侵权，而不用再通过认定为销售侵权行为来处理。

六、关于种植行为认定

根据《种子法》的规定，品种权侵权行为包括生产、繁殖、销售行为，并未提及单纯的种植行为。植物在种植后的生长期间内，无性繁殖品种可以自我复制和自我繁殖直接形成新个体，如何认定种植行为的性质是司法实务中的难点。有观点认为，对于未经品种权人许可的种植行为本身既不属于生产行为，也不属于繁殖行为，在没有证据证明存在嫁接等行为下，单纯的种植行为仅仅是对繁殖材料的使用，不构成侵权行为。另有观点认为，未经品种权人许可的擅自种植行为损害了品种权人的利益，在法律并未规定相应侵权例外的情况下，种植行为本身即属于生产、繁殖授权品种繁殖材料的行为。

上述两种意见分歧较大，但各有道理。综合考虑上述意见,《新的品种权司法解释》最后实际上采取了一种折中式的实用主义处理方式，第五条规定，人民法院可以根据案件具体情况，对种植授权品种繁殖材料的行为以生产、繁殖行为认定处理。这一规定的主要考虑是:

第一，如果一律豁免种植行为的侵权责任，不利于植物新品种特别是无性繁殖品种的保护。对于未经品种权人许可种植授权品种繁殖材料的行为，侵权方往往以其系对繁殖材料的使用行为而非生产或者繁殖行为为由提出不侵权抗辩。对于无性繁殖的观赏类植物品种，种植行为本身是该类品种价值的重要实现方式。完全豁免种植行为的侵权责任，显有不妥。

第二，如果简单地将种植行为一律认定为生产、繁殖行为，又会导致打击面过大。由于《种子法》没有将商业目的作为认定生产、繁殖或者销售这三类侵权行为的构成条件，也没有规定《国际植物新品种保护公约》(1991 年文本）中的私人非商业性行为这一侵权例外，将所有种植行为一律按照生产、繁殖行为处理，会将为私人目的的种植行为也纳入品种权保护范围。为此，

《新的品种权司法解释》第五条原则上明确了可以通过将种植行为认定为生产、繁殖行为进而认定侵权成立，至于如何具体把握，未来可以通过指导性案例来进一步明确。在具体个案处理中，人民法院可以参考借鉴《国际植物新品种保护公约》(1991年文本)关于私人非商业性行为例外的精神，考虑种植行为的规模、是否属于私人非商业性行为、是否营利等因素综合作出判定。

七、关于违约实施的侵权认定

如果一方当事人违反其与品种权人约定的许可规模实施生产、繁殖、销售行为，由于该行为通常属于未经一方当事人许可或者追认的行为，构成违约与侵权的竞合，品种权人主张该行为构成侵权行为，理应予以支持。但是，如果合同约定的是许可销售的相应区域，品种权人对于被许可人超出许可区域销售授权品种繁殖材料的行为是否可以主张构成侵权，实践中争议较大。有观点认为，如果合同中对于许可区域有约定，违反该约定的行为，应当依合同法律关系处理，而不应当将其作为侵权行为处理。还有观点认为，超出约定的区域销售授权品种的繁殖材料同样属于未获得授权的情形，也应属于违约与侵权的竞合；品种种植通常是有生态区域限制的，而且某些主要农作物需要经过省级品种审定，所以实践中分区域许可的做法比较普遍；实践中要证明超出数量是很难的，权利人必须全部或者大部分掌握被诉侵权人的生产和销售数量才能有效进行证明，对于权利人来说，超出区域和超出数量都可以主张侵权更有利于维权。

经慎重研究，《新的品种权司法解释》基本采纳了前一种观点。第七条规定，受托人、被许可人超出与品种权人约定的规模或者区域生产、繁殖授权品种的繁殖材料，或者超出与品种权人约定的规模销售授权品种的繁殖材料，品种权人对此主张构成侵权的，人民法院依法予以支持。该条没有将超出约定区域的销售行为明确规定为侵权行为，主要考虑在于：

第一，将超区域销售行为认定为侵权与权利用尽制度不相协调。根据《新的品种权司法解释》第十条对权利用尽的规定，授权品种的繁殖材料合法售出后，他人符合特定条件的后续销售行为不构成侵权，该行为的这一法律属性原则上不因是否违反区域限定而有所不同。如果规定受托人、被许可人超出约定区域销售的行为认定为侵权行为，则与第十条规定的权利用尽不属于侵权行为相互矛盾。

第二，将超区域销售行为认定为侵权与反垄断法不相协调。限制销售区域可能涉嫌《反垄断法》禁止的纵向协议，将超出约定区域销售的行为直接作为侵权行为处理，与《反垄断法》难以协调。出于《反不正当竞争法》上的考虑，应当减少对商品销售流通环节的限制。

第三，不将超出约定区域销售的行为作为侵权行为处理，不会导致品种权人缺少救济途径，其仍可以通过违约之诉维护其利益。而且，无论是侵权之诉还是违约之诉，对于超出约定区域销售这一行为而言，品种权人的举证责任和举证难度并无实质差异。

第四，有关种子经营行政许可的区域范围限定，不是将对超区域销售行为认定为民事侵权的依据。行政管理并不当然产生可以作为绝对权保护的民事权益。如果受托人、被许可人超出区域销售的行为违反经营许可证限定的区域，行政执法机关可以给予行政处罚，但是并不意味着该行为当然构成民事侵权行为。

具体适用《新的品种权司法解释》第七条时，既要注意区分不同的被诉侵权行为类型，又要注意区分合同约定的不同内容。对于生产、繁殖行为而言，无论合同约定的是规模还是区域，超过约定规模或者区域实施生产或者繁殖的，均构成侵权与违约的竞合；对于销售行为而言，超出合同约定规模销售的，构成侵权与违约的竞合；仅仅超出合同约定的区域销售的，一般不构成侵权与违约的竞合，品种权人可以依据合同寻求违约救济。

（撰稿人：周 翔 朱 理 罗 霞）

最高人民法院
关于审理植物新品种纠纷案件若干问题的解释

（2000年12月25日最高人民法院审判委员会第1154次会议通过
根据2020年12月23日最高人民法院审判委员会第1823次会议
通过的《最高人民法院关于修改〈最高人民法院关于审理
侵犯专利权纠纷案件应用法律若干问题的解释（二）〉
等十八件知识产权类司法解释的决定》修正）

为依法受理和审判植物新品种纠纷案件，根据《中华人民共和国民法典》《中华人民共和国种子法》《中华人民共和国民事诉讼法》《中华人民共和国行政诉讼法》《全国人民代表大会常务委员会关于在北京、上海、广州设立知识产权法院的决定》和《全国人民代表大会常务委员会关于专利等知识产权案件诉讼程序若干问题的决定》的有关规定，现就有关问题解释如下：

第一条　人民法院受理的植物新品种纠纷案件主要包括以下几类：

（一）植物新品种申请驳回复审行政纠纷案件；

（二）植物新品种权无效行政纠纷案件；

（三）植物新品种权更名行政纠纷案件；

（四）植物新品种权强制许可纠纷案件；

（五）植物新品种权实施强制许可使用费纠纷案件；

（六）植物新品种申请权权属纠纷案件；

（七）植物新品种权权属纠纷案件；

（八）植物新品种申请权转让合同纠纷案件；

（九）植物新品种权转让合同纠纷案件；

（十）侵害植物新品种权纠纷案件；

（十一）假冒他人植物新品种权纠纷案件；

（十二）植物新品种培育人署名权纠纷案件；

（十三）植物新品种临时保护期使用费纠纷案件；

（十四）植物新品种行政处罚纠纷案件；

（十五）植物新品种行政复议纠纷案件；

（十六）植物新品种行政赔偿纠纷案件；

（十七）植物新品种行政奖励纠纷案件；

（十八）其他植物新品种权纠纷案件。

第二条 人民法院在依法审查当事人涉及植物新品种权的起诉时，只要符合《中华人民共和国民事诉讼法》第一百一十九条[①]、《中华人民共和国行政诉讼法》第四十九条规定的民事案件或者行政案件的起诉条件，均应当依法予以受理。

第三条 本解释第一条所列第一至五类案件，由北京知识产权法院作为第一审人民法院审理；第六至十八类案件，由知识产权法院，各省、自治区、直辖市人民政府所在地和最高人民法院指定的中级人民法院作为第一审人民法院审理。

当事人对植物新品种纠纷民事、行政案件第一审判决、裁定不服，提起上诉的，由最高人民法院审理。

第四条 以侵权行为地确定人民法院管辖的侵害植物新品种权的民事案件，其所称的侵权行为地，是指未经品种权所有人许可，生产、繁殖或者销售该授权植物新品种的繁殖材料的所在地，或者为商业目的将该授权品种的繁殖材料重复使用于生产另一品种的繁殖材料的所在地。

第五条 关于植物新品种申请驳回复审行政纠纷案件、植物新品种权无效或者更名行政纠纷案件，应当以植物新品种审批机关为被告；关于植物新品种强制许可纠纷案件，应当以植物新品种审批机关为被告；关于实施强制许可使用费纠纷案件，应当根据原告所请求的事项和所起诉的当事人确定被告。

第六条 人民法院审理侵害植物新品种权纠纷案件，被告在答辩期间内向植物新品种审批机关请求宣告该植物新品种权无效的，人民法院一般不中止诉讼。

---

① 现为《民事诉讼法》（2023年修正）第一百二十二条。

【导读及适用要点】

一、关于适应性修改条文的说明

1. 引言：随着《民法典》的颁布实施以及《种子法》的修订、知识产权专门法院的建立，在对司法解释的法律依据进行适应性修改时，将其引言相应修改。

2. 第二条：根据最新的《民事诉讼法》《行政诉讼法》调整引用序号。

3.《最高人民法院关于审理植物新品种纠纷案件若干问题的解释》（以下简称《审理植物新品种纠纷的解释》）第一条、第四条、第六条：根据《民法典》的表述变化，将《审理植物新品种纠纷的解释》中"侵犯"统一修改为"侵害"。

二、关于重点修改条文的修改说明和理解与适用

（一）第一条

【修改说明】

本条是关于案由类型以及表述方式的修改。（1）本条中，将行政案件案由措辞修改为与《最高人民法院关于增加部分行政案件案由的通知》（法〔2019〕261号）表述方式相一致；（2）将原第七项相应调整措辞为"植物新品种权权属"而非"植物新品种权权利归属"；（3）将原第八项两个案由并列的，拆分为第八项、第九项；（4）将原第九项调整为第十项，并适应《民法典》实施进行措辞修改，将"侵犯"修改为"侵害"；（5）新增第十一项至第十三项，补充《种子法》规定的法律责任及相应民事案件案由；（6）将原第十项、第十一项合并为第十四项，修改为"植物新品种行政处罚纠纷案件"；（7）新增第十五项至第十七项；此外，将本条中原11类案由增加、修改为18类案由，增加"其他植物新品种权纠纷案件"案由兜底。

【理解与适用】

本条修改行政案件案由结构、表述方式与2019年11月22日施行的《最高人民法院关于增加部分行政案件案由的通知》（法〔2019〕261号）保持了

一致。关于民事案由，根据《民法典》第一百八十七条、《种子法》第七十三条第六款[①]规定，补充案由“（十一）假冒他人植物新品种权纠纷案件”。根据《植物新品种保护条例实施细则（农业部分）》第九条关于“完成新品种培育的人员（以下简称培育人）是指对新品种培育作出创造性贡献的人。仅负责组织管理工作、为物质条件的利用提供方便或者从事其他辅助工作的人不能被视为培育人”的规定，补充案由“（十二）植物新品种培育人署名权纠纷案件”。根据《植物新品种保护条例》第三十三条规定，品种权人行使追偿的权利主张支付使用费的纠纷，不宜定为追偿权纠纷，增设案由“（十三）植物新品种临时保护期使用费纠纷案件”。根据《植物新品种保护条例》第四条关于“完成关系国家利益或者公共利益并有重大应用价值的植物新品种育种的单位或者个人，由县级以上人民政府或者有关部门给予奖励”的规定，补充案由“（十七）植物新品种行政奖励纠纷案件”。

（二）第三条

【修改说明】

本条是关于植物新品种的民事案件、行政案件的管辖规定。根据知识产权案件集中审理的原则，本条依据《全国人民代表大会常务委员会关于在北京、上海、广州设立知识产权法院的决定》以及《全国人民代表大会常务委员会关于专利等知识产权案件诉讼程序若干问题的决定》规定，增加了“知识产权法院”“当事人对植物新品种纠纷民事、行政案件第一审判决、裁定不服，提起上诉的，由最高人民法院审理”的规定，将“北京市第二中级人民法院”修改为“北京知识产权法院”，提起上诉的，由最高人民法院审理。

【理解与适用】

本条系根据知识产权法院及最高人民法院知识产权法庭的审判职能进行的修改。

第一条第 1 ~ 5 类案件，由于国家植物新品种审批机关的住所地在北京知识产权法院的辖区内，因此，规定由该院作为第一审人民法院。

根据《全国人民代表大会常务委员会关于在北京、上海、广州设立知识产权法院的决定》有关规定，在北京、上海、广州设立知识产权法院。知识

---

① 现为《种子法》（2021 年修正）第七十二条第七款。

产权法院管辖有关专利、植物新品种、集成电路布图设计、技术秘密等专业技术性较强的第一审知识产权民事和行政案件。不服国务院行政部门裁定或者决定而提起的第一审知识产权授权确权行政案件，由北京知识产权法院管辖。《最高人民法院关于北京、上海、广州知识产权法院案件管辖的规定》第五条规定：“下列第一审行政案件由北京知识产权法院管辖：（一）不服国务院部门作出的有关专利、商标、植物新品种、集成电路布图设计等知识产权的授权确权裁定或者决定的；（二）不服国务院部门作出的有关专利、植物新品种、集成电路布图设计的强制许可决定以及强制许可使用费或者报酬的裁决的；（三）不服国务院部门作出的涉及知识产权授权确权的其他行政行为的。”

作为民事案件的管辖，第一条第 6 ~ 18 类案件，由各省、自治区、直辖市人民政府所在地和最高人民法院指定的中级人民法院作为第一审人民法院审理。

关于二审案件的管辖，根据《全国人民代表大会常务委员会关于专利等知识产权案件诉讼程序若干问题的决定》第一条、第二条的规定，当事人对发明专利、实用新型专利、植物新品种、集成电路布图设计、技术秘密、计算机软件、垄断等专业技术性较强的知识产权民事案件第一审判决、裁定不服，提起上诉的，由最高人民法院审理。当事人对专利、植物新品种、集成电路布图设计、技术秘密、计算机软件、垄断等专业技术性较强的知识产权行政案件第一审判决、裁定不服，提起上诉的，由最高人民法院审理。最高人民法院知识产权法庭自 2019 年 1 月 1 日集中统一管辖全国范围专利等技术类知识产权民事和行政上诉案件。在中级人民法院一审的技术类知识产权案件的上诉管辖方面，跨越了高级人民法院，无论技术类知识产权案件一审裁判由中级人民法院还是高级人民法院作出，对其提起的上诉均由最高人民法院知识产权法庭审理。

（三）第四条

【修改说明】

根据《种子法》第二十八条的规定进行了修改，在本条“生产或者销售”中增加“繁殖”的规定，删除生产、销售授权植物新品种的繁殖材料具有“商业目的”的规定。根据 2022 年 3 月 1 日起施行的《种子法》第二十八条，将第一类侵害品种权的行为明确和具体化为：任何单位或者个人未经植物新品种权所有人许可，不得生产、繁殖和为繁殖而进行处理、许诺销售、销售、进口、出口以及为实施上述行为储存该授权品种的繁殖材料。自 2022 年 3 月 1 日起，侵权行为地的认定应当执行新标准。

【理解与适用】

本条系关于侵权行为地的认定。《民事诉讼法》第二十八条[①] 规定，因侵权行为提起的诉讼，由侵权行为地或者被告住所地人民法院管辖。本条明确以侵权行为地确定人民法院管辖侵害植物新品种权的民事案件时，侵权行为地是指未经品种权人许可，生产、繁殖或者销售该品种的繁殖材料的所在地，或者为商业目的将该授权品种的繁殖材料重复使用于生产另一品种的繁殖材料的所在地。

根据《全国人民代表大会常务委员会关于修改〈中华人民共和国种子法〉的决定》，自 2022 年 3 月 1 日起，确定侵权行为地时，还包括为繁殖而进行处理、许诺销售、进口、出口以及为实施上述行为储存该授权品种的繁殖材料的所在地。

（四）第五条

【修改说明】

为适应国务院大部制改革后行政机关职能部门的名称变化，对被诉行政机关的名称进行了调整。将相应被诉主体“行政主管机关植物新品种复审委员会”修改为“植物新品种审批机关”，并根据第一条相应修改第五条中案由表述方式。

【理解与适用】

本条系关于被诉主体的称谓的变化。根据《国务院机构改革方案（2018 年）》的规定，组建农业农村部，不再保留农业部。新组建的农业农村部有关植物新品种保护职能部门的名称发生变化，不再保留植物新品种复审委员会。此外，植物新品种保护条例的修改正在进行中。本条将相应被诉主体“行政主管机关植物新品种复审委员会”修改为其上位概念“植物新品种审批机关”，以保持本司法解释的稳定性。

① 现为《民事诉讼法》（2023 年修正）第二十九条。

（五）第六条

【修改说明】

本条同第五条，系关于被诉主体的称谓的变化。

【理解与适用】

为保护权利人的合法权益，防止被诉侵权人利用程序规定拖延诉讼，本条规定被告在答辩期间内请求宣告植物新品种权无效的，人民法院一般不中止诉讼。

［载最高人民法院民法典贯彻实施工作领导小组办公室编：《最高人民法院实施民法典清理司法解释修改条文（111件）理解与适用》，人民法院出版社2022年版］

最高人民法院
关于审理侵害植物新品种权纠纷案件具体应用法律问题的若干规定

（2006年12月25日最高人民法院审判委员会第1411次会议通过
根据2020年12月23日最高人民法院审判委员会第1823次会议通过的《最高人民法院关于修改〈最高人民法院关于审理侵犯专利权纠纷案件应用法律若干问题的解释（二）〉等十八件知识产权类司法解释的决定》修正）

为正确处理侵害植物新品种权纠纷案件，根据《中华人民共和国民法典》《中华人民共和国种子法》《中华人民共和国民事诉讼法》《全国人民代表大会常务委员会关于在北京、上海、广州设立知识产权法院的决定》和《全国人民代表大会常务委员会关于专利等知识产权案件诉讼程序若干问题的决定》等有关规定，结合侵害植物新品种权纠纷案件的审判经验和实际情况，就具体应用法律的若干问题规定如下：

第一条　植物新品种权所有人（以下称品种权人）或者利害关系人认为植物新品种权受到侵害的，可以依法向人民法院提起诉讼。

前款所称利害关系人，包括植物新品种实施许可合同的被许可人、品种权财产权利的合法继承人等。

独占实施许可合同的被许可人可以单独向人民法院提起诉讼；排他实施许可合同的被许可人可以和品种权人共同起诉，也可以在品种权人不起诉时，自行提起诉讼；普通实施许可合同的被许可人经品种权人明确授权，可以提起诉讼。

第二条 未经品种权人许可，生产、繁殖或者销售授权品种的繁殖材料，或者为商业目的将授权品种的繁殖材料重复使用于生产另一品种的繁殖材料的，人民法院应当认定为侵害植物新品种权。

被诉侵权物的特征、特性与授权品种的特征、特性相同，或者特征、特性的不同是因非遗传变异所致的，人民法院一般应当认定被诉侵权物属于生产、繁殖或者销售授权品种的繁殖材料。

被诉侵权人重复以授权品种的繁殖材料为亲本与其他亲本另行繁殖的，人民法院一般应当认定属于为商业目的将授权品种的繁殖材料重复使用于生产另一品种的繁殖材料。

第三条 侵害植物新品种权纠纷案件涉及的专门性问题需要鉴定的，由双方当事人协商确定的有鉴定资格的鉴定机构、鉴定人鉴定；协商不成的，由人民法院指定的有鉴定资格的鉴定机构、鉴定人鉴定。

没有前款规定的鉴定机构、鉴定人的，由具有相应品种检测技术水平的专业机构、专业人员鉴定。

第四条 对于侵害植物新品种权纠纷案件涉及的专门性问题可以采取田间观察检测、基因指纹图谱检测等方法鉴定。

对采取前款规定方法作出的鉴定意见，人民法院应当依法质证，认定其证明力。

第五条 品种权人或者利害关系人向人民法院提起侵害植物新品种权诉讼前，可以提出行为保全或者证据保全请求，人民法院经审查作出裁定。

人民法院采取证据保全措施时，可以根据案件具体情况，邀请有关专业技术人员按照相应的技术规程协助取证。

第六条 人民法院审理侵害植物新品种权纠纷案件，应当依照民法典第一百七十九条、第一千一百八十五条和种子法第七十三条[①]的规定，结合案件具体情况，判决侵权人承担停止侵害、赔偿损失等民事责任。

人民法院可以根据权利人的请求，按照权利人因被侵权所受实际损失或者侵权人因侵权所得利益确定赔偿数额。权利人的损失或者侵权人获得的利益难以确定的，可以参照该植物新品种权许可使用费的倍数合理确定。权利人为制止侵权行为所支付的合理开支应当另行计算。

依照前款规定难以确定赔偿数额的，人民法院可以综合考虑侵权的性质、期间、后果，植物新品种权许可使用费的数额，植物新品种实施许可的种类、时间、范围及权利人调查、制止侵权所支付的合理费用等因素，在300万元以下确定赔偿数额。

故意侵害他人植物新品种权，情节严重的，可以按照第二款确定数额的一倍以上三倍以下确定赔偿数额。

第七条　权利人和侵权人均同意将侵权物折价抵扣权利人所受损失的，人民法院应当准许。权利人或者侵权人不同意折价抵扣的，人民法院依照当事人的请求，责令侵权人对侵权物作消灭活性等使其不能再被用作繁殖材料的处理。

侵权物正处于生长期或者销毁侵权物将导致重大不利后果的，人民法院可以不采取责令销毁侵权物的方法，而判令其支付相应的合理费用。但法律、行政法规另有规定的除外。

第八条　以农业或者林业种植为业的个人、农村承包经营户接受他人委托代为繁殖侵害品种权的繁殖材料，不知道代繁物是侵害品种权的繁殖材料并说明委托人的，不承担赔偿责任。

---

① 现为《种子法》（2021年修正）第七十二条。

【导读及适用要点】

一、关于适应性修改条文的说明

1. 引言：随着《民法典》的颁布实施以及《种子法》的修订、知识产权专门法院的建立，将其引言相应修改。

2. 第六条第一款：《民法典》颁布实施前，《民法通则》已经因《民法总则》的颁布实施而废止，《种子法》已经修改实施，因此在对《最高人民法院关于审理侵犯植物新品种权纠纷案件具体应用法律问题的若干规定》（以下简称《审理侵犯植物新品种权的规定》）修改时，将其第六条第一款相应修改。

3. 关于文字表述的修改：《审理侵犯植物新品种权的规定》名称、引言、第一条至第八条，涉及根据《民法典》《种子法》《民事诉讼法》等法律的表述变化进行以下修改：（1）"侵犯"修改为"侵害"；（2）"被控"修改为"被诉"；（3）"被侵权人"改称为"权利人"；（4）第二条第三款中"商业目的"修改为"为商业目的"。

二、关于重点修改条文的修改说明和理解与适用

（一）第二条

【修改说明】

根据《种子法》第二十八条的规定，修改了生产、销售授权植物新品种的繁殖材料构成侵权行为的认定要件，删除具有"商业目的"的规定，增加"繁殖"行为，并修改了一处文字表述。

第二款同本条第一款，删除具有"商业目的"的规定，增加"繁殖"行为，并修改了一处文字表述。

根据 2022 年 3 月 1 日起施行的《种子法》第二十八条，将第一类侵害品种权的行为明确和具体化为：任何单位或者个人未经植物新品种权所有人许可，不得生产、繁殖和为繁殖而进行处理、许诺销售、销售、进口、出口以及为实施上述行为储存该授权品种的繁殖材料。

【理解与适用】

本条系关于侵权行为的认定要件。关于侵权行为的种类。《种子法》第二十八条规定了侵犯品种权的两类情形：一是任何单位或者个人未经品种权所有人许可，不得生产、繁殖或者销售该授权品种的繁殖材料；二是不得为商业目的将该授权品种的繁殖材料重复使用于生产另一品种的繁殖材料。《种子法》第七十三条第一款[①]规定："违反本法第二十八条规定，有侵犯植物新品种权行为的，由当事人协商解决，不愿协商或者协商不成的，植物新品种权所有人或者利害关系人可以请求县级以上人民政府农业、林业主管部门进行处理，也可以直接向人民法院提起诉讼。"第二条将这两类侵权行为都规定为侵害植物新品种权的行为；实施这两种行为的，人民法院均应当认定为侵害植物新品种权。

关于侵权行为的认定，涉及品种权的保护范围。品种权保护制度不同于专利权的保护制度，植物新品种保护制度保护的是符合授权条件的品种，通过繁殖材料保护授权品种。考虑到司法实践中，被告对植物新品种权的侵权指控一般不作保护范围上的抗辩，采用了直接对"该授权品种的繁殖材料"和"将该授权品种的繁殖材料重复使用于生产另一品种的繁殖材料"进行解释的方式，为方便审判中对侵权行为的认定，通过基本认可目前实践中的普遍做法来达到解决审判实际问题的目的。

遗传变异因素，是指通过人工杂交、自然杂交、突变、诱变、转基因等方式使植物的遗传基因发生改变，从而造成植物特征或者特性的变异，这种变异是可以遗传的。非遗传变异因素，是指因土壤、气候、肥料、管理水平或者其他环境因素的影响，导致植物的特征或者特性发生差异，这种差异是不能遗传的。非遗传变异因素导致的特征、特性的不同，并不影响上述侵权判定。"特征特性"是"性状特征"的同义语。"特征"，是指植物的形态学特征，如花的颜色、果实的现状等；"特性"，是指植物的生物学特性，如抗病性、抗旱性等。需要注意的一点是，被诉侵权物是否属于授权品种繁殖材料的判断标准是，被诉侵权物的性状特征必须与授权品种的性状特征完全相同时才构成侵权，被诉侵权物的性状特征多于或者少于该授权品种的性状特征，

---

① 现为《种子法》（2021年修正）第七十二条第一款。

都不能认定为授权品种的繁殖材料。这一点与专利侵权采取的全面覆盖原则有所区别，在全面覆盖原则下，只要被诉侵权物具备专利权利要求的全部技术特征，即使被诉侵权物还具备其他特征，亦不影响其落入专利权利要求的保护范围。

根据 2022 年 3 月 1 日起施行的《种子法》第二十八条，第一类侵害品种权的行为明确和具体化为：任何单位或者个人未经植物新品种权所有人许可，不得生产、繁殖和为繁殖而进行处理、许诺销售、销售、进口、出口以及为实施上述行为储存该授权品种的繁殖材料，自 2022 年 3 月 1 日起，侵权行为的认定执行新标准。

（二）第四条

【修改说明】

根据《民事诉讼法》第六十三条[①]有关证据种类的规定，修改了鉴定证据种类，将本条第二款中“鉴定结论”修改为“鉴定意见”。

【理解与适用】

关于侵权认定的专业鉴定方法，主要有田间观察检测和实验室检测，后者包括基因指纹图谱检测（DNA）、同工酶标记和种子贮藏蛋白指纹图谱等。一般认为，田间观察检测是最根本的方法，比较可靠；基因指纹图谱检测则具有快捷、方便、成本低的优点。由于田间观察检测需要时间长，一年生植物一个生长周期要一年左右，多年生植物如树木等要 3 ~ 7 年，易使侵权物或繁殖材料失去应有的价值，品种权人的权利也不能得到及时有效保护。实践中基本上采用基因指纹图谱检测，DNA 分子标记不受环境和发育阶段的影响，标记数丰富，测试周期短，检测速度快，准确性强，为品种的一致性和真实性快速检测鉴别提供了有力支持。实践中，普遍使用 DNA 分子标记技术将待测样品与标准样品比较，鉴定是否存在侵害品种权行为，进行市场打假。考虑到上述两种方法各自的特点及实践中的惯常做法，本条第一款规定，对侵害植物新品种权纠纷案件涉及的专门性问题可以采取田间观察检测、基因指纹图谱检测等方法鉴定。以此作为鉴定方法的指引，但并不否定采用其他检测方法的可能。

---

① 现为《民事诉讼法》（2023 年修正）第六十六条。

按照不同鉴定方法作出的鉴定意见，一般情况下定性应为一致，精确度可能有所不同。但若出现定性上的矛盾，或者在一个鉴定意见被采信作为定案依据时，如何认定鉴定证明力的大小，第四条第二款规定，人民法院对鉴定意见应当依法质证；经组织当事人对鉴定意见质证后依法认定其证明力的大小。借此解决实践中对采信鉴定意见作为定案依据的问题。

（三）第五条

【修改说明】

根据《民事诉讼法》第八十一条[①]规定以及《最高人民法院关于审查知识产权纠纷行为保全案件适用法律若干问题的规定》的修改，将本条修改为针对诉前的行为或者证据保全的规定。

【理解与适用】

关于行为保全。《民事诉讼法》第一百条[②]规定，人民法院对于可能因当事人一方的行为或者其他原因，使判决难以执行或者造成当事人其他损害的案件，根据对方当事人的申请，可以裁定对其财产进行保全、责令其作出一定行为或者禁止其作出一定行为；当事人没有提出申请的，人民法院在必要时也可以裁定采取保全措施。《民事诉讼法司法解释》第一百五十二条规定，人民法院依照《民事诉讼法》第一百条[③]、第一百零一条[④]规定，在采取诉前保全、诉讼保全措施时，责令利害关系人或者当事人提供担保的，应当书面通知。利害关系人申请诉前保全的，应当提供担保。申请诉前财产保全的，应当提供相当于请求保全数额的担保；情况特殊的，人民法院可以酌情处理。申请诉前行为保全的，担保的数额由人民法院根据案件的具体情况决定。《最高人民法院关于审查知识产权纠纷行为保全案件适用法律若干问题的规定》明确规定了审查知识产权纠纷行为保全案件时，所称知识产权纠纷的定义、申请诉前责令停止侵害知识产权行为人的资格、管辖法院、申请行为保全应当递交申请书及应当记载事项和相应证据要求等。本条针对品种权人或者利害关系人向人民法院提起侵害植物新品种权诉讼前，可以提出行为保

---

① 现为《民事诉讼法》（2023年修正）第八十四条。
② 现为《民事诉讼法》（2023年修正）第一百零三条。
③ 现为《民事诉讼法》（2023年修正）第一百零三条。
④ 现为《民事诉讼法》（2023年修正）第一百零四条。

全或者证据保全请求的原则性规定，具体审查事项，应当根据《民事诉讼法》《最高人民法院关于审查知识产权纠纷行为保全案件适用法律若干问题的规定》处理。

关于证据保全。证据保全，是指在证据可能灭失或以后难以取得的情况下，人民法院依据职权或者依当事人的申请，对证据资料采取调查收集、固定保存等方法，以保持其证明作用的行为。采取证据保全的措施，有助于保护可能破坏或灭失的证据，也便于人民法院在民事审判活动中更好地查明事实，公正地审理案件。依据证据保全启动时间的不同，分为诉讼中证据保全和诉前证据保全两种。诉前证据保全，是指在提起诉讼前申请对可能灭失或者以后难以取得的证据采取的保全。根据《民事诉讼法》第八十一条第二款[①]规定，因情况紧急，在证据可能灭失或者以后难以取得的情况下，利害关系人可以在提起诉讼或者申请仲裁前向证据所在地、被申请人住所地或者对案件有管辖权的人民法院申请保全证据。根据这一规定：（1）申请诉前证据保全的条件。情况紧急，证据可能灭失或者以后难以取得。（2）申请诉前证据保全的主体。利害关系人可以申请诉前证据保全。此时尚未进入诉讼程序，凡是与案件存在利害关系的人，都可以申请诉前证据保全，包括拟提起诉讼或者申请仲裁的人、拟提起的诉讼或者仲裁存在其他利害关系的人等。（3）提出申请的时间。根据本条规定，申请诉前证据保全的时间是提起诉讼或者申请仲裁前。（4）受理申请的主体。根据本条规定，利害关系人应当向证据所在地、被申请人住所地或者对案件有管辖权的人民法院申请证据保全。

关于专业技术人员协助取证。鉴于法院和公证机构本身一般不具备扦取品种繁殖材料的专门技术，为增强法院取证的客观性，避免当事人对取样时抽样代表性的质疑，结合农业农村部和部分法院的建议，本条第二款规定，人民法院采取证据保全措施时，可以根据案件具体情况，邀请有关专业技术人员按照相应的技术规程协助取证。此为指导法院或当事人取证的示范性条款，由审理法院视个案情况而定，并不具有强制性，不得仅以未邀请技术人员协助取证为由简单否定证据保全的效力。在实际操作中，建议事先查阅规范要求或者咨询专业技术人员；取证时所需样品的数量，至少为符合规范要

---

① 现为《民事诉讼法》（2023 年修正）第八十四条。

求所需样品数量。

（四）第六条

【修改说明】

本条第二款系根据《种子法》第七十三条第三款[①]的规定修改，即增加“权利人为制止侵权行为所支付的合理开支应当另行计算”的规定，以及修改文字表述。

本条第三款根据《种子法》第七十三条第四款[②]的规定修改，将法定赔偿额提高到300万元。

根据《民法典》第一千一百八十五条规定：“故意侵害他人知识产权，情节严重的，被侵权人有权请求相应的惩罚性赔偿。”结合《种子法》第七十三条第三款以及参照新《专利法》第七十一条的规定，新增惩罚性赔偿条款为第四款。

根据2021年12月《全国人民代表大会常务委员会关于修改〈中华人民共和国种子法〉的决定》，将《种子法》第七十三条改为第七十二条，将法定赔偿额上限由300万元提高到500万元、惩罚性赔偿倍数由三倍以下提高到五倍以下。

【理解与适用】

关于侵权损害赔偿数额的计算，《审理侵犯植物新品种权的规定》分两个层次规定了侵权损害赔偿数额的三种计算方法。首先按照权利人因被侵权所受实际损失或者侵权人因侵权所得利益计算，该两项难以确定的，可以参照植物新品种权许可使用费的倍数合理确定。人民法院在确定许可使用费的合理倍数时，可以根据植物新品种实施许可的种类、时间、范围等因素予以确定。本条还增加了合理开支应当另行计算的规定。

法定赔偿制度是对其他赔偿数额计算方法的补充。侵害植物新品种权的损害与其他知识产权损害一样，凡是侵权行为造成的损失，侵权人都应当赔偿。只有按照其他方法难以确定赔偿数额的，人民法院才可以综合考虑侵权的性质、期间、后果，植物新品种权许可使用费的数额，植物新品种实施许

---

① 现为《种子法》（2021年修正）第七十二条第三款。

② 现为《种子法》（2021年修正）第七十四条第四款。

可的种类、时间、范围及权利人调查、制止侵权所支付的合理费用等因素适用一定数额的法定赔偿。对于难以证明侵权受损或侵权获利的具体数额，但有证据证明前述数额明显超过法定赔偿最高限额的，应当综合全案的证据情况，不应当受 300 万元的限制，可在法定最高限额以上合理确定赔偿额。

关于惩罚性赔偿。《民法典》第一千一百八十五条规定与《种子法》第七十三条第三款[①]规定，在惩罚性赔偿的适用条件上有差异，《民法典》明确规定为主观故意，即“故意侵害他人知识产权”，而《种子法》规定为“侵犯植物新品种权，情节严重的”。《种子法》第二十八条规定的侵害品种权的两类情形，并未要求行为人具有主观上的侵权故意，是否故意并非侵害植物新品种权的构成要件，不影响侵权认定。《民法典》颁布之后，其第一千一百八十五条是对知识产权侵权惩罚性赔偿的概括性规定，统一了知识产权领域侵权惩罚性赔偿的条件和标准。当此前的《种子法》与《民法典》关于惩罚性赔偿的规定不一致时，应适用《民法典》的规定。鉴此，通常理解，侵权行为人故意侵权的，构成情节严重的情形，因此，相对于《民法典》规定的主观故意，《种子法》规定的情节严重，适用情形更广泛。在本条第四款规定修改过程中，经讨论，为便于统一裁判尺度，选择了《民法典》的规定，以行为人主观故意作为惩罚性赔偿的适用条件，进行相应修改。

关于惩罚性赔偿数额与合理开支的关系。本条第二款规定：“权利人为制止侵权行为所支付的合理开支应当另行计算”，第四款规定：“故意侵害他人植物新品种权，情节严重的，可以按照第二款确定数额的一倍以上三倍以下确定赔偿数额”，该第四款规定中“按照第二款确定数额”应当理解为不包括“权利人为制止侵权行为所支付的合理开支”，即该另行计算的“合理开支”不计入惩罚性赔偿数额的基数内。

根据 2022 年 3 月 1 日起施行的《种子法》第七十二条将法定赔偿额上限由 300 万元提高到 500 万元、惩罚性赔偿倍数由三倍以下提高到五倍以下的规定，2022 年 3 月 1 日后发生的侵权行为，或者侵权行为持续至 2022 年 3 月 1 日后的，相应赔偿额的确定和惩罚性赔偿的适用，应当执行新的规定。

---

① 现为《种子法》(2021 年修正）第七十二条第三款。

（五）第七条

【修改说明】

增加不采取责令措施之后的后续规则，切实保护权利人利益。

【理解与适用】

本条关于侵权物的处理。按照侵权法原理，停止侵害一般包括对侵权物的销毁，但由于植物新品种案件中的侵权物多为农、林作物的繁殖材料，不能简单地套用销毁侵权物的一般处理方法。因此，本着既避免资源浪费、维护农村稳定，又防止侵权物再扩散的处理原则，本条第一款规定，当事人可以合意将侵权物折抵权利人的受损。若当事人不能达成一致，为防止侵权物再扩散，人民法院应责令侵权人将侵权物作适当处理，比如灭活等。因处理方式不便穷尽，故采用"列举加概括"的表述方式。因本条第一款规定的消灭活性等处理未区分侵权物的成熟与否，故本条第二款规定，侵权物正处于生长期或者销毁侵权物将导致重大不利后果的，人民法院一般不责令销毁侵权物。该规定旨在避免铲除青苗等销毁侵权物的做法可能产生延误农时、浪费资源、伤害农民感情、危及农村稳定等负面影响。此处的"重大不利后果"，包括因已过播种期仍销毁侵权物导致的撂荒、销毁侵权物可能引起负面影响等情形。为避免侵权物危害生态安全，本条第二款规定了"但书"。本次修改增加了不采取责令措施之后的后续规则，即"判令其支付相应的合理费用"，完善了侵权物处理的规则体系，切实保护权利人利益。

［载最高人民法院民法典贯彻实施工作领导小组办公室编：《最高人民法院实施民法典清理司法解释修改条文（111件）理解与适用》，人民法院出版社2022年版］

六、网络域名

最高人民法院
关于审理涉及计算机网络域名民事纠纷案件适用法律若干问题的解释

（2001年6月26日最高人民法院审判委员会第1182次会议通过 根据2020年12月23日最高人民法院审判委员会第1823次会议通过的《最高人民法院关于修改〈最高人民法院关于审理侵犯专利权纠纷案件应用法律若干问题的解释（二）〉等十八件知识产权类司法解释的决定》修正）

为了正确审理涉及计算机网络域名注册、使用等行为的民事纠纷案件（以下简称域名纠纷案件），根据《中华人民共和国民法典》《中华人民共和国反不正当竞争法》和《中华人民共和国民事诉讼法》（以下简称民事诉讼法）等法律的规定，作如下解释：

第一条 对于涉及计算机网络域名注册、使用等行为的民事纠纷，当事人向人民法院提起诉讼，经审查符合民事诉讼法第一百一十九条[①]规定的，人民法院应当受理。

第二条 涉及域名的侵权纠纷案件，由侵权行为地或者被告住所地的中级人民法院管辖。对难以确定侵权行为地和被告住所地的，原告发现该域名的计算机终端等设备所在地可以视为侵权行为地。

涉外域名纠纷案件包括当事人一方或者双方是外国人、无国籍人、外国企业或组织、国际组织，或者域名注册地在外国的域名纠纷案件。在中华人

① 现为《民事诉讼法》（2023年修正）第一百二十二条。

民共和国领域内发生的涉外域名纠纷案件，依照民事诉讼法第四编的规定确定管辖。

第三条　域名纠纷案件的案由，根据双方当事人争议的法律关系的性质确定，并在其前冠以计算机网络域名；争议的法律关系的性质难以确定的，可以通称为计算机网络域名纠纷案件。

第四条　人民法院审理域名纠纷案件，对符合以下各项条件的，应当认定被告注册、使用域名等行为构成侵权或者不正当竞争：

（一）原告请求保护的民事权益合法有效；

（二）被告域名或其主要部分构成对原告驰名商标的复制、模仿、翻译或音译；或者与原告的注册商标、域名等相同或近似，足以造成相关公众的误认；

（三）被告对该域名或其主要部分不享有权益，也无注册、使用该域名的正当理由；

（四）被告对该域名的注册、使用具有恶意。

第五条　被告的行为被证明具有下列情形之一的，人民法院应当认定其具有恶意：

（一）为商业目的将他人驰名商标注册为域名的；

（二）为商业目的注册、使用与原告的注册商标、域名等相同或近似的域名，故意造成与原告提供的产品、服务或者原告网站的混淆，误导网络用户访问其网站或其他在线站点的；

（三）曾要约高价出售、出租或者以其他方式转让该域名获取不正当利益的；

（四）注册域名后自己并不使用也未准备使用，而有意阻止权利人注册该域名的；

（五）具有其他恶意情形的。

被告举证证明在纠纷发生前其所持有的域名已经获得一定的知名度，且能与原告的注册商标、域名等相区别，或者具有其他情形足以证明其不具有恶意的，人民法院可以不认定被告具有恶意。

第六条　人民法院审理域名纠纷案件，根据当事人的请求以及案件的具体情况，可以对涉及的注册商标是否驰名依法作出认定。

第七条 人民法院认定域名注册、使用等行为构成侵权或者不正当竞争的，可以判令被告停止侵权、注销域名，或者依原告的请求判令由原告注册使用该域名；给权利人造成实际损害的，可以判令被告赔偿损失。

侵权人故意侵权且情节严重，原告有权向人民法院请求惩罚性赔偿。

【导读及适用要点】

一、关于域名纠纷案件的范围、起诉条件和案由问题

计算机网络域名的一个显著特征，是其在网络环境下产生了与商标、商号等相类似的一种区别域名使用人及其服务的标识性功能。域名的注册、使用等行为，使域名的标识性功能产生和得到发展，使域名的经济价值得以实现，也就可能发生域名与传统的商标、商号等民事权益主体之间的冲突。围绕着域名注册、使用等而产生的民事纠纷，具有相同的特点和适用法律的一致性。所以，根据《最高人民法院关于审理涉及计算机网络域名民事纠纷案件适用法律若干问题的解释》（以下简称《审理涉及计算机网络域名的解释》）的规定，人民法院受理的域名纠纷案件，是指所有涉及计算机网络域名注册、使用等行为的民事纠纷案件，包括域名与驰名商标、普通注册商标、商号、知名商品特有名称、姓名等权利主体之间的纠纷案件。由于域名的注册、使用能够为注册、使用人带来一定的经济利益，因此，域名亦具有民事权益的属性，域名与域名使用主体之间的争议也属于人民法院受理域名纠纷案件的范围。

《审理涉及计算机网络域名的解释》第一条规定，对于涉及计算机网络域名注册、使用等行为的民事纠纷，当事人向人民法院提起诉讼，经审查符合《民事诉讼法》第一百零八条①规定的，人民法院都应当受理。这就是说，域名纠纷案件属于平等主体之间的民事纠纷案件，当事人提起该类诉讼的条件与一般民事诉讼并无不同。人民法院应当严格依照法律切实保护当事人的诉

① 现为《民事诉讼法》（2023年修正）第一百二十二条。

讼权利。

为了便于对域名纠纷案件的有关情况进行统计分析和研究，根据本解释，域名纠纷案件的案由首先根据当事人双方争议法律关系的性质确定，同时考虑网络域名的特点，又在其前冠以“计算机网络域名”称谓，例如：“计算机网络域名侵犯商标权纠纷”“计算机网络域名不正当竞争纠纷”等；争议法律关系的性质难以确定的，则通称为计算机网络域名纠纷案件。

二、关于域名纠纷案件的管辖问题

域名纠纷案件一般都涉及侵权或不正当竞争的争议问题，且专业性强、审理难度较大。因此，最高人民法院在《审理涉及计算机网络域名的解释》第二条即以《民事诉讼法》规定的因侵权行为提起诉讼的管辖作为基本依据，对域名侵权纠纷案件的级别管辖和地域管辖作出规定，同时也对涉外域名纠纷案件的界定和管辖问题作出了规定。

首先，考虑到域名纠纷案件专业性较强，审理难度大，又往往涉及驰名商标的认定，因此，由中级人民法院作为第一审法院；其次，域名侵权等纠纷案件应当遵守《民事诉讼法》关于侵权诉讼地域管辖的一般规定，由侵权行为地或者被告住所地人民法院管辖；再次，最高人民法院还针对网络案件的特点，借鉴网络著作权纠纷案件的司法实践经验，对在难以确定侵权行为地和被告住所地的情况下的管辖问题作出规定，即原告发现该域名的计算机终端等设备所在地可以视为侵权行为地。

根据《民事诉讼法》以及最高人民法院的相关司法解释的规定，涉外域名纠纷案件主要包括两种情况：一是当事人一方或者双方是外国人、无国籍人、外国企业或组织、国际组织的；二是域名注册行为发生在外国的，例如一些“.com”“.org”“.net”的域名纠纷案件，域名注册地在美国，当事人之间的法律关系设立、变更或终止的法律事实发生在外国，故属于涉外域名纠纷案件。《审理涉及计算机网络域名的解释》规定，涉外域名纠纷案件的管辖，依照《民事诉讼法》关于涉外民事诉讼程序的特别规定确定。

三、关于认定侵权或者构成不正当竞争的条件问题

认定被告实施的网络域名注册、使用行为是否构成侵权或不正当竞争，

是依法正确审理域名纠纷案件的关键问题。因此,《审理涉及计算机网络域名的解释》明确具体地规定了行为人注册、使用域名行为构成侵权与不正当竞争的四项条件:一是原告请求保护的民事权益合法有效;二是被告域名同原告要求保护的权利客体之间具有相似性;三是被告无注册、使用的正当理由;四是被告具有恶意。当被告注册、使用域名等行为同时具备上述四个要件时,人民法院应当认定其构成侵权或不正当竞争。

在上述四项条件中,值得注意的是相似性和恶意条件。该两个条件分别从客观和主观两个方面对认定侵权的条件进行规定,说明只有当被告域名与原告商标、域名等客观上具有足以导致混淆的相似性,并且被告主观上具有恶意的情况下,被告注册、使用域名等行为才可能被认定为对原告民事权益的侵犯。相似性条件是在传统商标、商号等领域判断侵权是否成立的一般要件,在域名领域同样是必需的。根据国际公约及各国的通行做法,驰名商标和其他注册商标等在相似性判断的条件上是有所不同的,当"被告域名或其主要部分构成对原告驰名商标的复制、模仿、翻译或音译"时,就符合了相似性条件,而被告域名"与原告的注册商标、域名等相同或近似",则还需具备"足以造成相关公众的误认"这一条件。恶意条件体现了域名纠纷案件的特点,说明在域名领域对民事权益的保护应当是谨慎的,只有在被告具有侵权故意的情况下,商标、商号等权利人才可能将其专有权利延伸至域名领域。

四、关于认定恶意的条件问题

认定侵权的四项条件中,对前三项的认定一般比较容易,最后判定被告是否构成侵权往往取决于其是否具有恶意。因此,对恶意的认定,是审理域名纠纷案件的关键,体现了对域名注册、使用行为进行限制的尺度。

所谓恶意即是行为人明知违反"诚实信用"等民事法律的基本原则仍而为之,实际上就是指主观上具有侵权故意。由于行为人实施行为时主观上的"明知"与否,往往不易证明,因此,国际上为应对涉及网络域名注册使用的"恶意",规定了若干个情形,行为人所实施的行为有情形之一者,就推定其明知而为或者称为具有恶意。针对网络域名纠纷发生的实际情况,本解释列举了四种最为常见的恶意情形,因而,只要涉及所列一种情形的,人民法院就可以认定被告主观上具有恶意。这四种情形是:

1. 为商业目的将原告驰名商标注册为自己的域名。驰名商标一般为相关公众所知晓，使其所代表的商品或服务明显区别于其他商品或服务。但行为人为商业目的，将他人驰名商标注册为域名，搭乘驰名商标“便车”的主观故意明显，是一种违反诚信原则的行为。《审理涉及计算机网络域名的解释》第五条第一项规定体现了对驰名商标给予特殊保护的精神。

2. 为商业目的注册、使用与原告的注册商标、域名等相同或近似的域名，故意造成与原告提供的产品、服务或者原告网站相混淆，误导网络用户访问其网站或其他在线站点。被告的上述行为也明确地体现了被告违反诚信、公平竞争市场经济规则的主观状态，这也是对驰名商标以外的其他注册商标、域名等民事权益以及民事主体在市场中正当经营行为的一种保护。

3. 曾要约以高价出售、出租或者以其他方式转让该域名获取不正当利益。善意与恶意的一个重要区别是，行为人行为的目的是否为获取不正当的利益。有的行为人，以正常注册费将与他人权利相关大量域名予以注册，然后向权利人要约高价出售这些域名，来牟取非法收益。此种明显违反民法诚信原则的行为，显然不为国家法律所支持。有此种行为的，可以认定为被告主观上具有恶意。至于何谓高价，应当由人民法院在原告举证、陈述理由和被告答辩的基础上根据具体案情确定。

4. 域名注册后自己不联机使用，也未准备作联机地址使用，而囤积域名是有意阻止相关权利人注册该域名。网络域名具有唯一性的特征，也属于一种“稀缺的资源”。如果注册域名不用，也无迹象准备使用，又阻止与该域名有某种联系的权利人合法注册使用，则从另外一个角度体现了行为人的主观恶意。当然并不是所有不使用行为都具有恶意，例如，域名持有人为了防止他人注册与自己相近似域名造成混淆而注册域名的，就不能认定为恶意。

此外，实践中的情况是复杂的，人民法院根据案件的具体情况，对其他违反民法诚信原则的突出情形，也可以认定行为人主观上具有恶意。

（撰稿人：张　辉）

第二部分　司法观点[①]

一、著作权

1.酒店、民宿提供影视作品点播服务行为的侵权判断

【案号】

（2023）最高法民申 711 号

【裁判观点】

酒店、民宿在提供影视作品点播服务时，既未实施将影视作品置于信息网络中的行为，也未提供相关播放软件的会员账号、密码，其仅在客房设置通过合法渠道购买的影视播放设备的行为，不构成侵权。

2.实用艺术作品可作为美术作品受到《著作权法》保护

【案号】

（2023）最高法民再 40 号

【裁判观点】

对可能兼具实用性和艺术性的造型或设计，当事人可以选择《著作权法》保护，也可以选择《专利法》中的外观设计予以保护，保护的重点各有不同。当主张著作权保护时，依照我国《著作权法》的现有制度安排，应对其主张的作品是否符合美术作品的形式要件以及是否具备独创性的实质要件进行判

① 来源于最高人民法院知识产权案件法律适用问题年度报告（2023）摘要和全国法院知识产权案件法律适用问题年度报告（2024）摘要。

断，无须在美术作品之外另行确立作品类型，也无须对独创性另行提出要求。

3.计算机软件的发行权权利用尽

【案号】

（2022）最高法知民终 1460 号

【裁判观点】

1. 计算机软件必须与特定硬件配套使用的，权利人配套销售硬件及计算机软件，可视为以交付有形载体形式发行软件，可以视情适用发行权权利用尽原则。买受人支付合理对价后，获得相应软件原件或者复制件的所有权，有权自己使用或者转让他人使用。权利人对前述软件使用范围、转售等的限制对与其无合同关系的买受人及从该买受人处合法受让软件原件或者复制件的第三人不当然具有约束力。但该买受人或者第三人除为实现合法使用目的外，不得擅自复制软件，亦不得在转让软件原件或者复制件后，再行使用软件复制件。

2. 限定软件合法复制品所有人未经许可不得向任何第三方提供修改后的软件，主要指未经软件著作权人的许可不得以修改后的软件作为主要交易标的的情形。如果交易的主要标的物为硬件，软件仅为配合硬件使用，因配套使用的硬件交易而使修改后的软件所有权一并发生转移的，一般不需要取得软件著作权人的许可。

4.美术作品实质性相似的认定

【案号】

（2019）京 73 民初 1376 号

【裁判观点】

判断美术作品是否构成实质性相似时，通常应以普通观察者的角度，考虑美术作品的视觉形象特征，在构成要素、表现形式、整体视觉效果上对美术作品所体现的艺术造型表达进行整体认定和综合判断。如果二者在整体上仅存在细微差异，以至于出现普通观察者除非刻意寻找差异，否则会倾向于忽略这些差异的情形，则可以认定二者构成实质性相似。在进行比对的权利画作与侵权画作均数量较多的情况下，可将全部涉案画作进行整体考量，同时结合作者的创作经历、创作方法、创作风格等因素予以综合判断是否构成侵权。

5.中途退出影视作品剧本创作是否享有编剧署名权的认定

【案号】

（2020）京 0108 民初 39696 号

【裁判观点】

中途退出影视作品剧本创作的编剧是否能就该影视作品享有编剧署名权，应当结合其所签订编剧合同的约定、影视作品是否使用该编剧创作剧本的独创性内容以及使用比例是否对影视作品具有实质性贡献等因素进行综合判断。在编剧合同未就解除后编剧署名权的行使进行明确约定时，如影视作品使用该编剧创作剧本独创性内容的比例达到对该影视作品实质贡献的程度时，应当认定该编剧享有编剧署名权。

6.车载系统内容提供主体著作权侵权认定

【案号】

（2023）京 0491 民初 11731 号

【裁判观点】

视频平台运营方应对其车载端应用网络服务器中的侵权视频提供行为，承担信息网络传播权侵权责任。车载系统软件的运营方参与了视频平台车载端应用的上线、展示和推广，并提供了套餐服务的，是涉案作品提供行为的参与者、获益者，应依法与视频平台承担连带责任。

7.实施算法统一聚合行为提高网络服务提供者的注意义务

【案号】

（2022）沪 0115 民初 29412 号

【裁判观点】

在认定视频分享平台是否构成侵害著作权帮助侵权中，应注意区分技术本身的中立性与技术应用的非中立性。平台将大量侵权短视频以权利作品为联结点，整理至某一话题、分类，再统一呈现给所有用户的行为，内含平台的主观意图。实施该算法统一聚合行为将提高网络服务提供者的注意义务，并进而影响对其是否构成应知的认定。

8.生成式人工智能服务提供者的侵权责任认定

【案号】

一审：（2024）浙0192民初1587号

二审：（2024）浙01民终10332号

【裁判观点】

1. 当服务提供者提供的是生成式人工智能技术服务时，其是否构成帮助侵权应综合考量服务提供者的盈利模式、权利作品的知名度和影响力、侵权事实的明显程度、人工智能技术的发展水平、避免损害的替代设计的可行性与成本、可以采取的必要措施及其效果、侵权责任的承担对行业的影响等因素，动态地调整过错的认定标准，将服务提供者的注意义务控制在与其信息管理能力相适应的合理程度。

2. 生成式人工智能服务只有在违反诚信原则和公认的商业道德，扰乱市场竞争秩序，损害其他经营者或者消费者的合法权益时，才受《反不正当竞争法》规制。

9.网盘服务商直接侵权与采取必要措施的认定

【案号】

（2022）粤民再59号

【裁判观点】

1. 云存储服务商所采用的“相同文件合并存储”技术并不改变作品的来源。判断云存储服务商是否替代第三方向用户提供了所下载的作品，应查明作品下载过程中云盘与第三方网络节点之间有无真实的作品内容数据传输。

作品内容数据完全由第三方网络节点向云盘传输的，云盘为下载工具，不构成对作品信息网络传播权的直接侵害。

2. 对于用户分享侵权作品的行为，云存储服务商应采取阻止涉案侵权行为继续、阻止其他与涉案侵权行为相同的行为继续、预防发生与涉案侵权行为相同行为的必要措施。对于非热播的、侵权不严重的作品，断开侵权链接并且屏蔽侵权链接所指向文件的“分享”功能，基本可以达到前述阻止以及预防的效果。

二、商标权

10.微信公众号、官方网站商标侵权行为主体的认定

【案号】

（2022）最高法民终 146 号

【裁判观点】

对于难以证明被诉微信公众号、官方网站的运营商是被诉侵权人，但有证据证明该公众号、官方网站宣传的标识、产品和内容均指向了被诉侵权人，且被诉侵权人系该宣传行为实际获益者的，人民法院可以据此认定被诉侵权人通过该公众号、官方网站实施了宣传推广被诉侵权产品的行为。

11.举证妨碍规则下酌情确定赔偿数额的适用

【案号】

（2022）最高法民终 146 号

【裁判观点】

被诉侵权人构成举证妨碍，人民法院在参考权利人的主张和提供的证据确定赔偿数额时，应当全面客观地审核相关证据，综合考虑被诉侵权行为的时间、数量、被诉侵权人的主观恶意等因素，被诉侵权人对于生产规模、范围、情节的自述可以作为确定赔偿数额的重要参考。

12.惩罚性赔偿倍数的考量因素

【案号】

（2022）最高法民终 209 号

【裁判观点】

明知他人注册商标及字号的知名度和影响力，仍然大量使用与他人注册商标近似的商标，开展相同的业务，应当认定具有混淆商品来源、攀附他人知名度的主观恶意；被诉侵权人侵权规模大、涉及区域广、侵权获利巨大，应当认定属于侵权情节严重。上述主观恶意、侵权情节的严重程度应当作为人民法院确定惩罚性赔偿倍数的重要考量因素。

13.驰名商标的按需认定原则

【案号】

（2023）最高法民再 29 号

【裁判观点】

认定驰名商标是对商标驰名的客观事实在个案中的法律确认，驰名商标的司法认定应遵循按需认定原则，只有在商标驰名是构成被诉侵害商标权或者不正当竞争行为的法律要件事实时，才确有必要认定驰名商标。

14.非善意的被诉侵权行为人不具有可保护的信赖利益

【案号】

（2022）最高法民终 313 号

【裁判观点】

在商标侵权诉讼中，被诉侵权标识曾为注册商标，后被商标行政主管部门撤销。被诉侵权人是否因商标曾获准注册具有信赖利益，应考虑其主观状态，如果被诉侵权人明知信赖基础不合法或者明显违法仍实施相应行为，其主观态度难谓善意，其所谓的信赖利益不应给予保护。

15.商标侵权诉讼中三年未使用抗辩的认定

【案号】

（2022）最高法民终 313 号

【裁判观点】

在商标侵权诉讼中，被诉侵权人以注册商标专用权人未使用注册商标提出抗辩的，权利人对此前三年未使用涉案商标的事实负有证明责任。其中，“此前三年”应自起诉之日起向前推三年。权利人仅需举证证明在该三年内实施了商标使用行为即可。涉案商标的使用程度影响其受保护的范围，但不是决定被诉侵权人是否承担赔偿责任的因素。

16.委托加工关系中商标使用行为的认定

【案号】

（2022）最高法民终 313 号

【裁判观点】

判断委托加工过程中受托人的商标贴附行为是否构成商标使用，不能割裂商品的生产与流通环节，如果受托加工商品已经进入流通领域，相关公众从贴附的标志中识别到受托加工人的，其贴附行为可以认定为商标使用行为，该受托人即为商标使用人。

17.商标侵权案件合法来源抗辩的成立条件

【案号】

（2022）最高法民再 274、275、276、277、278 号

【裁判观点】

在商标侵权诉讼中，合法来源抗辩成立应当具备主、客观两方面要件。客观要件为被诉侵权商品系由销售者合法取得，主观要件为销售者不知道或不应当知道被诉侵权商品构成侵权，主、客观要件相互联系，不可分割，并且客观要件的举证对于主观要件具有推定效果。人民法院在审查前述主、客

观要件时，应当综合考虑销售者所处的市场地位、权利人维权成本以及市场交易习惯等因素，对销售者的举证责任作出合理要求；销售者的经营规模、专业程度、市场交易习惯等，可以作为确定其合理注意义务的证据，销售者提供的合法来源证据与其注意义务程度相当的，可以推定其主观上不知道所销售的系侵权商品。

18.批量维权案件中对于赔偿合理开支主张合理性的认定

【案号】

（2022）最高法民再274、275、276、277、278号

【裁判观点】

在合法来源抗辩成立及权利人存在批量维权的情况下，人民法院应当综合考虑被诉侵权行为情节、侵权销售商主观因素、权利人关于合理开支方面的举证等具体情况，回归合法来源抗辩制度的立法本意，对权利人关于赔偿合理开支主张的合理性予以认定。

19.商标权人不得禁止他人对商品原料名称的正当使用

【案号】

（2022）最高法民再238号

【裁判观点】

当注册商标中含有本商品的主要原料时，商标权人无权禁止他人正当使用。在判断是否构成正当使用时，要综合考虑注册商标的显著性、相关商品的市场惯例、其他经营者的具体使用方式等因素。

20.撤三案件中商标使用行为的认定

【案号】

（2023）最高法行再10号

【裁判观点】

诉争商标实际使用的商品不属于其核定使用的规范商品名称。在认定商

标是否在其核定使用的商品类别实际上使用时，应当结合商品功能、用途、生产部门、销售渠道、消费群体进行判断，并考虑消费习惯、生产模式、行业经营需求等综合认定。

21.仅境外使用证据不足以认定“在先使用并有一定影响”

【案号】

（2023）最高法行申 2567 号

【裁判观点】

商标权具有地域性，其权利范围、保护内容及保护期限均受到地域范围的限制。仅在其他国家、地区使用商标的，不构成《商标法》第三十二条规定的“在先使用并有一定影响”的情形。

22.当事人在诉讼阶段新增的商标无效事由不应纳入审查范围

【案号】

（2023）最高法行申 331 号

【裁判观点】

在商标无效宣告请求行政诉讼中，判断国家知识产权局作出裁定是否合法，应根据该裁定作出时当事人的请求作出认定，当事人在诉讼阶段新增的商标无效事由不应纳入审查被诉裁定是否合法的考量范围。

23.商标缺乏显著特征的认定

【案号】

（2023）最高法行申 1053 号

【裁判观点】

判断诉争商标是否具有显著性，关键要看相关公众是否可以将该标志作为指示商品或服务来源的标志加以识别对待。人民法院可以结合商标指定使用商品或者服务所在领域的相关公众的认知习惯，以及所属行业的实际使用情况等进行综合判断。

24.涉驰名商标行政案件中“一事不再理”原则的适用

【案号】

（2023）最高法行申 1725 号

【裁判观点】

以复制、模仿或翻译驰名商标为由对诉争商标提出异议和异议复审未得到商标行政主管部门支持，且相关程序已终结，此后申请人无合理事由再次以相同事实和理由提出无效宣告请求的，构成“一事不再理”的情形。

25.认定侵害地理标志证明商标权需要考虑的因素

【案号】

（2024）最高法民再 21 号

【裁判观点】

判断被诉侵权行为是否构成侵害地理标志证明商标权需要考虑以下因素：一是被诉侵权商品是否具备使用地理标志商标的条件，即商品来源于某特定产地；二是被诉侵权商品是否具有地理标志产品的特定品质；三是被诉侵权行为是否容易导致相关公众对商品的来源及特定品质产生混淆误认。

26.商标在先使用抗辩的认定

【案号】

（2024）最高法民再 218 号

【裁判观点】

适用商标在先使用抗辩权需要平衡好商标在先使用人和注册商标专用权人之间的利益。对于在先善意地在同一种或类似商品上使用与他人注册商标相同或近似并有一定影响的商标的，在先使用人有权在原有范围内继续使用；如果在先使用虽早于商标申请日，但晚于商标注册人的使用时间，且有证据证明在先使用人存在明知或应知等情形的，不宜认定在先使用抗辩成立。

27.景区名称正当使用的认定

【案号】

（2024）最高法民再123号

【裁判观点】

对于仅将标识用于指代景区名称，或用于说明、描述该景区具有的相关内容和特点，未超出必要限度，相关公众施以一般注意力并结合日常生活经验，并不会对商品或服务的来源产生混淆的，属于对该标识正当、合理地使用，不构成商标侵权。

28.有证据证明侵权获利时应优先根据侵权获利确定损害赔偿数额

【案号】

（2023）最高法民再178号

【裁判观点】

《商标法》第六十三条规定了损害赔偿额计算方式的适用顺序，在确定损害赔偿数额时，人民法院应优先适用权利人实际损失、侵权人侵权获利以及合理许可费用作为计算方式。只有在实际损失、侵权获利以及许可使用费均难以确定的情况下，才适用法定赔偿。

29.零售服务与“替他人推销”服务是否构成类似的判断

【案号】

（2022）苏民终356号

【裁判观点】

商品销售者向终端消费者提供的零售服务，从目的、内容、方式、对象来看，与第35类“替他人推销”服务具有高度类似性。在提供零售服务的过程中，未经授权使用与第35类“替他人推销”商标相同的标识，易使相关公众对服务来源产生混淆误认的，应认定构成商标侵权。

30.药品商标侵权案件中标识贡献率的计算及惩罚性赔偿的适用

【案号】

（2021）苏05民初437号

【裁判观点】

1.药品商标侵权案件中，应综合考虑药品领域的宏观发展趋势、消费者购买药品的微观视角、进入特定药品行业的不同门槛、原研药和仿制药的技术区分以及药企本身的知名度等因素，合理确定涉案标识对被控侵权药品利润的贡献率。

2.被诉侵权人作为权利人的股东且属于同行业经营者，在结束持股关系后，在相同商品上申请注册与权利人商标近似的标识进行使用，且在行政判决已认定该商标应予无效宣告后仍未停止被控侵权行为，所涉药品属于高警示、易混淆药物，侵权行为可能危害人身健康的，属于《商标法》规定的“恶意侵犯商标专用权，情节严重”的情形，可以依法适用惩罚性赔偿。

31.以商品外观申请商标注册的显著性判断

【案号】

（2024）最高法行申5449号

【裁判观点】

以商品外观形式申请的诉争商标，如申请人没有提供充分证据证明，通过其实际使用行为，已经使相关公众能够将诉争商标作为一个用于识别商品来源的标志，而不仅仅为商品外观，则诉争商标不具备显著特征。

32.商标注册损害他人在先域名权的认定

【案号】

（2024）最高法行再244号

【裁判观点】

认定诉争商标注册损害他人在先域名权，需要同时满足下列要件：域名注册在先并具有一定知名度，域名经营者提供的商品或者服务与诉争商标核定使用的商品或者服务相同或者类似，并且诉争商标与该域名相同或近似，容易导致相关公众混淆误认。域名经营者提供的商品或者服务上的宣传和使用证据可以作为认定其是否具有一定知名度的事实依据。

33.《商标法》第四十四条“以其他不正当手段取得注册”的适用

【案号】

（2024）最高法行再 88 号

【裁判观点】

判断诉争商标是否属于《商标法》第四十四条第一款规定的“以其他不正当手段取得注册”的情形时，不宜仅凭商标申请人申请商标的数量达到一定规模即认定属于“以其他不正当手段取得注册”。对于能够证明其申请诉争商标具有真实使用意图或者已经将商标实际投入商业使用，且申请诉争商标具有合理性或正当性的，则一般不宜认定诉争商标构成该条所指情形。

34.商标连续三年不使用撤销案件中核定使用商品的认定

【案号】

（2024）最高法行再 51 号

【裁判观点】

诉争商标实际使用的商品不属于《类似商品和服务区分表》中的规范商品名称，但其与该商标核定使用的商品本质上属于同一商品，或者实际使用的商品属于核定使用商品的下位概念的，可以认定构成对核定使用商品的使用。《类似商品和服务区分表》在诉争商标注册后发生变化的，不影响上述认定。

35.游戏直播平台的行为是否构成“替他人推销”服务的认定

【案号】

（2024）京行终 6099 号

【裁判观点】

游戏直播平台利用自身流量与用户资源优势，通过游戏直播、提供游戏下载及论坛、组织推广活动等方式，对合作游戏进行了宣传推广，从而提升合作游戏的下载量及充值量，并以此获得游戏收入分成的行为，可以认定系为他人销售商品或服务提供了策划、宣传，构成《类似商品和服务区分表》第35类“替他人推销”服务。

三、专利权

36.专利侵权诉讼程序中转让专利权时停止侵害责任的认定

【案号】

（2022）最高法知民终1923号

【裁判观点】

侵害专利权纠纷案件审理期间，原专利权人转让涉案专利权的，其诉讼主体资格不受影响。人民法院认定被诉侵权行为构成侵权的，应当依法支持原专利权人关于停止侵害的诉讼请求，但被诉侵权人能够证明其已获现专利权人许可的除外。

37.数值限定技术特征的等同认定

【案号】

（2021）最高法知民终985号

【裁判观点】

对于发明或者实用新型专利中以数值或者连续变化的数值范围限定的技术特征，不宜绝对排除等同原则的适用，但应予严格限制。当具有差异的数值或者数值范围系以基本相同的技术手段，实现实质相同的功能，达到实质相同的效果，且本领域技术人员无须经过创造性劳动就能够联想到；同时，综合考虑技术领域、发明类型、权利要求修改内容等相关因素，认定有关技术特征等同既不违背社会公众对权利要求保护范围的合理期待，又可以公平保护专利权的，可以认定构成等同技术特征。

38.专利权利有效性对于专利权属纠纷案件审理的影响

【案号】

（2021）最高法知民终2312、2395号

【裁判观点】

即使专利申请被驳回或者专利权被宣告无效，无过错方当事人也可以依据专利申请权或者专利权权属纠纷案件中对发明创造权益归属的认定结果，向有过错的当事人另行主张法律救济。故专利申请权或者专利权权属纠纷案件中，所涉专利申请被驳回或者专利权被宣告无效的，人民法院仍可以根据具体案情继续审理。

39.侵权警告未明确具体产品时被警告侵权产品的确定

【案号】

（2022）最高法知民终1744号

【裁判观点】

专利权利人的侵权警告未明确其所指向的具体产品的，人民法院可以在被警告人因该警告而受到负面影响的产品范围内，结合被警告人的诉讼请求，合理确定确认不侵害专利权纠纷案件应当审理的具体产品范围。

40.表征结晶结构的化合物专利以及包含该化合物的组合物专利是否属于可登记专利类型

【案号】

（2023）最高法知民终7号

【裁判观点】

药品专利纠纷早期解决机制实施办法规定的化学药可登记的专利类型应为药物活性成分化合物专利、含活性成分的药物组合物专利及前两者的医药

用途专利。在已有的以分子结构表达的化合物基础上进一步以晶体晶胞参数等表征结晶结构的化合物专利、包含该化合物的组合物专利以及前两者的医药用途专利，尚不属于药品专利纠纷早期解决机制实施办法规定的可登记专利类型。

41.滥用知识产权的认定和处理

【案号】

（2023）最高法知民终 235 号

【裁判观点】

行使知识产权应当遵循诚信原则，且不得损害他人合法权益。当知识产权被侵害时，权利人可以依法行使诉权，但诉权的行使也应当遵循诚信原则，秉持善意，审慎行事。权利人故意以"诱导侵权""陷阱取证""误导性和解""故意一事两诉"等方式滥用知识产权的，人民法院应当依法采取有效措施予以规制，并可视情依据《最高人民法院关于知识产权侵权诉讼中被告以原告滥用权利为由请求赔偿合理开支问题的批复》，判令权利人承担对方当事人的诉讼合理开支。

42.权利要求放弃式修改的认定

【案号】

（2021）最高法知行终 44 号

【裁判观点】

1. 放弃式修改一般是指修改权利要求时引入否定性技术特征，将特定保护对象从原权利要求的保护范围中予以排除，以此限缩原专利权利要求的保护范围；通常仅适用于专利申请因部分重合的抵触申请而丧失新颖性，或者因现有技术意外占先而丧失新颖性，或者基于非技术原因排除《专利法》不予保护的主题等有限的特定情形。

2. 放弃式修改同样需要符合《专利法》第三十三条的规定。具体判断时，应当综合考虑原权利要求书和说明书公开的内容、放弃保护的内容、放弃式修改后保留的内容以及三者关系等；如果本领域技术人员能够确定修改后保留的内容在原权利要求书或者说明书中已经直接公开或者隐含公开，则该修改符合《专利法》第三十三条的规定。

43.已知化学产品用途发明专利的新颖性判断

【案号】

（2022）最高法知行终 788 号

【裁判观点】

已知化学产品用途发明专利所限定的新用途，仅是从不同角度描述或者以不同方法验证申请日前本领域技术人员已经能够确定的该化学产品技术效果的，该所谓新用途不构成该专利与现有技术的区别技术特征。

44.包含方法特征的实用新型专利新颖性、创造性判断

【案号】

（2021）最高法知行终 422 号

【裁判观点】

对于既包含产品形状、构造，又包含产品制造方法的实用新型专利权利要求，在判断其新颖性、创造性时，如果其方法特征能够使产品具有某种特定形状、构造，则该方法特征对实用新型专利权保护范围具有限定作用。在进行新颖性、创造性判断时，应当将该方法导致的特定形状、构造与现有技术的形状、构造进行比对，而非将该方法本身与现有技术的方法进行比对。

45.权利要求撰写明显错误对保护范围是否清楚的影响

【案号】

（2022）最高法知行终 858 号

【裁判观点】

本领域技术人员阅读权利要求书和说明书后能够确定权利要求的撰写存在明显错误，且能够确定唯一的正确答案的，原则上应当认为权利要求保护范围清楚。当事人仅以存在该明显错误为由主张权利要求保护范围不清楚的，

人民法院不予支持。

46.专利代理机构、专利代理师借用他人名义请求宣告专利权无效的法律后果

【案号】

（2022）最高法知行终 716 号

【裁判观点】

专利代理机构、专利代理师借用他人名义请求宣告专利权无效的，构成对《专利代理条例》第十八条关于不得以自己的名义请求宣告专利权无效之规定的实质违反，人民法院可以依法将涉嫌违法线索移送有关机关处理。

47.专利权属纠纷当事人在专利确权行政纠纷案件中的原告资格

【案号】

（2022）最高法知行终 836 号

【裁判观点】

专利行政部门宣告专利权利要求全部或者部分无效后，专利权属纠纷案件中主张权利的当事人提起专利确权行政诉讼的，可以认定其构成被诉无效宣告请求审查决定潜在的利害关系人，不宜简单以原告主体不适格为由径行裁定驳回起诉；当事人是否构成适格专利确权行政诉讼原告取决于专利权属纠纷案件的审理结果，专利权属纠纷尚未实质解决的，可视情中止专利确权行政诉讼的审理。

48.专利权评价报告在侵害专利权纠纷案件中的定性

【案号】

（2024）最高法民再 244 号

【裁判观点】

侵害专利权纠纷案件中，专利权评价报告可以作为审理案件的证据之一，但涉案专利的有效性仍应当依据专利授权文本及行政部门的生效决定进行判

断。在专利权人依据有效专利提起侵权诉讼的情况下，不能仅因专利权评价报告对涉案专利作出不符合法定授权条件的否定结论，就认定该权利人不具有行使诉权的基础，进而裁定驳回其起诉。

49.关联案件的专利侵权判定协调

【案号】

（2023）最高法知民终 740 号

【裁判观点】

对于相同的被诉侵权产品、相同的专利权以及相同事由的不侵权抗辩，关联案件的认定应当保持一致，防止出现裁判冲突。即使被诉侵权人在一审判决后未提起上诉，二审法院也可以依据另案生效裁判中有关同样的抗辩事由成立的认定，依法改判认定被诉侵权人的有关抗辩同样成立。

50.附履行条件判决及迟延履行期间的债务利息

【案号】

（2024）最高法知民终 370 号

【裁判观点】

1. 对于因涉案专利被采取财产保全措施而导致专利权无效宣告程序中止，使得国家知识产权局在专利侵权诉讼判决前未能作出无效宣告请求审查决定的，人民法院可以根据案件具体情况，对判决确定的义务的履行作出相应的安排，包括对停止侵害、赔偿损失等判项的履行附加必要的条件。如，将专利权利人据以提起诉讼的专利权利要求经国家知识产权局审查作出维持有效的审查决定作为判项履行的前提条件，并对期间的债务利息等一并作出安排，以合理平衡各方当事人的利益。

2. 对于附履行条件的判决，可以同时判决迟延履行期间的债务利息，即在判项履行条件成就后，自生效判决送达之日起至履行条件成就之日止，按照全国银行间同业拆借中心公布的同期贷款市场报价利率计付利息（即单倍利息）；判决确定的履行条件成就后仍未履行金钱给付义务的，加倍支付迟延履行期间的债务利息。

51.宣告专利权无效的审查决定作出后已执行的专利侵权判决的处理

【案号】

（2024）最高法知民再 1 号

【裁判观点】

1. 宣告专利权无效的决定作出后的执行行为不属于《专利法》第四十七条第二款规定的无效宣告决定对生效的专利侵权判决不具有追溯力的情形，有关执行款一般应由执行法院在执行回转程序中责令申请执行人向被执行人返还已取得的财产及孳息，人民法院也可视情在再审判决中责令返还。

2. 对于涉及多个被诉侵权人的专利侵权判决，如果不同被诉侵权人的赔偿义务执行时间不同导致对《专利法》第四十七条第二款适用结果不同，违反公平原则的，人民法院可以适用《专利法》第四十七条第三款的规定予以处理。

52.仿制药申请人于专利信息登记前作出一类声明的处理

【案号】

（2023）最高法知民终 1593 号

【裁判观点】

在药品上市许可持有人于规定期限内正确登记专利信息，但仿制药申请人于专利信息登记前已先行作出一类声明的情况下，药品上市许可持有人应当有机会在合理期限内要求仿制药申请人及时申请变更其声明类型。如仿制药申请人申请将其一类声明变更为四类声明，或在合理期限内拒绝申请变更，或申请变更为其他错误声明，则对于专利权利人提起的药品专利链接诉讼，人民法院应当受理并进行实体审理。

53.药品专利链接纠纷案件中药品技术方案发生变更的处理

【案号】

（2023）京 73 民初 855 号

【裁判观点】

药品专利链接纠纷案件中，人民法院应当以药品审评审批部门审查药品能否获批上市的技术方案作为确定是否落入专利权保护范围的审理依据。药品上市许可申请人应当及时、如实向人民法院说明对判断是否落入专利权保护范围有影响的技术方案变更情况，否则应当依法承担不利后果。

54.用途专利发明人身份的认定

【案号】

（2022）苏05民初925号

【裁判观点】

用途发明专利是基于已知的化合物，发现其新的用途而形成的发明创造，其核心并不在于已知化合物本身，而在于已知化合物的新用途的发现和应用。如果“老药新用”发明构思的提出在研发活动中起到关键作用，提出发明构思、对具体技术方案的形成或实质性改进以及阶段研发作出实质性贡献的人，均可列为发明人。

55.使用环境特征的认定和侵权判断

【案号】

（2022）沪73知民初223号

【裁判观点】

对使用环境特征的认定可以根据涉案专利的发明名称、发明主题、权利要求中有关安装等关系的描述，并结合说明书的内容进行综合判断。在考虑被诉技术方案是否具备涉案专利权利要求相关使用环境特征时，不要求被诉侵权产品必然具有与使用环境特征相关的构件，只要被诉侵权产品能够适用于使用环境特征所限定的使用环境即可。

56.对违反社会公德、妨害公共利益的祭品房类发明创造不应授予专利权

【案号】

（2023）最高法知行终 2 号

【裁判观点】

1. 专利制度旨在保护能够促进科学技术进步和经济社会发展的发明创造。对科学技术进步和经济社会发展并无实质益处的所谓“发明创造”，不应获得专利保护。对包括《专利法》第五条第一款在内的具体条款的理解与适用，均应当以《专利法》第一条规定的立法目的为基础。

2. 司法实践中，应当以社会主义核心价值观为引领，倡导和弘扬符合时代要求和人民群众公认的社会公德。即使某种祭祀用品不属于封建迷信的丧葬用品，其仍可能因属于《专利法》第五条第一款规定的违反社会公德或者妨害公共利益的情形。

57.专利无效审查口头审视程序中权利要求删除式修改的接受

【案号】

（2022）最高法知行终 870 号

【裁判观点】

专利无效审查口头审理程序中，国家知识产权局认为修改后的部分权利要求不能接受时，应当允许专利权人删除当前权利要求书文本中不被接受的权利要求，而以其余可接受的权利要求为审查基础。无论有关删除系专利权人当庭口头提出还是书面提出，国家知识产权局一般应予接受；当庭未提交替换页的，国家知识产权局可以要求其在一定期限内补交；如果未在指定期限内补交替换页，则可视为专利权人未依法修改权利要求，并据此作出相应处理。

58.是否清楚显示要求保护的外观设计的认定

【案号】

（2024）最高法知行终 672 号

【裁判观点】

若基于一般消费者的知识水平和认知能力，综合考虑专利视图、使用状态图以及一般常识，该外观设计专利附图所示外观设计仍然存在多种设计可能的，则可以认定外观设计专利文件未能清楚地显示要求专利保护的产品的外观设计。

四、不正当竞争

59.企业名称合法权利基础的判断

【案号】

（2022）最高法民终 146 号

【裁判观点】

对某一标志享有商标专用权，不代表其当然有权将该标志作为企业名称使用。在权利人字号已具有较高知名度的情况下，即便被诉侵权人后续被许可使用或者取得与权利人字号相同或近似的商标，也无法基于在后的商标取得将权利人字号登记注册为企业名称的权利。

60.行业协会原告主体资格的认定

【案号】

（2022）最高法民再 76 号

【裁判观点】

行业协会是否具备不正当竞争纠纷原告主体资格可结合行业协会的性质、

业务范围等综合判断，如果行业协会与经营者存在竞争关系并且与案件有直接利害关系的，可认定其具备适格的原告主体资格。

61.在特定商品名称前冠以“新”字作为被宣传的商品名称是否构成虚假宣传

【案号】

（2022）最高法民再 76 号

【裁判观点】

对于有国家标准或者行业标准的特定商品名称，在没有相关证据证明确实存在承继关系的情况下，在特定商品名称前冠以“新”字作为被宣传的商品名称，易使消费者对该商品产生错误的认识，具有欺骗、误导消费者的可能性，可认定构成虚假宣传行为。

62.有证据证明侵权获利高于法定最高赔偿额的认定及酌定考虑因素

【案号】

（2022）最高法民终 312 号

【裁判观点】

在案证据足以认定侵权人因侵权获得的利益明显超过《反不正当竞争法》规定的法定赔偿最高限额时，人民法院应当综合考虑企业名称的知名度、侵权人的主观恶意程度、是否存在举证妨碍、侵权行为的具体情节以及被侵权人为维权支出的合理费用等因素，在法定赔偿额以上确定赔偿数额。

63.技术秘密相关约定与技术秘密构成要件的审查

【案号】

（2021）最高法知民终 1530 号

【裁判观点】

即使当事人曾通过签订和解协议等方式就技术秘密的构成、归属、侵害及责任达成约定，在后续纠纷案件中，人民法院仍应就当事人主张的技术信息是否构成反不正当竞争法意义上的技术秘密进行审查认定。

64.法定代表人作为企业获取技术秘密渠道时的责任认定

【案号】

（2021）最高法知民终1629号

【裁判观点】

被诉侵权企业直接实施使用技术秘密的侵权行为，且该企业的法定代表人系该企业获取涉案技术秘密的渠道的，原则上可以认定法定代表人与企业构成共同侵权，而不能简单以没有直接证据证明法定代表人实施侵权行为为由免除其侵权责任。

65.修复、重建、加强保密措施费用的赔偿

【案号】

（2022）最高法知民终945号

【裁判观点】

在侵害技术秘密纠纷案件中，权利人为修复或者重建因侵权行为遭致破坏的原有保密措施所支出的费用，以及为减轻损失、防止损失扩大，确有必要合理加强保密措施所支出的费用，均可计入侵权损害赔偿数额。

66.有一定影响的企业字号的认定

【案号】

（2023）最高法民终418号

【裁判观点】

判断是否构成《反不正当竞争法》第六条[①]第二项规定的有一定影响的字号，应以使用被诉侵权字号的起始时间点作为基准，综合考虑中国境内相关公众的知悉程度，商品销售的时间、区域、数额和对象，宣传的持续时间、程度和地域范围，标识受保护的情况等因素进行判断。被诉侵权人已明知他

① 现为《反不正当竞争法》（2025年修订）第七条。

人在先使用字号的，可以视为在先字号的市场知名度已经及于被诉侵权人。

67.侵害技术秘密行为的整体判断和停止侵害民事责任的具体承担

【案号】

（2023）最高法知民终1590号

【裁判观点】

1. 对于有组织、有计划、大规模挖取其他企业人才及技术资源而引发的被诉侵害技术秘密行为，人民法院在审理时应当作整体分析和综合判断。如果被诉侵权人在明显短于独立研发所需合理时间内即生产出与涉案技术秘密相关的产品，而被诉侵权人有渠道或者机会获取涉案技术秘密，此时因侵权可能性极大，应当进一步减轻技术秘密权利人对于侵害技术秘密行为的证明负担，直接推定被诉侵权人实施了侵害权利人技术秘密的行为。被诉侵权人否认其实施侵害技术秘密行为的，应当提供证据予以反驳。

2. 为有效制止和震慑侵权并增强裁判的可执行性，人民法院在确定停止侵害民事责任的具体承担方式时，既可以根据权利人对停止侵害责任承担的具体主张，必要时也可直接依职权确定停止侵害的具体方式、内容、范围；要在充分考虑受保护权益的性质和侵权行为的恶劣程度特别是侵权行为的现实危害状态以及未来继续侵权可能性的基础上，重点考虑采取有关具体措施对于保护该权益的必要性、合理性、可执行性等因素。

3. 根据案件具体情况，停止侵害技术秘密的具体措施可以包括：停止使用涉案技术秘密自行制造或者委托他人制造相关产品，停止销售使用涉案技术秘密制造的相关产品；未获真正权利人的同意，侵权人不得自己实施、许可他人实施、转让、质押或者以其他方式处分利用非法获取的涉案技术秘密申请的相关专利，包括恶意放弃专利权；在人民法院监督或者权利人见证下销毁侵权人及有关单位和人员持有或控制的载有涉案技术秘密的相关载体或者将其移交技术秘密权利人；以公告和/或内部通知的形式，通知公司股东、高级管理人员、有关员工、关联公司及可能获知涉案技术秘密的上下游厂商等积极配合履行人民法院判决中有关停止侵害的要求，并就企业内部知识产权合规运营作出明确指引；将相关停止侵害的要求逐一通知自技术秘密权利人处离职至侵权人及其关联公司处工作的有关员工、侵权人及其关联公司其他所有负责或者参与相关研发工作的人员（含有关高级管理人员）以及可能获知涉案技术秘密的上下游厂商，并与其签署保守涉案商业秘密及不侵权承诺书。

4. 为确保判决得到及时全面的执行，人民法院可以根据案件具体情况，综合考虑侵权行为性质、情节和违反有关停止侵害等非金钱给付义务可能产生的损害、负面影响以及增强判决的威慑力等因素，对判决所涉非金钱给付义务迟延履行金的计付标准一并予以明确，有关计付标准可视情按日或月等期间计算或者一次性定额计算。

68.商业秘密侵权行为及侵权责任的认定

【案号】

（2022）最高法知民终 1592 号

【裁判观点】

1. 如被诉侵权人基于其在先实施的侵害商业秘密行为，已非法获取和使用了商业秘密，权利人提交的证据可以初步证明被诉侵权人有再次实施行为，而被诉侵权人不能提交足以反驳的证据的，可以认定权利人有关被诉侵权人继续实施侵害商业秘密行为的主张成立。

2. 员工在原单位任职期间，通过配偶等案外人隐名持股的方式设立公司并参与实施侵害商业秘密行为的，该员工与公司构成共同侵权，应当承担连带责任。

3. 如计算机软件与特定数据具有唯一对应关系，二者不能分割使用，根据现有证据足以认定被诉侵权人存在使用特定数据的情形，则可一并认定其同时使用了该计算机软件。

4. 没有证据证明权利人怠于主张权利或者放任侵权行为的，对于被诉侵权人以诉讼时效为由，主张仅计算起诉之日前三年的侵权损害赔偿责任的，人民法院不予支持。

69.抢票软件行为不正当性的认定

【案号】

（2024）京 0101 民初 4607 号

【裁判观点】

抢票软件利用技术手段，为目标平台的用户提供不正当抢票优势，破坏了平台的购票规则，损害了平台的竞争利益，同时也损害了消费者的合法权益和长远利益，破坏了公平竞争的市场秩序，应认定构成不正当竞争。

70.数据使用行为不正当性的认定

【案号】

（2023）沪 0114 民初 13000 号

【裁判观点】

权利人取得用户的同意收集、使用、整理和存储相关信息，并聚集形成了以平台用户信息、作品内容信息为基础的数据集合，其就相关数据享有包括合法控制、使用、经营等权能在内的财产性权益。被诉侵权人擅自通过技术手段获取非公开数据并在自行运营的网站展示，借此开展有偿交易服务，其获取及使用此类数据的方式超出合理限度且有违商业道德，扰乱了市场竞争秩序，具备不正当性。

71.技术秘密非公知性的认定

【案号】

（2022）鄂 01 知民初 707 号

【裁判观点】

技术信息每单个步骤或部分参数已经存在于公共领域，但作为多个步骤及参数结合的整体技术方案并未在本行业内众所周知的，仍可作为技术秘密予以保护。认定是否构成技术秘密，应严格依据技术秘密构成要件予以审查，而非借以《专利法》中对技术方案的新颖性、创造性的评价标准进行评判。

72.技术中立抗辩是否成立的判断标准

【案号】

(2024) 渝 0192 民初 2546 号

【裁判观点】

网络不正当竞争纠纷案件中，经营者以技术中立作为抗辩事由的，应当以技术使用方式是否具有正当性以及是否具有实质性非侵权用途作为判断标准。中立性技术的使用突破网络平台用户意愿及绕过网络平台技术设置，具有不正当性；经营者应证明其具有实质性非侵权用途，否则应认定其具有主观过错，承担相应侵权责任。

73.涉联合抵制交易的纵横交错协议构成横向垄断协议

【案号】

（2023）最高法知民终 653 号

【裁判观点】

数个经营者合谋抵制具有竞争关系的其他经营者时，通常不仅需要达成联合抵制交易的横向协议，还需要通过联合上、下游经营者的纵向安排来保障或者强化联合抵制这一竞争效果的实现，该种纵向安排是具有竞争关系的经营者所实施的联合抵制交易行为的重要内容或者手段，一般不影响该联合抵制交易行为构成横向垄断协议行为的认定。

74.具有或者可能具有排除、限制竞争效果的经营者集中的司法审查标准

【案号】

（2024）京 73 行初 5180 号

【裁判观点】

对于具有或者可能具有排除、限制竞争效果的经营者集中，并非以禁止为首选的救济手段，而应根据案件具体情况进行综合评估并作出处理决定。

参与集中的经营者提出附加限制性条件承诺方案的，应评估该方案是否具备有效性、可行性、及时性，继而评判其是否能够有效减少集中对竞争产生的不利影响。

五、植物新品种

75.植物新品种权的新颖性判断

【案号】

（2022）最高法知行终 809 号

【裁判观点】

行为人为交易目的将品种繁殖材料交由他人处置，放弃自身对该繁殖材料的处置权的行为，构成导致申请植物新品种权保护的品种丧失新颖性的销售。育种者为委托他人制种而交付申请品种繁殖材料，同时约定制成的品种繁殖材料返归育种者的，因育种者实质上保留了对该品种繁殖材料的处置权，一般不因此导致申请品种丧失新颖性。

76.植物新品种确权程序的审查范围及特异性认定标准

【案号】

（2023）最高法知行终 132 号

【裁判观点】

1. 在依请求启动的植物新品种权无效程序中，植物新品种复审委员会原则上仅需以无效宣告请求人提交的证据和理由为基础，审查授权品种是否符合授权条件，并不承担全面审查即审查其是否符合植物新品种权全部授权条件的义务。

2. 在植物新品种确权审查程序中，对于特异性的判定标准应当与植物新品种授权审查程序相一致，即最终判定授权品种是否具备特异性，原则上应当以田间种植测试所确定的性状特征为准；授权品种与已知品种经基因指纹图谱鉴定无明显差异的，该鉴定可以作为认定授权品种不具备特异性的重要参考。

77.尚无分子标记检测标准的植物新品种的侵权比对

【案号】

（2022）最高法知民终568号

【裁判观点】

认定植物新品种与被诉侵权品种的特征特性是否相同时，对于某些尚无基因指纹图谱等分子标记检测的国家标准或者行业标准的品种，在审查采用基因指纹图谱等分子标记检测法的检验报告的证明力时，应当综合分析全部相关证据，着重审查使用引物来源的样本范围及其代表性，以及基因指纹图谱的建立是否符合科学规律并足以科学精准区分不同品种。

78.垄断协议固定价格的认定

【案号】

（2023）最高法知行终29号

【裁判观点】

固定商品价格的垄断协议所涉及的固定价格方式，不仅包括固定最低价格或者直接确定具体价格，还包括固定价格幅度或者固定能够据以间接控制价格的计算方式、标准等。

79.仅诉请确认特定行为构成垄断时的处理

【案号】

（2021）最高法知民终2131号

【裁判观点】

原告起诉仅请求人民法院确认被告的特定行为构成垄断，而不请求被告承担民事责任的，该类起诉不具有诉的利益，即其不具有诉的必要性和实效性，人民法院可以裁定不予受理或者驳回起诉。

80.品种同一性的举证义务和鉴定方法的审查

【案号】

（2022）最高法知民终 1362 号

【裁判观点】

1. 对授权品种与被诉侵权品种进行同一性鉴定或者检测时，品种权人对用于鉴定或者检测的被诉侵权品种待测样品和授权品种对照样品均应当尽力、勤勉举证，善尽合理注意义务，确保来源清晰、保存规范、送检过程真实可信，符合鉴定或者检测要求。

2. 侵害植物新品种权纠纷案件中，对于品种同一性鉴定的分子标记方法是否科学可靠，人民法院应当进行审查。特定植物品种的分子标记检测法尚未建立国家标准或者行业标准的，有相应资质的鉴定机构和鉴定人参照适用其他相关国家标准、行业标准作出鉴定意见，如果其鉴定方法能够科学精准地区分不同品种，具有足够的科学依据和可重复性，则该鉴定意见可以作为认定被诉侵权物与授权品种特征、特性是否相同的证据之一。

六、集成电路布图设计

81.布图设计保护客体和已投入商业利用的认定

【案号】

（2022）最高法知民终 2133 号

【裁判观点】

1. 布图设计图样中虽不含有源元件，但展示了有源元件与线路的三维配置关系，从而能够明确其与有源元件的接口，且在使用其他标准化元件时即能够实现相应的电路功能的，可以认为该布图设计属于《集成电路布图设计保护条例》第二条中规定的“至少有一个是有源元件的两个以上元件和部分或者全部互连线路的三维配置”，属于布图设计专有权保护的客体。

2. 布图设计完成以后确需通过测试流片以检查和验证性能，但委托制造含有该布图设计的芯片的次数和数量明显超出测试流片所需的，在无相反证据的情况下，对权利人关于该布图设计未投入商业利用的主张不予支持。

七、知识产权诉讼程序与证据

82.“产地”作为制造行为实施地确定案件管辖的条件

【案号】

（2023）最高法民辖 143 号

【裁判观点】

“产地”不是《最高人民法院关于审理专利纠纷案件适用法律问题的若干规定》第二条中的法律概念，如将“产地”视为制造行为的实施地，该地点应当是一个便于查明被诉侵权制造者或制造行为的具体地点，并足以据此确定与制造行为有关的、具有案件管辖权的法院。

83.移送管辖应受应诉管辖的限制

【案号】

（2024）最高法民辖 152 号

【裁判观点】

除违反级别管辖和专属管辖外，当事人未提出管辖异议且应诉答辩的，即使受诉法院认为没有管辖权，也不宜再行移送。

84.反禁诉（执）令的颁发条件

【案号】

（2024）最高法知民终 914、915 号

【裁判观点】

标准实施者针对标准必要专利权人在中国法院提起的专利侵权诉讼向域外法院申请禁诉（执）令，标准必要专利权人就此向审理专利侵权诉讼的中国法院提出反禁诉（执）令申请后，人民法院经初步审查，标准必要专利权人在许可谈判中履行了公平、合理、无歧视许可承诺，而标准实施者在许可谈判过程中具有明显过错并意图不当妨碍标准必要专利权人在中国法院行使推进案件审理和裁判执行的正当程序权利的，对标准必要专利权人提出的反禁诉（执）令申请，依法可予准许。

第三部分　最高人民法院指导性案例

一、著作权

指导案例 48 号

北京精雕科技有限公司诉上海奈凯电子科技有限公司侵害计算机软件著作权纠纷案

（最高人民法院审判委员会讨论通过　2015 年 4 月 15 日发布）

关键词　民事　侵害计算机软件著作权　捆绑销售　技术保护措施　权利滥用

裁判要点

计算机软件著作权人为实现软件与机器的捆绑销售，将软件运行的输出数据设定为特定文件格式，以限制其他竞争者的机器读取以该特定文件格式保存的数据，从而将其在软件上的竞争优势扩展到机器，不属于《著作权法》所规定的著作权人为保护其软件著作权而采取的技术措施。他人研发软件读取其设定的特定文件格式的，不构成侵害计算机软件著作权。

指导案例49号

石鸿林诉泰州华仁电子资讯有限公司侵害计算机软件著作权纠纷案

（最高人民法院审判委员会讨论通过　2015年4月15日发布）

关键词　民事　侵害计算机软件著作权　举证责任　侵权对比　缺陷性特征

裁判要点

在被告拒绝提供被控侵权软件的源程序或者目标程序，且由于技术上的限制，无法从被控侵权产品中直接读出目标程序的情形下，如果原、被告软件在设计缺陷方面基本相同，而被告又无正当理由拒绝提供其软件源程序或者目标程序以供直接比对，则考虑到原告的客观举证难度，可以判定原、被告计算机软件构成实质性相同，由被告承担侵权责任。

指导案例80号

洪福远、邓春香诉贵州五福坊食品有限公司、贵州今彩民族文化研发有限公司著作权侵权纠纷案

（最高人民法院审判委员会讨论通过　2017年3月6日发布）

关键词　民事　著作权侵权　民间文学艺术衍生作品

裁判要点

民间文学艺术衍生作品的表达系独立完成且有创作性的部分，符合著作权法保护的作品特征的，应当认定作者对其独创性部分享有著作权。

指导案例81号

张晓燕诉雷献和、赵琪、山东爱书人音像图书有限公司著作权侵权纠纷案

（最高人民法院审判委员会讨论通过　2017年3月6日发布）

关键词　民事　著作权侵权　影视作品　历史题材　实质相似

裁判要点

1．根据同一历史题材创作的作品中的题材主线、整体线索脉络，是社会共同财富，属于思想范畴，不能为个别人垄断，任何人都有权对此类题材加以利用并创作作品。

2．判断作品是否构成侵权，应当从被诉侵权作品作者是否接触过权利人作品、被诉侵权作品与权利人作品之间是否构成实质相似等方面进行。在判断是否构成实质相似时，应比较作者在作品表达中的取舍、选择、安排、设计等是否相同或相似，不应从思想、情感、创意、对象等方面进行比较。

3．按照《著作权法》保护作品的规定，人民法院应保护作者具有独创性的表达，即思想或情感的表现形式。对创意、素材、公有领域信息、创作形式、必要场景，以及具有唯一性或有限性的表达形式，则不予保护。

指导案例157号

左尚明舍家居用品（上海）有限公司诉北京中融恒盛木业有限公司、南京梦阳家具销售中心侵害著作权纠纷案

（最高人民法院审判委员会讨论通过　2021年7月23日发布）

关键词　民事　侵害著作权　实用艺术作品　实用性　艺术性

裁判要点

对于具有独创性、艺术性、实用性、可复制性，且艺术性与实用性能够

分离的实用艺术品，可以认定为实用艺术作品，并作为美术作品受著作权法的保护。受《著作权法》保护的实用艺术作品必须具有艺术性，《著作权法》保护的是实用艺术作品的艺术性而非实用性。

二、商标权

指导案例 46 号

山东鲁锦实业有限公司诉鄄城县鲁锦工艺品有限责任公司、济宁礼之邦家纺有限公司侵害商标权及不正当竞争纠纷案

（最高人民法院审判委员会讨论通过　2015 年 4 月 15 日发布）

关键词　民事　商标侵权　不正当竞争　商品通用名称

裁判要点

判断具有地域性特点的商品通用名称，应当注意从以下方面综合分析：（1）该名称在某一地区或领域约定俗成，长期普遍使用并为相关公众认可；（2）该名称所指代的商品生产工艺经某一地区或领域群众长期共同劳动实践而形成；（3）该名称所指代的商品生产原料在某一地区或领域普遍生产。

指导案例58号

成都同德福合川桃片有限公司诉重庆市合川区同德福桃片有限公司、余晓华侵害商标权及不正当竞争纠纷案

（最高人民法院审判委员会讨论通过　2016年5月20日发布）

关键词　民事　侵害商标权　不正当竞争　老字号　虚假宣传

裁判要点

1. 与“老字号”无历史渊源的个人或企业将“老字号”或与其近似的字号注册为商标后，以“老字号”的历史进行宣传的，应认定为虚假宣传，构成不正当竞争。

2. 与“老字号”具有历史渊源的个人或企业在未违反诚实信用原则的前提下，将“老字号”注册为个体工商户字号或企业名称，未引人误认且未突出使用该字号的，不构成不正当竞争或侵犯注册商标专用权。

指导案例82号

王碎永诉深圳歌力思服饰股份有限公司、杭州银泰世纪百货有限公司侵害商标权纠纷案

（最高人民法院审判委员会讨论通过　2017年3月6日发布）

关键词　民事　侵害商标权　诚实信用　权利滥用

裁判要点

当事人违反诚实信用原则，损害他人合法权益，扰乱市场正当竞争秩序，恶意取得、行使商标权并主张他人侵权的，人民法院应当以构成权利滥用为由，判决对其诉讼请求不予支持。

指导案例 162 号

重庆江小白酒业有限公司诉国家知识产权局、第三人重庆市江津酒厂（集团）有限公司商标权无效宣告行政纠纷案

（最高人民法院审判委员会讨论通过　2021 年 7 月 23 日发布）

关键词　行政　商标权无效宣告　经销关系　被代理人的商标

裁判要点

当事人双方同时签订了销售合同和定制产品销售合同，虽然存在经销关系，但诉争商标图样、产品设计等均由代理人一方提出，且定制产品销售合同明确约定被代理人未经代理人授权不得使用定制产品的产品概念、广告用语等，在被代理人没有在先使用行为的情况下，不能认定诉争商标为《商标法》第十五条所指的“被代理人的商标”。

三、专利权

指导案例20号

深圳市斯瑞曼精细化工有限公司诉深圳市坑梓自来水有限公司、深圳市康泰蓝水处理设备有限公司侵害发明专利权纠纷案[①]

（最高人民法院审判委员会讨论通过　2013年11月8日发布）

关键词　民事　知识产权　侵害发明专利权　临时保护期　后续行为

裁判要点

在发明专利申请公布后至专利权授予前的临时保护期内制造、销售、进口的被诉专利侵权产品不为《专利法》禁止的情况下，其后续的使用、许诺销售、销售，即使未经专利权人许可，也不视为侵害专利权，但专利权人可以依法要求临时保护期内实施其发明的单位或者个人支付适当的费用。

① 编者注：根据《最高人民法院关于部分指导性案例不再参照的通知》（法〔2020〕343号）的规定，该指导性案例不再参照。但该指导性案例的裁判以及参照该指导性案例作出的裁判仍然有效。

指导案例55号

柏万清诉成都难寻物品营销服务中心等侵害实用新型专利权纠纷案

（最高人民法院审判委员会讨论通过 2015年11月19日发布）

关键词 民事 侵害实用新型专利权 保护范围 技术术语 侵权对比

裁判要点

专利权的保护范围应当清楚，如果实用新型专利权的权利要求书的表述存在明显瑕疵，结合涉案专利说明书、附图、本领域的公知常识及相关现有技术等，不能确定权利要求中技术术语的具体含义而导致专利权的保护范围明显不清，则因无法将其与被诉侵权技术方案进行有实质意义的侵权对比，从而不能认定被诉侵权技术方案构成侵权。

指导案例83号

威海嘉易烤生活家电有限公司诉永康市金仕德工贸有限公司、浙江天猫网络有限公司侵害发明专利权纠纷案

（最高人民法院审判委员会讨论通过 2017年3月6日发布）

关键词 民事 侵害发明专利权 有效通知 必要措施 网络服务提供者 连带责任

裁判要点

1. 网络用户利用网络服务实施侵权行为，被侵权人依据《侵权责任法》向网络服务提供者所发出的要求其采取必要措施的通知，包含被侵权人身份情况、权属凭证、侵权人网络地址、侵权事实初步证据等内容的，即属有效通知。网络服务提供者自行设定的投诉规则，不得影响权利人依法维护其自身合法权利。

2.《侵权责任法》第三十六条第二款[①]所规定的网络服务提供者接到通知后所应采取的必要措施包括但并不限于删除、屏蔽、断开链接。“必要措施”应遵循审慎、合理的原则，根据所侵害权利的性质、侵权的具体情形和技术条件等来加以综合确定。

指导案例84号

礼来公司诉常州华生制药有限公司侵害发明专利权纠纷案

（最高人民法院审判委员会讨论通过　2017年3月6日发布）

关键词　民事　侵害发明专利权　药品制备方法发明专利　保护范围　技术调查官　被诉侵权药品制备工艺查明

裁判要点

1. 药品制备方法专利侵权纠纷中，在无其他相反证据情形下，应当推定被诉侵权药品在药监部门的备案工艺为其实际制备工艺；有证据证明被诉侵权药品备案工艺不真实的，应当充分审查被诉侵权药品的技术来源、生产规程、批生产记录、备案文件等证据，依法确定被诉侵权药品的实际制备工艺。

2. 对于被诉侵权药品制备工艺等复杂的技术事实，可以综合运用技术调查官、专家辅助人、司法鉴定以及科技专家咨询等多种途径进行查明。

① 对应《民法典》第一千一百九十五条。

指导案例 85 号

高仪股份公司诉浙江健龙卫浴有限公司侵害外观设计专利权纠纷案

（最高人民法院审判委员会讨论通过　2017 年 3 月 6 日发布）

关键词　民事　侵害外观设计专利　设计特征　功能性特征　整体视觉效果

裁判要点

1．授权外观设计的设计特征体现了其不同于现有设计的创新内容，也体现了设计人对现有设计的创造性贡献。如果被诉侵权设计未包含授权外观设计区别于现有设计的全部设计特征，一般可以推定被诉侵权设计与授权外观设计不近似。

2．对设计特征的认定，应当由专利权人对其所主张的设计特征进行举证。人民法院在听取各方当事人质证意见基础上，对证据进行充分审查，依法确定授权外观设计的设计特征。

3．对功能性设计特征的认定，取决于外观设计产品的一般消费者看来该设计是否仅仅由特定功能所决定，而不需要考虑该设计是否具有美感。功能性设计特征对于外观设计的整体视觉效果不具有显著影响。功能性与装饰性兼具的设计特征对整体视觉效果的影响需要考虑其装饰性的强弱，装饰性越强，对整体视觉效果的影响越大，反之则越小。

指导案例 115 号

瓦莱奥清洗系统公司诉厦门卢卡斯汽车配件有限公司等侵害发明专利权纠纷案

（最高人民法院审判委员会讨论通过　2019 年 12 月 24 日发布）

关键词　民事　发明专利权　功能性特征　先行判决　行为保全

裁判要点

1. 如果专利权利要求的某个技术特征已经限定或者隐含了特定结构、组分、步骤、条件或其相互之间的关系等，即使该技术特征同时还限定了其所实现的功能或者效果，亦不属于《最高人民法院关于审理侵犯专利权纠纷案件应用法律若干问题的解释（二）》第八条所称的功能性特征。

2. 在专利侵权诉讼程序中，责令停止被诉侵权行为的行为保全具有独立价值。当事人既申请责令停止被诉侵权行为，又申请先行判决停止侵害，人民法院认为需要作出停止侵害先行判决的，应当同时对行为保全申请予以审查；符合行为保全条件的，应当及时作出裁定。

指导案例 158 号

深圳市卫邦科技有限公司诉李坚毅、深圳市远程智能设备有限公司专利权权属纠纷案

（最高人民法院审判委员会讨论通过　2021 年 7 月 23 日发布）

关键词　民事　专利权权属　职务发明创造　有关的发明创造

裁判要点

判断是否属于《专利法实施细则》第十二条[①]第一款第三项规定的与在原单位承担的本职工作或者原单位分配的任务“有关的发明创造”时，应注

① 现为《专利法实施细则》（2023 年修订）第十三条。

重维护原单位、离职员工以及离职员工新任职单位之间的利益平衡，综合考虑以下因素作出认定：一是离职员工在原单位承担的本职工作或原单位分配的任务的具体内容；二是涉案专利的具体情况及其与本职工作或原单位分配的任务的相互关系；三是原单位是否开展了与涉案专利有关的技术研发活动，或者有关的技术是否具有其他合法来源；四是涉案专利（申请）的权利人、发明人能否对专利技术的研发过程或者来源作出合理解释。

指导案例 159 号

深圳敦骏科技有限公司诉深圳市吉祥腾达科技有限公司等侵害发明专利权纠纷案

（最高人民法院审判委员会讨论通过　2021 年 7 月 23 日发布）

关键词　民事　侵害发明专利权　多主体实施的方法专利　侵权损害赔偿计算　举证责任　专利技术贡献度

裁判要点

1. 如果被诉侵权行为人以生产经营为目的，将专利方法的实质内容固化在被诉侵权产品中，该行为或者行为结果对专利权利要求的技术特征被全面覆盖起到了不可替代的实质性作用，终端用户在正常使用该被诉侵权产品时就能自然再现该专利方法过程，则应认定被诉侵权行为人实施了该专利方法，侵害了专利权人的权利。

2. 专利权人主张以侵权获利计算损害赔偿数额且对侵权规模事实已经完成初步举证，被诉侵权人无正当理由拒不提供有关侵权规模事实的相应证据材料，导致用于计算侵权获利的基础事实无法确定的，对被诉侵权人提出的应考虑涉案专利对其侵权获利的贡献度的抗辩，人民法院可以不予支持。

指导性案例 217 号

慈溪市博某塑料制品有限公司诉永康市联某工贸有限公司、浙江天某网络有限公司等侵害实用新型专利权纠纷案

（最高人民法院审判委员会讨论通过　2023 年 12 月 15 日发布）

关键词　民事诉讼　侵害实用新型专利权　反向行为保全　担保数额　固定担保金　动态担保金

裁判要点

1. 涉电子商务平台的知识产权侵权纠纷案件中，被诉侵权人向人民法院申请行为保全，请求责令电子商务平台经营者恢复链接或者服务的，人民法院应当予以审查。

2. 被诉侵权人因涉嫌侵害专利权被采取断开链接或者暂停服务等措施后，涉案专利权被宣告无效但相关专利确权行政诉讼尚未终结期间，被诉侵权人申请采取行为保全措施以恢复链接或者服务，其初步证明或者合理说明，不予恢复将导致其遭受市场竞争优势、商业机会严重丧失等无法弥补的损害，采取恢复链接或者服务的行为保全措施对权利人可能造成的损害不会超过不采取行为保全措施对被诉侵权人造成的损害，且不损害社会公共利益的，人民法院可以裁定准许。

3. 人民法院采取前述行为保全措施，可以责令被诉侵权人在本案判决生效前不得提取其通过电子商务平台销售被诉侵权产品的收款账户中一定数额款项作为担保。提供担保的数额应当综合考虑权利人的赔偿请求额、采取保全措施错误可能给权利人造成的损失、采取保全措施后被诉侵权人的可得利益等情况合理确定。担保金可以采取固定担保金加动态担保金的方式。

四、不正当竞争

指导案例 30 号

兰建军、杭州小拇指汽车维修科技股份有限公司诉天津市小拇指汽车维修服务有限公司等侵害商标权及不正当竞争纠纷案

（最高人民法院审判委员会讨论通过　2014 年 6 月 26 日发布）

关键词　民事　侵害商标权　不正当竞争　竞争关系

裁判要点

1. 经营者是否具有超越法定经营范围而违反行政许可法律法规的行为，不影响其依法行使制止商标侵权和不正当竞争的民事权利。

2.《反不正当竞争法》并未限制经营者之间必须具有直接的竞争关系，也没有要求其从事相同行业。经营者之间具有间接竞争关系，行为人违背《反不正当竞争法》的规定，损害其他经营者合法权益的，也应当认定为不正当竞争行为。

指导案例45号

北京百度网讯科技有限公司诉青岛奥商网络技术有限公司等不正当竞争纠纷案

（最高人民法院审判委员会讨论通过　2015年4月15日发布）

关键词　民事　不正当竞争　网络服务　诚信原则

裁判要点

从事互联网服务的经营者，在其他经营者网站的搜索结果页面强行弹出广告的行为，违反诚实信用原则和公认商业道德，妨碍其他经营者正当经营并损害其合法权益，可以依照《反不正当竞争法》第二条的原则性规定认定为不正当竞争。

指导案例46号

山东鲁锦实业有限公司诉鄄城县鲁锦工艺品有限责任公司、济宁礼之邦家纺有限公司侵害商标权及不正当竞争纠纷案

（最高人民法院审判委员会讨论通过　2015年4月15日发布）

关键词　民事　商标侵权　不正当竞争　商品通用名称

裁判要点

判断具有地域性特点的商品通用名称，应当注意从以下方面综合分析：（1）该名称在某一地区或领域约定俗成，长期普遍使用并为相关公众认可；（2）该名称所指代的商品生产工艺经某一地区或领域群众长期共同劳动实践而形成；（3）该名称所指代的商品生产原料在某一地区或领域普遍生产。

指导案例 47 号

意大利费列罗公司诉蒙特莎（张家港）食品有限公司、天津经济技术开发区正元行销有限公司不正当竞争纠纷案

（最高人民法院审判委员会讨论通过　2015 年 4 月 15 日发布）

关键词　民事　不正当竞争　知名商品　特有包装、装潢

裁判要点

1.《反不正当竞争法》所称的知名商品，是指在中国境内具有一定的市场知名度，为相关公众所知悉的商品。在国际上已知名的商品，我国对其特有的名称、包装、装潢的保护，仍应以其在中国境内为相关公众所知悉为必要。故认定该知名商品，应当结合该商品在中国境内的销售时间、销售区域、销售额和销售对象，进行宣传的持续时间、程度和地域范围，作为知名商品受保护的情况等因素，并适当考虑该商品在国外已知名的情况，进行综合判断。

2.《反不正当竞争法》所保护的知名商品特有的包装、装潢，是指能够区别商品来源的盛装或者保护商品的容器等包装，以及在商品或者其包装上附加的文字、图案、色彩及其排列组合所构成的装潢。

3. 对他人能够区别商品来源的知名商品特有的包装、装潢，进行足以引起市场混淆、误认的全面模仿，属于不正当竞争行为。

五、植物新品种

指导案例 86 号

天津天隆种业科技有限公司与江苏徐农种业科技有限公司侵害植物新品种权纠纷案

（最高人民法院审判委员会讨论通过　2017 年 3 月 6 日发布）

关键词　民事　侵害植物新品种权　相互授权许可

裁判要点

分别持有植物新品种父本与母本的双方当事人，因不能达成相互授权许可协议，导致植物新品种不能继续生产，损害双方利益，也不符合合作育种的目的。为维护社会公共利益，保障国家粮食安全，促进植物新品种转化实施，确保已广为种植的新品种继续生产，在衡量父本与母本对植物新品种生产具有基本相同价值基础上，人民法院可以直接判令双方当事人相互授权许可并相互免除相应的许可费。

指导案例 92 号

莱州市金海种业有限公司诉张掖市富凯农业科技有限责任公司侵犯植物新品种权纠纷案

（最高人民法院审判委员会讨论通过　2017 年 11 月 15 日发布）

关键词　民事　侵犯植物新品种权　玉米品种鉴定　DNA 指纹检测　近似品种　举证责任

裁判要点

依据中华人民共和国农业行业标准《玉米品种鉴定DNA指纹方法》NY/T1432—2007检测及判定标准的规定，品种间差异位点数等于1，判定为近似品种；品种间差异位点数大于等于2，判定为不同品种。品种间差异位点数等于1，不足以认定不是同一品种。对差异位点数在两个以下的，应当综合其他因素判定是否为不同品种，如可采取扩大检测位点进行加测，以及提交审定样品进行测定等，举证责任由被诉侵权一方承担。

指导案例100号

山东登海先锋种业有限公司诉陕西农丰种业有限责任公司、山西大丰种业有限公司侵害植物新品种权纠纷案

（最高人民法院审判委员会讨论通过　2018年12月19日发布）

关键词　民事　侵害植物新品种权　特征特性　DNA指纹鉴定　DUS测试报告　特异性

裁判要点

判断被诉侵权繁殖材料的特征特性与授权品种的特征特性相同是认定构成侵害植物新品种权的前提。当DNA指纹鉴定意见为两者相同或相近似时，被诉侵权方提交DUS测试报告证明通过田间种植，被控侵权品种与授权品种对比具有特异性，应当认定不构成侵害植物新品种权。

指导案例160号

蔡新光诉广州市润平商业有限公司侵害植物新品种权纠纷案

（最高人民法院审判委员会讨论通过　2021年7月23日发布）

关键词　民事　侵害植物新品种权　保护范围　繁殖材料　收获材料

裁判要点

1. 授权品种的繁殖材料是植物新品种权的保护范围，是品种权人行使排他独占权的基础。授权品种的保护范围不限于申请品种权时所采取的特定方式获得的繁殖材料，即使不同于植物新品种权授权阶段育种者所普遍使用的繁殖材料，其他植物材料可用于授权品种繁殖材料的，亦应当纳入植物新品种权的保护范围。

2. 植物材料被认定为某一授权品种的繁殖材料，必须同时满足以下要件：属于活体，具有繁殖能力，并且繁殖出的新个体与该授权品种的特征特性相同。植物材料仅可以用作收获材料而不能用作繁殖材料的，不属于植物新品种权保护的范围。

第四部分　人民法院案例库参考案例

一、著作权

某企业股份有限公司诉未某侵害计算机软件著作权纠纷案

——技术措施有效性的认定

裁判要旨

《著作权法》所规定的保护著作权的技术措施是指在正常使用环境下能够有效阻止侵权行为的技术措施，并不要求该技术措施完全无法被避开或者破解。

某体育场有限责任公司诉某烟花集团股份有限公司、浏阳市某烟花有限公司、北京市某烟花有限公司著作权权属、侵权纠纷案

——建筑作品的保护不以建筑物载体为限

裁判要旨

1. 对建筑作品著作权的保护，主要是对建筑作品所体现出的独立于其实用功能之外的艺术美感的保护，只要未经权利人许可，以剽窃、复制、发行等方式对建筑作品所体现出的艺术美感加以不当使用，即构成对建筑作品著

作权的侵犯，而不论此种使用是在著作权法意义上的作品中，还是工业产品中，亦即不受所使用载体的限制。

2. 在确定被诉侵权行为是否为合理使用时，应当考虑的因素包括：使用的目的和性质、作品的性质、作为一个整体的著作权作品被使用的量和实质部分、使用效果对著作权作品的潜在市场和价值的影响。“对设置或者陈列在室外公共场所的艺术作品进行临摹、绘画、摄影、录像”的适用应当符合如下条件：第一，从适用的对象看，应限定为设置或者陈列在室外公共场所的艺术作品；第二，从使用方式看，应限定为临摹、绘画、摄影、录像等平面复制的行为；第三，从作品使用的效果看，不能不正当地影响某体育场公司作品的价值或者潜在市场。

3.《著作权法》规定的复制，是指以一定方式将作品制作一份或者多份的行为。具体到建筑作品而言，因为建筑作品本身的表现形式为建筑物或构筑物，属于三维结构。因而与建筑作品有关的复制，应当限于从立体到立体的复制及从立体到平面的复制。涉案国家体育场属于建筑作品，被诉侵权产品高度模仿国家体育场建筑作品，两者构成实质性相似，对被诉侵权产品的制造和销售构成对国家体育场建筑作品的复制和发行，因此，被诉侵权人应当承担停止侵权和赔偿损失的责任。

江苏某传媒有限公司等诉北京某科技有限公司等著作权权属、侵权纠纷案

——未经著作权人许可在网络上转载其新闻作品构成著作权侵权

裁判要旨

网络服务提供者未经著作权人许可，在网络媒体上使用其新闻作品，使公众可以在个人选定的时间和地点获得涉案作品，侵害了著作权人的信息网络传播权。在确定网络服务提供者的侵权赔偿额时，应综合考虑其经营规模、影响力，涉案作品的传播范围，以及主观过错程度等因素，切实保护著作权人的合法权益。

李某诉于某博客文章著作权权属、侵权纠纷案

——博客著作权有关问题

裁判要旨

1. 博客文章虽然以数字化形式发表或传播，但如果具备了法律所规定作品要件，则属于《著作权法》保护的对象。

2. 除非有相反证据，博客上发表的文章著作权一般由发文的博客空间所有人享有。

李某某诉葛某某著作权侵权纠纷案

——古籍点校本是否构成著作权法意义上的作品

裁判要旨

古籍点校本是否构成著作权法意义上的作品，需从作品的要件出发，综合其是否构成对客观事实的表达，且该种表达方式是否唯一或极为有限等因素进行考虑。

北京某科技有限公司诉深圳市某科技有限公司、某技术（深圳）有限公司、深圳市某技术有限公司等著作权权属、侵权纠纷案

——导航电子地图在《著作权法》中的类别认定及对比

裁判要旨

电子导航地图与其他地图一样，依据我国《著作权法》的规定可以作为地图作品予以保护。电子地图涉及海量信息，应选取恰当的侵权对比方法，对涉案作品进行个性化对比，以有效地对两个作品之间的异同进行认定。

福建某专用汽车有限公司诉陈某著作权侵权纠纷案

——专利说明书附图的作品类型及著作权侵权比对

裁判要旨

专利说明书附图是专利权人为表达专利技术方案而制作的产品大体结构和工作原理的平面图纸，若其在整体构图和布局安排上具有独创性，则构成著作权法保护的产品示意图。专利说明书附图的著作权保护范围，应当从图形作品的线条、结构、布局等构成要素方面加以判断，不能延伸到产品的技术方案。

二、商标权

美国某品牌管理公司诉上海某投资管理公司侵害商标权纠纷案

——合法取得商标权人售出商品之所有权的经营者商标指示性使用的边界及侵权认定

裁判要旨

合法取得商标权人售出商品之所有权的经营者，可以在商品销售中对商标权人的商品商标进行指示性使用，但应当限于指示商品来源，不得超出指示商品来源所必需的范围。商标使用行为可能导致相关公众误认为销售服务系商标权人提供或者与商标权人存在商标许可等关联关系的，应认定已经超出指示所销售商品来源所必要的范围而具备了指示、识别服务来源的功能，构成侵害服务商标专用权。

郑州某某电缆有限公司诉河南某某建筑工程有限公司、河南某某劳务公司等商标权权属、侵权纠纷案

——建筑工程承包人在工程中使用侵犯他人商标权产品的行为构成销售侵权

裁判要旨

在包工包料建筑工程施工过程中，承包人使用侵犯他人商标权产品的行为属于《商标法》第五十七条第三项规定的情形，构成商标侵权并应承担相应责任。

北京某眼镜公司诉新兴县某公司商标权权属、侵权纠纷案

——商标侵权案件中非销售行为合法来源抗辩的审查

裁判要旨

《商标法》第六十四条规定的合法来源抗辩针对的是销售侵害注册商标权的商品的行为，对于未涉及销售行为的被诉侵权行为，不适用合法来源抗辩。

刘某诉安徽某化妆品有限公司、合肥某养发连锁有限公司、北京某化妆品有限公司、北京某生物化学工程有限责任公司商标权权属、侵权纠纷案

——商标独占许可使用关系中的商标注册人有权主张损害赔偿

裁判要旨

商标注册人在将注册商标独占许可他人使用期间，第三人侵害商标权的，仍会给商标注册人造成损害，商标注册人有权向第三人主张损害赔偿。

宜宾某股份公司诉新城区某烟酒店商标权权属、侵权纠纷案
——商标侵权案件中授权经销商合理使用商标的认定

裁判要旨

在侵害商标权案件中，授权经销商为指明其授权身份、宣传推广商标权人的商品而进行的描述性使用，未破坏商标识别商品来源的主要功能且未切断商品与提供者的联系，不构成《商标法》意义上的商标使用。

浙江某公司诉汕头市某化妆品有限公司、兰州市鱼池口小商品批发市场某商行侵害商标权纠纷案
——注册商标侵权判定问题

裁判要旨

同行业经营者未经商标权人许可，擅自在其经营的产品的礼盒外包装、礼盒正面及内部产品上使用与他人注册商标相似的标识，以普通消费者的一般注意程度难以区分，容易造成消费者的混淆和误认的，构成侵害商标权人的注册商标权，应当承担相应的民事责任。

某醋业协会诉某食品有限公司侵害商标权纠纷案
——商标侵权的判定

裁判要旨

未经允许在同种类商品上使用他人注册商标的行为损害了注册商标权人的合法利益，构成侵犯商标专用权；公开赔礼道歉的民事责任应根据权利人

的商标知名程度、被诉侵权人的主观故意及侵权影响范围等在合理限度内采用。

三、专利权

某中医医院诉云南金某制药公司专利权权属纠纷案
——专利权权属争议中专利权证书的证明力认定

裁判要旨

专利权证书上关于发明人及专利权人的记载并不具有绝对的证据效力。在一方当事人就涉案专利的权属依照法定程序提出异议并提交相关证据的情况下，不能仅依据专利权证书直接对专利权人作出认定。

深圳某电子公司诉东莞某电子科技公司侵害实用新型专利权纠纷案
——限缩性陈述对于引用被限缩权利要求的其他权利要求保护范围的影响

裁判要旨

专利权人在无效宣告请求审查程序中对一项权利要求作出限缩解释时，即使该权利要求最终被宣告无效，有关限缩解释仍适用于引用该权利要求的其他权利要求。

何某诉北京某某云投科技有限公司专利权权属、侵权纠纷案

——专利权利要求前序部分主题名称的实际限定作用取决于其对权利要求所保护技术方案产生的影响

裁判要旨

专利权利要求前序部分的主题名称，通常是对权利要求包含的全部技术特征所构成的技术方案的抽象概括，是对专利技术方案的命名，其实际限定作用应当取决于该主题名称对权利要求所要保护的技术方案产生了何种影响。

王某诉上海世博会某国馆、中国建筑某公司侵害发明专利权纠纷案

——发明人署名权的保护范围

裁判要旨

发明人有权要求在专利文件中写明自己是发明人，但一般无权主张在专利产品上标明其姓名。

瑞典某公司诉四川某制药公司确认是否落入专利权保护范围纠纷案

——药品专利链接诉讼中可登记专利类型的审查与认定；表征结晶结构的化合物专利以及包含该化合物的组合物专利是否属于可登记专利类型

裁判要旨

1. 药品专利链接纠纷案件中，当事人对于涉案专利是否属于可登记专利

类型有争议时，人民法院应予审查。当事人依据《专利法》第七十六条第一款提起的诉讼应系因申请注册的药品相关的专利权产生的纠纷提起的诉讼，若当事人据以主张权利的专利不属于《药品专利纠纷早期解决机制实施办法（试行）》规定的可登记专利类型，人民法院应当裁定驳回起诉。

2.《药品专利纠纷早期解决机制实施办法（试行）》规定的化学药可登记的专利类型应为药物活性成分化合物专利、含活性成分的药物组合物专利及前两者的医药用途专利。在已有的以分子结构表达的化合物基础上进一步以晶体晶胞参数等表征结晶结构的化合物专利、包含该化合物的组合物专利以及前两者的医药用途专利，尚不属于《药品专利纠纷早期解决机制实施办法规定（试行）》的可登记专利类型。

某银行股份有限公司诉张某志、张某滔确认不侵害专利权纠纷案

——宣告专利权无效的行政决定未生效时被警告人可否提起确认不侵权之诉

裁判要旨

专利权无效宣告请求审查决定并非一经作出即发生确定的法律效力，在其产生确定的法律效力前，专利权仍属有效，侵权警告仍然具有权利基础；被警告人针对侵权警告提起的确认不侵害专利权之诉，符合法定起诉条件的，人民法院应予受理。

某国际家居用品公司诉上海某家具公司、上海某网络科技公司专利权权属、侵权纠纷案

——侵害专利权纠纷中被诉侵权产品制造者的认定

裁判要旨

侵害专利权纠纷案件中，被诉侵权产品制造者的认定需结合案件情况予

以综合考量。销售商在产品上标注其自身商业标识的行为对外宣示其系被诉侵权产品的制造者，不能适用合法来源抗辩。

广东某陶瓷公司诉佛山某陶瓷公司等侵害发明专利权纠纷案

——以引用方法权利要求制造的产品作为主题名称的产品权利要求保护范围认定

裁判要旨

以引用方法权利要求制造的产品作为主题名称的产品权利要求，并不是被引用的方法权利要求的从属权利要求，而是与之并列的独立权利要求；界定该种产品权利要求的专利保护范围，应当考虑方法特征的实际限定作用。

四、不正当竞争

某科技（成都）有限公司等诉佛山市南海区某网络科技有限责任公司不正当竞争纠纷案

——互联网不正当竞争行为及商业道德的司法认定

裁判要旨

1. 互联网企业实施《反不正当竞争法》第二章或《专利法》《著作权法》等知识产权专门法没有作出明确规定的不正当竞争行为的，人民法院可以适用《反不正当竞争法》第二条的规定予以审查。

2. 适用《反不正当竞争法》第二条认定不正当竞争行为，需要满足以下条件：一是法律对该竞争行为未作出特别规定；二是该竞争行为扰乱市场竞争秩序，损害其他经营者或者消费者合法权益；三是该竞争行为因违反诚信原则和公认的商业道德而具有不正当性。

哈尔滨某大学诉福建某发展有限公司侵害商标权及不正当竞争纠纷案

——不正当竞争行为并不以侵权人与权利人之间是否具有直接的竞争关系或经营范围相同为前提

裁判要旨

从《反不正当竞争法》第二条的立法目的出发，审查被告的行为是否构成不正当竞争行为，并不以其与权利人之间是否具有直接的竞争关系或与权利人之间经营范围相同或近似为前提。对于无正当理由在企业名称中使用他人学校简称，造成相关公众将其与他人产生关联关系混淆的行为，人民法院依法认定该行为构成不正当竞争。

深圳市某科技有限公司诉武汉某科技有限公司、邵某等不正当竞争纠纷案

——依法维护手机App智能软件市场竞争秩序

裁判要旨

存储于权利人App后台服务器的公交实时类信息数据，因具有实用性并能够为权利人带来现实或潜在、当下或将来的经济利益，已经具备无形财产的属性，应当属于受《反不正当竞争法》保护的法益。

党某诉孟州市某小吃店不正当竞争纠纷案

——反不正当竞争案件中原则性条款的适用

裁判要旨

《反不正当竞争法》第二条是对不正当竞争行为进行原则规定的一般条款，对于《反不正当竞争法》第二章已经作为不正当竞争行为进行规范的，当事人主张适用一般条款的，不予支持。

上海某文化传媒有限公司诉广州某网络科技有限公司著作权权属、侵权纠纷案

——电竞游戏赛事网络直播行为的不正当竞争之认定

裁判要旨

对于不属于《反不正当竞争法》第二章列举规定的行为，适用《反不正当竞争法》第二条的原则规定判断其是否构成不正当竞争时，可以将该行为是否违反了诚信原则和公认的商业道德、是否给其他经营者的合法权益造成损害、是否不正当利用他人竞争优势或者破坏他人竞争优势作为基本判断因素。

山东省某进出口公司等诉青岛某贸易有限公司不正当竞争纠纷案

——商业机会获得《反不正当竞争法》保护的条件

裁判要旨

在正常情况下能够合理预期获得的商业机会，可以成为法律特别是《反不正当竞争法》所保护的法益；但基于商业机会的开放性和不确定性，只有

当竞争对手不遵循诚信原则和违反公认的商业道德，通过不正当手段攫取他人可以合理预期获得的商业机会时，才为《反不正当竞争法》所禁止。

凡是法律已经通过特别规定作出穷尽性保护的行为方式，不宜再适用《反不正当竞争法》的一般规定予以管制；对于竞争行为尤其是不属于《反不正当竞争法》第二章列举规定的行为的正当性，应当以该行为是否违反了诚信原则和公认的商业道德作为基本判断标准；在《反不正当竞争法》中，诚信原则主要体现为公认的商业道德；商业道德所体现的是一种商业伦理，是交易参与者共同和普遍认可的行为标准，应按照特定商业领域中市场交易参与者即经济人的伦理标准来加以评判。

职工在职期间筹划设立与所在单位具有竞争关系的新公司，为自己离职后的生涯作适当准备，并不当然具有不正当性；只有当职工的有关行为违反了法定或者约定的竞业限制义务的情况下，才能够认定该行为本身具有不正当性。

职工在工作中掌握和积累的知识、经验和技能，除属于单位的商业秘密的情形外，构成其人格的组成部分，职工离职后有自主利用的自由；在既没有违反竞业限制义务，又没有侵犯商业秘密的情况下，劳动者运用自己在原用人单位学习的知识、经验与技能为其他与原单位存在竞争关系的单位服务的，不宜简单地以《反不正当竞争法》第二条的原则规定认定构成不正当竞争。

北京某网络技术有限公司诉北京某科技有限公司、北京某电子商务有限公司不正当竞争纠纷案

——智能产品语音指令的混淆认定及《反不正当竞争法》保护

裁判要旨

1.《反不正当竞争法》的适用无须以原被告处于完全相同的行业或存在狭义、直接的竞争关系为前提；只要被诉行为有可能属于经营者在生产经营活动中，违反该法规定扰乱市场竞争秩序，损害其他经营者或者消费者的合法权益之行为，即可适用该法予以评判。

2.《反不正当竞争法》第六条第四项的适用主要包括相关标识无法纳入前三项的控制范围、整体性混淆行为及商业标识权利冲突造成的市场混淆行为等，只要其能够与该商品或服务及其提供者建立起特定的联系，且具有一定的影响，即应被纳入《反不正当竞争法》第六条所规定的权益保护范围之内。

3. 适用《反不正当竞争法》第六条①的要件之一系产生混淆结果，不仅包括最常见和最基本的商品或服务商业来源的混淆，即认为由同一生产者生产，也包括关联关系的混淆，即认为两个经营者之间系关联公司，亦包括认可关系的混淆，即认为两个经营者之间就相关商品或服务存在许可或合作关系。

五、植物新品种

北京某种业公司诉吴某侵害植物新品种权纠纷案
——侵权繁殖材料灭活处理后损害赔偿责任的承担

裁判要旨

责令采取灭活措施与赔偿损失均为侵权责任的具体承担方式，二者并非排斥适用的关系。侵权繁殖材料被灭活处理，在效果上能够减少损失的进一步扩大，但生产侵权繁殖材料的行为本身即已构成对品种权的侵害，势必会挤占品种权人的市场空间，即便侵权繁殖材料因被灭活处理最终没有流入市场，也不意味着品种权人没有因其市场被挤占而遭受损失，侵权人仍然应当承担损害赔偿责任。

① 现为《反不正当竞争法》(2025 年修订) 第七条。

安徽某种业公司诉东海县某种业公司、孙某杰侵害植物新品种权纠纷案

——“一品多名”时品种的认定

裁判要旨

根据《种子法》以及相关行政法规关于“一品一名”的规定，同一品种在申请植物新品种保护、品种审定、品种登记以及推广销售时只能使用同一个名称。授予植物新品种权的品种名称与通过品种审定的品种名称不同的，应当推定两者不是同一品种。品种权人在侵害植物新品种权诉讼中主张使用不同名称的品种实际是同一品种的，应当提供充分证据证明并说明未能及时依法更名的合理理由。

林某诉福建某研究所、陆某、卢某植物新品种权权属纠纷案

——植物新品种种源发现者何种情况下享有植物新品种权

裁判要旨

在合作育种过程中，如果植物新品种的种源发现者及早期培育者为新品种权的取得作出了创造性贡献，且参与了与其能力相当的育种活动，在合同未约定权属的情况下应认定其享有植物新品种权。

某德种业公司诉某科技公司、某华种业公司、某鹏农资、某久农资植物新品种权侵权纠纷案

——被诉侵权品种通过品种审定并不能证明其不构成侵权

裁判要旨

植物新品种保护和主要农作物品种审定是两种不同的法律保护制度，被诉侵权人仅以其生产销售的被诉侵权品种已通过品种审定，故与在先通过品种审定且取得植物新品种权的品种存在明显区别为由，主张其不侵犯在先审定品种的植物新品种权的，人民法院不予支持。

青海某大学诉青海某生物科技发展有限责任公司侵害植物新品种权纠纷案

——品种审定与植物新品种权授权的关系

裁判要旨

品种审定是市场准入的行政许可，植物新品种权授权是民事权利的授予，二者并无必然关联，不能以获得品种审定的事实作为享有植物新品种权的认定依据。

江苏某种业科技股份有限公司诉盱眙某种子有限公司、孙某侵害植物新品种权纠纷案

——超出委托生产销售种子的行为性质认定

裁判要旨

植物新品种权人委托他人生产该品种种子并明确限定了生产规模，受托方未经许可擅自销售超出合同约定规模的种子的，构成对植物新品种权的侵害。

四川某公司诉清远市某科技中心侵害植物新品种权纠纷案

——利用他人已授权品种培育新品种后申请品种权及品种审定的行为不构成侵权

裁判要旨

利用他人已授权品种培育形成新品种后，为新品种的品种权申请、品种审定、品种登记需要而重复利用该已授权品种的繁殖材料的行为，性质上属于育种活动的继续，其不具有“商业目的”，属于科研豁免的情形，不构成对植物新品种权的侵害。但是，获得植物新品种权授权及通过品种审定后，新品种的权利人为向市场推广该新品种，重复使用他人已授权品种的繁殖材料生产该新品种的繁殖材料，仍然需要经过作为该已授权品种的权利人的同意或许可。

湖南科某种业有限公司诉湖南志某种业有限公司、李某花侵害植物新品种权纠纷案

——取得品种审定与获得植物新品种权授权并无必然关联

裁判要旨

品种审定制度是决定申请品种是否可予推广及可推广范围的行政管理及市场准入制度。品种审定性质上属于行政许可，而植物新品种授权性质上属于民事权利的授予，二者并无必然关联。原告仅依据获得品种审定的事实主张其享有植物新品种权，进而要求被告承担侵权责任的，人民法院裁定不予受理或者驳回起诉。

六、集成电路布图设计

南京某公司诉深圳某公司侵害集成电路布图设计专有权纠纷案

——《集成电路布图设计保护条例》第33条第1款“不视为侵权”的理解及适用

裁判要旨

由同一芯片制造公司使用同一个布图设计所生产出来的芯片，版权相似度理论上应当为100%。但是，在实际鉴定实践中，由于各环节的误差，相似度不可能达到100%，故在芯片同源性判断中，不宜仅以两者版图的相似度未达到100%就认定两者来源不同。

对合法获得的芯片产品进行重新贴标后销售，仍然属于《集成电路布图设计保护条例》第2条第5项规定的“为商业目的销售含有该布图设计的集成电路”的商业利用行为，该“改标”行为本身并未侵害集成电路布图设计专有权。

某科技（上海）股份有限公司诉深圳市某科技有限公司、上海某电子零件有限公司集成电路布图设计专有权权属、侵权纠纷案

——集成电路布图设计的侵权认定

裁判要旨

1. 受保护的集成电路布图设计中任何具有独创性的部分均受法律保护，而不论其在整个布图设计中的大小或者所起的作用。

2. 在集成电路布图设计侵权案件中，应当由原告对其主张保护的集成电路布图设计具有独创性承担举证责任，但当原告完成“独创性”的初步证明后，反驳原告布图设计“独创性”的举证责任转移到被告；若被告反驳不成立，则应认定该布图设计具有独创性。在“独创性”的举证证明问题上，不要求原告穷尽与所有现有设计的对比，同时对于被告的反驳也仅需提供一份有效的常规设计证据即可。

深圳市某电子股份有限公司诉深圳市某科技有限公司、无锡某电子有限公司侵害集成电路布图设计专有权纠纷案

——集成电路布图设计专有权被撤销时侵权案件的处理

裁判要旨

侵害集成电路布图设计专有权纠纷案件中，涉案集成电路布图设计专有权被撤销，权利人据以提起诉讼的权利基础处于不确定状态的，人民法院可以裁定驳回起诉，并允许权利人在有证据证明撤销涉案集成电路布图设计专有权的行政决定被生效判决撤销后另行起诉。

七、企业名称（商号）

上海某美食有限公司诉上海某餐饮管理有限公司侵害企业名称（商号）权纠纷案

——对原判确有错误但当事人已经达成和解协议的申请再审案件的处理

裁判要旨

再审审查案件中，对于原判确有错误，但当事人达成和解协议的，可以在准予撤回再审申请裁定中一并对原判错误之处作出审查认定并予以纠正。

某起重机厂诉山东某重工有限公司侵害企业名称（商号）权纠纷案

——企业简称获得《反不正当竞争法》的保护的司法认定

裁判要旨

对于具有一定市场知名度、为相关公众所熟知并已实际具有商号作用的企业或者企业名称的简称，可以视为企业名称，并可根据《反不正当竞争法》关于企业名称的规定获得保护。

某粮集团有限公司诉某某酒业有限公司等侵害企业名称（商号）权纠纷案

——使用他人具有较高知名度和影响力的注册商标作为企业名称中的字号构成不正当竞争的认定

裁判要旨

从事同类生产的企业将他人具有较高知名度和影响力的商标作为自己企业名称中的字号使用，具有攀附他人商誉的故意，误导公众，构成不正当竞争，应予禁止。

八、特殊标志

亚组委诉某置业公司、某科技公司侵害特殊标志专有权纠纷案

——侵害赛事组委会特殊标志专有权应承担赔偿责任

裁判要旨

特殊标志是指经国务院批准举办的全国性和国际性的文化、体育、科学研究及其他社会公益活动所使用的，由文字、图形组成的名称及缩写、会徽、吉祥物等标志。《体育法》第 52 条第 1 款规定，在中国境内举办的体育赛事，其名称、徽记、旗帜及吉祥物等标志按照国家有关规定予以保护。擅自将特殊标志设置为互联网广告的搜索关键词的行为构成侵权，侵权人应当承担相应责任。

九、网络域名

杭州某网络传媒有限公司诉王某网络域名权属、侵权纠纷案

——在互联网环境下借域名“傍名牌”构成不正当竞争行为的认定

裁判要旨

为商业目的使用与在先注册并享有一定知名度的域名相近似的域名，并且在使用中采用与在先域名所指示的网站相近似的栏目设置和页面布局，故意造成两者的混淆，误导网络用户访问其网站的行为，违反诚实信用原则，构成不正当竞争。

第五部分　法答网精选答问

1. 商标权纠纷案件中，法院在审查被告所提合法来源抗辩是否成立时应当把握何种标准？

答疑意见： 合法来源抗辩是侵害商标权案件中的常见抗辩事由，《商标法》第六十四条第二款对此有相应规定。司法实践中，判断合法来源抗辩是否成立，应当从主、客观两方面进行审查。客观方面须审查被诉侵权商品是否由销售者、使用者合法取得，主观方面须审查销售者、使用者是否不知道或不应当知道被诉侵权商品构成侵权。主、客观要件相互联系，不可分割，且客观要件的审查对于认定主观要件是否成立具有重要意义。最高人民法院曾在“纳益其尔”商标侵权系列案中【（2022）最高法民再274、275、276、277、278号】明确了合法来源抗辩主客观要件需要考量的因素。具体而言，对于客观要件方面的审查，应当综合考虑销售者所处的市场地位、权利人维权成本以及市场交易习惯等因素，对销售者的举证责任作出合理要求。对于在市场经营活动中处于较弱地位的个体零售经营者，考虑到其通常采取的交易方式较为灵活，专业程度不高等因素，不宜过于苛求其证据形式要件的完备，只要其提供的证据符合一般交易习惯，能够指明被诉侵权商品供货商的真实身份信息，以及系通过合法购货渠道和合理价格购入，就应当认为该销售者已经尽到举证责任。对于主观要件方面的审查，应当从审查被诉侵权商品合法来源的证据着手，结合销售者的经营规模、专业程度、市场交易习惯等进行综合判断。销售者提供的合法来源证据与其注意义务程度相当的，可以推定其主观上不知道也不应当知道所销售的系侵权商品。

咨询人：北京市高级人民法院民三庭　姜琨琨

答疑专家：最高人民法院民三庭　晏　景

2. 客户信息是否属于公司的商业秘密?

答疑意见：客户信息主要包括两部分，一部分是客户的名称、地址、联系方式等信息，即基础信息；另一部分是交易习惯、意向、价格承受能力等信息，即深度信息。但该分类并不必然影响客户信息是否构成商业秘密的认定。判断客户信息是否构成商业秘密的标准，在于其是否满足法律规定的“不为公众所知悉、具有商业价值并经权利人采取相应保密措施”，即秘密性、价值性、保密性。值得注意的是，秘密性要求不为公众普遍知悉和容易获得，既不要求绝无他人知晓，也不要求他人付出足够代价仍然不能得到。客户信息的商业秘密相较于技术秘密的商业秘密存在一定特殊性：客户信息实质系可经收集获得的信息，故侵害客户信息商业秘密行为的实质通常是侵权人通过该侵权行为节省了收集信息所需要的时间和金钱成本。因此，客户信息的商业秘密保护通常有时间限制。故尽管基础信息较之深度信息容易获取，但这仅导致基础信息秘密性的认定更困难及相应保护期限更短。如果基础信息确有商业价值、数量足够庞大，收集足够困难，其亦可能满足价值性、保密性要求，进而可被认定构成商业秘密，对此需要根据案件具体情况予以认定。

点评专家：中国政法大学民商经济法学院教授、博士生导师 来小鹏

点评意见：客户信息对公司的运营和发展具有重要作用，但是否构成公司商业秘密并受到法律保护，则应依据我国《反不正当竞争法》第九条[①]规定并结合具体案情进行判断。答疑意见从客户信息的构成、认定依据、客户信息认定为商业秘密的特殊性三个方面回答了客户信息是否属于公司的商业秘密这一问题。答疑意见精准解读了客户信息中的基础信息和深度信息，准确地理解和把握了我国《反不正当竞争法》有关商业秘密规定的内在意旨，分析并回答了客户信息的商业秘密相较于技术秘密的商业秘密的特殊性。本条答疑逻辑清晰，依据充分，观点正确，对于个案中正确判定客户信息是否构成公司商业秘密类似问题具有较强的指导意义。

---

① 现为《反不正当竞争法》(2025 年修订) 第十条。

3. 图书数据库著作权侵权案件中，同一作品在总库的传播行为已经由在先案件处理，之后原告就该作品在数据库镜像站的传播行为再次提起诉讼，是否属于重复诉讼？判赔标准如何确定？

答疑意见：《最高人民法院关于适用〈中华人民共和国民事诉讼法〉的解释》第二百四十七条规定："当事人就已经提起诉讼的事项在诉讼过程中或者裁判生效后再次起诉，同时符合下列条件的，构成重复起诉：（一）后诉与前诉的当事人相同；（二）后诉与前诉的诉讼标的相同；（三）后诉与前诉的诉讼请求相同，或者后诉的诉讼请求实质上否定前诉裁判结果。当事人重复起诉的，裁定不予受理；已经受理的，裁定驳回起诉，但法律、司法解释另有规定的除外。"依据上述规定，关于涉信息网络传播权的重复诉讼问题，司法实践中应区分具体情况，审查侵权人实施了几个侵权行为。如果侵权人未经许可将作品置于信息网络之中，只是同时开通了不同的端口，这时有必要在一个诉讼中对整体的损害赔偿统筹考虑；对于当事人针对不同的端口或数据库（如数据库总库、数据库镜像站）分别起诉的情形，人民法院应当加强释明工作，引导当事人通过一个诉讼解决，以减轻其诉累。如果侵权人最初只开通一个端口，人民法院判决停止侵害后，侵权人又开通一个新端口，那么前后两个行为属于不同的侵权行为，后提起的诉讼并不属于重复诉讼。

关于判赔标准问题。《最高人民法院关于依法加大知识产权侵权行为惩治力度的意见》第7条规定："人民法院应当充分运用举证妨碍、调查取证、证据保全、专业评估、经济分析等制度和方法，引导当事人积极、全面、正确、诚实举证，提高损害赔偿数额计算的科学性和合理性，充分弥补权利人损失。"司法实践中，人民法院应当准确适用著作权法第五十四条等规定，按照权利人的实际损失或者侵权人的违法所得计算，在实际损失或者违法所得难以计算的情形下，参照权利使用费等标准计算赔偿数额。在穷尽相关手段和办法后仍不能查明并计算的，才可以适用法定赔偿，考虑作品类型、侵权行为性质、损害后果等情节综合确定具体数额。遇到同一权利人提起系列案件的，要统筹权利救济与合理维权的关系，既要注意判赔的尺度大致保持平衡，也要注意不同案件之间的差异，并遵循"总量控制"原则，防止赔偿总额高于权利人因侵权遭受的实际损失。

咨询人：湖南省高级人民法院民三庭　刘雅静

答疑专家：最高人民法院民三庭　白雅丽

第六部分 相关规定

一、综 合

中华人民共和国民法典（节录）

（2020年5月28日第十三届全国人民代表大会第三次会议通过
2020年5月28日中华人民共和国主席令第四十五号公布
自2021年1月1日起施行）

第一编 总 则

第一章 基本规定

第一条 为了保护民事主体的合法权益，调整民事关系，维护社会和经济秩序，适应中国特色社会主义发展要求，弘扬社会主义核心价值观，根据宪法，制定本法。

第二条 民法调整平等主体的自然人、法人和非法人组织之间的人身关系和财产关系。

第三条 民事主体的人身权利、财产权利以及其他合法权益受法律保护，任何组织或者个人不得侵犯。

第四条 民事主体在民事活动中的法律地位一律平等。

第五条 民事主体从事民事活动，应当遵循自愿原则，按照自己的意思设立、变更、终止民事法律关系。

第六条 民事主体从事民事活动，应当遵循公平原则，合理确定各方的权利和义务。

第七条 民事主体从事民事活动，应当遵循诚信原则，秉持诚实，恪守承诺。

第八条 民事主体从事民事活动，不得违反法律，不得违背公序良俗。

第九条 民事主体从事民事活动，应当有利于节约资源、保护生态环境。

第十条 处理民事纠纷，应当依照法律；法律没有规定的，可以适用习惯，但是不得违背公序良俗。

第十一条 其他法律对民事关系有特别规定的，依照其规定。

第十二条 中华人民共和国领域内的民事活动，适用中华人民共和国法律。法律另有规定的，依照其规定。

第三章 法 人

第一节 一般规定

第五十七条 法人是具有民事权利能力和民事行为能力，依法独立享有民事权利和承担民事义务的组织。

第五十八条 法人应当依法成立。

法人应当有自己的名称、组织机构、住所、财产或者经费。法人成立的具体条件和程序，依照法律、行政法规的规定。

设立法人，法律、行政法规规定须经有关机关批准的，依照其规定。

第五十九条 法人的民事权利能力和民事行为能力，从法人成立时产生，到法人终止时消灭。

第六十条 法人以其全部财产独立承担民事责任。

第六十一条 依照法律或者法人章程的规定，代表法人从事民事活动的负责人，为法人的法定代表人。

法定代表人以法人名义从事的民事活动，其法律后果由法人承受。

法人章程或者法人权力机构对法定代表人代表权的限制，不得对抗善意相对人。

第六十二条　法定代表人因执行职务造成他人损害的，由法人承担民事责任。

法人承担民事责任后，依照法律或者法人章程的规定，可以向有过错的法定代表人追偿。

第六十三条　法人以其主要办事机构所在地为住所。依法需要办理法人登记的，应当将主要办事机构所在地登记为住所。

第六十四条　法人存续期间登记事项发生变化的，应当依法向登记机关申请变更登记。

第六十五条　法人的实际情况与登记的事项不一致的，不得对抗善意相对人。

第六十六条　登记机关应当依法及时公示法人登记的有关信息。

第六十七条　法人合并的，其权利和义务由合并后的法人享有和承担。

法人分立的，其权利和义务由分立后的法人享有连带债权，承担连带债务，但是债权人和债务人另有约定的除外。

第六十八条　有下列原因之一并依法完成清算、注销登记的，法人终止：

（一）法人解散；

（二）法人被宣告破产；

（三）法律规定的其他原因。

法人终止，法律、行政法规规定须经有关机关批准的，依照其规定。

第六十九条　有下列情形之一的，法人解散：

（一）法人章程规定的存续期间届满或者法人章程规定的其他解散事由出现；

（二）法人的权力机构决议解散；

（三）因法人合并或者分立需要解散；

（四）法人依法被吊销营业执照、登记证书，被责令关闭或者被撤销；

（五）法律规定的其他情形。

第七十条　法人解散的，除合并或者分立的情形外，清算义务人应当及时组成清算组进行清算。

法人的董事、理事等执行机构或者决策机构的成员为清算义务人。法律、行政法规另有规定的，依照其规定。

清算义务人未及时履行清算义务，造成损害的，应当承担民事责任；主管机关或者利害关系人可以申请人民法院指定有关人员组成清算组进行清算。

第七十一条 法人的清算程序和清算组职权，依照有关法律的规定；没有规定的，参照适用公司法律的有关规定。

第七十二条 清算期间法人存续，但是不得从事与清算无关的活动。

法人清算后的剩余财产，按照法人章程的规定或者法人权力机构的决议处理。法律另有规定的，依照其规定。

清算结束并完成法人注销登记时，法人终止；依法不需要办理法人登记的，清算结束时，法人终止。

第七十三条 法人被宣告破产的，依法进行破产清算并完成法人注销登记时，法人终止。

第七十四条 法人可以依法设立分支机构。法律、行政法规规定分支机构应当登记的，依照其规定。

分支机构以自己的名义从事民事活动，产生的民事责任由法人承担；也可以先以该分支机构管理的财产承担，不足以承担的，由法人承担。

第七十五条 设立人为设立法人从事的民事活动，其法律后果由法人承受；法人未成立的，其法律后果由设立人承受，设立人为二人以上的，享有连带债权，承担连带债务。

设立人为设立法人以自己的名义从事民事活动产生的民事责任，第三人有权选择请求法人或者设立人承担。

第二节 营利法人

第七十六条 以取得利润并分配给股东等出资人为目的成立的法人，为营利法人。

营利法人包括有限责任公司、股份有限公司和其他企业法人等。

第七十七条 营利法人经依法登记成立。

第七十八条 依法设立的营利法人，由登记机关发给营利法人营业执照。营业执照签发日期为营利法人的成立日期。

第七十九条 设立营利法人应当依法制定法人章程。

第八十条 营利法人应当设权力机构。

权力机构行使修改法人章程，选举或者更换执行机构、监督机构成员，以及法人章程规定的其他职权。

第八十一条　营利法人应当设执行机构。

执行机构行使召集权力机构会议，决定法人的经营计划和投资方案，决定法人内部管理机构的设置，以及法人章程规定的其他职权。

执行机构为董事会或者执行董事的，董事长、执行董事或者经理按照法人章程的规定担任法定代表人；未设董事会或者执行董事的，法人章程规定的主要负责人为其执行机构和法定代表人。

第八十二条　营利法人设监事会或者监事等监督机构的，监督机构依法行使检查法人财务，监督执行机构成员、高级管理人员执行法人职务的行为，以及法人章程规定的其他职权。

第八十三条　营利法人的出资人不得滥用出资人权利损害法人或者其他出资人的利益；滥用出资人权利造成法人或者其他出资人损失的，应当依法承担民事责任。

营利法人的出资人不得滥用法人独立地位和出资人有限责任损害法人债权人的利益；滥用法人独立地位和出资人有限责任，逃避债务，严重损害法人债权人的利益的，应当对法人债务承担连带责任。

第八十四条　营利法人的控股出资人、实际控制人、董事、监事、高级管理人员不得利用其关联关系损害法人的利益；利用关联关系造成法人损失的，应当承担赔偿责任。

第八十五条　营利法人的权力机构、执行机构作出决议的会议召集程序、表决方式违反法律、行政法规、法人章程，或者决议内容违反法人章程的，营利法人的出资人可以请求人民法院撤销该决议。但是，营利法人依据该决议与善意相对人形成的民事法律关系不受影响。

第八十六条　营利法人从事经营活动，应当遵守商业道德，维护交易安全，接受政府和社会的监督，承担社会责任。

第三节　非营利法人

第八十七条　为公益目的或者其他非营利目的成立，不向出资人、设立人或者会员分配所取得利润的法人，为非营利法人。

非营利法人包括事业单位、社会团体、基金会、社会服务机构等。

第八十八条 具备法人条件，为适应经济社会发展需要，提供公益服务设立的事业单位，经依法登记成立，取得事业单位法人资格；依法不需要办理法人登记的，从成立之日起，具有事业单位法人资格。

第八十九条 事业单位法人设理事会的，除法律另有规定外，理事会为其决策机构。事业单位法人的法定代表人依照法律、行政法规或者法人章程的规定产生。

第九十条 具备法人条件，基于会员共同意愿，为公益目的或者会员共同利益等非营利目的设立的社会团体，经依法登记成立，取得社会团体法人资格；依法不需要办理法人登记的，从成立之日起，具有社会团体法人资格。

第九十一条 设立社会团体法人应当依法制定法人章程。

社会团体法人应当设会员大会或者会员代表大会等权力机构。

社会团体法人应当设理事会等执行机构。理事长或者会长等负责人按照法人章程的规定担任法定代表人。

第九十二条 具备法人条件，为公益目的以捐助财产设立的基金会、社会服务机构等，经依法登记成立，取得捐助法人资格。

依法设立的宗教活动场所，具备法人条件的，可以申请法人登记，取得捐助法人资格。法律、行政法规对宗教活动场所有规定的，依照其规定。

第九十三条 设立捐助法人应当依法制定法人章程。

捐助法人应当设理事会、民主管理组织等决策机构，并设执行机构。理事长等负责人按照法人章程的规定担任法定代表人。

捐助法人应当设监事会等监督机构。

第九十四条 捐助人有权向捐助法人查询捐助财产的使用、管理情况，并提出意见和建议，捐助法人应当及时、如实答复。

捐助法人的决策机构、执行机构或者法定代表人作出决定的程序违反法律、行政法规、法人章程，或者决定内容违反法人章程的，捐助人等利害关系人或者主管机关可以请求人民法院撤销该决定。但是，捐助法人依据该决定与善意相对人形成的民事法律关系不受影响。

第九十五条 为公益目的成立的非营利法人终止时，不得向出资人、设立人或者会员分配剩余财产。剩余财产应当按照法人章程的规定或者权力机构的决议用于公益目的；无法按照法人章程的规定或者权力机构的决议处理的，由主管机关主持转给宗旨相同或者相近的法人，并向社会公告。

第四节　特别法人

第九十六条　本节规定的机关法人、农村集体经济组织法人、城镇农村的合作经济组织法人、基层群众性自治组织法人，为特别法人。

第九十七条　有独立经费的机关和承担行政职能的法定机构从成立之日起，具有机关法人资格，可以从事为履行职能所需要的民事活动。

第九十八条　机关法人被撤销的，法人终止，其民事权利和义务由继任的机关法人享有和承担；没有继任的机关法人的，由作出撤销决定的机关法人享有和承担。

第九十九条　农村集体经济组织依法取得法人资格。

法律、行政法规对农村集体经济组织有规定的，依照其规定。

第一百条　城镇农村的合作经济组织依法取得法人资格。

法律、行政法规对城镇农村的合作经济组织有规定的，依照其规定。

第一百零一条　居民委员会、村民委员会具有基层群众性自治组织法人资格，可以从事为履行职能所需要的民事活动。

未设立村集体经济组织的，村民委员会可以依法代行村集体经济组织的职能。

第四章　非法人组织

第一百零二条　非法人组织是不具有法人资格，但是能够依法以自己的名义从事民事活动的组织。

非法人组织包括个人独资企业、合伙企业、不具有法人资格的专业服务机构等。

第一百零三条　非法人组织应当依照法律的规定登记。

设立非法人组织，法律、行政法规规定须经有关机关批准的，依照其规定。

第一百零四条　非法人组织的财产不足以清偿债务的，其出资人或者设立人承担无限责任。法律另有规定的，依照其规定。

第一百零五条 非法人组织可以确定一人或者数人代表该组织从事民事活动。

第一百零六条 有下列情形之一的，非法人组织解散：

（一）章程规定的存续期间届满或者章程规定的其他解散事由出现；

（二）出资人或者设立人决定解散；

（三）法律规定的其他情形。

第一百零七条 非法人组织解散的，应当依法进行清算。

第一百零八条 非法人组织除适用本章规定外，参照适用本编第三章第一节的有关规定。

第五章 民事权利

第一百二十三条 民事主体依法享有知识产权。

知识产权是权利人依法就下列客体享有的专有的权利：

（一）作品；

（二）发明、实用新型、外观设计；

（三）商标；

（四）地理标志；

（五）商业秘密；

（六）集成电路布图设计；

（七）植物新品种；

（八）法律规定的其他客体。

第六章 民事法律行为

第一节 一般规定

第一百三十三条 民事法律行为是民事主体通过意思表示设立、变更、终止民事法律关系的行为。

第一百三十四条 民事法律行为可以基于双方或者多方的意思表示一致成立，也可以基于单方的意思表示成立。

法人、非法人组织依照法律或者章程规定的议事方式和表决程序作出决议的，该决议行为成立。

第一百三十五条　民事法律行为可以采用书面形式、口头形式或者其他形式；法律、行政法规规定或者当事人约定采用特定形式的，应当采用特定形式。

第一百三十六条　民事法律行为自成立时生效，但是法律另有规定或者当事人另有约定的除外。

行为人非依法律规定或者未经对方同意，不得擅自变更或者解除民事法律行为。

第二节　意思表示

第一百三十七条　以对话方式作出的意思表示，相对人知道其内容时生效。

以非对话方式作出的意思表示，到达相对人时生效。以非对话方式作出的采用数据电文形式的意思表示，相对人指定特定系统接收数据电文的，该数据电文进入该特定系统时生效；未指定特定系统的，相对人知道或者应当知道该数据电文进入其系统时生效。当事人对采用数据电文形式的意思表示的生效时间另有约定的，按照其约定。

第一百三十八条　无相对人的意思表示，表示完成时生效。法律另有规定的，依照其规定。

第一百三十九条　以公告方式作出的意思表示，公告发布时生效。

第一百四十条　行为人可以明示或者默示作出意思表示。

沉默只有在有法律规定、当事人约定或者符合当事人之间的交易习惯时，才可以视为意思表示。

第一百四十一条　行为人可以撤回意思表示。撤回意思表示的通知应当在意思表示到达相对人前或者与意思表示同时到达相对人。

第一百四十二条　有相对人的意思表示的解释，应当按照所使用的词句，结合相关条款、行为的性质和目的、习惯以及诚信原则，确定意思表示的含义。

无相对人的意思表示的解释，不能完全拘泥于所使用的词句，而应当结合相关条款、行为的性质和目的、习惯以及诚信原则，确定行为人的真实意思。

第三节　民事法律行为的效力

第一百四十三条　具备下列条件的民事法律行为有效:

（一）行为人具有相应的民事行为能力;

（二）意思表示真实;

（三）不违反法律、行政法规的强制性规定，不违背公序良俗。

第一百四十四条　无民事行为能力人实施的民事法律行为无效。

第一百四十五条　限制民事行为能力人实施的纯获利益的民事法律行为或者与其年龄、智力、精神健康状况相适应的民事法律行为有效;实施的其他民事法律行为经法定代理人同意或者追认后有效。

相对人可以催告法定代理人自收到通知之日起三十日内予以追认。法定代理人未作表示的，视为拒绝追认。民事法律行为被追认前，善意相对人有撤销的权利。撤销应当以通知的方式作出。

第一百四十六条　行为人与相对人以虚假的意思表示实施的民事法律行为无效。

以虚假的意思表示隐藏的民事法律行为的效力，依照有关法律规定处理。

第一百四十七条　基于重大误解实施的民事法律行为，行为人有权请求人民法院或者仲裁机构予以撤销。

第一百四十八条　一方以欺诈手段，使对方在违背真实意思的情况下实施的民事法律行为，受欺诈方有权请求人民法院或者仲裁机构予以撤销。

第一百四十九条　第三人实施欺诈行为，使一方在违背真实意思的情况下实施的民事法律行为，对方知道或者应当知道该欺诈行为的，受欺诈方有权请求人民法院或者仲裁机构予以撤销。

第一百五十条　一方或者第三人以胁迫手段，使对方在违背真实意思的情况下实施的民事法律行为，受胁迫方有权请求人民法院或者仲裁机构予以撤销。

第一百五十一条　一方利用对方处于危困状态、缺乏判断能力等情形，致使民事法律行为成立时显失公平的，受损害方有权请求人民法院或者仲裁机构予以撤销。

第一百五十二条　有下列情形之一的，撤销权消灭：

（一）当事人自知道或者应当知道撤销事由之日起一年内、重大误解的当事人自知道或者应当知道撤销事由之日起九十日内没有行使撤销权；

（二）当事人受胁迫，自胁迫行为终止之日起一年内没有行使撤销权；

（三）当事人知道撤销事由后明确表示或者以自己的行为表明放弃撤销权。

当事人自民事法律行为发生之日起五年内没有行使撤销权的，撤销权消灭。

第一百五十三条　违反法律、行政法规的强制性规定的民事法律行为无效。但是，该强制性规定不导致该民事法律行为无效的除外。

违背公序良俗的民事法律行为无效。

第一百五十四条　行为人与相对人恶意串通，损害他人合法权益的民事法律行为无效。

第一百五十五条　无效的或者被撤销的民事法律行为自始没有法律约束力。

第一百五十六条　民事法律行为部分无效，不影响其他部分效力的，其他部分仍然有效。

第一百五十七条　民事法律行为无效、被撤销或者确定不发生效力后，行为人因该行为取得的财产，应当予以返还；不能返还或者没有必要返还的，应当折价补偿。有过错的一方应当赔偿对方由此所受到的损失；各方都有过错的，应当各自承担相应的责任。法律另有规定的，依照其规定。

第四节　民事法律行为的附条件和附期限

第一百五十八条　民事法律行为可以附条件，但是根据其性质不得附条件的除外。附生效条件的民事法律行为，自条件成就时生效。附解除条件的民事法律行为，自条件成就时失效。

第一百五十九条　附条件的民事法律行为，当事人为自己的利益不正当地阻止条件成就的，视为条件已经成就；不正当地促成条件成就的，视为条件不成就。

第一百六十条　民事法律行为可以附期限，但是根据其性质不得附期限的除外。附生效期限的民事法律行为，自期限届至时生效。附终止期限的民事法律行为，自期限届满时失效。

第七章　代　理

第一节　一般规定

第一百六十一条　民事主体可以通过代理人实施民事法律行为。

依照法律规定、当事人约定或者民事法律行为的性质，应当由本人亲自实施的民事法律行为，不得代理。

第一百六十二条　代理人在代理权限内，以被代理人名义实施的民事法律行为，对被代理人发生效力。

第一百六十三条　代理包括委托代理和法定代理。

委托代理人按照被代理人的委托行使代理权。法定代理人依照法律的规定行使代理权。

第一百六十四条　代理人不履行或者不完全履行职责，造成被代理人损害的，应当承担民事责任。

代理人和相对人恶意串通，损害被代理人合法权益的，代理人和相对人应当承担连带责任。

第二节　委托代理

第一百六十五条　委托代理授权采用书面形式的，授权委托书应当载明代理人的姓名或者名称、代理事项、权限和期限，并由被代理人签名或者盖章。

第一百六十六条　数人为同一代理事项的代理人的，应当共同行使代理权，但是当事人另有约定的除外。

第一百六十七条　代理人知道或者应当知道代理事项违法仍然实施代理行为，或者被代理人知道或者应当知道代理人的代理行为违法未作反对表示的，被代理人和代理人应当承担连带责任。

第一百六十八条　代理人不得以被代理人的名义与自己实施民事法律行为，但是被代理人同意或者追认的除外。

代理人不得以被代理人的名义与自己同时代理的其他人实施民事法律行为，但是被代理的双方同意或者追认的除外。

第一百六十九条　代理人需要转委托第三人代理的，应当取得被代理人的同意或者追认。

转委托代理经被代理人同意或者追认的，被代理人可以就代理事务直接指示转委托的第三人，代理人仅就第三人的选任以及对第三人的指示承担责任。

转委托代理未经被代理人同意或者追认的，代理人应当对转委托的第三人的行为承担责任；但是，在紧急情况下代理人为了维护被代理人的利益需要转委托第三人代理的除外。

第一百七十条　执行法人或者非法人组织工作任务的人员，就其职权范围内的事项，以法人或者非法人组织的名义实施的民事法律行为，对法人或者非法人组织发生效力。

法人或者非法人组织对执行其工作任务的人员职权范围的限制，不得对抗善意相对人。

第一百七十一条　行为人没有代理权、超越代理权或者代理权终止后，仍然实施代理行为，未经被代理人追认的，对被代理人不发生效力。

相对人可以催告被代理人自收到通知之日起三十日内予以追认。被代理人未作表示的，视为拒绝追认。行为人实施的行为被追认前，善意相对人有撤销的权利。撤销应当以通知的方式作出。

行为人实施的行为未被追认的，善意相对人有权请求行为人履行债务或者就其受到的损害请求行为人赔偿。但是，赔偿的范围不得超过被代理人追认时相对人所能获得的利益。

相对人知道或者应当知道行为人无权代理的，相对人和行为人按照各自的过错承担责任。

第一百七十二条　行为人没有代理权、超越代理权或者代理权终止后，仍然实施代理行为，相对人有理由相信行为人有代理权的，代理行为有效。

第三节　代理终止

第一百七十三条　有下列情形之一的，委托代理终止：

（一）代理期限届满或者代理事务完成；

（二）被代理人取消委托或者代理人辞去委托；

（三）代理人丧失民事行为能力；

（四）代理人或者被代理人死亡；

（五）作为代理人或者被代理人的法人、非法人组织终止。

第一百七十四条 被代理人死亡后，有下列情形之一的，委托代理人实施的代理行为有效：

（一）代理人不知道且不应当知道被代理人死亡；

（二）被代理人的继承人予以承认；

（三）授权中明确代理权在代理事务完成时终止；

（四）被代理人死亡前已经实施，为了被代理人的继承人的利益继续代理。

作为被代理人的法人、非法人组织终止的，参照适用前款规定。

第一百七十五条 有下列情形之一的，法定代理终止：

（一）被代理人取得或者恢复完全民事行为能力；

（二）代理人丧失民事行为能力；

（三）代理人或者被代理人死亡；

（四）法律规定的其他情形。

第八章 民事责任

第一百七十六条 民事主体依照法律规定或者按照当事人约定，履行民事义务，承担民事责任。

第一百七十七条 二人以上依法承担按份责任，能够确定责任大小的，各自承担相应的责任；难以确定责任大小的，平均承担责任。

第一百七十八条 二人以上依法承担连带责任的，权利人有权请求部分或者全部连带责任人承担责任。

连带责任人的责任份额根据各自责任大小确定；难以确定责任大小的，平均承担责任。实际承担责任超过自己责任份额的连带责任人，有权向其他连带责任人追偿。

连带责任，由法律规定或者当事人约定。

第一百七十九条　承担民事责任的方式主要有：

（一）停止侵害；

（二）排除妨碍；

（三）消除危险；

（四）返还财产；

（五）恢复原状；

（六）修理、重作、更换；

（七）继续履行；

（八）赔偿损失；

（九）支付违约金；

（十）消除影响、恢复名誉；

（十一）赔礼道歉。

法律规定惩罚性赔偿的，依照其规定。

本条规定的承担民事责任的方式，可以单独适用，也可以合并适用。

第一百八十条　因不可抗力不能履行民事义务的，不承担民事责任。法律另有规定的，依照其规定。

不可抗力是不能预见、不能避免且不能克服的客观情况。

第一百八十一条　因正当防卫造成损害的，不承担民事责任。

正当防卫超过必要的限度，造成不应有的损害的，正当防卫人应当承担适当的民事责任。

第一百八十二条　因紧急避险造成损害的，由引起险情发生的人承担民事责任。

危险由自然原因引起的，紧急避险人不承担民事责任，可以给予适当补偿。

紧急避险采取措施不当或者超过必要的限度，造成不应有的损害的，紧急避险人应当承担适当的民事责任。

第一百八十三条　因保护他人民事权益使自己受到损害的，由侵权人承担民事责任，受益人可以给予适当补偿。没有侵权人、侵权人逃逸或者无力承担民事责任，受害人请求补偿的，受益人应当给予适当补偿。

第一百八十四条　因自愿实施紧急救助行为造成受助人损害的，救助人不承担民事责任。

第一百八十五条 侵害英雄烈士等的姓名、肖像、名誉、荣誉，损害社会公共利益的，应当承担民事责任。

第一百八十六条 因当事人一方的违约行为，损害对方人身权益、财产权益的，受损害方有权选择请求其承担违约责任或者侵权责任。

第一百八十七条 民事主体因同一行为应当承担民事责任、行政责任和刑事责任的，承担行政责任或者刑事责任不影响承担民事责任；民事主体的财产不足以支付的，优先用于承担民事责任。

第九章 诉讼时效

第一百八十八条 向人民法院请求保护民事权利的诉讼时效期间为三年。法律另有规定的，依照其规定。

诉讼时效期间自权利人知道或者应当知道权利受到损害以及义务人之日起计算。法律另有规定的，依照其规定。但是，自权利受到损害之日起超过二十年的，人民法院不予保护，有特殊情况的，人民法院可以根据权利人的申请决定延长。

第一百八十九条 当事人约定同一债务分期履行的，诉讼时效期间自最后一期履行期限届满之日起计算。

第一百九十条 无民事行为能力人或者限制民事行为能力人对其法定代理人的请求权的诉讼时效期间，自该法定代理终止之日起计算。

第一百九十一条 未成年人遭受性侵害的损害赔偿请求权的诉讼时效期间，自受害人年满十八周岁之日起计算。

第一百九十二条 诉讼时效期间届满的，义务人可以提出不履行义务的抗辩。

诉讼时效期间届满后，义务人同意履行的，不得以诉讼时效期间届满为由抗辩；义务人已经自愿履行的，不得请求返还。

第一百九十三条 人民法院不得主动适用诉讼时效的规定。

第一百九十四条 在诉讼时效期间的最后六个月内，因下列障碍，不能行使请求权的，诉讼时效中止：

（一）不可抗力；

（二）无民事行为能力人或者限制民事行为能力人没有法定代理人，或者法定代理人死亡、丧失民事行为能力、丧失代理权；

（三）继承开始后未确定继承人或者遗产管理人；

（四）权利人被义务人或者其他人控制；

（五）其他导致权利人不能行使请求权的障碍。

自中止时效的原因消除之日起满六个月，诉讼时效期间届满。

第一百九十五条　有下列情形之一的，诉讼时效中断，从中断、有关程序终结时起，诉讼时效期间重新计算：

（一）权利人向义务人提出履行请求；

（二）义务人同意履行义务；

（三）权利人提起诉讼或者申请仲裁；

（四）与提起诉讼或者申请仲裁具有同等效力的其他情形。

第一百九十六条　下列请求权不适用诉讼时效的规定：

（一）请求停止侵害、排除妨碍、消除危险；

（二）不动产物权和登记的动产物权的权利人请求返还财产；

（三）请求支付抚养费、赡养费或者扶养费；

（四）依法不适用诉讼时效的其他请求权。

第一百九十七条　诉讼时效的期间、计算方法以及中止、中断的事由由法律规定，当事人约定无效。

当事人对诉讼时效利益的预先放弃无效。

第一百九十八条　法律对仲裁时效有规定的，依照其规定；没有规定的，适用诉讼时效的规定。

第一百九十九条　法律规定或者当事人约定的撤销权、解除权等权利的存续期间，除法律另有规定外，自权利人知道或者应当知道权利产生之日起计算，不适用有关诉讼时效中止、中断和延长的规定。存续期间届满，撤销权、解除权等权利消灭。

第十章　期间计算

第二百条　民法所称的期间按照公历年、月、日、小时计算。

第二百零一条　按照年、月、日计算期间的，开始的当日不计入，自下一日开始计算。

按照小时计算期间的，自法律规定或者当事人约定的时间开始计算。

第二百零二条 按照年、月计算期间的，到期月的对应日为期间的最后一日；没有对应日的，月末日为期间的最后一日。

第二百零三条 期间的最后一日是法定休假日的，以法定休假日结束的次日为期间的最后一日。

期间的最后一日的截止时间为二十四时；有业务时间的，停止业务活动的时间为截止时间。

第二百零四条 期间的计算方法依照本法的规定，但是法律另有规定或者当事人另有约定的除外。

第二编 物 权

第二分编 所有权

第十八章 质 权

第四百四十条 债务人或者第三人有权处分的下列权利可以出质：

（一）汇票、本票、支票；

（二）债券、存款单；

（三）仓单、提单；

（四）可以转让的基金份额、股权；

（五）可以转让的注册商标专用权、专利权、著作权等知识产权中的财产权；

（六）现有的以及将有的应收账款；

（七）法律、行政法规规定可以出质的其他财产权利。

第三编　合　同

第一分编　通　则

第一章　一般规定

第四百六十三条　本编调整因合同产生的民事关系。

第四百六十四条　合同是民事主体之间设立、变更、终止民事法律关系的协议。

婚姻、收养、监护等有关身份关系的协议，适用有关该身份关系的法律规定；没有规定的，可以根据其性质参照适用本编规定。

第四百六十五条　依法成立的合同，受法律保护。

依法成立的合同，仅对当事人具有法律约束力，但是法律另有规定的除外。

第四百六十六条　当事人对合同条款的理解有争议的，应当依据本法第一百四十二条第一款的规定，确定争议条款的含义。

合同文本采用两种以上文字订立并约定具有同等效力的，对各文本使用的词句推定具有相同含义。各文本使用的词句不一致的，应当根据合同的相关条款、性质、目的以及诚信原则等予以解释。

第四百六十七条　本法或者其他法律没有明文规定的合同，适用本编通则的规定，并可以参照适用本编或者其他法律最相类似合同的规定。

在中华人民共和国境内履行的中外合资经营企业合同、中外合作经营企业合同、中外合作勘探开发自然资源合同，适用中华人民共和国法律。

第四百六十八条　非因合同产生的债权债务关系，适用有关该债权债务关系的法律规定；没有规定的，适用本编通则的有关规定，但是根据其性质不能适用的除外。

第二章　合同的订立

第四百六十九条　当事人订立合同，可以采用书面形式、口头形式或者其他形式。

书面形式是合同书、信件、电报、电传、传真等可以有形地表现所载内容的形式。

以电子数据交换、电子邮件等方式能够有形地表现所载内容，并可以随时调取查用的数据电文，视为书面形式。

第四百七十条 合同的内容由当事人约定，一般包括下列条款：

（一）当事人的姓名或者名称和住所；

（二）标的；

（三）数量；

（四）质量；

（五）价款或者报酬；

（六）履行期限、地点和方式；

（七）违约责任；

（八）解决争议的方法。

当事人可以参照各类合同的示范文本订立合同。

第四百七十一条 当事人订立合同，可以采取要约、承诺方式或者其他方式。

第四百七十二条 要约是希望与他人订立合同的意思表示，该意思表示应当符合下列条件：

（一）内容具体确定；

（二）表明经受要约人承诺，要约人即受该意思表示约束。

第四百七十三条 要约邀请是希望他人向自己发出要约的表示。拍卖公告、招标公告、招股说明书、债券募集办法、基金招募说明书、商业广告和宣传、寄送的价目表等为要约邀请。

商业广告和宣传的内容符合要约条件的，构成要约。

第四百七十四条 要约生效的时间适用本法第一百三十七条的规定。

第四百七十五条 要约可以撤回。要约的撤回适用本法第一百四十一条的规定。

第四百七十六条 要约可以撤销，但是有下列情形之一的除外：

（一）要约人以确定承诺期限或者其他形式明示要约不可撤销；

（二）受要约人有理由认为要约是不可撤销的，并已经为履行合同做了合理准备工作。

第四百七十七条　撤销要约的意思表示以对话方式作出的，该意思表示的内容应当在受要约人作出承诺之前为受要约人所知道；撤销要约的意思表示以非对话方式作出的，应当在受要约人作出承诺之前到达受要约人。

第四百七十八条　有下列情形之一的，要约失效：

（一）要约被拒绝；

（二）要约被依法撤销；

（三）承诺期限届满，受要约人未作出承诺；

（四）受要约人对要约的内容作出实质性变更。

第四百七十九条　承诺是受要约人同意要约的意思表示。

第四百八十条　承诺应当以通知的方式作出；但是，根据交易习惯或者要约表明可以通过行为作出承诺的除外。

第四百八十一条　承诺应当在要约确定的期限内到达要约人。

要约没有确定承诺期限的，承诺应当依照下列规定到达：

（一）要约以对话方式作出的，应当即时作出承诺；

（二）要约以非对话方式作出的，承诺应当在合理期限内到达。

第四百八十二条　要约以信件或者电报作出的，承诺期限自信件载明的日期或者电报交发之日开始计算。信件未载明日期的，自投寄该信件的邮戳日期开始计算。要约以电话、传真、电子邮件等快速通讯方式作出的，承诺期限自要约到达受要约人时开始计算。

第四百八十三条　承诺生效时合同成立，但是法律另有规定或者当事人另有约定的除外。

第四百八十四条　以通知方式作出的承诺，生效的时间适用本法第一百三十七条的规定。

承诺不需要通知的，根据交易习惯或者要约的要求作出承诺的行为时生效。

第四百八十五条　承诺可以撤回。承诺的撤回适用本法第一百四十一条的规定。

第四百八十六条　受要约人超过承诺期限发出承诺，或者在承诺期限内发出承诺，按照通常情形不能及时到达要约人的，为新要约；但是，要约人及时通知受要约人该承诺有效的除外。

第四百八十七条 受要约人在承诺期限内发出承诺，按照通常情形能够及时到达要约人，但是因其他原因致使承诺到达要约人时超过承诺期限的，除要约人及时通知受要约人因承诺超过期限不接受该承诺外，该承诺有效。

第四百八十八条 承诺的内容应当与要约的内容一致。受要约人对要约的内容作出实质性变更的，为新要约。有关合同标的、数量、质量、价款或者报酬、履行期限、履行地点和方式、违约责任和解决争议方法等的变更，是对要约内容的实质性变更。

第四百八十九条 承诺对要约的内容作出非实质性变更的，除要约人及时表示反对或者要约表明承诺不得对要约的内容作出任何变更外，该承诺有效，合同的内容以承诺的内容为准。

第四百九十条 当事人采用合同书形式订立合同的，自当事人均签名、盖章或者按指印时合同成立。在签名、盖章或者按指印之前，当事人一方已经履行主要义务，对方接受时，该合同成立。

法律、行政法规规定或者当事人约定合同应当采用书面形式订立，当事人未采用书面形式但是一方已经履行主要义务，对方接受时，该合同成立。

第四百九十一条 当事人采用信件、数据电文等形式订立合同要求签订确认书的，签订确认书时合同成立。

当事人一方通过互联网等信息网络发布的商品或者服务信息符合要约条件的，对方选择该商品或者服务并提交订单成功时合同成立，但是当事人另有约定的除外。

第四百九十二条 承诺生效的地点为合同成立的地点。

采用数据电文形式订立合同的，收件人的主营业地为合同成立的地点；没有主营业地的，其住所地为合同成立的地点。当事人另有约定的，按照其约定。

第四百九十三条 当事人采用合同书形式订立合同的，最后签名、盖章或者按指印的地点为合同成立的地点，但是当事人另有约定的除外。

第四百九十四条 国家根据抢险救灾、疫情防控或者其他需要下达国家订货任务、指令性任务的，有关民事主体之间应当依照有关法律、行政法规规定的权利和义务订立合同。

依照法律、行政法规的规定负有发出要约义务的当事人，应当及时发出合理的要约。

依照法律、行政法规的规定负有作出承诺义务的当事人，不得拒绝对方合理的订立合同要求。

第四百九十五条　当事人约定在将来一定期限内订立合同的认购书、订购书、预订书等，构成预约合同。

当事人一方不履行预约合同约定的订立合同义务的，对方可以请求其承担预约合同的违约责任。

第四百九十六条　格式条款是当事人为了重复使用而预先拟定，并在订立合同时未与对方协商的条款。

采用格式条款订立合同的，提供格式条款的一方应当遵循公平原则确定当事人之间的权利和义务，并采取合理的方式提示对方注意免除或者减轻其责任等与对方有重大利害关系的条款，按照对方的要求，对该条款予以说明。提供格式条款的一方未履行提示或者说明义务，致使对方没有注意或者理解与其有重大利害关系的条款的，对方可以主张该条款不成为合同的内容。

第四百九十七条　有下列情形之一的，该格式条款无效：

（一）具有本法第一编第六章第三节和本法第五百零六条规定的无效情形；

（二）提供格式条款一方不合理地免除或者减轻其责任、加重对方责任、限制对方主要权利；

（三）提供格式条款一方排除对方主要权利。

第四百九十八条　对格式条款的理解发生争议的，应当按照通常理解予以解释。对格式条款有两种以上解释的，应当作出不利于提供格式条款一方的解释。格式条款和非格式条款不一致的，应当采用非格式条款。

第四百九十九条　悬赏人以公开方式声明对完成特定行为的人支付报酬的，完成该行为的人可以请求其支付。

第五百条　当事人在订立合同过程中有下列情形之一，造成对方损失的，应当承担赔偿责任：

（一）假借订立合同，恶意进行磋商；

（二）故意隐瞒与订立合同有关的重要事实或者提供虚假情况；

（三）有其他违背诚信原则的行为。

第五百零一条 当事人在订立合同过程中知悉的商业秘密或者其他应当保密的信息，无论合同是否成立，不得泄露或者不正当地使用；泄露、不正当地使用该商业秘密或者信息，造成对方损失的，应当承担赔偿责任。

第三章 合同的效力

第五百零二条 依法成立的合同，自成立时生效，但是法律另有规定或者当事人另有约定的除外。

依照法律、行政法规的规定，合同应当办理批准等手续的，依照其规定。未办理批准等手续影响合同生效的，不影响合同中履行报批等义务条款以及相关条款的效力。应当办理申请批准等手续的当事人未履行义务的，对方可以请求其承担违反该义务的责任。

依照法律、行政法规的规定，合同的变更、转让、解除等情形应当办理批准等手续的，适用前款规定。

第五百零三条 无权代理人以被代理人的名义订立合同，被代理人已经开始履行合同义务或者接受相对人履行的，视为对合同的追认。

第五百零四条 法人的法定代表人或者非法人组织的负责人超越权限订立的合同，除相对人知道或者应当知道其超越权限外，该代表行为有效，订立的合同对法人或者非法人组织发生效力。

第五百零五条 当事人超越经营范围订立的合同的效力，应当依照本法第一编第六章第三节和本编的有关规定确定，不得仅以超越经营范围确认合同无效。

第五百零六条 合同中的下列免责条款无效：

（一）造成对方人身损害的；

（二）因故意或者重大过失造成对方财产损失的。

第五百零七条 合同不生效、无效、被撤销或者终止的，不影响合同中有关解决争议方法的条款的效力。

第五百零八条 本编对合同的效力没有规定的，适用本法第一编第六章的有关规定。

第四章　合同的履行

第五百零九条　当事人应当按照约定全面履行自己的义务。

当事人应当遵循诚信原则，根据合同的性质、目的和交易习惯履行通知、协助、保密等义务。

当事人在履行合同过程中，应当避免浪费资源、污染环境和破坏生态。

第五百一十条　合同生效后，当事人就质量、价款或者报酬、履行地点等内容没有约定或者约定不明确的，可以协议补充；不能达成补充协议的，按照合同相关条款或者交易习惯确定。

第五百一十一条　当事人就有关合同内容约定不明确，依据前条规定仍不能确定的，适用下列规定：

（一）质量要求不明确的，按照强制性国家标准履行；没有强制性国家标准的，按照推荐性国家标准履行；没有推荐性国家标准的，按照行业标准履行；没有国家标准、行业标准的，按照通常标准或者符合合同目的的特定标准履行。

（二）价款或者报酬不明确的，按照订立合同时履行地的市场价格履行；依法应当执行政府定价或者政府指导价的，依照规定履行。

（三）履行地点不明确，给付货币的，在接受货币一方所在地履行；交付不动产的，在不动产所在地履行；其他标的，在履行义务一方所在地履行。

（四）履行期限不明确的，债务人可以随时履行，债权人也可以随时请求履行，但是应当给对方必要的准备时间。

（五）履行方式不明确的，按照有利于实现合同目的的方式履行。

（六）履行费用的负担不明确的，由履行义务一方负担；因债权人原因增加的履行费用，由债权人负担。

第五百一十二条　通过互联网等信息网络订立的电子合同的标的为交付商品并采用快递物流方式交付的，收货人的签收时间为交付时间。电子合同的标的为提供服务的，生成的电子凭证或者实物凭证中载明的时间为提供服务时间；前述凭证没有载明时间或者载明时间与实际提供服务时间不一致的，以实际提供服务的时间为准。

电子合同的标的物为采用在线传输方式交付的，合同标的物进入对方当事人指定的特定系统且能够检索识别的时间为交付时间。

电子合同当事人对交付商品或者提供服务的方式、时间另有约定的，按照其约定。

第五百一十三条 执行政府定价或者政府指导价的，在合同约定的交付期限内政府价格调整时，按照交付时的价格计价。逾期交付标的物的，遇价格上涨时，按照原价格执行；价格下降时，按照新价格执行。逾期提取标的物或者逾期付款的，遇价格上涨时，按照新价格执行；价格下降时，按照原价格执行。

第五百一十四条 以支付金钱为内容的债，除法律另有规定或者当事人另有约定外，债权人可以请求债务人以实际履行地的法定货币履行。

第五百一十五条 标的有多项而债务人只需履行其中一项的，债务人享有选择权；但是，法律另有规定、当事人另有约定或者另有交易习惯的除外。

享有选择权的当事人在约定期限内或者履行期限届满未作选择，经催告后在合理期限内仍未选择的，选择权转移至对方。

第五百一十六条 当事人行使选择权应当及时通知对方，通知到达对方时，标的确定。标的确定后不得变更，但是经对方同意的除外。

可选择的标的发生不能履行情形的，享有选择权的当事人不得选择不能履行的标的，但是该不能履行的情形是由对方造成的除外。

第五百一十七条 债权人为二人以上，标的可分，按照份额各自享有债权的，为按份债权；债务人为二人以上，标的可分，按照份额各自负担债务的，为按份债务。

按份债权人或者按份债务人的份额难以确定的，视为份额相同。

第五百一十八条 债权人为二人以上，部分或者全部债权人均可以请求债务人履行债务的，为连带债权；债务人为二人以上，债权人可以请求部分或者全部债务人履行全部债务的，为连带债务。

连带债权或者连带债务，由法律规定或者当事人约定。

第五百一十九条 连带债务人之间的份额难以确定的，视为份额相同。

实际承担债务超过自己份额的连带债务人，有权就超出部分在其他连带债务人未履行的份额范围内向其追偿，并相应地享有债权人的权利，但是不得损害债权人的利益。其他连带债务人对债权人的抗辩，可以向该债务人主张。

被追偿的连带债务人不能履行其应分担份额的，其他连带债务人应当在相应范围内按比例分担。

第五百二十条　部分连带债务人履行、抵销债务或者提存标的物的，其他债务人对债权人的债务在相应范围内消灭；该债务人可以依据前条规定向其他债务人追偿。

部分连带债务人的债务被债权人免除的，在该连带债务人应当承担的份额范围内，其他债务人对债权人的债务消灭。

部分连带债务人的债务与债权人的债权同归于一人的，在扣除该债务人应当承担的份额后，债权人对其他债务人的债权继续存在。

债权人对部分连带债务人的给付受领迟延的，对其他连带债务人发生效力。

第五百二十一条　连带债权人之间的份额难以确定的，视为份额相同。

实际受领债权的连带债权人，应当按比例向其他连带债权人返还。

连带债权参照适用本章连带债务的有关规定。

第五百二十二条　当事人约定由债务人向第三人履行债务，债务人未向第三人履行债务或者履行债务不符合约定的，应当向债权人承担违约责任。

法律规定或者当事人约定第三人可以直接请求债务人向其履行债务，第三人未在合理期限内明确拒绝，债务人未向第三人履行债务或者履行债务不符合约定的，第三人可以请求债务人承担违约责任；债务人对债权人的抗辩，可以向第三人主张。

第五百二十三条　当事人约定由第三人向债权人履行债务，第三人不履行债务或者履行债务不符合约定的，债务人应当向债权人承担违约责任。

第五百二十四条　债务人不履行债务，第三人对履行该债务具有合法利益的，第三人有权向债权人代为履行；但是，根据债务性质、按照当事人约定或者依照法律规定只能由债务人履行的除外。

债权人接受第三人履行后，其对债务人的债权转让给第三人，但是债务人和第三人另有约定的除外。

第五百二十五条　当事人互负债务，没有先后履行顺序的，应当同时履行。一方在对方履行之前有权拒绝其履行请求。一方在对方履行债务不符合约定时，有权拒绝其相应的履行请求。

第五百二十六条 当事人互负债务，有先后履行顺序，应当先履行债务一方未履行的，后履行一方有权拒绝其履行请求。先履行一方履行债务不符合约定的，后履行一方有权拒绝其相应的履行请求。

第五百二十七条 应当先履行债务的当事人，有确切证据证明对方有下列情形之一的，可以中止履行：

（一）经营状况严重恶化；

（二）转移财产、抽逃资金，以逃避债务；

（三）丧失商业信誉；

（四）有丧失或者可能丧失履行债务能力的其他情形。

当事人没有确切证据中止履行的，应当承担违约责任。

第五百二十八条 当事人依据前条规定中止履行的，应当及时通知对方。对方提供适当担保的，应当恢复履行。中止履行后，对方在合理期限内未恢复履行能力且未提供适当担保的，视为以自己的行为表明不履行主要债务，中止履行的一方可以解除合同并可以请求对方承担违约责任。

第五百二十九条 债权人分立、合并或者变更住所没有通知债务人，致使履行债务发生困难的，债务人可以中止履行或者将标的物提存。

第五百三十条 债权人可以拒绝债务人提前履行债务，但是提前履行不损害债权人利益的除外。

债务人提前履行债务给债权人增加的费用，由债务人负担。

第五百三十一条 债权人可以拒绝债务人部分履行债务，但是部分履行不损害债权人利益的除外。

债务人部分履行债务给债权人增加的费用，由债务人负担。

第五百三十二条 合同生效后，当事人不得因姓名、名称的变更或者法定代表人、负责人、承办人的变动而不履行合同义务。

第五百三十三条 合同成立后，合同的基础条件发生了当事人在订立合同时无法预见的、不属于商业风险的重大变化，继续履行合同对于当事人一方明显不公平的，受不利影响的当事人可以与对方重新协商；在合理期限内协商不成的，当事人可以请求人民法院或者仲裁机构变更或者解除合同。

人民法院或者仲裁机构应当结合案件的实际情况，根据公平原则变更或者解除合同。

第五百三十四条　对当事人利用合同实施危害国家利益、社会公共利益行为的，市场监督管理和其他有关行政主管部门依照法律、行政法规的规定负责监督处理。

第五章　合同的保全

第五百三十五条　因债务人怠于行使其债权或者与该债权有关的从权利，影响债权人的到期债权实现的，债权人可以向人民法院请求以自己的名义代位行使债务人对相对人的权利，但是该权利专属于债务人自身的除外。

代位权的行使范围以债权人的到期债权为限。债权人行使代位权的必要费用，由债务人负担。

相对人对债务人的抗辩，可以向债权人主张。

第五百三十六条　债权人的债权到期前，债务人的债权或者与该债权有关的从权利存在诉讼时效期间即将届满或者未及时申报破产债权等情形，影响债权人的债权实现的，债权人可以代位向债务人的相对人请求其向债务人履行、向破产管理人申报或者作出其他必要的行为。

第五百三十七条　人民法院认定代位权成立的，由债务人的相对人向债权人履行义务，债权人接受履行后，债权人与债务人、债务人与相对人之间相应的权利义务终止。债务人对相对人的债权或者与该债权有关的从权利被采取保全、执行措施，或者债务人破产的，依照相关法律的规定处理。

第五百三十八条　债务人以放弃其债权、放弃债权担保、无偿转让财产等方式无偿处分财产权益，或者恶意延长其到期债权的履行期限，影响债权人的债权实现的，债权人可以请求人民法院撤销债务人的行为。

第五百三十九条　债务人以明显不合理的低价转让财产、以明显不合理的高价受让他人财产或者为他人的债务提供担保，影响债权人的债权实现，债务人的相对人知道或者应当知道该情形的，债权人可以请求人民法院撤销债务人的行为。

第五百四十条　撤销权的行使范围以债权人的债权为限。债权人行使撤销权的必要费用，由债务人负担。

第五百四十一条　撤销权自债权人知道或者应当知道撤销事由之日起一

年内行使。自债务人的行为发生之日起五年内没有行使撤销权的，该撤销权消灭。

第五百四十二条 债务人影响债权人的债权实现的行为被撤销的，自始没有法律约束力。

第六章 合同的变更和转让

第五百四十三条 当事人协商一致，可以变更合同。

第五百四十四条 当事人对合同变更的内容约定不明确的，推定为未变更。

第五百四十五条 债权人可以将债权的全部或者部分转让给第三人，但是有下列情形之一的除外：

（一）根据债权性质不得转让；

（二）按照当事人约定不得转让；

（三）依照法律规定不得转让。

当事人约定非金钱债权不得转让的，不得对抗善意第三人。当事人约定金钱债权不得转让的，不得对抗第三人。

第五百四十六条 债权人转让债权，未通知债务人的，该转让对债务人不发生效力。

债权转让的通知不得撤销，但是经受让人同意的除外。

第五百四十七条 债权人转让债权的，受让人取得与债权有关的从权利，但是该从权利专属于债权人自身的除外。

受让人取得从权利不因该从权利未办理转移登记手续或者未转移占有而受到影响。

第五百四十八条 债务人接到债权转让通知后，债务人对让与人的抗辩，可以向受让人主张。

第五百四十九条 有下列情形之一的，债务人可以向受让人主张抵销：

（一）债务人接到债权转让通知时，债务人对让与人享有债权，且债务人的债权先于转让的债权到期或者同时到期；

（二）债务人的债权与转让的债权是基于同一合同产生。

第五百五十条 因债权转让增加的履行费用，由让与人负担。

第五百五十一条　债务人将债务的全部或者部分转移给第三人的，应当经债权人同意。

债务人或者第三人可以催告债权人在合理期限内予以同意，债权人未作表示的，视为不同意。

第五百五十二条　第三人与债务人约定加入债务并通知债权人，或者第三人向债权人表示愿意加入债务，债权人未在合理期限内明确拒绝的，债权人可以请求第三人在其愿意承担的债务范围内和债务人承担连带债务。

第五百五十三条　债务人转移债务的，新债务人可以主张原债务人对债权人的抗辩；原债务人对债权人享有债权的，新债务人不得向债权人主张抵销。

第五百五十四条　债务人转移债务的，新债务人应当承担与主债务有关的从债务，但是该从债务专属于原债务人自身的除外。

第五百五十五条　当事人一方经对方同意，可以将自己在合同中的权利和义务一并转让给第三人。

第五百五十六条　合同的权利和义务一并转让的，适用债权转让、债务转移的有关规定。

第七章　合同的权利义务终止

第五百五十七条　有下列情形之一的，债权债务终止：

（一）债务已经履行；

（二）债务相互抵销；

（三）债务人依法将标的物提存；

（四）债权人免除债务；

（五）债权债务同归于一人；

（六）法律规定或者当事人约定终止的其他情形。

合同解除的，该合同的权利义务关系终止。

第五百五十八条　债权债务终止后，当事人应当遵循诚信等原则，根据交易习惯履行通知、协助、保密、旧物回收等义务。

第五百五十九条　债权债务终止时，债权的从权利同时消灭，但是法律另有规定或者当事人另有约定的除外。

第五百六十条 债务人对同一债权人负担的数项债务种类相同，债务人的给付不足以清偿全部债务的，除当事人另有约定外，由债务人在清偿时指定其履行的债务。

债务人未作指定的，应当优先履行已经到期的债务；数项债务均到期的，优先履行对债权人缺乏担保或者担保最少的债务；均无担保或者担保相等的，优先履行债务人负担较重的债务；负担相同的，按照债务到期的先后顺序履行；到期时间相同的，按照债务比例履行。

第五百六十一条 债务人在履行主债务外还应当支付利息和实现债权的有关费用，其给付不足以清偿全部债务的，除当事人另有约定外，应当按照下列顺序履行：

（一）实现债权的有关费用；

（二）利息；

（三）主债务。

第五百六十二条 当事人协商一致，可以解除合同。

当事人可以约定一方解除合同的事由。解除合同的事由发生时，解除权人可以解除合同。

第五百六十三条 有下列情形之一的，当事人可以解除合同：

（一）因不可抗力致使不能实现合同目的；

（二）在履行期限届满前，当事人一方明确表示或者以自己的行为表明不履行主要债务；

（三）当事人一方迟延履行主要债务，经催告后在合理期限内仍未履行；

（四）当事人一方迟延履行债务或者有其他违约行为致使不能实现合同目的；

（五）法律规定的其他情形。

以持续履行的债务为内容的不定期合同，当事人可以随时解除合同，但是应当在合理期限之前通知对方。

第五百六十四条 法律规定或者当事人约定解除权行使期限，期限届满当事人不行使的，该权利消灭。

法律没有规定或者当事人没有约定解除权行使期限，自解除权人知道或者应当知道解除事由之日起一年内不行使，或者经对方催告后在合理期限内不行使的，该权利消灭。

第五百六十五条 当事人一方依法主张解除合同的，应当通知对方。合同自通知到达对方时解除；通知载明债务人在一定期限内不履行债务则合同自动解除，债务人在该期限内未履行债务的，合同自通知载明的期限届满时解除。对方对解除合同有异议的，任何一方当事人均可以请求人民法院或者仲裁机构确认解除行为的效力。

当事人一方未通知对方，直接以提起诉讼或者申请仲裁的方式依法主张解除合同，人民法院或者仲裁机构确认该主张的，合同自起诉状副本或者仲裁申请书副本送达对方时解除。

第五百六十六条 合同解除后，尚未履行的，终止履行；已经履行的，根据履行情况和合同性质，当事人可以请求恢复原状或者采取其他补救措施，并有权请求赔偿损失。

合同因违约解除的，解除权人可以请求违约方承担违约责任，但是当事人另有约定的除外。

主合同解除后，担保人对债务人应当承担的民事责任仍应当承担担保责任，但是担保合同另有约定的除外。

第五百六十七条 合同的权利义务关系终止，不影响合同中结算和清理条款的效力。

第五百六十八条 当事人互负债务，该债务的标的物种类、品质相同的，任何一方可以将自己的债务与对方的到期债务抵销；但是，根据债务性质、按照当事人约定或者依照法律规定不得抵销的除外。

当事人主张抵销的，应当通知对方。通知自到达对方时生效。抵销不得附条件或者附期限。

第五百六十九条 当事人互负债务，标的物种类、品质不相同的，经协商一致，也可以抵销。

第五百七十条 有下列情形之一，难以履行债务的，债务人可以将标的物提存：

（一）债权人无正当理由拒绝受领；

（二）债权人下落不明；

（三）债权人死亡未确定继承人、遗产管理人，或者丧失民事行为能力未确定监护人；

（四）法律规定的其他情形。

标的物不适于提存或者提存费用过高的，债务人依法可以拍卖或者变卖标的物，提存所得的价款。

第五百七十一条 债务人将标的物或者将标的物依法拍卖、变卖所得价款交付提存部门时，提存成立。

提存成立的，视为债务人在其提存范围内已经交付标的物。

第五百七十二条 标的物提存后，债务人应当及时通知债权人或者债权人的继承人、遗产管理人、监护人、财产代管人。

第五百七十三条 标的物提存后，毁损、灭失的风险由债权人承担。提存期间，标的物的孳息归债权人所有。提存费用由债权人负担。

第五百七十四条 债权人可以随时领取提存物。但是，债权人对债务人负有到期债务的，在债权人未履行债务或者提供担保之前，提存部门根据债务人的要求应当拒绝其领取提存物。

债权人领取提存物的权利，自提存之日起五年内不行使而消灭，提存物扣除提存费用后归国家所有。但是，债权人未履行对债务人的到期债务，或者债权人向提存部门书面表示放弃领取提存物权利的，债务人负担提存费用后有权取回提存物。

第五百七十五条 债权人免除债务人部分或者全部债务的，债权债务部分或者全部终止，但是债务人在合理期限内拒绝的除外。

第五百七十六条 债权和债务同归于一人的，债权债务终止，但是损害第三人利益的除外。

第八章　违约责任

第五百七十七条 当事人一方不履行合同义务或者履行合同义务不符合约定的，应当承担继续履行、采取补救措施或者赔偿损失等违约责任。

第五百七十八条 当事人一方明确表示或者以自己的行为表明不履行合同义务的，对方可以在履行期限届满前请求其承担违约责任。

第五百七十九条 当事人一方未支付价款、报酬、租金、利息，或者不履行其他金钱债务的，对方可以请求其支付。

第五百八十条　当事人一方不履行非金钱债务或者履行非金钱债务不符合约定的，对方可以请求履行，但是有下列情形之一的除外：

（一）法律上或者事实上不能履行；

（二）债务的标的不适于强制履行或者履行费用过高；

（三）债权人在合理期限内未请求履行。

有前款规定的除外情形之一，致使不能实现合同目的的，人民法院或者仲裁机构可以根据当事人的请求终止合同权利义务关系，但是不影响违约责任的承担。

第五百八十一条　当事人一方不履行债务或者履行债务不符合约定，根据债务的性质不得强制履行的，对方可以请求其负担由第三人替代履行的费用。

第五百八十二条　履行不符合约定的，应当按照当事人的约定承担违约责任。对违约责任没有约定或者约定不明确，依据本法第五百一十条的规定仍不能确定的，受损害方根据标的的性质以及损失的大小，可以合理选择请求对方承担修理、重作、更换、退货、减少价款或者报酬等违约责任。

第五百八十三条　当事人一方不履行合同义务或者履行合同义务不符合约定的，在履行义务或者采取补救措施后，对方还有其他损失的，应当赔偿损失。

第五百八十四条　当事人一方不履行合同义务或者履行合同义务不符合约定，造成对方损失的，损失赔偿额应当相当于因违约所造成的损失，包括合同履行后可以获得的利益；但是，不得超过违约一方订立合同时预见到或者应当预见到的因违约可能造成的损失。

第五百八十五条　当事人可以约定一方违约时应当根据违约情况向对方支付一定数额的违约金，也可以约定因违约产生的损失赔偿额的计算方法。

约定的违约金低于造成的损失的，人民法院或者仲裁机构可以根据当事人的请求予以增加；约定的违约金过分高于造成的损失的，人民法院或者仲裁机构可以根据当事人的请求予以适当减少。

当事人就迟延履行约定违约金的，违约方支付违约金后，还应当履行债务。

第五百八十六条　当事人可以约定一方向对方给付定金作为债权的担保。

定金合同自实际交付定金时成立。

定金的数额由当事人约定；但是，不得超过主合同标的额的百分之二十，超过部分不产生定金的效力。实际交付的定金数额多于或者少于约定数额的，视为变更约定的定金数额。

第五百八十七条 债务人履行债务的，定金应当抵作价款或者收回。给付定金的一方不履行债务或者履行债务不符合约定，致使不能实现合同目的的，无权请求返还定金；收受定金的一方不履行债务或者履行债务不符合约定，致使不能实现合同目的的，应当双倍返还定金。

第五百八十八条 当事人既约定违约金，又约定定金的，一方违约时，对方可以选择适用违约金或者定金条款。

定金不足以弥补一方违约造成的损失的，对方可以请求赔偿超过定金数额的损失。

第五百八十九条 债务人按照约定履行债务，债权人无正当理由拒绝受领的，债务人可以请求债权人赔偿增加的费用。

在债权人受领迟延期间，债务人无须支付利息。

第五百九十条 当事人一方因不可抗力不能履行合同的，根据不可抗力的影响，部分或者全部免除责任，但是法律另有规定的除外。因不可抗力不能履行合同的，应当及时通知对方，以减轻可能给对方造成的损失，并应当在合理期限内提供证明。

当事人迟延履行后发生不可抗力的，不免除其违约责任。

第五百九十一条 当事人一方违约后，对方应当采取适当措施防止损失的扩大；没有采取适当措施致使损失扩大的，不得就扩大的损失请求赔偿。

当事人因防止损失扩大而支出的合理费用，由违约方负担。

第五百九十二条 当事人都违反合同的，应当各自承担相应的责任。

当事人一方违约造成对方损失，对方对损失的发生有过错的，可以减少相应的损失赔偿额。

第五百九十三条 当事人一方因第三人的原因造成违约的，应当依法向对方承担违约责任。当事人一方和第三人之间的纠纷，依照法律规定或者按照约定处理。

第五百九十四条 因国际货物买卖合同和技术进出口合同争议提起诉讼

或者申请仲裁的时效期间为四年。

第二分编 典型合同

第九章 买卖合同

第五百零一条 当事人在订立合同过程中知悉的商业秘密或者其他应当保密的信息，无论合同是否成立，不得泄露或者不正当地使用；泄露、不正当地使用该商业秘密或者信息，造成对方损失的，应当承担赔偿责任。

第六百条 出卖具有知识产权的标的物的，除法律另有规定或者当事人另有约定外，该标的物的知识产权不属于买受人。

第二十章 技术合同

第一节 一般规定

第八百四十三条 技术合同是当事人就技术开发、转让、许可、咨询或者服务订立的确立相互之间权利和义务的合同。

第八百四十四条 订立技术合同，应当有利于知识产权的保护和科学技术的进步，促进科学技术成果的研发、转化、应用和推广。

第八百四十五条 技术合同的内容一般包括项目的名称，标的的内容、范围和要求，履行的计划、地点和方式，技术信息和资料的保密，技术成果的归属和收益的分配办法，验收标准和方法，名词和术语的解释等条款。

与履行合同有关的技术背景资料、可行性论证和技术评价报告、项目任务书和计划书、技术标准、技术规范、原始设计和工艺文件，以及其他技术文档，按照当事人的约定可以作为合同的组成部分。

技术合同涉及专利的，应当注明发明创造的名称、专利申请人和专利权人、申请日期、申请号、专利号以及专利权的有效期限。

第八百四十六条 技术合同价款、报酬或者使用费的支付方式由当事人约定，可以采取一次总算、一次总付或者一次总算、分期支付，也可以采取提成支付或者提成支付附加预付入门费的方式。

约定提成支付的，可以按照产品价格、实施专利和使用技术秘密后新增的产值、利润或者产品销售额的一定比例提成，也可以按照约定的其他方式计算。提成支付的比例可以采取固定比例、逐年递增比例或者逐年递减比例。

约定提成支付的，当事人可以约定查阅有关会计账目的办法。

第八百四十七条 职务技术成果的使用权、转让权属于法人或者非法人组织的，法人或者非法人组织可以就该项职务技术成果订立技术合同。法人或者非法人组织订立技术合同转让职务技术成果时，职务技术成果的完成人享有以同等条件优先受让的权利。

职务技术成果是执行法人或者非法人组织的工作任务，或者主要是利用法人或者非法人组织的物质技术条件所完成的技术成果。

第八百四十八条 非职务技术成果的使用权、转让权属于完成技术成果的个人，完成技术成果的个人可以就该项非职务技术成果订立技术合同。

第八百四十九条 完成技术成果的个人享有在有关技术成果文件上写明自己是技术成果完成者的权利和取得荣誉证书、奖励的权利。

第八百五十条 非法垄断技术或者侵害他人技术成果的技术合同无效。

第二节　技术开发合同

第八百五十一条 技术开发合同是当事人之间就新技术、新产品、新工艺、新品种或者新材料及其系统的研究开发所订立的合同。

技术开发合同包括委托开发合同和合作开发合同。

技术开发合同应当采用书面形式。

当事人之间就具有实用价值的科技成果实施转化订立的合同，参照适用技术开发合同的有关规定。

第八百五十二条 委托开发合同的委托人应当按照约定支付研究开发经费和报酬，提供技术资料，提出研究开发要求，完成协作事项，接受研究开发成果。

第八百五十三条 委托开发合同的研究开发人应当按照约定制定和实施研究开发计划，合理使用研究开发经费，按期完成研究开发工作，交付研究开发成果，提供有关的技术资料和必要的技术指导，帮助委托人掌握研究开发成果。

第八百五十四条　委托开发合同的当事人违反约定造成研究开发工作停滞、延误或者失败的，应当承担违约责任。

第八百五十五条　合作开发合同的当事人应当按照约定进行投资，包括以技术进行投资，分工参与研究开发工作，协作配合研究开发工作。

第八百五十六条　合作开发合同的当事人违反约定造成研究开发工作停滞、延误或者失败的，应当承担违约责任。

第八百五十七条　作为技术开发合同标的的技术已经由他人公开，致使技术开发合同的履行没有意义的，当事人可以解除合同。

第八百五十八条　技术开发合同履行过程中，因出现无法克服的技术困难，致使研究开发失败或者部分失败的，该风险由当事人约定；没有约定或者约定不明确，依据本法第五百一十条的规定仍不能确定的，风险由当事人合理分担。

当事人一方发现前款规定的可能致使研究开发失败或者部分失败的情形时，应当及时通知另一方并采取适当措施减少损失；没有及时通知并采取适当措施，致使损失扩大的，应当就扩大的损失承担责任。

第八百五十九条　委托开发完成的发明创造，除法律另有规定或者当事人另有约定外，申请专利的权利属于研究开发人。研究开发人取得专利权的，委托人可以依法实施该专利。

研究开发人转让专利申请权的，委托人享有以同等条件优先受让的权利。

第八百六十条　合作开发完成的发明创造，申请专利的权利属于合作开发的当事人共有；当事人一方转让其共有的专利申请权的，其他各方享有以同等条件优先受让的权利。但是，当事人另有约定的除外。

合作开发的当事人一方声明放弃其共有的专利申请权的，除当事人另有约定外，可以由另一方单独申请或者由其他各方共同申请。申请人取得专利权的，放弃专利申请权的一方可以免费实施该专利。

合作开发的当事人一方不同意申请专利的，另一方或者其他各方不得申请专利。

第八百六十一条　委托开发或者合作开发完成的技术秘密成果的使用权、转让权以及收益的分配办法，由当事人约定；没有约定或者约定不明确，依据本法第五百一十条的规定仍不能确定的，在没有相同技术方案被授予专利权前，当事人均有使用和转让的权利。但是，委托开发的研究开发人不得在向委托人交付研究开发成果之前，将研究开发成果转让给第三人。

第三节　技术转让合同和技术许可合同

第八百六十二条　技术转让合同是合法拥有技术的权利人，将现有特定的专利、专利申请、技术秘密的相关权利让与他人所订立的合同。

技术许可合同是合法拥有技术的权利人，将现有特定的专利、技术秘密的相关权利许可他人实施、使用所订立的合同。

技术转让合同和技术许可合同中关于提供实施技术的专用设备、原材料或者提供有关的技术咨询、技术服务的约定，属于合同的组成部分。

第八百六十三条　技术转让合同包括专利权转让、专利申请权转让、技术秘密转让等合同。

技术许可合同包括专利实施许可、技术秘密使用许可等合同。

技术转让合同和技术许可合同应当采用书面形式。

第八百六十四条　技术转让合同和技术许可合同可以约定实施专利或者使用技术秘密的范围，但是不得限制技术竞争和技术发展。

第八百六十五条　专利实施许可合同仅在该专利权的存续期限内有效。专利权有效期限届满或者专利权被宣告无效的，专利权人不得就该专利与他人订立专利实施许可合同。

第八百六十六条　专利实施许可合同的许可人应当按照约定许可被许可人实施专利，交付实施专利有关的技术资料，提供必要的技术指导。

第八百六十七条　专利实施许可合同的被许可人应当按照约定实施专利，不得许可约定以外的第三人实施该专利，并按照约定支付使用费。

第八百六十八条　技术秘密转让合同的让与人和技术秘密使用许可合同的许可人应当按照约定提供技术资料，进行技术指导，保证技术的实用性、可靠性，承担保密义务。

前款规定的保密义务，不限制许可人申请专利，但是当事人另有约定的除外。

第八百六十九条　技术秘密转让合同的受让人和技术秘密使用许可合同的被许可人应当按照约定使用技术，支付转让费、使用费，承担保密义务。

第八百七十条　技术转让合同的让与人和技术许可合同的许可人应当保证自己是所提供的技术的合法拥有者，并保证所提供的技术完整、无误、有效，能够达到约定的目标。

第八百七十一条　技术转让合同的受让人和技术许可合同的被许可人应当按照约定的范围和期限，对让与人、许可人提供的技术中尚未公开的秘密部分，承担保密义务。

第八百七十二条　许可人未按照约定许可技术的，应当返还部分或者全部使用费，并应当承担违约责任；实施专利或者使用技术秘密超越约定的范围的，违反约定擅自许可第三人实施该项专利或者使用该项技术秘密的，应当停止违约行为，承担违约责任；违反约定的保密义务的，应当承担违约责任。

让与人承担违约责任，参照适用前款规定。

第八百七十三条　被许可人未按照约定支付使用费的，应当补交使用费并按照约定支付违约金；不补交使用费或者支付违约金的，应当停止实施专利或者使用技术秘密，交还技术资料，承担违约责任；实施专利或者使用技术秘密超越约定的范围的，未经许可人同意擅自许可第三人实施该专利或者使用该技术秘密的，应当停止违约行为，承担违约责任；违反约定的保密义务的，应当承担违约责任。

受让人承担违约责任，参照适用前款规定。

第八百七十四条　受让人或者被许可人按照约定实施专利、使用技术秘密侵害他人合法权益的，由让与人或者许可人承担责任，但是当事人另有约定的除外。

第八百七十五条　当事人可以按照互利的原则，在合同中约定实施专利、使用技术秘密后续改进的技术成果的分享办法；没有约定或者约定不明确，依据本法第五百一十条的规定仍不能确定的，一方后续改进的技术成果，其他各方无权分享。

第八百七十六条　集成电路布图设计专有权、植物新品种权、计算机软件著作权等其他知识产权的转让和许可，参照适用本节的有关规定。

第八百七十七条　法律、行政法规对技术进出口合同或者专利、专利申请合同另有规定的，依照其规定。

第四节　技术咨询合同和技术服务合同

第八百七十八条　技术咨询合同是当事人一方以技术知识为对方就特定技术项目提供可行性论证、技术预测、专题技术调查、分析评价报告等所订立的合同。

技术服务合同是当事人一方以技术知识为对方解决特定技术问题所订立的合同，不包括承揽合同和建设工程合同。

第八百七十九条　技术咨询合同的委托人应当按照约定阐明咨询的问题，提供技术背景材料及有关技术资料，接受受托人的工作成果，支付报酬。

第八百八十条　技术咨询合同的受托人应当按照约定的期限完成咨询报告或者解答问题，提出的咨询报告应当达到约定的要求。

第八百八十一条　技术咨询合同的委托人未按照约定提供必要的资料，影响工作进度和质量，不接受或者逾期接受工作成果的，支付的报酬不得追回，未支付的报酬应当支付。

技术咨询合同的受托人未按期提出咨询报告或者提出的咨询报告不符合约定的，应当承担减收或者免收报酬等违约责任。

技术咨询合同的委托人按照受托人符合约定要求的咨询报告和意见作出决策所造成的损失，由委托人承担，但是当事人另有约定的除外。

第八百八十二条　技术服务合同的委托人应当按照约定提供工作条件，完成配合事项，接受工作成果并支付报酬。

第八百八十三条　技术服务合同的受托人应当按照约定完成服务项目，解决技术问题，保证工作质量，并传授解决技术问题的知识。

第八百八十四条　技术服务合同的委托人不履行合同义务或者履行合同义务不符合约定，影响工作进度和质量，不接受或者逾期接受工作成果的，支付的报酬不得追回，未支付的报酬应当支付。

技术服务合同的受托人未按照约定完成服务工作的，应当承担免收报酬等违约责任。

第八百八十五条　技术咨询合同、技术服务合同履行过程中，受托人利用委托人提供的技术资料和工作条件完成的新的技术成果，属于受托人。委托人利用受托人的工作成果完成的新的技术成果，属于委托人。当事人另有约定的，按照其约定。

第八百八十六条 技术咨询合同和技术服务合同对受托人正常开展工作所需费用的负担没有约定或者约定不明确的，由受托人负担。

第八百八十七条 法律、行政法规对技术中介合同、技术培训合同另有规定的，依照其规定。

中华人民共和国刑法（节录）

（1979年7月1日第五届全国人民代表大会第二次会议通过 1997年3月14日第八届全国人民代表大会第五次会议修订 根据1998年12月29日第九届全国人民代表大会常务委员会第六次会议通过的《全国人民代表大会常务委员会关于惩治骗购外汇、逃汇和非法买卖外汇犯罪的决定》、1999年12月25日第九届全国人民代表大会常务委员会第十三次会议通过的《中华人民共和国刑法修正案》、2001年8月31日第九届全国人民代表大会常务委员会第二十三次会议通过的《中华人民共和国刑法修正案（二）》、2001年12月29日第九届全国人民代表大会常务委员会第二十五次会议通过的《中华人民共和国刑法修正案（三）》、2002年12月28日第九届全国人民代表大会常务委员会第三十一次会议通过的《中华人民共和国刑法修正案（四）》、2005年2月28日第十届全国人民代表大会常务委员会第十四次会议通过的《中华人民共和国刑法修正案（五）》、2006年6月29日第十届全国人民代表大会常务委员会第二十二次会议通过的《中华人民共和国刑法修正案（六）》、2009年2月28日第十一届全国人民代表大会常务委员会第七次会议通过的《中华人民共和国刑法修正案（七）》、2009年8月27日第十一届全国人民代表大会常务委员会第十次会议通过的《全国人民代表大会常务委员会关于修改部分法律的决定》、2011年2月25日第十一届全国人民代表大会常务委员会第十九次会议通过的《中华人民共和国刑法修正案（八）》、2015年8月29日第十二届全国人民代表大会常务委员会第十六次会议通过的《中华人民共和国刑法修正案（九）》、2017年11月4日第十二届全国人民代表大会常务委员会第三十次会议通过的《中华人民共和国刑法修正案（十）》、2020年12月26日第十三届全国人民代表大会常务委员会第二十四次会议通过的《中华人民共和国刑法修正案（十一）》修正）

第七节 侵犯知识产权罪

第二百一十三条 未经注册商标所有人许可，在同一种商品、服务上使用与其注册商标相同的商标，情节严重的，处三年以下有期徒刑，并处或者单处罚金；情节特别严重的，处三年以上十年以下有期徒刑，并处罚金。

第二百一十四条 销售明知是假冒注册商标的商品，违法所得数额较大或者有其他严重情节的，处三年以下有期徒刑，并处或者单处罚金；违法所得数额巨大或者有其他特别严重情节的，处三年以上十年以下有期徒刑，并处罚金。

第二百一十五条 伪造、擅自制造他人注册商标标识或者销售伪造、擅自制造的注册商标标识，情节严重的，处三年以下有期徒刑，并处或者单处罚金；情节特别严重的，处三年以上十年以下有期徒刑，并处罚金。

第二百一十六条 假冒他人专利，情节严重的，处三年以下有期徒刑或者拘役，并处或者单处罚金。

第二百一十七条 以营利为目的，有下列侵犯著作权或者与著作权有关的权利的情形之一，违法所得数额较大或者有其他严重情节的，处三年以下有期徒刑，并处或者单处罚金；违法所得数额巨大或者有其他特别严重情节的，处三年以上十年以下有期徒刑，并处罚金：

（一）未经著作权人许可，复制发行、通过信息网络向公众传播其文字作品、音乐、美术、视听作品、计算机软件及法律、行政法规规定的其他作品的；

（二）出版他人享有专有出版权的图书的；

（三）未经录音录像制作者许可，复制发行、通过信息网络向公众传播其制作的录音录像的；

（四）未经表演者许可，复制发行录有其表演的录音录像制品，或者通过信息网络向公众传播其表演的；

（五）制作、出售假冒他人署名的美术作品的；

（六）未经著作权人或者与著作权有关的权利人许可，故意避开或者破坏权利人为其作品、录音录像制品等采取的保护著作权或者与著作权有关的权利的技术措施的。

第二百一十八条 以营利为目的，销售明知是本法第二百一十七条规定的侵权复制品，违法所得数额巨大或者有其他严重情节的，处五年以下有期徒刑，并处或者单处罚金。

第二百一十九条 有下列侵犯商业秘密行为之一，情节严重的，处三年以下有期徒刑，并处或者单处罚金；情节特别严重的，处三年以上十年以下有期徒刑，并处罚金：

（一）以盗窃、贿赂、欺诈、胁迫、电子侵入或者其他不正当手段获取权利人的商业秘密的；

（二）披露、使用或者允许他人使用以前项手段获取的权利人的商业秘密的；

（三）违反保密义务或者违反权利人有关保守商业秘密的要求，披露、使用或者允许他人使用其所掌握的商业秘密的。

明知前款所列行为，获取、披露、使用或者允许他人使用该商业秘密的，以侵犯商业秘密论。

本条所称权利人，是指商业秘密的所有人和经商业秘密所有人许可的商业秘密使用人。

第二百一十九条之一 为境外的机构、组织、人员窃取、刺探、收买、非法提供商业秘密的，处五年以下有期徒刑，并处或者单处罚金；情节严重的，处五年以上有期徒刑，并处罚金。

第二百二十条 单位犯本节第二百一十三条至第二百一十九条之一规定之罪的，对单位判处罚金，并对其直接负责的主管人员和其他直接责任人员，依照本节各该条的规定处罚。

最高人民法院
关于知识产权法庭若干问题的规定

（2018年12月3日最高人民法院审判委员会第1756次会议通过
根据2023年10月16日最高人民法院审判委员会第1901次会议
通过的《最高人民法院关于修改〈最高人民法院关于知识产权法庭
若干问题的规定〉的决定》修正，该修正自2023年11月1日起施行）

为进一步统一知识产权案件裁判标准，依法平等保护各类市场主体合法权益，加大知识产权司法保护力度，优化科技创新法治环境，加快实施创新驱动发展战略，根据《中华人民共和国人民法院组织法》《中华人民共和国民事诉讼法》《中华人民共和国行政诉讼法》《全国人民代表大会常务委员会关于专利等知识产权案件诉讼程序若干问题的决定》等法律规定，结合审判工作实际，就最高人民法院知识产权法庭相关问题规定如下。

第一条 最高人民法院设立知识产权法庭，主要审理专利等专业技术性较强的知识产权上诉案件。

知识产权法庭是最高人民法院派出的常设审判机构，设在北京市。

知识产权法庭作出的判决、裁定、调解书和决定，是最高人民法院的判决、裁定、调解书和决定。

第二条 知识产权法庭审理下列上诉案件：

（一）专利、植物新品种、集成电路布图设计授权确权行政上诉案件；

（二）发明专利、植物新品种、集成电路布图设计权属、侵权民事和行政上诉案件；

（三）重大、复杂的实用新型专利、技术秘密、计算机软件权属、侵权民事和行政上诉案件；

（四）垄断民事和行政上诉案件。

知识产权法庭审理下列其他案件：

（一）前款规定类型的全国范围内重大、复杂的第一审民事和行政案件；

（二）对前款规定的第一审民事和行政案件已经发生法律效力的判决、裁定、调解书依法申请再审、抗诉、再审等适用审判监督程序的案件；

（三）前款规定的第一审民事和行政案件管辖权争议，行为保全裁定申请复议，罚款、拘留决定申请复议，报请延长审限等案件；

（四）最高人民法院认为应当由知识产权法庭审理的其他案件。

第三条 审理本规定第二条所称案件的下级人民法院应当按照规定及时向知识产权法庭移送纸质、电子卷宗。

第四条 知识产权法庭可以要求当事人披露涉案知识产权相关权属、侵权、授权确权等关联案件情况。当事人拒不如实披露的，可以作为认定其是否遵循诚实信用原则和构成滥用权利等的考量因素。

第五条 知识产权法庭可以根据案件情况到实地或者原审人民法院所在

地巡回审理案件。

第六条 知识产权法庭采取保全等措施，依照执行程序相关规定办理。

第七条 知识产权法庭审理的案件的立案信息、合议庭组成人员、审判流程、裁判文书等依法公开。

第八条 知识产权法庭法官会议由庭长、副庭长和若干资深法官组成，讨论重大、疑难、复杂案件等。

第九条 知识产权法庭应当加强对有关案件审判工作的调研，及时总结裁判标准和审理规则，指导下级人民法院审判工作。

第十条 对知识产权法院、中级人民法院已经发生法律效力的本规定第二条第一款规定类型的第一审民事和行政案件判决、裁定、调解书，省级人民检察院向高级人民法院提出抗诉的，高级人民法院应当告知其由最高人民检察院依法向最高人民法院提出，并由知识产权法庭审理。

第十一条 本规定自 2019 年 1 月 1 日起施行。最高人民法院此前发布的司法解释与本规定不一致的，以本规定为准。

最高人民法院
关于第一审知识产权民事、行政案件管辖的若干规定

法释〔2022〕13 号

（2021 年 12 月 27 日最高人民法院审判委员会第 1858 次会议通过
2022 年 4 月 20 日最高人民法院公告公布　自 2022 年 5 月 1 日起施行）

为进一步完善知识产权案件管辖制度，合理定位四级法院审判职能，根据《中华人民共和国民事诉讼法》《中华人民共和国行政诉讼法》等法律规定，结合知识产权审判实践，制定本规定。

第一条 发明专利、实用新型专利、植物新品种、集成电路布图设计、技术秘密、计算机软件的权属、侵权纠纷以及垄断纠纷第一审民事、行政案件由知识产权法院，省、自治区、直辖市人民政府所在地的中级人民法院和

最高人民法院确定的中级人民法院管辖。

法律对知识产权法院的管辖有规定的，依照其规定。

第二条 外观设计专利的权属、侵权纠纷以及涉驰名商标认定第一审民事、行政案件由知识产权法院和中级人民法院管辖；经最高人民法院批准，也可以由基层人民法院管辖，但外观设计专利行政案件除外。

本规定第一条及本条第一款规定之外的第一审知识产权案件诉讼标的额在最高人民法院确定的数额以上的，以及涉及国务院部门、县级以上地方人民政府或者海关行政行为的，由中级人民法院管辖。

法律对知识产权法院的管辖有规定的，依照其规定。

第三条 本规定第一条、第二条规定之外的第一审知识产权民事、行政案件，由最高人民法院确定的基层人民法院管辖。

第四条 对新类型、疑难复杂或者具有法律适用指导意义等知识产权民事、行政案件，上级人民法院可以依照诉讼法有关规定，根据下级人民法院报请或者自行决定提级审理。

确有必要将本院管辖的第一审知识产权民事案件交下级人民法院审理的，应当依照民事诉讼法第三十九条第一款的规定，逐案报请其上级人民法院批准。

第五条 依照本规定需要最高人民法院确定管辖或者调整管辖的诉讼标的额标准、区域范围的，应当层报最高人民法院批准。

第六条 本规定自 2022 年 5 月 1 日起施行。

最高人民法院此前发布的司法解释与本规定不一致的，以本规定为准。

最高人民法院
关于知识产权侵权诉讼中被告以原告滥用权利为由请求赔偿合理开支问题的批复

法释〔2021〕11号

（2021年5月31日最高人民法院审判委员会第1840次会议通过
2021年6月3日最高人民法院公告公布　自2021年6月3日起施行）

上海市高级人民法院：

你院《关于知识产权侵权诉讼中被告以原告滥用权利为由请求赔偿合理开支问题的请示》（沪高法〔2021〕215号）收悉。经研究，批复如下：

在知识产权侵权诉讼中，被告提交证据证明原告的起诉构成法律规定的滥用权利损害其合法权益，依法请求原告赔偿其因该诉讼所支付的合理的律师费、交通费、食宿费等开支的，人民法院依法予以支持。被告也可以另行起诉请求原告赔偿上述合理开支。

最高人民法院
关于审理侵害知识产权民事案件适用惩罚性赔偿的解释

法释〔2021〕4号

（2021年2月7日最高人民法院审判委员会第1831次会议通过
2021年3月2日最高人民法院公告公布　自2021年3月3日起施行）

为正确实施知识产权惩罚性赔偿制度，依法惩处严重侵害知识产权行为，全面加强知识产权保护，根据《中华人民共和国民法典》《中华人民共和国著作权法》《中华人民共和国商标法》《中华人民共和国专利法》《中华人民共和国反不正当竞争法》《中华人民共和国种子法》《中华人民共和国民事诉讼法》等有关法律规定，结合审判实践，制定本解释。

第一条 原告主张被告故意侵害其依法享有的知识产权且情节严重，请求判令被告承担惩罚性赔偿责任的，人民法院应当依法审查处理。

本解释所称故意，包括商标法第六十三条第一款和反不正当竞争法第十七条[①]第三款规定的恶意。

第二条 原告请求惩罚性赔偿的，应当在起诉时明确赔偿数额、计算方式以及所依据的事实和理由。

原告在一审法庭辩论终结前增加惩罚性赔偿请求的，人民法院应当准许；在二审中增加惩罚性赔偿请求的，人民法院可以根据当事人自愿的原则进行调解，调解不成的，告知当事人另行起诉。

第三条 对于侵害知识产权的故意的认定，人民法院应当综合考虑被侵害知识产权客体类型、权利状态和相关产品知名度、被告与原告或者利害关系人之间的关系等因素。

对于下列情形，人民法院可以初步认定被告具有侵害知识产权的故意：

（一）被告经原告或者利害关系人通知、警告后，仍继续实施侵权行为的；

（二）被告或其法定代表人、管理人是原告或者利害关系人的法定代表人、管理人、实际控制人的；

（三）被告与原告或者利害关系人之间存在劳动、劳务、合作、许可、经销、代理、代表等关系，且接触过被侵害的知识产权的；

（四）被告与原告或者利害关系人之间有业务往来或者为达成合同等进行过磋商，且接触过被侵害的知识产权的；

（五）被告实施盗版、假冒注册商标行为的；

（六）其他可以认定为故意的情形。

第四条 对于侵害知识产权情节严重的认定，人民法院应当综合考虑侵权手段、次数，侵权行为的持续时间、地域范围、规模、后果，侵权人在诉讼中的行为等因素。

---

① 现为《反不正当竞争法》（2025 年修订）第二十二条。

被告有下列情形的，人民法院可以认定为情节严重：

（一）因侵权被行政处罚或者法院裁判承担责任后，再次实施相同或者类似侵权行为；

（二）以侵害知识产权为业；

（三）伪造、毁坏或者隐匿侵权证据；

（四）拒不履行保全裁定；

（五）侵权获利或者权利人受损巨大；

（六）侵权行为可能危害国家安全、公共利益或者人身健康；

（七）其他可以认定为情节严重的情形。

第五条　人民法院确定惩罚性赔偿数额时，应当分别依照相关法律，以原告实际损失数额、被告违法所得数额或者因侵权所获得的利益作为计算基数。该基数不包括原告为制止侵权所支付的合理开支；法律另有规定的，依照其规定。

前款所称实际损失数额、违法所得数额、因侵权所获得的利益均难以计算的，人民法院依法参照该权利许可使用费的倍数合理确定，并以此作为惩罚性赔偿数额的计算基数。

人民法院依法责令被告提供其掌握的与侵权行为相关的账簿、资料，被告无正当理由拒不提供或者提供虚假账簿、资料的，人民法院可以参考原告的主 ××× 证据确定惩罚性赔偿数额的计算基数。构成民事诉讼法第一百一十一条规定情形的，依法追究法律责任。

第六条　人民法院依法确定惩罚性赔偿的倍数时，应当综合考虑被告主观过错程度、侵权行为的情节严重程度等因素。

因同一侵权行为已经被处以行政罚款或者刑事罚金且执行完毕，被告主张减免惩罚性赔偿责任的，人民法院不予支持，但在确定前款所称倍数时可以综合考虑。

第七条　本解释自 2021 年 3 月 3 日起施行。最高人民法院以前发布的相关司法解释与本解释不一致的，以本解释为准。

最高人民法院
关于北京、上海、广州知识产权法院案件管辖的规定

（2014年10月27日最高人民法院审判委员会第1628次会议通过
根据2020年12月23日最高人民法院审判委员会第1823次会议
通过的《最高人民法院关于修改〈最高人民法院关于审理
侵犯专利权纠纷案件应用法律若干问题的解释（二）〉
等十八件知识产权类司法解释的决定》修正）

为进一步明确北京、上海、广州知识产权法院的案件管辖，根据《中华人民共和国民事诉讼法》《中华人民共和国行政诉讼法》《全国人民代表大会常务委员会关于在北京、上海、广州设立知识产权法院的决定》等规定，制定本规定。

第一条 知识产权法院管辖所在市辖区内的下列第一审案件：

（一）专利、植物新品种、集成电路布图设计、技术秘密、计算机软件民事和行政案件；

（二）对国务院部门或者县级以上地方人民政府所作的涉及著作权、商标、不正当竞争等行政行为提起诉讼的行政案件；

（三）涉及驰名商标认定的民事案件。

第二条 广州知识产权法院对广东省内本规定第一条第（一）项和第（三）项规定的案件实行跨区域管辖。

第三条 北京市、上海市各中级人民法院和广州市中级人民法院不再受理知识产权民事和行政案件。

广东省其他中级人民法院不再受理本规定第一条第（一）项和第（三）项规定的案件。

北京市、上海市、广东省各基层人民法院不再受理本规定第一条第（一）项和第（三）项规定的案件。

第四条　案件标的既包含本规定第一条第（一）项和第（三）项规定的内容，又包含其他内容的，按本规定第一条和第二条的规定确定管辖。

第五条　下列第一审行政案件由北京知识产权法院管辖：

（一）不服国务院部门作出的有关专利、商标、植物新品种、集成电路布图设计等知识产权的授权确权裁定或者决定的；

（二）不服国务院部门作出的有关专利、植物新品种、集成电路布图设计的强制许可决定以及强制许可使用费或者报酬的裁决的；

（三）不服国务院部门作出的涉及知识产权授权确权的其他行政行为的。

第六条　当事人对知识产权法院所在市的基层人民法院作出的第一审著作权、商标、技术合同、不正当竞争等知识产权民事和行政判决、裁定提起的上诉案件，由知识产权法院审理。

第七条　当事人对知识产权法院作出的第一审判决、裁定提起的上诉案件和依法申请上一级法院复议的案件，由知识产权法院所在地的高级人民法院知识产权审判庭审理，但依法应由最高人民法院审理的除外。

第八条　知识产权法院所在省（直辖市）的基层人民法院在知识产权法院成立前已经受理但尚未审结的本规定第一条第（一）项和第（三）项规定的案件，由该基层人民法院继续审理。

除广州市中级人民法院以外，广东省其他中级人民法院在广州知识产权法院成立前已经受理但尚未审结的本规定第一条第（一）项和第（三）项规定的案件，由该中级人民法院继续审理。

二、著作权

中华人民共和国著作权法

（1990年9月7日第七届全国人民代表大会常务委员会第十五次会议通过 根据2001年10月27日第九届全国人民代表大会常务委员会第二十四次会议《关于修改〈中华人民共和国著作权法〉的决定》第一次修正 根据2010年2月26日第十一届全国人民代表大会常务委员会第十三次会议《关于修改〈中华人民共和国著作权法〉的决定》第二次修正 根据2020年11月11日第十三届全国人民代表大会常务委员会第二十三次会议《关于修改〈中华人民共和国著作权法〉的决定》第三次修正）

目　录

第六章　附　则

第一章　总　则

第一条　为保护文学、艺术和科学作品作者的著作权，以及与著作权有关的权益，鼓励有益于社会主义精神文明、物质文明建设的作品的创作和传播，促进社会主义文化和科学事业的发展与繁荣，根据宪法制定本法。

第二条　中国公民、法人或者非法人组织的作品，不论是否发表，依照本法享有著作权。

外国人、无国籍人的作品根据其作者所属国或者经常居住地国同中国签订的协议或者共同参加的国际条约享有的著作权，受本法保护。

外国人、无国籍人的作品首先在中国境内出版的，依照本法享有著作权。

未与中国签订协议或者共同参加国际条约的国家的作者以及无国籍人的作品首次在中国参加的国际条约的成员国出版的，或者在成员国和非成员国同时出版的，受本法保护。

第三条　本法所称的作品，是指文学、艺术和科学领域内具有独创性并能以一定形式表现的智力成果，包括：

（一）文字作品；

（二）口述作品；

（三）音乐、戏剧、曲艺、舞蹈、杂技艺术作品；

（四）美术、建筑作品；

（五）摄影作品；

（六）视听作品；

（七）工程设计图、产品设计图、地图、示意图等图形作品和模型作品；

（八）计算机软件；

（九）符合作品特征的其他智力成果。

第四条　著作权人和与著作权有关的权利人行使权利，不得违反宪法和法律，不得损害公共利益。国家对作品的出版、传播依法进行监督管理。

第五条　本法不适用于：

（一）法律、法规，国家机关的决议、决定、命令和其他具有立法、行政、司法性质的文件，及其官方正式译文；

（二）单纯事实消息；

（三）历法、通用数表、通用表格和公式。

第六条 民间文学艺术作品的著作权保护办法由国务院另行规定。

第七条 国家著作权主管部门负责全国的著作权管理工作；县级以上地方主管著作权的部门负责本行政区域的著作权管理工作。

第八条 著作权人和与著作权有关的权利人可以授权著作权集体管理组织行使著作权或者与著作权有关的权利。依法设立的著作权集体管理组织是非营利法人，被授权后可以以自己的名义为著作权人和与著作权有关的权利人主张权利，并可以作为当事人进行涉及著作权或者与著作权有关的权利的诉讼、仲裁、调解活动。

著作权集体管理组织根据授权向使用者收取使用费。使用费的收取标准由著作权集体管理组织和使用者代表协商确定，协商不成的，可以向国家著作权主管部门申请裁决，对裁决不服的，可以向人民法院提起诉讼；当事人也可以直接向人民法院提起诉讼。

著作权集体管理组织应当将使用费的收取和转付、管理费的提取和使用、使用费的未分配部分等总体情况定期向社会公布，并应当建立权利信息查询系统，供权利人和使用者查询。国家著作权主管部门应当依法对著作权集体管理组织进行监督、管理。

著作权集体管理组织的设立方式、权利义务、使用费的收取和分配，以及对其监督和管理等由国务院另行规定。

第二章 著作权

第一节 著作权人及其权利

第九条 著作权人包括：

（一）作者；

（二）其他依照本法享有著作权的自然人、法人或者非法人组织。

第十条 著作权包括下列人身权和财产权：

（一）发表权，即决定作品是否公之于众的权利；

（二）署名权，即表明作者身份，在作品上署名的权利；

（三）修改权，即修改或者授权他人修改作品的权利；

（四）保护作品完整权，即保护作品不受歪曲、篡改的权利；

（五）复制权，即以印刷、复印、拓印、录音、录像、翻录、翻拍、数字化等方式将作品制作一份或者多份的权利；

（六）发行权，即以出售或者赠与方式向公众提供作品的原件或者复制件的权利；

（七）出租权，即有偿许可他人临时使用视听作品、计算机软件的原件或者复制件的权利，计算机软件不是出租的主要标的的除外；

（八）展览权，即公开陈列美术作品、摄影作品的原件或者复制件的权利；

（九）表演权，即公开表演作品，以及用各种手段公开播送作品的表演的权利；

（十）放映权，即通过放映机、幻灯机等技术设备公开再现美术、摄影、视听作品等的权利；

（十一）广播权，即以有线或者无线方式公开传播或者转播作品，以及通过扩音器或者其他传送符号、声音、图像的类似工具向公众传播广播的作品的权利，但不包括本款第十二项规定的权利；

（十二）信息网络传播权，即以有线或者无线方式向公众提供，使公众可以在其选定的时间和地点获得作品的权利；

（十三）摄制权，即以摄制视听作品的方法将作品固定在载体上的权利；

（十四）改编权，即改变作品，创作出具有独创性的新作品的权利；

（十五）翻译权，即将作品从一种语言文字转换成另一种语言文字的权利；

（十六）汇编权，即将作品或者作品的片段通过选择或者编排，汇集成新作品的权利；

（十七）应当由著作权人享有的其他权利。

著作权人可以许可他人行使前款第五项至第十七项规定的权利，并依照约定或者本法有关规定获得报酬。

著作权人可以全部或者部分转让本条第一款第五项至第十七项规定的权利，并依照约定或者本法有关规定获得报酬。

第二节 著作权归属

第十一条 著作权属于作者，本法另有规定的除外。

创作作品的自然人是作者。

由法人或者非法人组织主持，代表法人或者非法人组织意志创作，并由法人或者非法人组织承担责任的作品，法人或者非法人组织视为作者。

第十二条 在作品上署名的自然人、法人或者非法人组织为作者，且该作品上存在相应权利，但有相反证明的除外。

作者等著作权人可以向国家著作权主管部门认定的登记机构办理作品登记。

与著作权有关的权利参照适用前两款规定。

第十三条 改编、翻译、注释、整理已有作品而产生的作品，其著作权由改编、翻译、注释、整理人享有，但行使著作权时不得侵犯原作品的著作权。

第十四条 两人以上合作创作的作品，著作权由合作作者共同享有。没有参加创作的人，不能成为合作作者。

合作作品的著作权由合作作者通过协商一致行使；不能协商一致，又无正当理由的，任何一方不得阻止他方行使除转让、许可他人专有使用、出质以外的其他权利，但是所得收益应当合理分配给所有合作作者。

合作作品可以分割使用的，作者对各自创作的部分可以单独享有著作权，但行使著作权时不得侵犯合作作品整体的著作权。

第十五条 汇编若干作品、作品的片段或者不构成作品的数据或者其他材料，对其内容的选择或者编排体现独创性的作品，为汇编作品，其著作权由汇编人享有，但行使著作权时，不得侵犯原作品的著作权。

第十六条 使用改编、翻译、注释、整理、汇编已有作品而产生的作品进行出版、演出和制作录音录像制品，应当取得该作品的著作权人和原作品的著作权人许可，并支付报酬。

第十七条 视听作品中的电影作品、电视剧作品的著作权由制作者享有，但编剧、导演、摄影、作词、作曲等作者享有署名权，并有权按照与制作者签订的合同获得报酬。

前款规定以外的视听作品的著作权归属由当事人约定；没有约定或者约定不明确的，由制作者享有，但作者享有署名权和获得报酬的权利。

视听作品中的剧本、音乐等可以单独使用的作品的作者有权单独行使其著作权。

第十八条　自然人为完成法人或者非法人组织工作任务所创作的作品是职务作品，除本条第二款的规定以外，著作权由作者享有，但法人或者非法人组织有权在其业务范围内优先使用。作品完成两年内，未经单位同意，作者不得许可第三人以与单位使用的相同方式使用该作品。

有下列情形之一的职务作品，作者享有署名权，著作权的其他权利由法人或者非法人组织享有，法人或者非法人组织可以给予作者奖励：

（一）主要是利用法人或者非法人组织的物质技术条件创作，并由法人或者非法人组织承担责任的工程设计图、产品设计图、地图、示意图、计算机软件等职务作品；

（二）报社、期刊社、通讯社、广播电台、电视台的工作人员创作的职务作品；

（三）法律、行政法规规定或者合同约定著作权由法人或者非法人组织享有的职务作品。

第十九条　受委托创作的作品，著作权的归属由委托人和受托人通过合同约定。合同未作明确约定或者没有订立合同的，著作权属于受托人。

第二十条　作品原件所有权的转移，不改变作品著作权的归属，但美术、摄影作品原件的展览权由原件所有人享有。

作者将未发表的美术、摄影作品的原件所有权转让给他人，受让人展览该原件不构成对作者发表权的侵犯。

第二十一条　著作权属于自然人的，自然人死亡后，其本法第十条第一款第五项至第十七项规定的权利在本法规定的保护期内，依法转移。

著作权属于法人或者非法人组织的，法人或者非法人组织变更、终止后，其本法第十条第一款第五项至第十七项规定的权利在本法规定的保护期内，由承受其权利义务的法人或者非法人组织享有；没有承受其权利义务的法人或者非法人组织的，由国家享有。

第三节　权利的保护期

第二十二条　作者的署名权、修改权、保护作品完整权的保护期不受限制。

第二十三条　自然人的作品，其发表权、本法第十条第一款第五项至第十七项规定的权利的保护期为作者终生及其死亡后五十年，截止于作者死亡后第五十年的 12 月 31 日；如果是合作作品，截止于最后死亡的作者死亡后第五十年的 12 月 31 日。

法人或者非法人组织的作品、著作权（署名权除外）由法人或者非法人组织享有的职务作品，其发表权的保护期为五十年，截止于作品创作完成后第五十年的 12 月 31 日；本法第十条第一款第五项至第十七项规定的权利的保护期为五十年，截止于作品首次发表后第五十年的 12 月 31 日，但作品自创作完成后五十年内未发表的，本法不再保护。

视听作品，其发表权的保护期为五十年，截止于作品创作完成后第五十年的 12 月 31 日；本法第十条第一款第五项至第十七项规定的权利的保护期为五十年，截止于作品首次发表后第五十年的 12 月 31 日，但作品自创作完成后五十年内未发表的，本法不再保护。

第四节　权利的限制

第二十四条　在下列情况下使用作品，可以不经著作权人许可，不向其支付报酬，但应当指明作者姓名或者名称、作品名称，并且不得影响该作品的正常使用，也不得不合理地损害著作权人的合法权益：

（一）为个人学习、研究或者欣赏，使用他人已经发表的作品；

（二）为介绍、评论某一作品或者说明某一问题，在作品中适当引用他人已经发表的作品；

（三）为报道新闻，在报纸、期刊、广播电台、电视台等媒体中不可避免地再现或者引用已经发表的作品；

（四）报纸、期刊、广播电台、电视台等媒体刊登或者播放其他报纸、期刊、广播电台、电视台等媒体已经发表的关于政治、经济、宗教问题的时事性文章，但著作权人声明不许刊登、播放的除外；

（五）报纸、期刊、广播电台、电视台等媒体刊登或者播放在公众集会上发表的讲话，但作者声明不许刊登、播放的除外；

（六）为学校课堂教学或者科学研究，翻译、改编、汇编、播放或者少量复制已经发表的作品，供教学或者科研人员使用，但不得出版发行；

（七）国家机关为执行公务在合理范围内使用已经发表的作品；

（八）图书馆、档案馆、纪念馆、博物馆、美术馆、文化馆等为陈列或者保存版本的需要，复制本馆收藏的作品；

（九）免费表演已经发表的作品，该表演未向公众收取费用，也未向表演者支付报酬，且不以营利为目的；

（十）对设置或者陈列在公共场所的艺术作品进行临摹、绘画、摄影、录像；

（十一）将中国公民、法人或者非法人组织已经发表的以国家通用语言文字创作的作品翻译成少数民族语言文字作品在国内出版发行；

（十二）以阅读障碍者能够感知的无障碍方式向其提供已经发表的作品；

（十三）法律、行政法规规定的其他情形。

前款规定适用于对与著作权有关的权利的限制。

第二十五条 为实施义务教育和国家教育规划而编写出版教科书，可以不经著作权人许可，在教科书中汇编已经发表的作品片段或者短小的文字作品、音乐作品或者单幅的美术作品、摄影作品、图形作品，但应当按照规定向著作权人支付报酬，指明作者姓名或者名称、作品名称，并且不得侵犯著作权人依照本法享有的其他权利。

前款规定适用于对与著作权有关的权利的限制。

第三章 著作权许可使用和转让合同

第二十六条 使用他人作品应当同著作权人订立许可使用合同，本法规定可以不经许可的除外。

许可使用合同包括下列主要内容：

（一）许可使用的权利种类；

（二）许可使用的权利是专有使用权或者非专有使用权；

（三）许可使用的地域范围、期间；

（四）付酬标准和办法；

（五）违约责任；

（六）双方认为需要约定的其他内容。

第二十七条 转让本法第十条第一款第五项至第十七项规定的权利，应当订立书面合同。

权利转让合同包括下列主要内容：

（一）作品的名称；

（二）转让的权利种类、地域范围；

（三）转让价金；

（四）交付转让价金的日期和方式；

（五）违约责任；

（六）双方认为需要约定的其他内容。

第二十八条 以著作权中的财产权出质的，由出质人和质权人依法办理出质登记。

第二十九条 许可使用合同和转让合同中著作权人未明确许可、转让的权利，未经著作权人同意，另一方当事人不得行使。

第三十条 使用作品的付酬标准可以由当事人约定，也可以按照国家著作权主管部门会同有关部门制定的付酬标准支付报酬。当事人约定不明确的，按照国家著作权主管部门会同有关部门制定的付酬标准支付报酬。

第三十一条 出版者、表演者、录音录像制作者、广播电台、电视台等依照本法有关规定使用他人作品的，不得侵犯作者的署名权、修改权、保护作品完整权和获得报酬的权利。

第四章 与著作权有关的权利

第一节 图书、报刊的出版

第三十二条 图书出版者出版图书应当和著作权人订立出版合同，并支付报酬。

第三十三条 图书出版者对著作权人交付出版的作品，按照合同约定享有的专有出版权受法律保护，他人不得出版该作品。

第三十四条　著作权人应当按照合同约定期限交付作品。图书出版者应当按照合同约定的出版质量、期限出版图书。

图书出版者不按照合同约定期限出版，应当依照本法第六十一条的规定承担民事责任。

图书出版者重印、再版作品的，应当通知著作权人，并支付报酬。图书脱销后，图书出版者拒绝重印、再版的，著作权人有权终止合同。

第三十五条　著作权人向报社、期刊社投稿的，自稿件发出之日起十五日内未收到报社通知决定刊登的，或者自稿件发出之日起三十日内未收到期刊社通知决定刊登的，可以将同一作品向其他报社、期刊社投稿。双方另有约定的除外。

作品刊登后，除著作权人声明不得转载、摘编的外，其他报刊可以转载或者作为文摘、资料刊登，但应当按照规定向著作权人支付报酬。

第三十六条　图书出版者经作者许可，可以对作品修改、删节。

报社、期刊社可以对作品作文字性修改、删节。对内容的修改，应当经作者许可。

第三十七条　出版者有权许可或者禁止他人使用其出版的图书、期刊的版式设计。

前款规定的权利的保护期为十年，截止于使用该版式设计的图书、期刊首次出版后第十年的 12 月 31 日。

第二节　表　演

第三十八条　使用他人作品演出，表演者应当取得著作权人许可，并支付报酬。演出组织者组织演出，由该组织者取得著作权人许可，并支付报酬。

第三十九条　表演者对其表演享有下列权利：

（一）表明表演者身份；

（二）保护表演形象不受歪曲；

（三）许可他人从现场直播和公开传送其现场表演，并获得报酬；

（四）许可他人录音录像，并获得报酬；

（五）许可他人复制、发行、出租录有其表演的录音录像制品，并获得报酬；

（六）许可他人通过信息网络向公众传播其表演，并获得报酬。

被许可人以前款第三项至第六项规定的方式使用作品，还应当取得著作权人许可，并支付报酬。

第四十条 演员为完成本演出单位的演出任务进行的表演为职务表演，演员享有表明身份和保护表演形象不受歪曲的权利，其他权利归属由当事人约定。当事人没有约定或者约定不明确的，职务表演的权利由演出单位享有。

职务表演的权利由演员享有的，演出单位可以在其业务范围内免费使用该表演。

第四十一条 本法第三十九条第一款第一项、第二项规定的权利的保护期不受限制。

本法第三十九条第一款第三项至第六项规定的权利的保护期为五十年，截止于该表演发生后第五十年的12月31日。

第三节 录音录像

第四十二条 录音录像制作者使用他人作品制作录音录像制品，应当取得著作权人许可，并支付报酬。

录音制作者使用他人已经合法录制为录音制品的音乐作品制作录音制品，可以不经著作权人许可，但应当按照规定支付报酬；著作权人声明不许使用的不得使用。

第四十三条 录音录像制作者制作录音录像制品，应当同表演者订立合同，并支付报酬。

第四十四条 录音录像制作者对其制作的录音录像制品，享有许可他人复制、发行、出租、通过信息网络向公众传播并获得报酬的权利；权利的保护期为五十年，截止于该制品首次制作完成后第五十年的12月31日。

被许可人复制、发行、通过信息网络向公众传播录音录像制品，应当同时取得著作权人、表演者许可，并支付报酬；被许可人出租录音录像制品，还应当取得表演者许可，并支付报酬。

第四十五条 将录音制品用于有线或者无线公开传播，或者通过传送声音的技术设备向公众公开播送的，应当向录音制作者支付报酬。

第四节　广播电台、电视台播放

第四十六条　广播电台、电视台播放他人未发表的作品，应当取得著作权人许可，并支付报酬。

广播电台、电视台播放他人已发表的作品，可以不经著作权人许可，但应当按照规定支付报酬。

第四十七条　广播电台、电视台有权禁止未经其许可的下列行为：

（一）将其播放的广播、电视以有线或者无线方式转播；

（二）将其播放的广播、电视录制以及复制；

（三）将其播放的广播、电视通过信息网络向公众传播。

广播电台、电视台行使前款规定的权利，不得影响、限制或者侵害他人行使著作权或者与著作权有关的权利。

本条第一款规定的权利的保护期为五十年，截止于该广播、电视首次播放后第五十年的12月31日。

第四十八条　电视台播放他人的视听作品、录像制品，应当取得视听作品著作权人或者录像制作者许可，并支付报酬；播放他人的录像制品，还应当取得著作权人许可，并支付报酬。

第五章　著作权和与著作权有关的权利的保护

第四十九条　为保护著作权和与著作权有关的权利，权利人可以采取技术措施。

未经权利人许可，任何组织或者个人不得故意避开或者破坏技术措施，不得以避开或者破坏技术措施为目的制造、进口或者向公众提供有关装置或者部件，不得故意为他人避开或者破坏技术措施提供技术服务。但是，法律、行政法规规定可以避开的情形除外。

本法所称的技术措施，是指用于防止、限制未经权利人许可浏览、欣赏作品、表演、录音录像制品或者通过信息网络向公众提供作品、表演、录音录像制品的有效技术、装置或者部件。

第五十条　下列情形可以避开技术措施，但不得向他人提供避开技术措施的技术、装置或者部件，不得侵犯权利人依法享有的其他权利：

（一）为学校课堂教学或者科学研究，提供少量已经发表的作品，供教学或者科研人员使用，而该作品无法通过正常途径获取；

（二）不以营利为目的，以阅读障碍者能够感知的无障碍方式向其提供已经发表的作品，而该作品无法通过正常途径获取；

（三）国家机关依照行政、监察、司法程序执行公务；

（四）对计算机及其系统或者网络的安全性能进行测试；

（五）进行加密研究或者计算机软件反向工程研究。

前款规定适用于对与著作权有关的权利的限制。

第五十一条 未经权利人许可，不得进行下列行为：

（一）故意删除或者改变作品、版式设计、表演、录音录像制品或者广播、电视上的权利管理信息，但由于技术上的原因无法避免的除外；

（二）知道或者应当知道作品、版式设计、表演、录音录像制品或者广播、电视上的权利管理信息未经许可被删除或者改变，仍然向公众提供。

第五十二条 有下列侵权行为的，应当根据情况，承担停止侵害、消除影响、赔礼道歉、赔偿损失等民事责任：

（一）未经著作权人许可，发表其作品的；

（二）未经合作作者许可，将与他人合作创作的作品当作自己单独创作的作品发表的；

（三）没有参加创作，为谋取个人名利，在他人作品上署名的；

（四）歪曲、篡改他人作品的；

（五）剽窃他人作品的；

（六）未经著作权人许可，以展览、摄制视听作品的方法使用作品，或者以改编、翻译、注释等方式使用作品的，本法另有规定的除外；

（七）使用他人作品，应当支付报酬而未支付的；

（八）未经视听作品、计算机软件、录音录像制品的著作权人、表演者或者录音录像制作者许可，出租其作品或者录音录像制品的原件或者复制件的，本法另有规定的除外；

（九）未经出版者许可，使用其出版的图书、期刊的版式设计的；

（十）未经表演者许可，从现场直播或者公开传送其现场表演，或者录制其表演的；

（十一）其他侵犯著作权以及与著作权有关的权利的行为。

第五十三条　有下列侵权行为的，应当根据情况，承担本法第五十二条规定的民事责任；侵权行为同时损害公共利益的，由主管著作权的部门责令停止侵权行为，予以警告，没收违法所得，没收、无害化销毁处理侵权复制品以及主要用于制作侵权复制品的材料、工具、设备等，违法经营额五万元以上的，可以并处违法经营额一倍以上五倍以下的罚款；没有违法经营额、违法经营额难以计算或者不足五万元的，可以并处二十五万元以下的罚款；构成犯罪的，依法追究刑事责任：

（一）未经著作权人许可，复制、发行、表演、放映、广播、汇编、通过信息网络向公众传播其作品的，本法另有规定的除外；

（二）出版他人享有专有出版权的图书的；

（三）未经表演者许可，复制、发行录有其表演的录音录像制品，或者通过信息网络向公众传播其表演的，本法另有规定的除外；

（四）未经录音录像制作者许可，复制、发行、通过信息网络向公众传播其制作的录音录像制品的，本法另有规定的除外；

（五）未经许可，播放、复制或者通过信息网络向公众传播广播、电视的，本法另有规定的除外；

（六）未经著作权人或者与著作权有关的权利人许可，故意避开或者破坏技术措施的，故意制造、进口或者向他人提供主要用于避开、破坏技术措施的装置或者部件的，或者故意为他人避开或者破坏技术措施提供技术服务的，法律、行政法规另有规定的除外；

（七）未经著作权人或者与著作权有关的权利人许可，故意删除或者改变作品、版式设计、表演、录音录像制品或者广播、电视上的权利管理信息的，知道或者应当知道作品、版式设计、表演、录音录像制品或者广播、电视上的权利管理信息未经许可被删除或者改变，仍然向公众提供的，法律、行政法规另有规定的除外；

（八）制作、出售假冒他人署名的作品的。

第五十四条　侵犯著作权或者与著作权有关的权利的，侵权人应当按照权利人因此受到的实际损失或者侵权人的违法所得给予赔偿；权利人的实际损失或者侵权人的违法所得难以计算的，可以参照该权利使用费给予赔偿。

对故意侵犯著作权或者与著作权有关的权利，情节严重的，可以在按照上述方法确定数额的一倍以上五倍以下给予赔偿。

权利人的实际损失、侵权人的违法所得、权利使用费难以计算的，由人民法院根据侵权行为的情节，判决给予五百元以上五百万元以下的赔偿。

赔偿数额还应当包括权利人为制止侵权行为所支付的合理开支。

人民法院为确定赔偿数额，在权利人已经尽了必要举证责任，而与侵权行为相关的账簿、资料等主要由侵权人掌握的，可以责令侵权人提供与侵权行为相关的账簿、资料等；侵权人不提供，或者提供虚假的账簿、资料等的，人民法院可以参考权利人的主张和提供的证据确定赔偿数额。

人民法院审理著作权纠纷案件，应权利人请求，对侵权复制品，除特殊情况外，责令销毁；对主要用于制造侵权复制品的材料、工具、设备等，责令销毁，且不予补偿；或者在特殊情况下，责令禁止前述材料、工具、设备等进入商业渠道，且不予补偿。

第五十五条 主管著作权的部门对涉嫌侵犯著作权和与著作权有关的权利的行为进行查处时，可以询问有关当事人，调查与涉嫌违法行为有关的情况；对当事人涉嫌违法行为的场所和物品实施现场检查；查阅、复制与涉嫌违法行为有关的合同、发票、账簿以及其他有关资料；对于涉嫌违法行为的场所和物品，可以查封或者扣押。

主管著作权的部门依法行使前款规定的职权时，当事人应当予以协助、配合，不得拒绝、阻挠。

第五十六条 著作权人或者与著作权有关的权利人有证据证明他人正在实施或者即将实施侵犯其权利、妨碍其实现权利的行为，如不及时制止将会使其合法权益受到难以弥补的损害的，可以在起诉前依法向人民法院申请采取财产保全、责令作出一定行为或者禁止作出一定行为等措施。

第五十七条 为制止侵权行为，在证据可能灭失或者以后难以取得的情况下，著作权人或者与著作权有关的权利人可以在起诉前依法向人民法院申请保全证据。

第五十八条 人民法院审理案件，对于侵犯著作权或者与著作权有关的权利的，可以没收违法所得、侵权复制品以及进行违法活动的财物。

第五十九条 复制品的出版者、制作者不能证明其出版、制作有合法授权的，复制品的发行者或者视听作品、计算机软件、录音录像制品的复制品的出租者不能证明其发行、出租的复制品有合法来源的，应当承担法律责任。

在诉讼程序中，被诉侵权人主张其不承担侵权责任的，应当提供证据证明已经取得权利人的许可，或者具有本法规定的不经权利人许可而可以使用的情形。

第六十条　著作权纠纷可以调解，也可以根据当事人达成的书面仲裁协议或者著作权合同中的仲裁条款，向仲裁机构申请仲裁。

当事人没有书面仲裁协议，也没有在著作权合同中订立仲裁条款的，可以直接向人民法院起诉。

第六十一条　当事人因不履行合同义务或者履行合同义务不符合约定而承担民事责任，以及当事人行使诉讼权利、申请保全等，适用有关法律的规定。

第六章　附　则

第六十二条　本法所称的著作权即版权。

第六十三条　本法第二条所称的出版，指作品的复制、发行。

第六十四条　计算机软件、信息网络传播权的保护办法由国务院另行规定。

第六十五条　摄影作品，其发表权、本法第十条第一款第五项至第十七项规定的权利的保护期在 2021 年 6 月 1 日前已经届满，但依据本法第二十三条第一款的规定仍在保护期内的，不再保护。

第六十六条　本法规定的著作权人和出版者、表演者、录音录像制作者、广播电台、电视台的权利，在本法施行之日尚未超过本法规定的保护期的，依照本法予以保护。

本法施行前发生的侵权或者违约行为，依照侵权或者违约行为发生时的有关规定处理。

第六十七条　本法自 1991 年 6 月 1 日起施行。

中华人民共和国著作权法实施条例

（2002年8月2日中华人民共和国国务院令第359号公布　根据2011年1月8日《国务院关于废止和修改部分行政法规的决定》第一次修订　根据2013年1月30日《国务院关于修改〈中华人民共和国著作权法实施条例〉的决定》第二次修订）

第一条　根据《中华人民共和国著作权法》（以下简称著作权法），制定本条例。

第二条　著作权法所称作品，是指文学、艺术和科学领域内具有独创性并能以某种有形形式复制的智力成果。

第三条　著作权法所称创作，是指直接产生文学、艺术和科学作品的智力活动。

为他人创作进行组织工作，提供咨询意见、物质条件，或者进行其他辅助工作，均不视为创作。

第四条　著作权法和本条例中下列作品的含义：

（一）文字作品，是指小说、诗词、散文、论文等以文字形式表现的作品；

（二）口述作品，是指即兴的演说、授课、法庭辩论等以口头语言形式表现的作品；

（三）音乐作品，是指歌曲、交响乐等能够演唱或者演奏的带词或者不带词的作品；

（四）戏剧作品，是指话剧、歌剧、地方戏等供舞台演出的作品；

（五）曲艺作品，是指相声、快书、大鼓、评书等以说唱为主要形式表演的作品；

（六）舞蹈作品，是指通过连续的动作、姿势、表情等表现思想情感的作品；

（七）杂技艺术作品，是指杂技、魔术、马戏等通过形体动作和技巧表现的作品；

（八）美术作品，是指绘画、书法、雕塑等以线条、色彩或者其他方式构成的有审美意义的平面或者立体的造型艺术作品；

（九）建筑作品，是指以建筑物或者构筑物形式表现的有审美意义的作品；

（十）摄影作品，是指借助器械在感光材料或者其他介质上记录客观物体形象的艺术作品；

（十一）电影作品和以类似摄制电影的方法创作的作品，是指摄制在一定介质上，由一系列有伴音或者无伴音的画面组成，并且借助适当装置放映或者以其他方式传播的作品；

（十二）图形作品，是指为施工、生产绘制的工程设计图、产品设计图，以及反映地理现象、说明事物原理或者结构的地图、示意图等作品；

（十三）模型作品，是指为展示、试验或者观测等用途，根据物体的形状和结构，按照一定比例制成的立体作品。

第五条　著作权法和本条例中下列用语的含义：

（一）时事新闻，是指通过报纸、期刊、广播电台、电视台等媒体报道的单纯事实消息；

（二）录音制品，是指任何对表演的声音和其他声音的录制品；

（三）录像制品，是指电影作品和以类似摄制电影的方法创作的作品以外的任何有伴音或者无伴音的连续相关形象、图像的录制品；

（四）录音制作者，是指录音制品的首次制作人；

（五）录像制作者，是指录像制品的首次制作人；

（六）表演者，是指演员、演出单位或者其他表演文学、艺术作品的人。

第六条　著作权自作品创作完成之日起产生。

第七条　著作权法第二条第三款规定的首先在中国境内出版的外国人、无国籍人的作品，其著作权自首次出版之日起受保护。

第八条　外国人、无国籍人的作品在中国境外首先出版后，30 日内在中国境内出版的，视为该作品同时在中国境内出版。

第九条　合作作品不可以分割使用的，其著作权由各合作作者共同享有，通过协商一致行使；不能协商一致，又无正当理由的，任何一方不得阻止他方行使除转让以外的其他权利，但是所得收益应当合理分配给所有合作作者。

第十条 著作权人许可他人将其作品摄制成电影作品和以类似摄制电影的方法创作的作品的，视为已同意对其作品进行必要的改动，但是这种改动不得歪曲篡改原作品。

第十一条 著作权法第十六条第一款关于职务作品的规定中的“工作任务”，是指公民在该法人或者该组织中应当履行的职责。

著作权法第十六条第二款关于职务作品的规定中的“物质技术条件”，是指该法人或者该组织为公民完成创作专门提供的资金、设备或者资料。

第十二条 职务作品完成两年内，经单位同意，作者许可第三人以与单位使用的相同方式使用作品所获报酬，由作者与单位按约定的比例分配。

作品完成两年的期限，自作者向单位交付作品之日起计算。

第十三条 作者身份不明的作品，由作品原件的所有人行使除署名权以外的著作权。作者身份确定后，由作者或者其继承人行使著作权。

第十四条 合作作者之一死亡后，其对合作作品享有的著作权法第十条第一款第五项至第十七项规定的权利无人继承又无人受遗赠的，由其他合作作者享有。

第十五条 作者死亡后，其著作权中的署名权、修改权和保护作品完整权由作者的继承人或者受遗赠人保护。

著作权无人继承又无人受遗赠的，其署名权、修改权和保护作品完整权由著作权行政管理部门保护。

第十六条 国家享有著作权的作品的使用，由国务院著作权行政管理部门管理。

第十七条 作者生前未发表的作品，如果作者未明确表示不发表，作者死亡后 50 年内，其发表权可由继承人或者受遗赠人行使；没有继承人又无人受遗赠的，由作品原件的所有人行使。

第十八条 作者身份不明的作品，其著作权法第十条第一款第五项至第十七项规定的权利的保护期截止于作品首次发表后第 50 年的 12 月 31 日。作者身份确定后，适用著作权法第二十一条的规定。

第十九条 使用他人作品的，应当指明作者姓名、作品名称；但是，当事人另有约定或者由于作品使用方式的特性无法指明的除外。

第二十条　著作权法所称已经发表的作品，是指著作权人自行或者许可他人公之于众的作品。

第二十一条　依照著作权法有关规定，使用可以不经著作权人许可的已经发表的作品的，不得影响该作品的正常使用，也不得不合理地损害著作权人的合法利益。

第二十二条　依照著作权法第二十三条、第三十三条第二款、第四十条第三款的规定使用作品的付酬标准，由国务院著作权行政管理部门会同国务院价格主管部门制定、公布。

第二十三条　使用他人作品应当同著作权人订立许可使用合同，许可使用的权利是专有使用权的，应当采取书面形式，但是报社、期刊社刊登作品除外。

第二十四条　著作权法第二十四条规定的专有使用权的内容由合同约定，合同没有约定或者约定不明的，视为被许可人有权排除包括著作权人在内的任何人以同样的方式使用作品；除合同另有约定外，被许可人许可第三人行使同一权利，必须取得著作权人的许可。

第二十五条　与著作权人订立专有许可使用合同、转让合同的，可以向著作权行政管理部门备案。

第二十六条　著作权法和本条例所称与著作权有关的权益，是指出版者对其出版的图书和期刊的版式设计享有的权利，表演者对其表演享有的权利，录音录像制作者对其制作的录音录像制品享有的权利，广播电台、电视台对其播放的广播、电视节目享有的权利。

第二十七条　出版者、表演者、录音录像制作者、广播电台、电视台行使权利，不得损害被使用作品和原作品著作权人的权利。

第二十八条　图书出版合同中约定图书出版者享有专有出版权但没有明确其具体内容的，视为图书出版者享有在合同有效期限内和在合同约定的地域范围内以同种文字的原版、修订版出版图书的专有权利。

第二十九条　著作权人寄给图书出版者的两份订单在6个月内未能得到履行，视为著作权法第三十二条所称图书脱销。

第三十条　著作权人依照著作权法第三十三条第二款声明不得转载、摘编其作品的，应当在报纸、期刊刊登该作品时附带声明。

第三十一条 著作权人依照著作权法第四十条第三款声明不得对其作品制作录音制品的，应当在该作品合法录制为录音制品时声明。

第三十二条 依照著作权法第二十三条、第三十三条第二款、第四十条第三款的规定，使用他人作品的，应当自使用该作品之日起2个月内向著作权人支付报酬。

第三十三条 外国人、无国籍人在中国境内的表演，受著作权法保护。

外国人、无国籍人根据中国参加的国际条约对其表演享有的权利，受著作权法保护。

第三十四条 外国人、无国籍人在中国境内制作、发行的录音制品，受著作权法保护。

外国人、无国籍人根据中国参加的国际条约对其制作、发行的录音制品享有的权利，受著作权法保护。

第三十五条 外国的广播电台、电视台根据中国参加的国际条约对其播放的广播、电视节目享有的权利，受著作权法保护。

第三十六条 有著作权法第四十八条所列侵权行为，同时损害社会公共利益，非法经营额5万元以上的，著作权行政管理部门可处非法经营额1倍以上5倍以下的罚款；没有非法经营额或者非法经营额5万元以下的，著作权行政管理部门根据情节轻重，可处25万元以下的罚款。

第三十七条 有著作权法第四十八条所列侵权行为，同时损害社会公共利益的，由地方人民政府著作权行政管理部门负责查处。

国务院著作权行政管理部门可以查处在全国有重大影响的侵权行为。

第三十八条 本条例自2002年9月15日起施行。1991年5月24日国务院批准、1991年5月30日国家版权局发布的《中华人民共和国著作权法实施条例》同时废止。

三、商标权

中华人民共和国商标法

（1982年8月23日第五届全国人民代表大会常务委员会第二十四次会议通过 根据1993年2月22日第七届全国人民代表大会常务委员会第三十次会议《关于修改〈中华人民共和国商标法〉的决定》第一次修正 根据2001年10月27日第九届全国人民代表大会常务委员会第二十四次会议《关于修改〈中华人民共和国商标法〉的决定》第二次修正 根据2013年8月30日第十二届全国人民代表大会常务委员会第四次会议《关于修改〈中华人民共和国商标法〉的决定》第三次修正 根据2019年4月23日第十三届全国人民代表大会常务委员会第十次会议《关于修改〈中华人民共和国建筑法〉等八部法律的决定》第四次修正）

目　录

第一章 总 则

第一条 为了加强商标管理，保护商标专用权，促使生产、经营者保证商品和服务质量，维护商标信誉，以保障消费者和生产、经营者的利益，促进社会主义市场经济的发展，特制定本法。

第二条 国务院工商行政管理部门商标局主管全国商标注册和管理的工作。

国务院工商行政管理部门设立商标评审委员会，负责处理商标争议事宜。

第三条 经商标局核准注册的商标为注册商标，包括商品商标、服务商标和集体商标、证明商标；商标注册人享有商标专用权，受法律保护。

本法所称集体商标，是指以团体、协会或者其他组织名义注册，供该组织成员在商事活动中使用，以表明使用者在该组织中的成员资格的标志。

本法所称证明商标，是指由对某种商品或者服务具有监督能力的组织所控制，而由该组织以外的单位或者个人使用于其商品或者服务，用以证明该商品或者服务的原产地、原料、制造方法、质量或者其他特定品质的标志。

集体商标、证明商标注册和管理的特殊事项，由国务院工商行政管理部门规定。

第四条 自然人、法人或者其他组织在生产经营活动中，对其商品或者服务需要取得商标专用权的，应当向商标局申请商标注册。不以使用为目的的恶意商标注册申请，应当予以驳回。

本法有关商品商标的规定，适用于服务商标。

第五条 两个以上的自然人、法人或者其他组织可以共同向商标局申请注册同一商标，共同享有和行使该商标专用权。

第六条 法律、行政法规规定必须使用注册商标的商品，必须申请商标注册，未经核准注册的，不得在市场销售。

第七条 申请注册和使用商标，应当遵循诚实信用原则。

商标使用人应当对其使用商标的商品质量负责。各级工商行政管理部门应当通过商标管理，制止欺骗消费者的行为。

第八条 任何能够将自然人、法人或者其他组织的商品与他人的商品区别开的标志，包括文字、图形、字母、数字、三维标志、颜色组合和声音等，以及上述要素的组合，均可以作为商标申请注册。

第九条　申请注册的商标，应当有显著特征，便于识别，并不得与他人在先取得的合法权利相冲突。

商标注册人有权标明“注册商标”或者注册标记。

第十条　下列标志不得作为商标使用：

（一）同中华人民共和国的国家名称、国旗、国徽、国歌、军旗、军徽、军歌、勋章等相同或者近似的，以及同中央国家机关的名称、标志、所在地特定地点的名称或者标志性建筑物的名称、图形相同的；

（二）同外国的国家名称、国旗、国徽、军旗等相同或者近似的，但经该国政府同意的除外；

（三）同政府间国际组织的名称、旗帜、徽记等相同或者近似的，但经该组织同意或者不易误导公众的除外；

（四）与表明实施控制、予以保证的官方标志、检验印记相同或者近似的，但经授权的除外；

（五）同“红十字”、“红新月”的名称、标志相同或者近似的；

（六）带有民族歧视性的；

（七）带有欺骗性，容易使公众对商品的质量等特点或者产地产生误认的；

（八）有害于社会主义道德风尚或者有其他不良影响的。

县级以上行政区划的地名或者公众知晓的外国地名，不得作为商标。但是，地名具有其他含义或者作为集体商标、证明商标组成部分的除外；已经注册的使用地名的商标继续有效。

第十一条　下列标志不得作为商标注册：

（一）仅有本商品的通用名称、图形、型号的；

（二）仅直接表示商品的质量、主要原料、功能、用途、重量、数量及其他特点的；

（三）其他缺乏显著特征的。

前款所列标志经过使用取得显著特征，并便于识别的，可以作为商标注册。

第十二条　以三维标志申请注册商标的，仅由商品自身的性质产生的形状、为获得技术效果而需有的商品形状或者使商品具有实质性价值的形状，不得注册。

第十三条 为相关公众所熟知的商标，持有人认为其权利受到侵害时，可以依照本法规定请求驰名商标保护。

就相同或者类似商品申请注册的商标是复制、摹仿或者翻译他人未在中国注册的驰名商标，容易导致混淆的，不予注册并禁止使用。

就不相同或者不相类似商品申请注册的商标是复制、摹仿或者翻译他人已经在中国注册的驰名商标，误导公众，致使该驰名商标注册人的利益可能受到损害的，不予注册并禁止使用。

第十四条 驰名商标应当根据当事人的请求，作为处理涉及商标案件需要认定的事实进行认定。认定驰名商标应当考虑下列因素：

（一）相关公众对该商标的知晓程度；

（二）该商标使用的持续时间；

（三）该商标的任何宣传工作的持续时间、程度和地理范围；

（四）该商标作为驰名商标受保护的记录；

（五）该商标驰名的其他因素。

在商标注册审查、工商行政管理部门查处商标违法案件过程中，当事人依照本法第十三条规定主张权利的，商标局根据审查、处理案件的需要，可以对商标驰名情况作出认定。

在商标争议处理过程中，当事人依照本法第十三条规定主张权利的，商标评审委员会根据处理案件的需要，可以对商标驰名情况作出认定。

在商标民事、行政案件审理过程中，当事人依照本法第十三条规定主张权利的，最高人民法院指定的人民法院根据审理案件的需要，可以对商标驰名情况作出认定。

生产、经营者不得将“驰名商标”字样用于商品、商品包装或者容器上，或者用于广告宣传、展览以及其他商业活动中。

第十五条 未经授权，代理人或者代表人以自己的名义将被代理人或者被代表人的商标进行注册，被代理人或者被代表人提出异议的，不予注册并禁止使用。

就同一种商品或者类似商品申请注册的商标与他人在先使用的未注册商

标相同或者近似，申请人与该他人具有前款规定以外的合同、业务往来关系或者其他关系而明知该他人商标存在，该他人提出异议的，不予注册。

第十六条　商标中有商品的地理标志，而该商品并非来源于该标志所标示的地区，误导公众的，不予注册并禁止使用；但是，已经善意取得注册的继续有效。

前款所称地理标志，是指标示某商品来源于某地区，该商品的特定质量、信誉或者其他特征，主要由该地区的自然因素或者人文因素所决定的标志。

第十七条　外国人或者外国企业在中国申请商标注册的，应当按其所属国和中华人民共和国签订的协议或者共同参加的国际条约办理，或者按对等原则办理。

第十八条　申请商标注册或者办理其他商标事宜，可以自行办理，也可以委托依法设立的商标代理机构办理。

外国人或者外国企业在中国申请商标注册和办理其他商标事宜的，应当委托依法设立的商标代理机构办理。

第十九条　商标代理机构应当遵循诚实信用原则，遵守法律、行政法规，按照被代理人的委托办理商标注册申请或者其他商标事宜；对在代理过程中知悉的被代理人的商业秘密，负有保密义务。

委托人申请注册的商标可能存在本法规定不得注册情形的，商标代理机构应当明确告知委托人。

商标代理机构知道或者应当知道委托人申请注册的商标属于本法第四条、第十五条和第三十二条规定情形的，不得接受其委托。

商标代理机构除对其代理服务申请商标注册外，不得申请注册其他商标。

第二十条　商标代理行业组织应当按照章程规定，严格执行吸纳会员的条件，对违反行业自律规范的会员实行惩戒。商标代理行业组织对其吸纳的会员和对会员的惩戒情况，应当及时向社会公布。

第二十一条　商标国际注册遵循中华人民共和国缔结或者参加的有关国际条约确立的制度，具体办法由国务院规定。

第二章　商标注册的申请

第二十二条　商标注册申请人应当按规定的商品分类表填报使用商标的

商品类别和商品名称，提出注册申请。

商标注册申请人可以通过一份申请就多个类别的商品申请注册同一商标。

商标注册申请等有关文件，可以以书面方式或者数据电文方式提出。

第二十三条 注册商标需要在核定使用范围之外的商品上取得商标专用权的，应当另行提出注册申请。

第二十四条 注册商标需要改变其标志的，应当重新提出注册申请。

第二十五条 商标注册申请人自其商标在外国第一次提出商标注册申请之日起六个月内，又在中国就相同商品以同一商标提出商标注册申请的，依照该外国同中国签订的协议或者共同参加的国际条约，或者按照相互承认优先权的原则，可以享有优先权。

依照前款要求优先权的，应当在提出商标注册申请的时候提出书面声明，并且在三个月内提交第一次提出的商标注册申请文件的副本；未提出书面声明或者逾期未提交商标注册申请文件副本的，视为未要求优先权。

第二十六条 商标在中国政府主办的或者承认的国际展览会展出的商品上首次使用的，自该商品展出之日起六个月内，该商标的注册申请人可以享有优先权。

依照前款要求优先权的，应当在提出商标注册申请的时候提出书面声明，并且在三个月内提交展出其商品的展览会名称、在展出商品上使用该商标的证据、展出日期等证明文件；未提出书面声明或者逾期未提交证明文件的，视为未要求优先权。

第二十七条 为申请商标注册所申报的事项和所提供的材料应当真实、准确、完整。

第三章 商标注册的审查和核准

第二十八条 对申请注册的商标，商标局应当自收到商标注册申请文件之日起九个月内审查完毕，符合本法有关规定的，予以初步审定公告。

第二十九条 在审查过程中，商标局认为商标注册申请内容需要说明或者修正的，可以要求申请人做出说明或者修正。申请人未做出说明或者修正的，不影响商标局做出审查决定。

第三十条 申请注册的商标，凡不符合本法有关规定或者同他人在同一种商品或者类似商品上已经注册的或者初步审定的商标相同或者近似的，由商标局驳回申请，不予公告。

第三十一条 两个或者两个以上的商标注册申请人，在同一种商品或者类似商品上，以相同或者近似的商标申请注册的，初步审定并公告申请在先的商标；同一天申请的，初步审定并公告使用在先的商标，驳回其他人的申请，不予公告。

第三十二条 申请商标注册不得损害他人现有的在先权利，也不得以不正当手段抢先注册他人已经使用并有一定影响的商标。

第三十三条 对初步审定公告的商标，自公告之日起三个月内，在先权利人、利害关系人认为违反本法第十三条第二款和第三款、第十五条、第十六条第一款、第三十条、第三十一条、第三十二条规定的，或者任何人认为违反本法第四条、第十条、第十一条、第十二条、第十九条第四款规定的，可以向商标局提出异议。公告期满无异议的，予以核准注册，发给商标注册证，并予公告。

第三十四条 对驳回申请、不予公告的商标，商标局应当书面通知商标注册申请人。商标注册申请人不服的，可以自收到通知之日起十五日内向商标评审委员会申请复审。商标评审委员会应当自收到申请之日起九个月内做出决定，并书面通知申请人。有特殊情况需要延长的，经国务院工商行政管理部门批准，可以延长三个月。当事人对商标评审委员会的决定不服的，可以自收到通知之日起三十日内向人民法院起诉。

第三十五条 对初步审定公告的商标提出异议的，商标局应当听取异议人和被异议人陈述事实和理由，经调查核实后，自公告期满之日起十二个月内做出是否准予注册的决定，并书面通知异议人和被异议人。有特殊情况需要延长的，经国务院工商行政管理部门批准，可以延长六个月。

商标局做出准予注册决定的，发给商标注册证，并予公告。异议人不服的，可以依照本法第四十四条、第四十五条的规定向商标评审委员会请求宣告该注册商标无效。

商标局做出不予注册决定，被异议人不服的，可以自收到通知之日起十五日内向商标评审委员会申请复审。商标评审委员会应当自收到申请之日起十二个月内做出复审决定，并书面通知异议人和被异议人。有特殊情况需要延长的，经国务院工商行政管理部门批准，可以延长六个月。被异议人对商标评审委员会的决定不服的，可以自收到通知之日起三十日内向人民法院起诉。人民法院应当通知异议人作为第三人参加诉讼。

商标评审委员会在依照前款规定进行复审的过程中，所涉及的在先权利的确定必须以人民法院正在审理或者行政机关正在处理的另一案件的结果为依据的，可以中止审查。中止原因消除后，应当恢复审查程序。

第三十六条 法定期限届满，当事人对商标局做出的驳回申请决定、不予注册决定不申请复审或者对商标评审委员会做出的复审决定不向人民法院起诉的，驳回申请决定、不予注册决定或者复审决定生效。

经审查异议不成立而准予注册的商标，商标注册申请人取得商标专用权的时间自初步审定公告三个月期满之日起计算。自该商标公告期满之日起至准予注册决定做出前，对他人在同一种或者类似商品上使用与该商标相同或者近似的标志的行为不具有追溯力；但是，因该使用人的恶意给商标注册人造成的损失，应当给予赔偿。

第三十七条 对商标注册申请和商标复审申请应当及时进行审查。

第三十八条 商标注册申请人或者注册人发现商标申请文件或者注册文件有明显错误的，可以申请更正。商标局依法在其职权范围内作出更正，并通知当事人。

前款所称更正错误不涉及商标申请文件或者注册文件的实质性内容。

第四章 注册商标的续展、变更、转让和使用许可

第三十九条 注册商标的有效期为十年，自核准注册之日起计算。

第四十条 注册商标有效期满，需要继续使用的，商标注册人应当在期满前十二个月内按照规定办理续展手续；在此期间未能办理的，可以给予六个月的宽展期。每次续展注册的有效期为十年，自该商标上一届有效期满次日起计算。期满未办理续展手续的，注销其注册商标。

商标局应当对续展注册的商标予以公告。

第四十一条 注册商标需要变更注册人的名义、地址或者其他注册事项的，应当提出变更申请。

第四十二条 转让注册商标的，转让人和受让人应当签订转让协议，并

共同向商标局提出申请。受让人应当保证使用该注册商标的商品质量。

转让注册商标的，商标注册人对其在同一种商品上注册的近似的商标，或者在类似商品上注册的相同或者近似的商标，应当一并转让。

对容易导致混淆或者有其他不良影响的转让，商标局不予核准，书面通知申请人并说明理由。

转让注册商标经核准后，予以公告。受让人自公告之日起享有商标专用权。

第四十三条 商标注册人可以通过签订商标使用许可合同，许可他人使用其注册商标。许可人应当监督被许可人使用其注册商标的商品质量。被许可人应当保证使用该注册商标的商品质量。

经许可使用他人注册商标的，必须在使用该注册商标的商品上标明被许可人的名称和商品产地。

许可他人使用其注册商标的，许可人应当将其商标使用许可报商标局备案，由商标局公告。商标使用许可未经备案不得对抗善意第三人。

第五章 注册商标的无效宣告

第四十四条 已经注册的商标，违反本法第四条、第十条、第十一条、第十二条、第十九条第四款规定的，或者是以欺骗手段或者其他不正当手段取得注册的，由商标局宣告该注册商标无效；其他单位或者个人可以请求商标评审委员会宣告该注册商标无效。

商标局做出宣告注册商标无效的决定，应当书面通知当事人。当事人对商标局的决定不服的，可以自收到通知之日起十五日内向商标评审委员会申请复审。商标评审委员会应当自收到申请之日起九个月内做出决定，并书面通知当事人。有特殊情况需要延长的，经国务院工商行政管理部门批准，可以延长三个月。当事人对商标评审委员会的决定不服的，可以自收到通知之日起三十日内向人民法院起诉。

其他单位或者个人请求商标评审委员会宣告注册商标无效的，商标评审委员会收到申请后，应当书面通知有关当事人，并限期提出答辩。商标评审委员会应当自收到申请之日起九个月内做出维持注册商标或者宣告注册商标无效的裁定，并书面通知当事人。有特殊情况需要延长的，经国务院工商行政管理部门批准，可以延长三个月。当事人对商标评审委员会的裁定不服的，可以自收到通知之日起三十日内向人民法院起诉。人民法院应当通知商标裁定程序的对方当事人作为第三人参加诉讼。

第四十五条 已经注册的商标，违反本法第十三条第二款和第三款、第十五条、第十六条第一款、第三十条、第三十一条、第三十二条规定的，自商标注册之日起五年内，在先权利人或者利害关系人可以请求商标评审委员会宣告该注册商标无效。对恶意注册的，驰名商标所有人不受五年的时间限制。

商标评审委员会收到宣告注册商标无效的申请后，应当书面通知有关当事人，并限期提出答辩。商标评审委员会应当自收到申请之日起十二个月内做出维持注册商标或者宣告注册商标无效的裁定，并书面通知当事人。有特殊情况需要延长的，经国务院工商行政管理部门批准，可以延长六个月。当事人对商标评审委员会的裁定不服的，可以自收到通知之日起三十日内向人民法院起诉。人民法院应当通知商标裁定程序的对方当事人作为第三人参加诉讼。

商标评审委员会在依照前款规定对无效宣告请求进行审查的过程中，所涉及的在先权利的确定必须以人民法院正在审理或者行政机关正在处理的另一案件的结果为依据的，可以中止审查。中止原因消除后，应当恢复审查程序。

第四十六条 法定期限届满，当事人对商标局宣告注册商标无效的决定不申请复审或者对商标评审委员会的复审决定、维持注册商标或者宣告注册商标无效的裁定不向人民法院起诉的，商标局的决定或者商标评审委员会的复审决定、裁定生效。

第四十七条 依照本法第四十四条、第四十五条的规定宣告无效的注册商标，由商标局予以公告，该注册商标专用权视为自始即不存在。

宣告注册商标无效的决定或者裁定，对宣告无效前人民法院做出并已执行的商标侵权案件的判决、裁定、调解书和工商行政管理部门做出并已执行的商标侵权案件的处理决定以及已经履行的商标转让或者使用许可合同不具有追溯力。但是，因商标注册人的恶意给他人造成的损失，应当给予赔偿。

依照前款规定不返还商标侵权赔偿金、商标转让费、商标使用费，明显违反公平原则的，应当全部或者部分返还。

第六章　商标使用的管理

第四十八条　本法所称商标的使用，是指将商标用于商品、商品包装或者容器以及商品交易文书上，或者将商标用于广告宣传、展览以及其他商业活动中，用于识别商品来源的行为。

第四十九条　商标注册人在使用注册商标的过程中，自行改变注册商标、注册人名义、地址或者其他注册事项的，由地方工商行政管理部门责令限期改正；期满不改正的，由商标局撤销其注册商标。

注册商标成为其核定使用的商品的通用名称或者没有正当理由连续三年不使用的，任何单位或者个人可以向商标局申请撤销该注册商标。商标局应当自收到申请之日起九个月内做出决定。有特殊情况需要延长的，经国务院工商行政管理部门批准，可以延长三个月。

第五十条　注册商标被撤销、被宣告无效或者期满不再续展的，自撤销、宣告无效或者注销之日起一年内，商标局对与该商标相同或者近似的商标注册申请，不予核准。

第五十一条　违反本法第六条规定的，由地方工商行政管理部门责令限期申请注册，违法经营额五万元以上的，可以处违法经营额百分之二十以下的罚款，没有违法经营额或者违法经营额不足五万元的，可以处一万元以下的罚款。

第五十二条　将未注册商标冒充注册商标使用的，或者使用未注册商标违反本法第十条规定的，由地方工商行政管理部门予以制止，限期改正，并可以予以通报，违法经营额五万元以上的，可以处违法经营额百分之二十以下的罚款，没有违法经营额或者违法经营额不足五万元的，可以处一万元以下的罚款。

第五十三条　违反本法第十四条第五款规定的，由地方工商行政管理部门责令改正，处十万元罚款。

第五十四条　对商标局撤销或者不予撤销注册商标的决定，当事人不服的，可以自收到通知之日起十五日内向商标评审委员会申请复审。商标评审委员会应当自收到申请之日起九个月内做出决定，并书面通知当事人。有特殊情况需要延长的，经国务院工商行政管理部门批准，可以延长三个月。当事人对商标评审委员会的决定不服的，可以自收到通知之日起三十日内向人民法院起诉。

第五十五条 法定期限届满，当事人对商标局做出的撤销注册商标的决定不申请复审或者对商标评审委员会做出的复审决定不向人民法院起诉的，撤销注册商标的决定、复审决定生效。

被撤销的注册商标，由商标局予以公告，该注册商标专用权自公告之日起终止。

第七章 注册商标专用权的保护

第五十六条 注册商标的专用权，以核准注册的商标和核定使用的商品为限。

第五十七条 有下列行为之一的，均属侵犯注册商标专用权：

（一）未经商标注册人的许可，在同一种商品上使用与其注册商标相同的商标的；

（二）未经商标注册人的许可，在同一种商品上使用与其注册商标近似的商标，或者在类似商品上使用与其注册商标相同或者近似的商标，容易导致混淆的；

（三）销售侵犯注册商标专用权的商品的；

（四）伪造、擅自制造他人注册商标标识或者销售伪造、擅自制造的注册商标标识的；

（五）未经商标注册人同意，更换其注册商标并将该更换商标的商品又投入市场的；

（六）故意为侵犯他人商标专用权行为提供便利条件，帮助他人实施侵犯商标专用权行为的；

（七）给他人的注册商标专用权造成其他损害的。

第五十八条 将他人注册商标、未注册的驰名商标作为企业名称中的字号使用，误导公众，构成不正当竞争行为的，依照《中华人民共和国反不正当竞争法》处理。

第五十九条 注册商标中含有的本商品的通用名称、图形、型号，或者直接表示商品的质量、主要原料、功能、用途、重量、数量及其他特点，或者含有的地名，注册商标专用权人无权禁止他人正当使用。

三维标志注册商标中含有的商品自身的性质产生的形状、为获得技术效果而需有的商品形状或者使商品具有实质性价值的形状，注册商标专用权人无权禁止他人正当使用。

商标注册人申请商标注册前，他人已经在同一种商品或者类似商品上先于商标注册人使用与注册商标相同或者近似并有一定影响的商标的，注册商标专用权人无权禁止该使用人在原使用范围内继续使用该商标，但可以要求其附加适当区别标识。

第六十条　有本法第五十七条所列侵犯注册商标专用权行为之一，引起纠纷的，由当事人协商解决；不愿协商或者协商不成的，商标注册人或者利害关系人可以向人民法院起诉，也可以请求工商行政管理部门处理。

工商行政管理部门处理时，认定侵权行为成立的，责令立即停止侵权行为，没收、销毁侵权商品和主要用于制造侵权商品、伪造注册商标标识的工具，违法经营额五万元以上的，可以处违法经营额五倍以下的罚款，没有违法经营额或者违法经营额不足五万元的，可以处二十五万元以下的罚款。对五年内实施两次以上商标侵权行为或者有其他严重情节的，应当从重处罚。销售不知道是侵犯注册商标专用权的商品，能证明该商品是自己合法取得并说明提供者的，由工商行政管理部门责令停止销售。

对侵犯商标专用权的赔偿数额的争议，当事人可以请求进行处理的工商行政管理部门调解，也可以依照《中华人民共和国民事诉讼法》向人民法院起诉。经工商行政管理部门调解，当事人未达成协议或者调解书生效后不履行的，当事人可以依照《中华人民共和国民事诉讼法》向人民法院起诉。

第六十一条　对侵犯注册商标专用权的行为，工商行政管理部门有权依法查处；涉嫌犯罪的，应当及时移送司法机关依法处理。

第六十二条　县级以上工商行政管理部门根据已经取得的违法嫌疑证据或者举报，对涉嫌侵犯他人注册商标专用权的行为进行查处时，可以行使下列职权：

（一）询问有关当事人，调查与侵犯他人注册商标专用权有关的情况；

（二）查阅、复制当事人与侵权活动有关的合同、发票、账簿以及其他有关资料；

（三）对当事人涉嫌从事侵犯他人注册商标专用权活动的场所实施现场检查；

（四）检查与侵权活动有关的物品；对有证据证明是侵犯他人注册商标专用权的物品，可以查封或者扣押。

工商行政管理部门依法行使前款规定的职权时，当事人应当予以协助、配合，不得拒绝、阻挠。

在查处商标侵权案件过程中，对商标权属存在争议或者权利人同时向人民法院提起商标侵权诉讼的，工商行政管理部门可以中止案件的查处。中止原因消除后，应当恢复或者终结案件查处程序。

第六十三条 侵犯商标专用权的赔偿数额，按照权利人因被侵权所受到的实际损失确定；实际损失难以确定的，可以按照侵权人因侵权所获得的利益确定；权利人的损失或者侵权人获得的利益难以确定的，参照该商标许可使用费的倍数合理确定。对恶意侵犯商标专用权，情节严重的，可以在按照上述方法确定数额的一倍以上五倍以下确定赔偿数额。赔偿数额应当包括权利人为制止侵权行为所支付的合理开支。

人民法院为确定赔偿数额，在权利人已经尽力举证，而与侵权行为相关的账簿、资料主要由侵权人掌握的情况下，可以责令侵权人提供与侵权行为相关的账簿、资料；侵权人不提供或者提供虚假的账簿、资料的，人民法院可以参考权利人的主张和提供的证据判定赔偿数额。

权利人因被侵权所受到的实际损失、侵权人因侵权所获得的利益、注册商标许可使用费难以确定的，由人民法院根据侵权行为的情节判决给予五百万元以下的赔偿。

人民法院审理商标纠纷案件，应权利人请求，对属于假冒注册商标的商品，除特殊情况外，责令销毁；对主要用于制造假冒注册商标的商品的材料、工具，责令销毁，且不予补偿；或者在特殊情况下，责令禁止前述材料、工具进入商业渠道，且不予补偿。

假冒注册商标的商品不得在仅去除假冒注册商标后进入商业渠道。

第六十四条 注册商标专用权人请求赔偿，被控侵权人以注册商标专用权人未使用注册商标提出抗辩的，人民法院可以要求注册商标专用权人提供此前三年内实际使用该注册商标的证据。注册商标专用权人不能证明此前三年内实际使用过该注册商标，也不能证明因侵权行为受到其他损失的，被控侵权人不承担赔偿责任。

销售不知道是侵犯注册商标专用权的商品，能证明该商品是自己合法取得并说明提供者的，不承担赔偿责任。

第六十五条　商标注册人或者利害关系人有证据证明他人正在实施或者即将实施侵犯其注册商标专用权的行为，如不及时制止将会使其合法权益受到难以弥补的损害的，可以依法在起诉前向人民法院申请采取责令停止有关行为和财产保全的措施。

第六十六条　为制止侵权行为，在证据可能灭失或者以后难以取得的情况下，商标注册人或者利害关系人可以依法在起诉前向人民法院申请保全证据。

第六十七条　未经商标注册人许可，在同一种商品上使用与其注册商标相同的商标，构成犯罪的，除赔偿被侵权人的损失外，依法追究刑事责任。

伪造、擅自制造他人注册商标标识或者销售伪造、擅自制造的注册商标标识，构成犯罪的，除赔偿被侵权人的损失外，依法追究刑事责任。

销售明知是假冒注册商标的商品，构成犯罪的，除赔偿被侵权人的损失外，依法追究刑事责任。

第六十八条　商标代理机构有下列行为之一的，由工商行政管理部门责令限期改正，给予警告，处一万元以上十万元以下的罚款；对直接负责的主管人员和其他直接责任人员给予警告，处五千元以上五万元以下的罚款；构成犯罪的，依法追究刑事责任：

（一）办理商标事宜过程中，伪造、变造或者使用伪造、变造的法律文件、印章、签名的；

（二）以诋毁其他商标代理机构等手段招徕商标代理业务或者以其他不正当手段扰乱商标代理市场秩序的；

（三）违反本法第四条、第十九条第三款和第四款规定的。

商标代理机构有前款规定行为的，由工商行政管理部门记入信用档案；情节严重的，商标局、商标评审委员会并可以决定停止受理其办理商标代理业务，予以公告。

商标代理机构违反诚实信用原则，侵害委托人合法利益的，应当依法承担民事责任，并由商标代理行业组织按照章程规定予以惩戒。

对恶意申请商标注册的，根据情节给予警告、罚款等行政处罚；对恶意提起商标诉讼的，由人民法院依法给予处罚。

第六十九条 从事商标注册、管理和复审工作的国家机关工作人员必须秉公执法，廉洁自律，忠于职守，文明服务。

商标局、商标评审委员会以及从事商标注册、管理和复审工作的国家机关工作人员不得从事商标代理业务和商品生产经营活动。

第七十条 工商行政管理部门应当建立健全内部监督制度，对负责商标注册、管理和复审工作的国家机关工作人员执行法律、行政法规和遵守纪律的情况，进行监督检查。

第七十一条 从事商标注册、管理和复审工作的国家机关工作人员玩忽职守、滥用职权、徇私舞弊，违法办理商标注册、管理和复审事项，收受当事人财物，牟取不正当利益，构成犯罪的，依法追究刑事责任；尚不构成犯罪的，依法给予处分。

第八章 附 则

第七十二条 申请商标注册和办理其他商标事宜的，应当缴纳费用，具体收费标准另定。

第七十三条 本法自1983年3月1日起施行。1963年4月10日国务院公布的《商标管理条例》同时废止；其他有关商标管理的规定，凡与本法抵触的，同时失效。

本法施行前已经注册的商标继续有效。

中华人民共和国商标法实施条例

（2002年8月3日中华人民共和国国务院令第358号公布　2014年4月29日中华人民共和国国务院令第651号修订通过　自2014年5月1日起施行）

第一章　总　则

第一条　根据《中华人民共和国商标法》（以下简称商标法），制定本条例。

第二条　本条例有关商品商标的规定，适用于服务商标。

第三条　商标持有人依照商标法第十三条规定请求驰名商标保护的，应当提交其商标构成驰名商标的证据材料。商标局、商标评审委员会应当依照商标法第十四条的规定，根据审查、处理案件的需要以及当事人提交的证据材料，对其商标驰名情况作出认定。

第四条　商标法第十六条规定的地理标志，可以依照商标法和本条例的规定，作为证明商标或者集体商标申请注册。

以地理标志作为证明商标注册的，其商品符合使用该地理标志条件的自然人、法人或者其他组织可以要求使用该证明商标，控制该证明商标的组织应当允许。以地理标志作为集体商标注册的，其商品符合使用该地理标志条件的自然人、法人或者其他组织，可以要求参加以该地理标志作为集体商标注册的团体、协会或者其他组织，该团体、协会或者其他组织应当依据其章程接纳为会员；不要求参加以该地理标志作为集体商标注册的团体、协会或者其他组织的，也可以正当使用该地理标志，该团体、协会或者其他组织无权禁止。

第五条　当事人委托商标代理机构申请商标注册或者办理其他商标事宜，应当提交代理委托书。代理委托书应当载明代理内容及权限；外国人或者外国企业的代理委托书还应当载明委托人的国籍。

外国人或者外国企业的代理委托书及与其有关的证明文件的公证、认证手续，按照对等原则办理。

申请商标注册或者转让商标，商标注册申请人或者商标转让受让人为外国人或者外国企业的，应当在申请书中指定中国境内接收人负责接收商标局、商标评审委员会后继商标业务的法律文件。商标局、商标评审委员会后继商标业务的法律文件向中国境内接收人送达。

商标法第十八条所称外国人或者外国企业，是指在中国没有经常居所或者营业所的外国人或者外国企业。

第六条 申请商标注册或者办理其他商标事宜，应当使用中文。

依照商标法和本条例规定提交的各种证件、证明文件和证据材料是外文的，应当附送中文译文；未附送的，视为未提交该证件、证明文件或者证据材料。

第七条 商标局、商标评审委员会工作人员有下列情形之一的，应当回避，当事人或者利害关系人可以要求其回避：

（一）是当事人或者当事人、代理人的近亲属的；

（二）与当事人、代理人有其他关系，可能影响公正的；

（三）与申请商标注册或者办理其他商标事宜有利害关系的。

第八条 以商标法第二十二条规定的数据电文方式提交商标注册申请等有关文件，应当按照商标局或者商标评审委员会的规定通过互联网提交。

第九条 除本条例第十八条规定的情形外，当事人向商标局或者商标评审委员会提交文件或者材料的日期，直接递交的，以递交日为准；邮寄的，以寄出的邮戳日为准；邮戳日不清晰或者没有邮戳的，以商标局或者商标评审委员会实际收到日为准，但是当事人能够提出实际邮戳日证据的除外。通过邮政企业以外的快递企业递交的，以快递企业收寄日为准；收寄日不明确的，以商标局或者商标评审委员会实际收到日为准，但是当事人能够提出实际收寄日证据的除外。以数据电文方式提交的，以进入商标局或者商标评审委员会电子系统的日期为准。

当事人向商标局或者商标评审委员会邮寄文件，应当使用给据邮件。

当事人向商标局或者商标评审委员会提交文件，以书面方式提交的，以商标局或者商标评审委员会所存档案记录为准；以数据电文方式提交的，以商标局或者商标评审委员会数据库记录为准，但是当事人确有证据证明商标局或者商标评审委员会档案、数据库记录有错误的除外。

第十条 商标局或者商标评审委员会的各种文件，可以通过邮寄、直接递交、数据电文或者其他方式送达当事人；以数据电文方式送达当事人的，应当经当事人同意。当事人委托商标代理机构的，文件送达商标代理机构视为送达当事人。

商标局或者商标评审委员会向当事人送达各种文件的日期，邮寄的，以当事人收到的邮戳日为准；邮戳日不清晰或者没有邮戳的，自文件发出之日起满 15 日视为送达当事人，但是当事人能够证明实际收到日的除外；直接递交的，以递交日为准；以数据电文方式送达的，自文件发出之日起满 15 日视为送达当事人，但是当事人能够证明文件进入其电子系统日期的除外。文件通过上述方式无法送达的，可以通过公告方式送达，自公告发布之日起满 30 日，该文件视为送达当事人。

第十一条 下列期间不计入商标审查、审理期限：

（一）商标局、商标评审委员会文件公告送达的期间；

（二）当事人需要补充证据或者补正文件的期间以及因当事人更换需要重新答辩的期间；

（三）同日申请提交使用证据及协商、抽签需要的期间；

（四）需要等待优先权确定的期间；

（五）审查、审理过程中，依案件申请人的请求等待在先权利案件审理结果的期间。

第十二条 除本条第二款规定的情形外，商标法和本条例规定的各种期限开始的当日不计算在期限内。期限以年或者月计算的，以期限最后一月的相应日为期限届满日；该月无相应日的，以该月最后一日为期限届满日；期限届满日是节假日的，以节假日后的第一个工作日为期限届满日。

商标法第三十九条、第四十条规定的注册商标有效期从法定日开始起算，期限最后一月相应日的前一日为期限届满日，该月无相应日的，以该月最后一日为期限届满日。

第二章 商标注册的申请

第十三条 申请商标注册，应当按照公布的商品和服务分类表填报。每一件商标注册申请应当向商标局提交《商标注册申请书》1 份、商标图样 1 份；以颜色组合或者着色图样申请商标注册的，应当提交着色图样，并提交黑白稿 1 份；不指定颜色的，应当提交黑白图样。

商标图样应当清晰，便于粘贴，用光洁耐用的纸张印制或者用照片代替，长和宽应当不大于 10 厘米，不小于 5 厘米。

以三维标志申请商标注册的，应当在申请书中予以声明，说明商标的使用方式，并提交能够确定三维形状的图样，提交的商标图样应当至少包含三面视图。

以颜色组合申请商标注册的，应当在申请书中予以声明，说明商标的使用方式。

以声音标志申请商标注册的，应当在申请书中予以声明，提交符合要求的声音样本，对申请注册的声音商标进行描述，说明商标的使用方式。对声音商标进行描述，应当以五线谱或者简谱对申请用作商标的声音加以描述并附加文字说明；无法以五线谱或者简谱描述的，应当以文字加以描述；商标描述与声音样本应当一致。

申请注册集体商标、证明商标的，应当在申请书中予以声明，并提交主体资格证明文件和使用管理规则。

商标为外文或者包含外文的，应当说明含义。

第十四条 申请商标注册的，申请人应当提交其身份证明文件。商标注册申请人的名义与所提交的证明文件应当一致。

前款关于申请人提交其身份证明文件的规定适用于向商标局提出的办理变更、转让、续展、异议、撤销等其他商标事宜。

第十五条 商品或者服务项目名称应当按照商品和服务分类表中的类别号、名称填写；商品或者服务项目名称未列入商品和服务分类表的，应当附送对该商品或者服务的说明。

商标注册申请等有关文件以纸质方式提出的，应当打字或者印刷。

本条第二款规定适用于办理其他商标事宜。

第十六条 共同申请注册同一商标或者办理其他共有商标事宜的，应当在申请书中指定一个代表人；没有指定代表人的，以申请书中顺序排列的第一人为代表人。

商标局和商标评审委员会的文件应当送达代表人。

第十七条 申请人变更其名义、地址、代理人、文件接收人或者删减指定的商品的，应当向商标局办理变更手续。

申请人转让其商标注册申请的，应当向商标局办理转让手续。

第十八条 商标注册的申请日期以商标局收到申请文件的日期为准。

商标注册申请手续齐备、按照规定填写申请文件并缴纳费用的，商标局予以受理并书面通知申请人；申请手续不齐备、未按照规定填写申请文件或者未缴纳费用的，商标局不予受理，书面通知申请人并说明理由。申请手续基本齐备或者申请文件基本符合规定，但是需要补正的，商标局通知申请人予以补正，限其自收到通知之日起30日内，按照指定内容补正并交回商标局。在规定期限内补正并交回商标局的，保留申请日期；期满未补正的或者不按照要求进行补正的，商标局不予受理并书面通知申请人。

本条第二款关于受理条件的规定适用于办理其他商标事宜。

第十九条 两个或者两个以上的申请人，在同一种商品或者类似商品上，分别以相同或者近似的商标在同一天申请注册的，各申请人应当自收到商标局通知之日起30日内提交其申请注册前在先使用该商标的证据。同日使用或者均未使用的，各申请人可以自收到商标局通知之日起30日内自行协商，并将书面协议报送商标局；不愿协商或者协商不成的，商标局通知各申请人以抽签的方式确定一个申请人，驳回其他人的注册申请。商标局已经通知但申请人未参加抽签的，视为放弃申请，商标局应当书面通知未参加抽签的申请人。

第二十条 依照商标法第二十五条规定要求优先权的，申请人提交的第一次提出商标注册申请文件的副本应当经受理该申请的商标主管机关证明，并注明申请日期和申请号。

第三章 商标注册申请的审查

第二十一条 商标局对受理的商标注册申请，依照商标法及本条例的有关规定进行审查，对符合规定或者在部分指定商品上使用商标的注册申请符合规定的，予以初步审定，并予以公告；对不符合规定或者在部分指定商品上使用商标的注册申请不符合规定的，予以驳回或者驳回在部分指定商品上使用商标的注册申请，书面通知申请人并说明理由。

第二十二条 商标局对一件商标注册申请在部分指定商品上予以驳回的，申请人可以将该申请中初步审定的部分申请分割成另一件申请，分割后的申请保留原申请的申请日期。

需要分割的，申请人应当自收到商标局《商标注册申请部分驳回通知书》之日起15日内，向商标局提出分割申请。

商标局收到分割申请后，应当将原申请分割为两件，对分割出来的初步审定申请生成新的申请号，并予以公告。

第二十三条 依照商标法第二十九条规定，商标局认为对商标注册申请内容需要说明或者修正的，申请人应当自收到商标局通知之日起15日内作出说明或者修正。

第二十四条 对商标局初步审定予以公告的商标提出异议的，异议人应当向商标局提交下列商标异议材料一式两份并标明正、副本：

（一）商标异议申请书；

（二）异议人的身份证明；

（三）以违反商标法第十三条第二款和第三款、第十五条、第十六条第一款、第三十条、第三十一条、第三十二条规定为由提出异议的，异议人作为在先权利人或者利害关系人的证明。

商标异议申请书应当有明确的请求和事实依据，并附送有关证据材料。

第二十五条 商标局收到商标异议申请书后，经审查，符合受理条件的，予以受理，向申请人发出受理通知书。

第二十六条 商标异议申请有下列情形的，商标局不予受理，书面通知申请人并说明理由：

（一）未在法定期限内提出的；

（二）申请人主体资格、异议理由不符合商标法第三十三条规定的；

（三）无明确的异议理由、事实和法律依据的；

（四）同一异议人以相同的理由、事实和法律依据针对同一商标再次提出异议申请的。

第二十七条 商标局应当将商标异议材料副本及时送交被异议人，限其自收到商标异议材料副本之日起30日内答辩。被异议人不答辩的，不影响商标局作出决定。

当事人需要在提出异议申请或者答辩后补充有关证据材料的，应当在商标异议申请书或者答辩书中声明，并自提交商标异议申请书或者答辩书之日起3个月内提交；期满未提交的，视为当事人放弃补充有关证据材料。但是，在期满后生成或者当事人有其他正当理由未能在期满前提交的证据，在期满后提交的，商标局将证据交对方当事人并质证后可以采信。

第二十八条　商标法第三十五条第三款和第三十六条第一款所称不予注册决定，包括在部分指定商品上不予注册决定。

被异议商标在商标局作出准予注册决定或者不予注册决定前已经刊发注册公告的，撤销该注册公告。经审查异议不成立而准予注册的，在准予注册决定生效后重新公告。

第二十九条　商标注册申请人或者商标注册人依照商标法第三十八条规定提出更正申请的，应当向商标局提交更正申请书。符合更正条件的，商标局核准后更正相关内容；不符合更正条件的，商标局不予核准，书面通知申请人并说明理由。

已经刊发初步审定公告或者注册公告的商标经更正的，刊发更正公告。

第四章　注册商标的变更、转让、续展

第三十条　变更商标注册人名义、地址或者其他注册事项的，应当向商标局提交变更申请书。变更商标注册人名义的，还应当提交有关登记机关出具的变更证明文件。商标局核准的，发给商标注册人相应证明，并予以公告；不予核准的，应当书面通知申请人并说明理由。

变更商标注册人名义或者地址的，商标注册人应当将其全部注册商标一并变更；未一并变更的，由商标局通知其限期改正；期满未改正的，视为放弃变更申请，商标局应当书面通知申请人。

第三十一条　转让注册商标的，转让人和受让人应当向商标局提交转让注册商标申请书。转让注册商标申请手续应当由转让人和受让人共同办理。商标局核准转让注册商标申请的，发给受让人相应证明，并予以公告。

转让注册商标，商标注册人对其在同一种或者类似商品上注册的相同或者近似的商标未一并转让的，由商标局通知其限期改正；期满未改正的，视

为放弃转让该注册商标的申请，商标局应当书面通知申请人。

第三十二条 注册商标专用权因转让以外的继承等其他事由发生移转的，接受该注册商标专用权的当事人应当凭有关证明文件或者法律文书到商标局办理注册商标专用权移转手续。

注册商标专用权移转的，注册商标专用权人在同一种或者类似商品上注册的相同或者近似的商标，应当一并移转；未一并移转的，由商标局通知其限期改正；期满未改正的，视为放弃该移转注册商标的申请，商标局应当书面通知申请人。

商标移转申请经核准的，予以公告。接受该注册商标专用权移转的当事人自公告之日起享有商标专用权。

第三十三条 注册商标需要续展注册的，应当向商标局提交商标续展注册申请书。商标局核准商标注册续展申请的，发给相应证明并予以公告。

第五章 商标国际注册

第三十四条 商标法第二十一条规定的商标国际注册，是指根据《商标国际注册马德里协定》（以下简称马德里协定）、《商标国际注册马德里协定有关议定书》（以下简称马德里议定书）及《商标国际注册马德里协定及该协定有关议定书的共同实施细则》的规定办理的马德里商标国际注册。

马德里商标国际注册申请包括以中国为原属国的商标国际注册申请、指定中国的领土延伸申请及其他有关的申请。

第三十五条 以中国为原属国申请商标国际注册的，应当在中国设有真实有效的营业所，或者在中国有住所，或者拥有中国国籍。

第三十六条 符合本条例第三十五条规定的申请人，其商标已在商标局获得注册的，可以根据马德里协定申请办理该商标的国际注册。

符合本条例第三十五条规定的申请人，其商标已在商标局获得注册，或者已向商标局提出商标注册申请并被受理的，可以根据马德里议定书申请办理该商标的国际注册。

第三十七条 以中国为原属国申请商标国际注册的，应当通过商标局向世界知识产权组织国际局（以下简称国际局）申请办理。

以中国为原属国的，与马德里协定有关的商标国际注册的后期指定、放弃、注销，应当通过商标局向国际局申请办理；与马德里协定有关的商标国际注册的转让、删减、变更、续展，可以通过商标局向国际局申请办理，也可以直接向国际局申请办理。

以中国为原属国的，与马德里议定书有关的商标国际注册的后期指定、转让、删减、放弃、注销、变更、续展，可以通过商标局向国际局申请办理，也可以直接向国际局申请办理。

第三十八条　通过商标局向国际局申请商标国际注册及办理其他有关申请的，应当提交符合国际局和商标局要求的申请书和相关材料。

第三十九条　商标国际注册申请指定的商品或者服务不得超出国内基础申请或者基础注册的商品或者服务的范围。

第四十条　商标国际注册申请手续不齐备或者未按照规定填写申请书的，商标局不予受理，申请日不予保留。

申请手续基本齐备或者申请书基本符合规定，但需要补正的，申请人应当自收到补正通知书之日起30日内予以补正，逾期未补正的，商标局不予受理，书面通知申请人。

第四十一条　通过商标局向国际局申请商标国际注册及办理其他有关申请的，应当按照规定缴纳费用。

申请人应当自收到商标局缴费通知单之日起15日内，向商标局缴纳费用。期满未缴纳的，商标局不受理其申请，书面通知申请人。

第四十二条　商标局在马德里协定或者马德里议定书规定的驳回期限（以下简称驳回期限）内，依照商标法和本条例的有关规定对指定中国的领土延伸申请进行审查，作出决定，并通知国际局。商标局在驳回期限内未发出驳回或者部分驳回通知的，该领土延伸申请视为核准。

第四十三条　指定中国的领土延伸申请人，要求将三维标志、颜色组合、声音标志作为商标保护或者要求保护集体商标、证明商标的，自该商标在国际局国际注册簿登记之日起3个月内，应当通过依法设立的商标代理机构，向商标局提交本条例第十三条规定的相关材料。未在上述期限内提交相关材料的，商标局驳回该领土延伸申请。

第四十四条　世界知识产权组织对商标国际注册有关事项进行公告，商标局不再另行公告。

第四十五条 对指定中国的领土延伸申请，自世界知识产权组织《国际商标公告》出版的次月1日起3个月内，符合商标法第三十三条规定条件的异议人可以向商标局提出异议申请。

商标局在驳回期限内将异议申请的有关情况以驳回决定的形式通知国际局。

被异议人可以自收到国际局转发的驳回通知书之日起30日内进行答辩，答辩书及相关证据材料应当通过依法设立的商标代理机构向商标局提交。

第四十六条 在中国获得保护的国际注册商标，有效期自国际注册日或者后期指定日起算。在有效期届满前，注册人可以向国际局申请续展，在有效期内未申请续展的，可以给予6个月的宽展期。商标局收到国际局的续展通知后，依法进行审查。国际局通知未续展的，注销该国际注册商标。

第四十七条 指定中国的领土延伸申请办理转让的，受让人应当在缔约方境内有真实有效的营业所，或者在缔约方境内有住所，或者是缔约方国民。

转让人未将其在相同或者类似商品或者服务上的相同或者近似商标一并转让的，商标局通知注册人自发出通知之日起3个月内改正；期满未改正或者转让容易引起混淆或者有其他不良影响的，商标局作出该转让在中国无效的决定，并向国际局作出声明。

第四十八条 指定中国的领土延伸申请办理删减，删减后的商品或者服务不符合中国有关商品或者服务分类要求或者超出原指定商品或者服务范围的，商标局作出该删减在中国无效的决定，并向国际局作出声明。

第四十九条 依照商标法第四十九条第二款规定申请撤销国际注册商标，应当自该商标国际注册申请的驳回期限届满之日起满3年后向商标局提出申请；驳回期限届满时仍处在驳回复审或者异议相关程序的，应当自商标局或者商标评审委员会作出的准予注册决定生效之日起满3年后向商标局提出申请。

依照商标法第四十四条第一款规定申请宣告国际注册商标无效的，应当自该商标国际注册申请的驳回期限届满后向商标评审委员会提出申请；驳回期限届满时仍处在驳回复审或者异议相关程序的，应当自商标局或者商标评审委员会作出的准予注册决定生效后向商标评审委员会提出申请。

依照商标法第四十五条第一款规定申请宣告国际注册商标无效的，应当自该商标国际注册申请的驳回期限届满之日起5年内向商标评审委员会提出申请；驳回期限届满时仍处在驳回复审或者异议相关程序的，应当自商标局或者商标评审委员会作出的准予注册决定生效之日起5年内向商标评审委员会提出申请。对恶意注册的，驰名商标所有人不受5年的时间限制。

第五十条　商标法和本条例下列条款的规定不适用于办理商标国际注册相关事宜：

（一）商标法第二十八条、第三十五条第一款关于审查和审理期限的规定；

（二）本条例第二十二条、第三十条第二款；

（三）商标法第四十二条及本条例第三十一条关于商标转让由转让人和受让人共同申请并办理手续的规定。

第六章　商标评审

第五十一条　商标评审是指商标评审委员会依照商标法第三十四条、第三十五条、第四十四条、第四十五条、第五十四条的规定审理有关商标争议事宜。当事人向商标评审委员会提出商标评审申请，应当有明确的请求、事实、理由和法律依据，并提供相应证据。

商标评审委员会根据事实，依法进行评审。

第五十二条　商标评审委员会审理不服商标局驳回商标注册申请决定的复审案件，应当针对商标局的驳回决定和申请人申请复审的事实、理由、请求及评审时的事实状态进行审理。

商标评审委员会审理不服商标局驳回商标注册申请决定的复审案件，发现申请注册的商标有违反商标法第十条、第十一条、第十二条和第十六条第一款规定情形，商标局并未依据上述条款作出驳回决定的，可以依据上述条款作出驳回申请的复审决定。商标评审委员会作出复审决定前应当听取申请人的意见。

第五十三条　商标评审委员会审理不服商标局不予注册决定的复审案件，应当针对商标局的不予注册决定和申请人申请复审的事实、理由、请求及原异议人提出的意见进行审理。

商标评审委员会审理不服商标局不予注册决定的复审案件，应当通知原异议人参加并提出意见。原异议人的意见对案件审理结果有实质影响的，可以作为评审的依据；原异议人不参加或者不提出意见的，不影响案件的审理。

第五十四条 商标评审委员会审理依照商标法第四十四条、第四十五条规定请求宣告注册商标无效的案件，应当针对当事人申请和答辩的事实、理由及请求进行审理。

第五十五条 商标评审委员会审理不服商标局依照商标法第四十四条第一款规定作出宣告注册商标无效决定的复审案件，应当针对商标局的决定和申请人申请复审的事实、理由及请求进行审理。

第五十六条 商标评审委员会审理不服商标局依照商标法第四十九条规定作出撤销或者维持注册商标决定的复审案件，应当针对商标局作出撤销或者维持注册商标决定和当事人申请复审时所依据的事实、理由及请求进行审理。

第五十七条 申请商标评审，应当向商标评审委员会提交申请书，并按照对方当事人的数量提交相应份数的副本；基于商标局的决定书申请复审的，还应当同时附送商标局的决定书副本。

商标评审委员会收到申请书后，经审查，符合受理条件的，予以受理；不符合受理条件的，不予受理，书面通知申请人并说明理由；需要补正的，通知申请人自收到通知之日起 30 日内补正。经补正仍不符合规定的，商标评审委员会不予受理，书面通知申请人并说明理由；期满未补正的，视为撤回申请，商标评审委员会应当书面通知申请人。

商标评审委员会受理商标评审申请后，发现不符合受理条件的，予以驳回，书面通知申请人并说明理由。

第五十八条 商标评审委员会受理商标评审申请后应当及时将申请书副本送交对方当事人，限其自收到申请书副本之日起 30 日内答辩；期满未答辩的，不影响商标评审委员会的评审。

第五十九条 当事人需要在提出评审申请或者答辩后补充有关证据材料的，应当在申请书或者答辩书中声明，并自提交申请书或者答辩书之日起 3 个月内提交；期满未提交的，视为放弃补充有关证据材料。但是，在期满后生成或者当事人有其他正当理由未能在期满前提交的证据，在期满后提交的，商标评审委员会将证据交对方当事人并质证后可以采信。

第六十条 商标评审委员会根据当事人的请求或者实际需要，可以决定对评审申请进行口头审理。

商标评审委员会决定对评审申请进行口头审理的，应当在口头审理15日前书面通知当事人，告知口头审理的日期、地点和评审人员。当事人应当在通知书指定的期限内作出答复。

申请人不答复也不参加口头审理的，其评审申请视为撤回，商标评审委员会应当书面通知申请人；被申请人不答复也不参加口头审理的，商标评审委员会可以缺席评审。

第六十一条 申请人在商标评审委员会作出决定、裁定前，可以书面向商标评审委员会要求撤回申请并说明理由，商标评审委员会认为可以撤回的，评审程序终止。

第六十二条 申请人撤回商标评审申请的，不得以相同的事实和理由再次提出评审申请。商标评审委员会对商标评审申请已经作出裁定或者决定的，任何人不得以相同的事实和理由再次提出评审申请。但是，经不予注册复审程序予以核准注册后向商标评审委员会提起宣告注册商标无效的除外。

第七章 商标使用的管理

第六十三条 使用注册商标，可以在商品、商品包装、说明书或者其他附着物上标明“注册商标”或者注册标记。

注册标记包括注和®。使用注册标记，应当标注在商标的右上角或者右下角。

第六十四条 《商标注册证》遗失或者破损的，应当向商标局提交补发《商标注册证》申请书。《商标注册证》遗失的，应当在《商标公告》上刊登遗失声明。破损的《商标注册证》，应当在提交补发申请时交回商标局。

商标注册人需要商标局补发商标变更、转让、续展证明，出具商标注册证明，或者商标申请人需要商标局出具优先权证明文件的，应当向商标局提交相应申请书。符合要求的，商标局发给相应证明；不符合要求的，商标局不予办理，通知申请人并告知理由。

伪造或者变造《商标注册证》或者其他商标证明文件的，依照刑法关于伪造、变造国家机关证件罪或者其他罪的规定，依法追究刑事责任。

第六十五条 有商标法第四十九条规定的注册商标成为其核定使用的商品通用名称情形的，任何单位或者个人可以向商标局申请撤销该注册商标，提交申请时应当附送证据材料。商标局受理后应当通知商标注册人，限其自收到通知之日起2个月内答辩；期满未答辩的，不影响商标局作出决定。

第六十六条 有商标法第四十九条规定的注册商标无正当理由连续3年不使用情形的，任何单位或者个人可以向商标局申请撤销该注册商标，提交申请时应当说明有关情况。商标局受理后应当通知商标注册人，限其自收到通知之日起2个月内提交该商标在撤销申请提出前使用的证据材料或者说明不使用的正当理由；期满未提供使用的证据材料或者证据材料无效并没有正当理由的，由商标局撤销其注册商标。

前款所称使用的证据材料，包括商标注册人使用注册商标的证据材料和商标注册人许可他人使用注册商标的证据材料。

以无正当理由连续3年不使用为由申请撤销注册商标的，应当自该注册商标注册公告之日起满3年后提出申请。

第六十七条 下列情形属于商标法第四十九条规定的正当理由：

（一）不可抗力；

（二）政府政策性限制；

（三）破产清算；

（四）其他不可归责于商标注册人的正当事由。

第六十八条 商标局、商标评审委员会撤销注册商标或者宣告注册商标无效，撤销或者宣告无效的理由仅及于部分指定商品的，对在该部分指定商品上使用的商标注册予以撤销或者宣告无效。

第六十九条 许可他人使用其注册商标的，许可人应当在许可合同有效期内向商标局备案并报送备案材料。备案材料应当说明注册商标使用许可人、被许可人、许可期限、许可使用的商品或者服务范围等事项。

第七十条 以注册商标专用权出质的，出质人与质权人应当签订书面质权合同，并共同向商标局提出质权登记申请，由商标局公告。

第七十一条 违反商标法第四十三条第二款规定的，由工商行政管理部门责令限期改正；逾期不改正的，责令停止销售，拒不停止销售的，处10万元以下的罚款。

第七十二条　商标持有人依照商标法第十三条规定请求驰名商标保护的，可以向工商行政管理部门提出请求。经商标局依照商标法第十四条规定认定为驰名商标的，由工商行政管理部门责令停止违反商标法第十三条规定使用商标的行为，收缴、销毁违法使用的商标标识；商标标识与商品难以分离的，一并收缴、销毁。

第七十三条　商标注册人申请注销其注册商标或者注销其商标在部分指定商品上的注册的，应当向商标局提交商标注销申请书，并交回原《商标注册证》。

商标注册人申请注销其注册商标或者注销其商标在部分指定商品上的注册，经商标局核准注销的，该注册商标专用权或者该注册商标专用权在该部分指定商品上的效力自商标局收到其注销申请之日起终止。

第七十四条　注册商标被撤销或者依照本条例第七十三条的规定被注销的，原《商标注册证》作废，并予以公告；撤销该商标在部分指定商品上的注册的，或者商标注册人申请注销其商标在部分指定商品上的注册的，重新核发《商标注册证》，并予以公告。

第八章　注册商标专用权的保护

第七十五条　为侵犯他人商标专用权提供仓储、运输、邮寄、印制、隐匿、经营场所、网络商品交易平台等，属于商标法第五十七条第六项规定的提供便利条件。

第七十六条　在同一种商品或者类似商品上将与他人注册商标相同或者近似的标志作为商品名称或者商品装潢使用，误导公众的，属于商标法第五十七条第二项规定的侵犯注册商标专用权的行为。

第七十七条　对侵犯注册商标专用权的行为，任何人可以向工商行政管理部门投诉或者举报。

第七十八条　计算商标法第六十条规定的违法经营额，可以考虑下列因素：

（一）侵权商品的销售价格；

（二）未销售侵权商品的标价；

（三）已查清侵权商品实际销售的平均价格；

（四）被侵权商品的市场中间价格；

（五）侵权人因侵权所产生的营业收入；

（六）其他能够合理计算侵权商品价值的因素。

第七十九条 下列情形属于商标法第六十条规定的能证明该商品是自己合法取得的情形：

（一）有供货单位合法签章的供货清单和货款收据且经查证属实或者供货单位认可的；

（二）有供销双方签订的进货合同且经查证已真实履行的；

（三）有合法进货发票且发票记载事项与涉案商品对应的；

（四）其他能够证明合法取得涉案商品的情形。

第八十条 销售不知道是侵犯注册商标专用权的商品，能证明该商品是自己合法取得并说明提供者的，由工商行政管理部门责令停止销售，并将案件情况通报侵权商品提供者所在地工商行政管理部门。

第八十一条 涉案注册商标权属正在商标局、商标评审委员会审理或者人民法院诉讼中，案件结果可能影响案件定性的，属于商标法第六十二条第三款规定的商标权属存在争议。

第八十二条 在查处商标侵权案件过程中，工商行政管理部门可以要求权利人对涉案商品是否为权利人生产或者其许可生产的产品进行辨认。

第九章 商标代理

第八十三条 商标法所称商标代理，是指接受委托人的委托，以委托人的名义办理商标注册申请、商标评审或者其他商标事宜。

第八十四条 商标法所称商标代理机构，包括经工商行政管理部门登记从事商标代理业务的服务机构和从事商标代理业务的律师事务所。

商标代理机构从事商标局、商标评审委员会主管的商标事宜代理业务的，应当按照下列规定向商标局备案：

（一）交验工商行政管理部门的登记证明文件或者司法行政部门批准设立律师事务所的证明文件并留存复印件；

（二）报送商标代理机构的名称、住所、负责人、联系方式等基本信息；

（三）报送商标代理从业人员名单及联系方式。

工商行政管理部门应当建立商标代理机构信用档案。商标代理机构违反商标法或者本条例规定的，由商标局或者商标评审委员会予以公开通报，并记入其信用档案。

第八十五条　商标法所称商标代理从业人员，是指在商标代理机构中从事商标代理业务的工作人员。

商标代理从业人员不得以个人名义自行接受委托。

第八十六条　商标代理机构向商标局、商标评审委员会提交的有关申请文件，应当加盖该代理机构公章并由相关商标代理从业人员签字。

第八十七条　商标代理机构申请注册或者受让其代理服务以外的其他商标，商标局不予受理。

第八十八条　下列行为属于商标法第六十八条第一款第二项规定的以其他不正当手段扰乱商标代理市场秩序的行为：

（一）以欺诈、虚假宣传、引人误解或者商业贿赂等方式招徕业务的；

（二）隐瞒事实，提供虚假证据，或者威胁、诱导他人隐瞒事实，提供虚假证据的；

（三）在同一商标案件中接受有利益冲突的双方当事人委托的。

第八十九条　商标代理机构有商标法第六十八条规定行为的，由行为人所在地或者违法行为发生地县级以上工商行政管理部门进行查处并将查处情况通报商标局。

第九十条　商标局、商标评审委员会依照商标法第六十八条规定停止受理商标代理机构办理商标代理业务的，可以作出停止受理该商标代理机构商标代理业务6个月以上直至永久停止受理的决定。停止受理商标代理业务的期间届满，商标局、商标评审委员会应当恢复受理。

商标局、商标评审委员会作出停止受理或者恢复受理商标代理的决定应当在其网站予以公告。

第九十一条　工商行政管理部门应当加强对商标代理行业组织的监督和指导。

第十章　附　则

第九十二条　连续使用至1993年7月1日的服务商标，与他人在相同或者类似的服务上已注册的服务商标相同或者近似的，可以继续使用；但是，1993年7月1日后中断使用3年以上的，不得继续使用。

已连续使用至商标局首次受理新放开商品或者服务项目之日的商标，与他人在新放开商品或者服务项目相同或者类似的商品或者服务上已注册的商标相同或者近似的，可以继续使用；但是，首次受理之日后中断使用3年以上的，不得继续使用。

第九十三条 商标注册用商品和服务分类表，由商标局制定并公布。

申请商标注册或者办理其他商标事宜的文件格式，由商标局、商标评审委员会制定并公布。

商标评审委员会的评审规则由国务院工商行政管理部门制定并公布。

第九十四条 商标局设置《商标注册簿》，记载注册商标及有关注册事项。

第九十五条 《商标注册证》及相关证明是权利人享有注册商标专用权的凭证。《商标注册证》记载的注册事项，应当与《商标注册簿》一致；记载不一致的，除有证据证明《商标注册簿》确有错误外，以《商标注册簿》为准。

第九十六条 商标局发布《商标公告》，刊发商标注册及其他有关事项。

《商标公告》采用纸质或者电子形式发布。

除送达公告外，公告内容自发布之日起视为社会公众已经知道或者应当知道。

第九十七条 申请商标注册或者办理其他商标事宜，应当缴纳费用。缴纳费用的项目和标准，由国务院财政部门、国务院价格主管部门分别制定。

第九十八条 本条例自2014年5月1日起施行。

最高人民法院
关于审理注册商标、企业名称与在先权利冲突的民事纠纷案件若干问题的规定

（2008年2月18日最高人民法院审判委员会第1444次会议通过　根据2020年12月23日最高人民法院审判委员会第1823次会议通过的《最高人民法院关于修改〈最高人民法院关于审理侵犯专利权纠纷案件应用法律若干问题的解释（二）〉等十八件知识产权类司法解释的决定》修正）

为正确审理注册商标、企业名称与在先权利冲突的民事纠纷案件，根据《中华人民共和国民法典》《中华人民共和国商标法》《中华人民共和国反不正当竞争法》和《中华人民共和国民事诉讼法》等法律的规定，结合审判实践，制定本规定。

第一条　原告以他人注册商标使用的文字、图形等侵犯其著作权、外观设计专利权、企业名称权等在先权利为由提起诉讼，符合民事诉讼法第一百一十九条[①]规定的，人民法院应当受理。

原告以他人使用在核定商品上的注册商标与其在先的注册商标相同或者近似为由提起诉讼的，人民法院应当根据民事诉讼法第一百二十四条第（三）项[②]的规定，告知原告向有关行政主管机关申请解决。但原告以他人超出核定商品的范围或者以改变显著特征、拆分、组合等方式使用的注册商标，与其注册商标相同或者近似为由提起诉讼的，人民法院应当受理。

第二条　原告以他人企业名称与其在先的企业名称相同或者近似，足以使相关公众对其商品的来源产生混淆，违反反不正当竞争法第六条[③]第（二）项的规定为由提起诉讼，符合民事诉讼法第一百一十九条规定的，人民法院

① 现为《民事诉讼法》（2023年修正）第一百二十二条。

② 现为《民事诉讼法》（2023年修正）第一百二十七条第三项。

③ 现为《反不正当竞争法》（2025年修订）第七条。

应当受理。

第三条 人民法院应当根据原告的诉讼请求和争议民事法律关系的性质，按照民事案件案由规定，确定注册商标或者企业名称与在先权利冲突的民事纠纷案件的案由，并适用相应的法律。

第四条 被诉企业名称侵犯注册商标专用权或者构成不正当竞争的，人民法院可以根据原告的诉讼请求和案件具体情况，确定被告承担停止使用、规范使用等民事责任。

最高人民法院
关于审理商标授权确权行政案件若干问题的规定

（2016年12月12日最高人民法院审判委员会第1703次会议通过
根据2020年12月23日最高人民法院审判委员会第1823次会议
通过的《最高人民法院关于修改〈最高人民法院关于审理
侵犯专利权纠纷案件应用法律若干问题的解释（二）〉
等十八件知识产权类司法解释的决定》修正）

为正确审理商标授权确权行政案件，根据《中华人民共和国商标法》《中华人民共和国行政诉讼法》等法律规定，结合审判实践，制定本规定。

第一条 本规定所称商标授权确权行政案件，是指相对人或者利害关系人因不服国家知识产权局作出的商标驳回复审、商标不予注册复审、商标撤销复审、商标无效宣告及无效宣告复审等行政行为，向人民法院提起诉讼的案件。

第二条 人民法院对商标授权确权行政行为进行审查的范围，一般应根据原告的诉讼请求及理由确定。原告在诉讼中未提出主张，但国家知识产权局相关认定存在明显不当的，人民法院在各方当事人陈述意见后，可以对相关事由进行审查并作出裁判。

第三条 商标法第十条第一款第（一）项规定的同中华人民共和国的国家名称等“相同或者近似”，是指商标标志整体上与国家名称等相同或者近似。

对于含有中华人民共和国的国家名称等，但整体上并不相同或者不相近似的标志，如果该标志作为商标注册可能导致损害国家尊严的，人民法院可以认定属于商标法第十条第一款第（八）项规定的情形。

第四条　商标标志或者其构成要素带有欺骗性，容易使公众对商品的质量等特点或者产地产生误认，国家知识产权局认定其属于2001年修正的商标法第十条第一款第（七）项规定情形的，人民法院予以支持。

第五条　商标标志或者其构成要素可能对我国社会公共利益和公共秩序产生消极、负面影响的，人民法院可以认定其属于商标法第十条第一款第（八）项规定的“其他不良影响”。

将政治、经济、文化、宗教、民族等领域公众人物姓名等申请注册为商标，属于前款所指的“其他不良影响”。

第六条　商标标志由县级以上行政区划的地名或者公众知晓的外国地名和其他要素组成，如果整体上具有区别于地名的含义，人民法院应当认定其不属于商标法第十条第二款所指情形。

第七条　人民法院审查诉争商标是否具有显著特征，应当根据商标所指定使用商品的相关公众的通常认识，判断该商标整体上是否具有显著特征。商标标志中含有描述性要素，但不影响其整体具有显著特征的；或者描述性标志以独特方式加以表现，相关公众能够以其识别商品来源的，应当认定其具有显著特征。

第八条　诉争商标为外文标志时，人民法院应当根据中国境内相关公众的通常认识，对该外文商标是否具有显著特征进行审查判断。标志中外文的固有含义可能影响其在指定使用商品上的显著特征，但相关公众对该固有含义的认知程度较低，能够以该标志识别商品来源的，可以认定其具有显著特征。

第九条　仅以商品自身形状或者自身形状的一部分作为三维标志申请注册商标，相关公众一般情况下不易将其识别为指示商品来源标志的，该三维标志不具有作为商标的显著特征。

该形状系申请人所独创或者最早使用并不能当然导致其具有作为商标的显著特征。

第一款所称标志经过长期或者广泛使用，相关公众能够通过该标志识别商品来源的，可以认定该标志具有显著特征。

第十条 诉争商标属于法定的商品名称或者约定俗成的商品名称的，人民法院应当认定其属于商标法第十一条第一款第（一）项所指的通用名称。依据法律规定或者国家标准、行业标准属于商品通用名称的，应当认定为通用名称。相关公众普遍认为某一名称能够指代一类商品的，应当认定为约定俗成的通用名称。被专业工具书、辞典等列为商品名称的，可以作为认定约定俗成的通用名称的参考。

约定俗成的通用名称一般以全国范围内相关公众的通常认识为判断标准。对于由于历史传统、风土人情、地理环境等原因形成的相关市场固定的商品，在该相关市场内通用的称谓，人民法院可以认定为通用名称。

诉争商标申请人明知或者应知其申请注册的商标为部分区域内约定俗成的商品名称的，人民法院可以视其申请注册的商标为通用名称。

人民法院审查判断诉争商标是否属于通用名称，一般以商标申请日时的事实状态为准。核准注册时事实状态发生变化的，以核准注册时的事实状态判断其是否属于通用名称。

第十一条 商标标志只是或者主要是描述、说明所使用商品的质量、主要原料、功能、用途、重量、数量、产地等的，人民法院应当认定其属于商标法第十一条第一款第（二）项规定的情形。商标标志或者其构成要素暗示商品的特点，但不影响其识别商品来源功能的，不属于该项所规定的情形。

第十二条 当事人依据商标法第十三条第二款主张诉争商标构成对其未注册的驰名商标的复制、摹仿或者翻译而不应予以注册或者应予无效的，人民法院应当综合考量如下因素以及因素之间的相互影响，认定是否容易导致混淆：

（一）商标标志的近似程度；

（二）商品的类似程度；

（三）请求保护商标的显著性和知名程度；

（四）相关公众的注意程度；

（五）其他相关因素。

商标申请人的主观意图以及实际混淆的证据可以作为判断混淆可能性的

参考因素。

第十三条 当事人依据商标法第十三条第三款主张诉争商标构成对其已注册的驰名商标的复制、摹仿或者翻译而不应予以注册或者应予无效的，人民法院应当综合考虑如下因素，以认定诉争商标的使用是否足以使相关公众认为其与驰名商标具有相当程度的联系，从而误导公众，致使驰名商标注册人的利益可能受到损害：

（一）引证商标的显著性和知名程度；

（二）商标标志是否足够近似；

（三）指定使用的商品情况；

（四）相关公众的重合程度及注意程度；

（五）与引证商标近似的标志被其他市场主体合法使用的情况或者其他相关因素。

第十四条 当事人主张诉争商标构成对其已注册的驰名商标的复制、摹仿或者翻译而不应予以注册或者应予无效，国家知识产权局依据商标法第三十条规定裁决支持其主张的，如果诉争商标注册未满五年，人民法院在当事人陈述意见之后，可以按照商标法第三十条规定进行审理；如果诉争商标注册已满五年，应当适用商标法第十三条第三款进行审理。

第十五条 商标代理人、代表人或者经销、代理等销售代理关系意义上的代理人、代表人未经授权，以自己的名义将与被代理人或者被代表人的商标相同或者近似的商标在相同或者类似商品上申请注册的，人民法院适用商标法第十五条第一款的规定进行审理。

在为建立代理或者代表关系的磋商阶段，前款规定的代理人或者代表人将被代理人或者被代表人的商标申请注册的，人民法院适用商标法第十五条第一款的规定进行审理。

商标申请人与代理人或者代表人之间存在亲属关系等特定身份关系的，可以推定其商标注册行为系与该代理人或者代表人恶意串通，人民法院适用商标法第十五条第一款的规定进行审理。

第十六条 以下情形可以认定为商标法第十五条第二款中规定的“其他关系”：

（一）商标申请人与在先使用人之间具有亲属关系；

（二）商标申请人与在先使用人之间具有劳动关系；

（三）商标申请人与在先使用人营业地址邻近；

（四）商标申请人与在先使用人曾就达成代理、代表关系进行过磋商，但未形成代理、代表关系；

（五）商标申请人与在先使用人曾就达成合同、业务往来关系进行过磋商，但未达成合同、业务往来关系。

第十七条 地理标志利害关系人依据商标法第十六条主张他人商标不应予以注册或者应予无效，如果诉争商标指定使用的商品与地理标志产品并非相同商品，而地理标志利害关系人能够证明诉争商标使用在该产品上仍然容易导致相关公众误认为该产品来源于该地区并因此具有特定的质量、信誉或者其他特征的，人民法院予以支持。

如果该地理标志已经注册为集体商标或者证明商标，集体商标或者证明商标的权利人或者利害关系人可选择依据该条或者另行依据商标法第十三条、第三十条等主张权利。

第十八条 商标法第三十二条规定的在先权利，包括当事人在诉争商标申请日之前享有的民事权利或者其他应予保护的合法权益。诉争商标核准注册时在先权利已不存在的，不影响诉争商标的注册。

第十九条 当事人主张诉争商标损害其在先著作权的，人民法院应当依照著作权法等相关规定，对所主张的客体是否构成作品、当事人是否为著作权人或者其他有权主张著作权的利害关系人以及诉争商标是否构成对著作权的侵害等进行审查。

商标标志构成受著作权法保护的作品的，当事人提供的涉及商标标志的设计底稿、原件、取得权利的合同、诉争商标申请日之前的著作权登记证书等，均可以作为证明著作权归属的初步证据。

商标公告、商标注册证等可以作为确定商标申请人为有权主张商标标志著作权的利害关系人的初步证据。

第二十条 当事人主张诉争商标损害其姓名权，如果相关公众认为该商标标志指代了该自然人，容易认为标记有该商标的商品系经过该自然人许可或者与该自然人存在特定联系的，人民法院应当认定该商标损害了该自然人的姓名权。

当事人以其笔名、艺名、译名等特定名称主张姓名权，该特定名称具有一定的知名度，与该自然人建立了稳定的对应关系，相关公众以其指代该自然人的，人民法院予以支持。

第二十一条　当事人主张的字号具有一定的市场知名度，他人未经许可申请注册与该字号相同或者近似的商标，容易导致相关公众对商品来源产生混淆，当事人以此主张构成在先权益的，人民法院予以支持。

当事人以具有一定市场知名度并已与企业建立稳定对应关系的企业名称的简称为依据提出主张的，适用前款规定。

第二十二条　当事人主张诉争商标损害角色形象著作权的，人民法院按照本规定第十九条进行审查。

对于著作权保护期限内的作品，如果作品名称、作品中的角色名称等具有较高知名度，将其作为商标使用在相关商品上容易导致相关公众误认为其经过权利人的许可或者与权利人存在特定联系，当事人以此主张构成在先权益的，人民法院予以支持。

第二十三条　在先使用人主张商标申请人以不正当手段抢先注册其在先使用并有一定影响的商标的，如果在先使用商标已经有一定影响，而商标申请人明知或者应知该商标，即可推定其构成“以不正当手段抢先注册”。但商标申请人举证证明其没有利用在先使用商标商誉的恶意的除外。

在先使用人举证证明其在先商标有一定的持续使用时间、区域、销售量或者广告宣传的，人民法院可以认定为有一定影响。

在先使用人主张商标申请人在与其不相类似的商品上申请注册其在先使用并有一定影响的商标，违反商标法第三十二条规定的，人民法院不予支持。

第二十四条　以欺骗手段以外的其他方式扰乱商标注册秩序、损害公共利益、不正当占用公共资源或者谋取不正当利益的，人民法院可以认定其属于商标法第四十四条第一款规定的“其他不正当手段”。

第二十五条　人民法院判断诉争商标申请人是否“恶意注册”他人驰名商标，应综合考虑引证商标的知名度、诉争商标申请人申请诉争商标的理由以及使用诉争商标的具体情形来判断其主观意图。引证商标知名度高、诉争商标申请人没有正当理由的，人民法院可以推定其注册构成商标法第四十五条第一款所指的“恶意注册”。

第二十六条 商标权人自行使用、他人经许可使用以及其他不违背商标权人意志的使用，均可认定为商标法第四十九条第二款所称的使用。

实际使用的商标标志与核准注册的商标标志有细微差别，但未改变其显著特征的，可以视为注册商标的使用。

没有实际使用注册商标，仅有转让或者许可行为；或者仅是公布商标注册信息、声明享有注册商标专用权的，不认定为商标使用。

商标权人有真实使用商标的意图，并且有实际使用的必要准备，但因其他客观原因尚未实际使用注册商标的，人民法院可以认定其有正当理由。

第二十七条 当事人主张国家知识产权局下列情形属于行政诉讼法第七十条第（三）项规定的“违反法定程序”的，人民法院予以支持：

（一）遗漏当事人提出的评审理由，对当事人权利产生实际影响的；

（二）评审程序中未告知合议组成员，经审查确有应当回避事由而未回避的；

（三）未通知适格当事人参加评审，该方当事人明确提出异议的；

（四）其他违反法定程序的情形。

第二十八条 人民法院审理商标授权确权行政案件的过程中，国家知识产权局对诉争商标予以驳回、不予核准注册或者予以无效宣告的事由不复存在的，人民法院可以依据新的事实撤销国家知识产权局相关裁决，并判令其根据变更后的事实重新作出裁决。

第二十九条 当事人依据在原行政行为之后新发现的证据，或者在原行政程序中因客观原因无法取得或在规定的期限内不能提供的证据，或者新的法律依据提出的评审申请，不属于“以相同的事实和理由”再次提出评审申请。

在商标驳回复审程序中，国家知识产权局以申请商标与引证商标不构成使用在同一种或者类似商品上的相同或者近似商标为由准予申请商标初步审定公告后，以下情形不视为“以相同的事实和理由”再次提出评审申请：

（一）引证商标所有人或者利害关系人依据该引证商标提出异议，国家知识产权局予以支持，被异议商标申请人申请复审的；

（二）引证商标所有人或者利害关系人在申请商标获准注册后依据该引证商标申请宣告其无效的。

第三十条　人民法院生效裁判对于相关事实和法律适用已作出明确认定，相对人或者利害关系人对于国家知识产权局依据该生效裁判重新作出的裁决提起诉讼的，人民法院依法裁定不予受理；已经受理的，裁定驳回起诉。

第三十一条　本规定自2017年3月1日起施行。人民法院依据2001年修正的商标法审理的商标授权确权行政案件可参照适用本规定。

四、专利权

中华人民共和国专利法

（1984年3月12日第六届全国人民代表大会常务委员会第四次会议通过　根据1992年9月4日第七届全国人民代表大会常务委员会第二十七次会议《关于修改〈中华人民共和国专利法〉的决定》第一次修正　根据2000年8月25日第九届全国人民代表大会常务委员会第十七次会议《关于修改〈中华人民共和国专利法〉的决定》第二次修正　根据2008年12月27日第十一届全国人民代表大会常务委员会第六次会议《关于修改〈中华人民共和国专利法〉的决定》第三次修正　根据2020年10月17日第十三届全国人民代表大会常务委员会第二十二次会议《关于修改〈中华人民共和国专利法〉的决定》第四次修正）

目　录

第一章　总　则

第一条　为了保护专利权人的合法权益，鼓励发明创造，推动发明创造的应用，提高创新能力，促进科学技术进步和经济社会发展，制定本法。

第二条　本法所称的发明创造是指发明、实用新型和外观设计。

发明，是指对产品、方法或者其改进所提出的新的技术方案。

实用新型，是指对产品的形状、构造或者其结合所提出的适于实用的新的技术方案。

外观设计，是指对产品的整体或者局部的形状、图案或者其结合以及色彩与形状、图案的结合所作出的富有美感并适于工业应用的新设计。

第三条　国务院专利行政部门负责管理全国的专利工作；统一受理和审查专利申请，依法授予专利权。

省、自治区、直辖市人民政府管理专利工作的部门负责本行政区域内的专利管理工作。

第四条　申请专利的发明创造涉及国家安全或者重大利益需要保密的，按照国家有关规定办理。

第五条　对违反法律、社会公德或者妨害公共利益的发明创造，不授予专利权。

对违反法律、行政法规的规定获取或者利用遗传资源，并依赖该遗传资源完成的发明创造，不授予专利权。

第六条　执行本单位的任务或者主要是利用本单位的物质技术条件所完成的发明创造为职务发明创造。职务发明创造申请专利的权利属于该单位，申请被批准后，该单位为专利权人。该单位可以依法处置其职务发明创造申请专利的权利和专利权，促进相关发明创造的实施和运用。

非职务发明创造，申请专利的权利属于发明人或者设计人；申请被批准后，该发明人或者设计人为专利权人。

利用本单位的物质技术条件所完成的发明创造，单位与发明人或者设计人订有合同，对申请专利的权利和专利权的归属作出约定的，从其约定。

第七条　对发明人或者设计人的非职务发明创造专利申请，任何单位或者个人不得压制。

第八条　两个以上单位或者个人合作完成的发明创造、一个单位或者个人接受其他单位或者个人委托所完成的发明创造，除另有协议的以外，申请专利的权利属于完成或者共同完成的单位或者个人；申请被批准后，申请的单位或者个人为专利权人。

第九条　同样的发明创造只能授予一项专利权。但是，同一申请人同日对同样的发明创造既申请实用新型专利又申请发明专利，先获得的实用新型专利权尚未终止，且申请人声明放弃该实用新型专利权的，可以授予发明专利权。

两个以上的申请人分别就同样的发明创造申请专利的，专利权授予最先申请的人。

第十条　专利申请权和专利权可以转让。

中国单位或者个人向外国人、外国企业或者外国其他组织转让专利申请权或者专利权的，应当依照有关法律、行政法规的规定办理手续。

转让专利申请权或者专利权的，当事人应当订立书面合同，并向国务院专利行政部门登记，由国务院专利行政部门予以公告。专利申请权或者专利权的转让自登记之日起生效。

第十一条　发明和实用新型专利权被授予后，除本法另有规定的以外，任何单位或者个人未经专利权人许可，都不得实施其专利，即不得为生产经营目的制造、使用、许诺销售、销售、进口其专利产品，或者使用其专利方法以及使用、许诺销售、销售、进口依照该专利方法直接获得的产品。

外观设计专利权被授予后，任何单位或者个人未经专利权人许可，都不得实施其专利，即不得为生产经营目的制造、许诺销售、销售、进口其外观设计专利产品。

第十二条　任何单位或者个人实施他人专利的，应当与专利权人订立实施许可合同，向专利权人支付专利使用费。被许可人无权允许合同规定以外的任何单位或者个人实施该专利。

第十三条　发明专利申请公布后，申请人可以要求实施其发明的单位或者个人支付适当的费用。

第十四条 专利申请权或者专利权的共有人对权利的行使有约定的，从其约定。没有约定的，共有人可以单独实施或者以普通许可方式许可他人实施该专利；许可他人实施该专利的，收取的使用费应当在共有人之间分配。

除前款规定的情形外，行使共有的专利申请权或者专利权应当取得全体共有人的同意。

第十五条 被授予专利权的单位应当对职务发明创造的发明人或者设计人给予奖励；发明创造专利实施后，根据其推广应用的范围和取得的经济效益，对发明人或者设计人给予合理的报酬。

国家鼓励被授予专利权的单位实行产权激励，采取股权、期权、分红等方式，使发明人或者设计人合理分享创新收益。

第十六条 发明人或者设计人有权在专利文件中写明自己是发明人或者设计人。

专利权人有权在其专利产品或者该产品的包装上标明专利标识。

第十七条 在中国没有经常居所或者营业所的外国人、外国企业或者外国其他组织在中国申请专利的，依照其所属国同中国签订的协议或者共同参加的国际条约，或者依照互惠原则，根据本法办理。

第十八条 在中国没有经常居所或者营业所的外国人、外国企业或者外国其他组织在中国申请专利和办理其他专利事务的，应当委托依法设立的专利代理机构办理。

中国单位或者个人在国内申请专利和办理其他专利事务的，可以委托依法设立的专利代理机构办理。

专利代理机构应当遵守法律、行政法规，按照被代理人的委托办理专利申请或者其他专利事务；对被代理人发明创造的内容，除专利申请已经公布或者公告的以外，负有保密责任。专利代理机构的具体管理办法由国务院规定。

第十九条 任何单位或者个人将在中国完成的发明或者实用新型向外国申请专利的，应当事先报经国务院专利行政部门进行保密审查。保密审查的程序、期限等按照国务院的规定执行。

中国单位或者个人可以根据中华人民共和国参加的有关国际条约提出专利国际申请。申请人提出专利国际申请的，应当遵守前款规定。

国务院专利行政部门依照中华人民共和国参加的有关国际条约、本法和国务院有关规定处理专利国际申请。

对违反本条第一款规定向外国申请专利的发明或者实用新型，在中国申请专利的，不授予专利权。

第二十条　申请专利和行使专利权应当遵循诚实信用原则。不得滥用专利权损害公共利益或者他人合法权益。

滥用专利权，排除或者限制竞争，构成垄断行为的，依照《中华人民共和国反垄断法》处理。

第二十一条　国务院专利行政部门应当按照客观、公正、准确、及时的要求，依法处理有关专利的申请和请求。

国务院专利行政部门应当加强专利信息公共服务体系建设，完整、准确、及时发布专利信息，提供专利基础数据，定期出版专利公报，促进专利信息传播与利用。

在专利申请公布或者公告前，国务院专利行政部门的工作人员及有关人员对其内容负有保密责任。

第二章　授予专利权的条件

第二十二条　授予专利权的发明和实用新型，应当具备新颖性、创造性和实用性。

新颖性，是指该发明或者实用新型不属于现有技术；也没有任何单位或者个人就同样的发明或者实用新型在申请日以前向国务院专利行政部门提出过申请，并记载在申请日以后公布的专利申请文件或者公告的专利文件中。

创造性，是指与现有技术相比，该发明具有突出的实质性特点和显著的进步，该实用新型具有实质性特点和进步。

实用性，是指该发明或者实用新型能够制造或者使用，并且能够产生积极效果。

本法所称现有技术，是指申请日以前在国内外为公众所知的技术。

第二十三条　授予专利权的外观设计，应当不属于现有设计；也没有任何单位或者个人就同样的外观设计在申请日以前向国务院专利行政部门提出过申请，并记载在申请日以后公告的专利文件中。

授予专利权的外观设计与现有设计或者现有设计特征的组合相比，应当具有明显区别。

授予专利权的外观设计不得与他人在申请日以前已经取得的合法权利相冲突。

本法所称现有设计，是指申请日以前在国内外为公众所知的设计。

第二十四条 申请专利的发明创造在申请日以前六个月内，有下列情形之一的，不丧失新颖性：

（一）在国家出现紧急状态或者非常情况时，为公共利益目的首次公开的；

（二）在中国政府主办或者承认的国际展览会上首次展出的；

（三）在规定的学术会议或者技术会议上首次发表的；

（四）他人未经申请人同意而泄露其内容的。

第二十五条 对下列各项，不授予专利权：

（一）科学发现；

（二）智力活动的规则和方法；

（三）疾病的诊断和治疗方法；

（四）动物和植物品种；

（五）原子核变换方法以及用原子核变换方法获得的物质；

（六）对平面印刷品的图案、色彩或者二者的结合作出的主要起标识作用的设计。

对前款第（四）项所列产品的生产方法，可以依照本法规定授予专利权。

第三章 专利的申请

第二十六条 申请发明或者实用新型专利的，应当提交请求书、说明书及其摘要和权利要求书等文件。

请求书应当写明发明或者实用新型的名称，发明人的姓名，申请人姓名或者名称、地址，以及其他事项。

说明书应当对发明或者实用新型作出清楚、完整的说明，以所属技术领域的技术人员能够实现为准；必要的时候，应当有附图。摘要应当简要说明发明或者实用新型的技术要点。

权利要求书应当以说明书为依据，清楚、简要地限定要求专利保护的范围。

依赖遗传资源完成的发明创造，申请人应当在专利申请文件中说明该遗传资源的直接来源和原始来源；申请人无法说明原始来源的，应当陈述理由。

第二十七条　申请外观设计专利的，应当提交请求书、该外观设计的图片或者照片以及对该外观设计的简要说明等文件。

申请人提交的有关图片或者照片应当清楚地显示要求专利保护的产品的外观设计。

第二十八条　国务院专利行政部门收到专利申请文件之日为申请日。如果申请文件是邮寄的，以寄出的邮戳日为申请日。

第二十九条　申请人自发明或者实用新型在外国第一次提出专利申请之日起十二个月内，或者自外观设计在外国第一次提出专利申请之日起六个月内，又在中国就相同主题提出专利申请的，依照该外国同中国签订的协议或者共同参加的国际条约，或者依照相互承认优先权的原则，可以享有优先权。

申请人自发明或者实用新型在中国第一次提出专利申请之日起十二个月内，或者自外观设计在中国第一次提出专利申请之日起六个月内，又向国务院专利行政部门就相同主题提出专利申请的，可以享有优先权。

第三十条　申请人要求发明、实用新型专利优先权的，应当在申请的时候提出书面声明，并且在第一次提出申请之日起十六个月内，提交第一次提出的专利申请文件的副本。

申请人要求外观设计专利优先权的，应当在申请的时候提出书面声明，并且在三个月内提交第一次提出的专利申请文件的副本。

申请人未提出书面声明或者逾期未提交专利申请文件副本的，视为未要求优先权。

第三十一条　一件发明或者实用新型专利申请应当限于一项发明或者实用新型。属于一个总的发明构思的两项以上的发明或者实用新型，可以作为一件申请提出。

一件外观设计专利申请应当限于一项外观设计。同一产品两项以上的相似外观设计，或者用于同一类别并且成套出售或者使用的产品的两项以上外观设计，可以作为一件申请提出。

第三十二条 申请人可以在被授予专利权之前随时撤回其专利申请。

第三十三条 申请人可以对其专利申请文件进行修改，但是，对发明和实用新型专利申请文件的修改不得超出原说明书和权利要求书记载的范围，对外观设计专利申请文件的修改不得超出原图片或者照片表示的范围。

第四章 专利申请的审查和批准

第三十四条 国务院专利行政部门收到发明专利申请后，经初步审查认为符合本法要求的，自申请日起满十八个月，即行公布。国务院专利行政部门可以根据申请人的请求早日公布其申请。

第三十五条 发明专利申请自申请日起三年内，国务院专利行政部门可以根据申请人随时提出的请求，对其申请进行实质审查；申请人无正当理由逾期不请求实质审查的，该申请即被视为撤回。

国务院专利行政部门认为必要的时候，可以自行对发明专利申请进行实质审查。

第三十六条 发明专利的申请人请求实质审查的时候，应当提交在申请日前与其发明有关的参考资料。

发明专利已经在外国提出过申请的，国务院专利行政部门可以要求申请人在指定期限内提交该国为审查其申请进行检索的资料或者审查结果的资料；无正当理由逾期不提交的，该申请即被视为撤回。

第三十七条 国务院专利行政部门对发明专利申请进行实质审查后，认为不符合本法规定的，应当通知申请人，要求其在指定的期限内陈述意见，或者对其申请进行修改；无正当理由逾期不答复的，该申请即被视为撤回。

第三十八条 发明专利申请经申请人陈述意见或者进行修改后，国务院专利行政部门仍然认为不符合本法规定的，应当予以驳回。

第三十九条 发明专利申请经实质审查没有发现驳回理由的，由国务院专利行政部门作出授予发明专利权的决定，发给发明专利证书，同时予以登记和公告。发明专利权自公告之日起生效。

第四十条 实用新型和外观设计专利申请经初步审查没有发现驳回理由的，由国务院专利行政部门作出授予实用新型专利权或者外观设计专利权的决定，发给相应的专利证书，同时予以登记和公告。实用新型专利权和外观设计专利权自公告之日起生效。

第四十一条　专利申请人对国务院专利行政部门驳回申请的决定不服的，可以自收到通知之日起三个月内向国务院专利行政部门请求复审。国务院专利行政部门复审后，作出决定，并通知专利申请人。

专利申请人对国务院专利行政部门的复审决定不服的，可以自收到通知之日起三个月内向人民法院起诉。

第五章　专利权的期限、终止和无效

第四十二条　发明专利权的期限为二十年，实用新型专利权的期限为十年，外观设计专利权的期限为十五年，均自申请日起计算。

自发明专利申请日起满四年，且自实质审查请求之日起满三年后授予发明专利权的，国务院专利行政部门应专利权人的请求，就发明专利在授权过程中的不合理延迟给予专利权期限补偿，但由申请人引起的不合理延迟除外。

为补偿新药上市审评审批占用的时间，对在中国获得上市许可的新药相关发明专利，国务院专利行政部门应专利权人的请求给予专利权期限补偿。补偿期限不超过五年，新药批准上市后总有效专利权期限不超过十四年。

第四十三条　专利权人应当自被授予专利权的当年开始缴纳年费。

第四十四条　有下列情形之一的，专利权在期限届满前终止：

（一）没有按照规定缴纳年费的；

（二）专利权人以书面声明放弃其专利权的。

专利权在期限届满前终止的，由国务院专利行政部门登记和公告。

第四十五条　自国务院专利行政部门公告授予专利权之日起，任何单位或者个人认为该专利权的授予不符合本法有关规定的，可以请求国务院专利行政部门宣告该专利权无效。

第四十六条　国务院专利行政部门对宣告专利权无效的请求应当及时审查和作出决定，并通知请求人和专利权人。宣告专利权无效的决定，由国务院专利行政部门登记和公告。

对国务院专利行政部门宣告专利权无效或者维持专利权的决定不服的，可以自收到通知之日起三个月内向人民法院起诉。人民法院应当通知无效宣告请求程序的对方当事人作为第三人参加诉讼。

第四十七条 宣告无效的专利权视为自始即不存在。

宣告专利权无效的决定，对在宣告专利权无效前人民法院作出并已执行的专利侵权的判决、调解书，已经履行或者强制执行的专利侵权纠纷处理决定，以及已经履行的专利实施许可合同和专利权转让合同，不具有追溯力。但是因专利权人的恶意给他人造成的损失，应当给予赔偿。

依照前款规定不返还专利侵权赔偿金、专利使用费、专利权转让费，明显违反公平原则的，应当全部或者部分返还。

第六章 专利实施的特别许可

第四十八条 国务院专利行政部门、地方人民政府管理专利工作的部门应当会同同级相关部门采取措施，加强专利公共服务，促进专利实施和运用。

第四十九条 国有企业事业单位的发明专利，对国家利益或者公共利益具有重大意义的，国务院有关主管部门和省、自治区、直辖市人民政府报经国务院批准，可以决定在批准的范围内推广应用，允许指定的单位实施，由实施单位按照国家规定向专利权人支付使用费。

第五十条 专利权人自愿以书面方式向国务院专利行政部门声明愿意许可任何单位或者个人实施其专利，并明确许可使用费支付方式、标准的，由国务院专利行政部门予以公告，实行开放许可。就实用新型、外观设计专利提出开放许可声明的，应当提供专利权评价报告。

专利权人撤回开放许可声明的，应当以书面方式提出，并由国务院专利行政部门予以公告。开放许可声明被公告撤回的，不影响在先给予的开放许可的效力。

第五十一条 任何单位或者个人有意愿实施开放许可的专利的，以书面方式通知专利权人，并依照公告的许可使用费支付方式、标准支付许可使用费后，即获得专利实施许可。

开放许可实施期间，对专利权人缴纳专利年费相应给予减免。

实行开放许可的专利权人可以与被许可人就许可使用费进行协商后给予普通许可，但不得就该专利给予独占或者排他许可。

第五十二条 当事人就实施开放许可发生纠纷的，由当事人协商解决；不愿协商或者协商不成的，可以请求国务院专利行政部门进行调解，也可以向人民法院起诉。

第五十三条　有下列情形之一的，国务院专利行政部门根据具备实施条件的单位或者个人的申请，可以给予实施发明专利或者实用新型专利的强制许可：

（一）专利权人自专利权被授予之日起满三年，且自提出专利申请之日起满四年，无正当理由未实施或者未充分实施其专利的；

（二）专利权人行使专利权的行为被依法认定为垄断行为，为消除或者减少该行为对竞争产生的不利影响的。

第五十四条　在国家出现紧急状态或者非常情况时，或者为了公共利益的目的，国务院专利行政部门可以给予实施发明专利或者实用新型专利的强制许可。

第五十五条　为了公共健康目的，对取得专利权的药品，国务院专利行政部门可以给予制造并将其出口到符合中华人民共和国参加的有关国际条约规定的国家或者地区的强制许可。

第五十六条　一项取得专利权的发明或者实用新型比前已经取得专利权的发明或者实用新型具有显著经济意义的重大技术进步，其实施又有赖于前一发明或者实用新型的实施的，国务院专利行政部门根据后一专利权人的申请，可以给予实施前一发明或者实用新型的强制许可。

在依照前款规定给予实施强制许可的情形下，国务院专利行政部门根据前一专利权人的申请，也可以给予实施后一发明或者实用新型的强制许可。

第五十七条　强制许可涉及的发明创造为半导体技术的，其实施限于公共利益的目的和本法第五十三条第（二）项规定的情形。

第五十八条　除依照本法第五十三条第（二）项、第五十五条规定给予的强制许可外，强制许可的实施应当主要为了供应国内市场。

第五十九条　依照本法第五十三条第（一）项、第五十六条规定申请强制许可的单位或者个人应当提供证据，证明其以合理的条件请求专利权人许可其实施专利，但未能在合理的时间内获得许可。

第六十条　国务院专利行政部门作出的给予实施强制许可的决定，应当及时通知专利权人，并予以登记和公告。

给予实施强制许可的决定，应当根据强制许可的理由规定实施的范围和时间。强制许可的理由消除并不再发生时，国务院专利行政部门应当根据专利权人的请求，经审查后作出终止实施强制许可的决定。

第六十一条 取得实施强制许可的单位或者个人不享有独占的实施权，并且无权允许他人实施。

第六十二条 取得实施强制许可的单位或者个人应当付给专利权人合理的使用费，或者依照中华人民共和国参加的有关国际条约的规定处理使用费问题。付给使用费的，其数额由双方协商；双方不能达成协议的，由国务院专利行政部门裁决。

第六十三条 专利权人对国务院专利行政部门关于实施强制许可的决定不服的，专利权人和取得实施强制许可的单位或者个人对国务院专利行政部门关于实施强制许可的使用费的裁决不服的，可以自收到通知之日起三个月内向人民法院起诉。

第七章 专利权的保护

第六十四条 发明或者实用新型专利权的保护范围以其权利要求的内容为准，说明书及附图可以用于解释权利要求的内容。

外观设计专利权的保护范围以表示在图片或者照片中的该产品的外观设计为准，简要说明可以用于解释图片或者照片所表示的该产品的外观设计。

第六十五条 未经专利权人许可，实施其专利，即侵犯其专利权，引起纠纷的，由当事人协商解决；不愿协商或者协商不成的，专利权人或者利害关系人可以向人民法院起诉，也可以请求管理专利工作的部门处理。管理专利工作的部门处理时，认定侵权行为成立的，可以责令侵权人立即停止侵权行为，当事人不服的，可以自收到处理通知之日起十五日内依照《中华人民共和国行政诉讼法》向人民法院起诉；侵权人期满不起诉又不停止侵权行为的，管理专利工作的部门可以申请人民法院强制执行。进行处理的管理专利工作的部门应当事人的请求，可以就侵犯专利权的赔偿数额进行调解；调解不成的，当事人可以依照《中华人民共和国民事诉讼法》向人民法院起诉。

第六十六条 专利侵权纠纷涉及新产品制造方法的发明专利的，制造同样产品的单位或者个人应当提供其产品制造方法不同于专利方法的证明。

专利侵权纠纷涉及实用新型专利或者外观设计专利的，人民法院或者管理专利工作的部门可以要求专利权人或者利害关系人出具由国务院专利行政部门对相关实用新型或者外观设计进行检索、分析和评价后作出的专利权评价报告，作为审理、处理专利侵权纠纷的证据；专利权人、利害关系人或者被控侵权人也可以主动出具专利权评价报告。

第六十七条　在专利侵权纠纷中，被控侵权人有证据证明其实施的技术或者设计属于现有技术或者现有设计的，不构成侵犯专利权。

第六十八条　假冒专利的，除依法承担民事责任外，由负责专利执法的部门责令改正并予公告，没收违法所得，可以处违法所得五倍以下的罚款；没有违法所得或者违法所得在五万元以下的，可以处二十五万元以下的罚款；构成犯罪的，依法追究刑事责任。

第六十九条　负责专利执法的部门根据已经取得的证据，对涉嫌假冒专利行为进行查处时，有权采取下列措施：

（一）询问有关当事人，调查与涉嫌违法行为有关的情况；

（二）对当事人涉嫌违法行为的场所实施现场检查；

（三）查阅、复制与涉嫌违法行为有关的合同、发票、账簿以及其他有关资料；

（四）检查与涉嫌违法行为有关的产品；

（五）对有证据证明是假冒专利的产品，可以查封或者扣押。

管理专利工作的部门应专利权人或者利害关系人的请求处理专利侵权纠纷时，可以采取前款第（一）项、第（二）项、第（四）项所列措施。

负责专利执法的部门、管理专利工作的部门依法行使前两款规定的职权时，当事人应当予以协助、配合，不得拒绝、阻挠。

第七十条　国务院专利行政部门可以应专利权人或者利害关系人的请求处理在全国有重大影响的专利侵权纠纷。

地方人民政府管理专利工作的部门应专利权人或者利害关系人请求处理专利侵权纠纷，对在本行政区域内侵犯其同一专利权的案件可以合并处理；对跨区域侵犯其同一专利权的案件可以请求上级地方人民政府管理专利工作的部门处理。

第七十一条　侵犯专利权的赔偿数额按照权利人因被侵权所受到的实际损失或者侵权人因侵权所获得的利益确定；权利人的损失或者侵权人获得的

利益难以确定的，参照该专利许可使用费的倍数合理确定。对故意侵犯专利权，情节严重的，可以在按照上述方法确定数额的一倍以上五倍以下确定赔偿数额。

权利人的损失、侵权人获得的利益和专利许可使用费均难以确定的，人民法院可以根据专利权的类型、侵权行为的性质和情节等因素，确定给予三万元以上五百万元以下的赔偿。

赔偿数额还应当包括权利人为制止侵权行为所支付的合理开支。

人民法院为确定赔偿数额，在权利人已经尽力举证，而与侵权行为相关的账簿、资料主要由侵权人掌握的情况下，可以责令侵权人提供与侵权行为相关的账簿、资料；侵权人不提供或者提供虚假的账簿、资料的，人民法院可以参考权利人的主张和提供的证据判定赔偿数额。

第七十二条 专利权人或者利害关系人有证据证明他人正在实施或者即将实施侵犯专利权、妨碍其实现权利的行为，如不及时制止将会使其合法权益受到难以弥补的损害的，可以在起诉前依法向人民法院申请采取财产保全、责令作出一定行为或者禁止作出一定行为的措施。

第七十三条 为了制止专利侵权行为，在证据可能灭失或者以后难以取得的情况下，专利权人或者利害关系人可以在起诉前依法向人民法院申请保全证据。

第七十四条 侵犯专利权的诉讼时效为三年，自专利权人或者利害关系人知道或者应当知道侵权行为以及侵权人之日起计算。

发明专利申请公布后至专利权授予前使用该发明未支付适当使用费的，专利权人要求支付使用费的诉讼时效为三年，自专利权人知道或者应当知道他人使用其发明之日起计算，但是，专利权人于专利权授予之日前即已知道或者应当知道的，自专利权授予之日起计算。

第七十五条 有下列情形之一的，不视为侵犯专利权：

（一）专利产品或者依照专利方法直接获得的产品，由专利权人或者经其许可的单位、个人售出后，使用、许诺销售、销售、进口该产品的；

（二）在专利申请日前已经制造相同产品、使用相同方法或者已经作好制造、使用的必要准备，并且仅在原有范围内继续制造、使用的；

（三）临时通过中国领陆、领水、领空的外国运输工具，依照其所属国同中国签订的协议或者共同参加的国际条约，或者依照互惠原则，为运输工具自身需要而在其装置和设备中使用有关专利的；

（四）专为科学研究和实验而使用有关专利的；

（五）为提供行政审批所需要的信息，制造、使用、进口专利药品或者专利医疗器械的，以及专门为其制造、进口专利药品或者专利医疗器械的。

第七十六条　药品上市审评审批过程中，药品上市许可申请人与有关专利权人或者利害关系人，因申请注册的药品相关的专利权产生纠纷的，相关当事人可以向人民法院起诉，请求就申请注册的药品相关技术方案是否落入他人药品专利权保护范围作出判决。国务院药品监督管理部门在规定的期限内，可以根据人民法院生效裁判作出是否暂停批准相关药品上市的决定。

药品上市许可申请人与有关专利权人或者利害关系人也可以就申请注册的药品相关的专利权纠纷，向国务院专利行政部门请求行政裁决。

国务院药品监督管理部门会同国务院专利行政部门制定药品上市许可审批与药品上市许可申请阶段专利权纠纷解决的具体衔接办法，报国务院同意后实施。

第七十七条　为生产经营目的使用、许诺销售或者销售不知道是未经专利权人许可而制造并售出的专利侵权产品，能证明该产品合法来源的，不承担赔偿责任。

第七十八条　违反本法第十九条规定向外国申请专利，泄露国家秘密的，由所在单位或者上级主管机关给予行政处分；构成犯罪的，依法追究刑事责任。

第七十九条　管理专利工作的部门不得参与向社会推荐专利产品等经营活动。

管理专利工作的部门违反前款规定的，由其上级机关或者监察机关责令改正，消除影响，有违法收入的予以没收；情节严重的，对直接负责的主管人员和其他直接责任人员依法给予处分。

第八十条　从事专利管理工作的国家机关工作人员以及其他有关国家机关工作人员玩忽职守、滥用职权、徇私舞弊，构成犯罪的，依法追究刑事责任；尚不构成犯罪的，依法给予处分。

第八章　附　则

第八十一条　向国务院专利行政部门申请专利和办理其他手续，应当按照规定缴纳费用。

第八十二条　本法自1985年4月1日起施行。

中华人民共和国专利法实施细则

（2001年6月15日中华人民共和国国务院令第306号公布　根据2002年12月28日《国务院关于修改〈中华人民共和国专利法实施细则〉的决定》第一次修订　根据2010年1月9日《国务院关于修改〈中华人民共和国专利法实施细则〉的决定》第二次修订　根据2023年12月11日《国务院关于修改〈中华人民共和国专利法实施细则〉的决定》第三次修订）

第一章　总　则

第一条　根据《中华人民共和国专利法》（以下简称专利法），制定本细则。

第二条　专利法和本细则规定的各种手续，应当以书面形式或者国务院专利行政部门规定的其他形式办理。以电子数据交换等方式能够有形地表现所载内容，并可以随时调取查用的数据电文（以下统称电子形式），视为书面形式。

第三条　依照专利法和本细则规定提交的各种文件应当使用中文；国家有统一规定的科技术语的，应当采用规范词；外国人名、地名和科技术语没有统一中文译文的，应当注明原文。

依照专利法和本细则规定提交的各种证件和证明文件是外文的，国务院专利行政部门认为必要时，可以要求当事人在指定期限内附送中文译文；期满未附送的，视为未提交该证件和证明文件。

第四条　向国务院专利行政部门邮寄的各种文件，以寄出的邮戳日为递交日；邮戳日不清晰的，除当事人能够提出证明外，以国务院专利行政部门收到日为递交日。

以电子形式向国务院专利行政部门提交各种文件的，以进入国务院专利行政部门指定的特定电子系统的日期为递交日。

国务院专利行政部门的各种文件，可以通过电子形式、邮寄、直接送交或者其他方式送达当事人。当事人委托专利代理机构的，文件送交专利代理机构；未委托专利代理机构的，文件送交请求书中指明的联系人。

国务院专利行政部门邮寄的各种文件，自文件发出之日起满 15 日，推定为当事人收到文件之日。当事人提供证据能够证明实际收到文件的日期的，以实际收到日为准。

根据国务院专利行政部门规定应当直接送交的文件，以交付日为送达日。

文件送交地址不清，无法邮寄的，可以通过公告的方式送达当事人。自公告之日起满 1 个月，该文件视为已经送达。

国务院专利行政部门以电子形式送达的各种文件，以进入当事人认可的电子系统的日期为送达日。

第五条　专利法和本细则规定的各种期限开始的当日不计算在期限内，自下一日开始计算。期限以年或者月计算的，以其最后一月的相应日为期限届满日；该月无相应日的，以该月最后一日为期限届满日；期限届满日是法定休假日的，以休假日后的第一个工作日为期限届满日。

第六条　当事人因不可抗拒的事由而延误专利法或者本细则规定的期限或者国务院专利行政部门指定的期限，导致其权利丧失的，自障碍消除之日起 2 个月内且自期限届满之日起 2 年内，可以向国务院专利行政部门请求恢复权利。

除前款规定的情形外，当事人因其他正当理由延误专利法或者本细则规定的期限或者国务院专利行政部门指定的期限，导致其权利丧失的，可以自收到国务院专利行政部门的通知之日起 2 个月内向国务院专利行政部门请求恢复权利；但是，延误复审请求期限的，可以自复审请求期限届满之日起 2 个月内向国务院专利行政部门请求恢复权利。

当事人依照本条第一款或者第二款的规定请求恢复权利的，应当提交恢复权利请求书，说明理由，必要时附具有关证明文件，并办理权利丧失前应当办理的相应手续；依照本条第二款的规定请求恢复权利的，还应当缴纳恢复权利请求费。

当事人请求延长国务院专利行政部门指定的期限的，应当在期限届满前，向国务院专利行政部门提交延长期限请求书，说明理由，并办理有关手续。

本条第一款和第二款的规定不适用专利法第二十四条、第二十九条、第四十二条、第七十四条规定的期限。

第七条 专利申请涉及国防利益需要保密的，由国防专利机构受理并进行审查；国务院专利行政部门受理的专利申请涉及国防利益需要保密的，应当及时移交国防专利机构进行审查。经国防专利机构审查没有发现驳回理由的，由国务院专利行政部门作出授予国防专利权的决定。

国务院专利行政部门认为其受理的发明或者实用新型专利申请涉及国防利益以外的国家安全或者重大利益需要保密的，应当及时作出按照保密专利申请处理的决定，并通知申请人。保密专利申请的审查、复审以及保密专利权无效宣告的特殊程序，由国务院专利行政部门规定。

第八条 专利法第十九条所称在中国完成的发明或者实用新型，是指技术方案的实质性内容在中国境内完成的发明或者实用新型。

任何单位或者个人将在中国完成的发明或者实用新型向外国申请专利的，应当按照下列方式之一请求国务院专利行政部门进行保密审查：

（一）直接向外国申请专利或者向有关国外机构提交专利国际申请的，应当事先向国务院专利行政部门提出请求，并详细说明其技术方案；

（二）向国务院专利行政部门申请专利后拟向外国申请专利或者向有关国外机构提交专利国际申请的，应当在向外国申请专利或者向有关国外机构提交专利国际申请前向国务院专利行政部门提出请求。

向国务院专利行政部门提交专利国际申请的，视为同时提出了保密审查请求。

第九条 国务院专利行政部门收到依照本细则第八条规定递交的请求后，经过审查认为该发明或者实用新型可能涉及国家安全或者重大利益需要保密的，应当在请求递交日起 2 个月内向申请人发出保密审查通知；情况复杂的，可以延长 2 个月。

国务院专利行政部门依照前款规定通知进行保密审查的，应当在请求递交日起4个月内作出是否需要保密的决定，并通知申请人；情况复杂的，可以延长2个月。

第十条　专利法第五条所称违反法律的发明创造，不包括仅其实施为法律所禁止的发明创造。

第十一条　申请专利应当遵循诚实信用原则。提出各类专利申请应当以真实发明创造活动为基础，不得弄虚作假。

第十二条　除专利法第二十八条和第四十二条规定的情形外，专利法所称申请日，有优先权的，指优先权日。

本细则所称申请日，除另有规定的外，是指专利法第二十八条规定的申请日。

第十三条　专利法第六条所称执行本单位的任务所完成的职务发明创造，是指：

（一）在本职工作中作出的发明创造；

（二）履行本单位交付的本职工作之外的任务所作出的发明创造；

（三）退休、调离原单位后或者劳动、人事关系终止后1年内作出的，与其在原单位承担的本职工作或者原单位分配的任务有关的发明创造。

专利法第六条所称本单位，包括临时工作单位；专利法第六条所称本单位的物质技术条件，是指本单位的资金、设备、零部件、原材料或者不对外公开的技术信息和资料等。

第十四条　专利法所称发明人或者设计人，是指对发明创造的实质性特点作出创造性贡献的人。在完成发明创造过程中，只负责组织工作的人、为物质技术条件的利用提供方便的人或者从事其他辅助工作的人，不是发明人或者设计人。

第十五条　除依照专利法第十条规定转让专利权外，专利权因其他事由发生转移的，当事人应当凭有关证明文件或者法律文书向国务院专利行政部门办理专利权转移手续。

专利权人与他人订立的专利实施许可合同，应当自合同生效之日起3个月内向国务院专利行政部门备案。

以专利权出质的，由出质人和质权人共同向国务院专利行政部门办理出质登记。

第十六条 专利工作应当贯彻党和国家知识产权战略部署，提升我国专利创造、运用、保护、管理和服务水平，支持全面创新，促进创新型国家建设。

国务院专利行政部门应当提升专利信息公共服务能力，完整、准确、及时发布专利信息，提供专利基础数据，促进专利相关数据资源的开放共享、互联互通。

第二章 专利的申请

第十七条 申请专利的，应当向国务院专利行政部门提交申请文件。申请文件应当符合规定的要求。

申请人委托专利代理机构向国务院专利行政部门申请专利和办理其他专利事务的，应当同时提交委托书，写明委托权限。

申请人有 2 人以上且未委托专利代理机构的，除请求书中另有声明的外，以请求书中指明的第一申请人为代表人。

第十八条 依照专利法第十八条第一款的规定委托专利代理机构在中国申请专利和办理其他专利事务的，涉及下列事务，申请人或者专利权人可以自行办理：

（一）申请要求优先权的，提交第一次提出的专利申请（以下简称在先申请）文件副本；

（二）缴纳费用；

（三）国务院专利行政部门规定的其他事务。

第十九条 发明、实用新型或者外观设计专利申请的请求书应当写明下列事项：

（一）发明、实用新型或者外观设计的名称；

（二）申请人是中国单位或者个人的，其名称或者姓名、地址、邮政编码、统一社会信用代码或者身份证件号码；申请人是外国人、外国企业或者外国其他组织的，其姓名或者名称、国籍或者注册的国家或者地区；

（三）发明人或者设计人的姓名；

（四）申请人委托专利代理机构的，受托机构的名称、机构代码以及该机构指定的专利代理师的姓名、专利代理师资格证号码、联系电话；

（五）要求优先权的，在先申请的申请日、申请号以及原受理机构的名称；

（六）申请人或者专利代理机构的签字或者盖章；

（七）申请文件清单；

（八）附加文件清单；

（九）其他需要写明的有关事项。

第二十条　发明或者实用新型专利申请的说明书应当写明发明或者实用新型的名称，该名称应当与请求书中的名称一致。说明书应当包括下列内容：

（一）技术领域：写明要求保护的技术方案所属的技术领域；

（二）背景技术：写明对发明或者实用新型的理解、检索、审查有用的背景技术；有可能的，并引证反映这些背景技术的文件；

（三）发明内容：写明发明或者实用新型所要解决的技术问题以及解决其技术问题采用的技术方案，并对照现有技术写明发明或者实用新型的有益效果；

（四）附图说明：说明书有附图的，对各幅附图作简略说明；

（五）具体实施方式：详细写明申请人认为实现发明或者实用新型的优选方式；必要时，举例说明；有附图的，对照附图。

发明或者实用新型专利申请人应当按照前款规定的方式和顺序撰写说明书，并在说明书每一部分前面写明标题，除非其发明或者实用新型的性质用其他方式或者顺序撰写能节约说明书的篇幅并使他人能够准确理解其发明或者实用新型。

发明或者实用新型说明书应当用词规范、语句清楚，并不得使用“如权利要求……所述的……”一类的引用语，也不得使用商业性宣传用语。

发明专利申请包含一个或者多个核苷酸或者氨基酸序列的，说明书应当包括符合国务院专利行政部门规定的序列表。

实用新型专利申请说明书应当有表示要求保护的产品的形状、构造或者其结合的附图。

第二十一条　发明或者实用新型的几幅附图应当按照“图1，图2，……”顺序编号排列。

发明或者实用新型说明书文字部分中未提及的附图标记不得在附图中出

现，附图中未出现的附图标记不得在说明书文字部分中提及。申请文件中表示同一组成部分的附图标记应当一致。

附图中除必需的词语外，不应当含有其他注释。

第二十二条 权利要求书应当记载发明或者实用新型的技术特征。

权利要求书有几项权利要求的，应当用阿拉伯数字顺序编号。

权利要求书中使用的科技术语应当与说明书中使用的科技术语一致，可以有化学式或者数学式，但是不得有插图。除绝对必要的外，不得使用“如说明书……部分所述”或者“如图……所示”的用语。

权利要求中的技术特征可以引用说明书附图中相应的标记，该标记应当放在相应的技术特征后并置于括号内，便于理解权利要求。附图标记不得解释为对权利要求的限制。

第二十三条 权利要求书应当有独立权利要求，也可以有从属权利要求。

独立权利要求应当从整体上反映发明或者实用新型的技术方案，记载解决技术问题的必要技术特征。

从属权利要求应当用附加的技术特征，对引用的权利要求作进一步限定。

第二十四条 发明或者实用新型的独立权利要求应当包括前序部分和特征部分，按照下列规定撰写：

（一）前序部分：写明要求保护的发明或者实用新型技术方案的主题名称和发明或者实用新型主题与最接近的现有技术共有的必要技术特征；

（二）特征部分：使用“其特征是……”或者类似的用语，写明发明或者实用新型区别于最接近的现有技术的技术特征。这些特征和前序部分写明的特征合在一起，限定发明或者实用新型要求保护的范围。

发明或者实用新型的性质不适于用前款方式表达的，独立权利要求可以用其他方式撰写。

一项发明或者实用新型应当只有一个独立权利要求，并写在同一发明或者实用新型的从属权利要求之前。

第二十五条 发明或者实用新型的从属权利要求应当包括引用部分和限定部分，按照下列规定撰写：

（一）引用部分：写明引用的权利要求的编号及其主题名称；

（二）限定部分：写明发明或者实用新型附加的技术特征。

从属权利要求只能引用在前的权利要求。引用两项以上权利要求的多项从属权利要求，只能以择一方式引用在前的权利要求，并不得作为另一项多项从属权利要求的基础。

第二十六条 说明书摘要应当写明发明或者实用新型专利申请所公开内容的概要，即写明发明或者实用新型的名称和所属技术领域，并清楚地反映所要解决的技术问题、解决该问题的技术方案的要点以及主要用途。

说明书摘要可以包含最能说明发明的化学式；有附图的专利申请，还应当在请求书中指定一幅最能说明该发明或者实用新型技术特征的说明书附图作为摘要附图。摘要中不得使用商业性宣传用语。

第二十七条 申请专利的发明涉及新的生物材料，该生物材料公众不能得到，并且对该生物材料的说明不足以使所属领域的技术人员实施其发明的，除应当符合专利法和本细则的有关规定外，申请人还应当办理下列手续：

（一）在申请日前或者最迟在申请日（有优先权的，指优先权日），将该生物材料的样品提交国务院专利行政部门认可的保藏单位保藏，并在申请时或者最迟自申请日起4个月内提交保藏单位出具的保藏证明和存活证明；期满未提交证明的，该样品视为未提交保藏；

（二）在申请文件中，提供有关该生物材料特征的资料；

（三）涉及生物材料样品保藏的专利申请应当在请求书和说明书中写明该生物材料的分类命名（注明拉丁文名称）、保藏该生物材料样品的单位名称、地址、保藏日期和保藏编号；申请时未写明的，应当自申请日起4个月内补正；期满未补正的，视为未提交保藏。

第二十八条 发明专利申请人依照本细则第二十七条的规定保藏生物材料样品的，在发明专利申请公布后，任何单位或者个人需要将该专利申请所涉及的生物材料作为实验目的使用的，应当向国务院专利行政部门提出请求，并写明下列事项：

（一）请求人的姓名或者名称和地址；

（二）不向其他任何人提供该生物材料的保证；

（三）在授予专利权前，只作为实验目的使用的保证。

第二十九条 专利法所称遗传资源，是指取自人体、动物、植物或者微生物等含有遗传功能单位并具有实际或者潜在价值的材料和利用此类材料产生的遗传信息；专利法所称依赖遗传资源完成的发明创造，是指利用了遗传资源的遗传功能完成的发明创造。

就依赖遗传资源完成的发明创造申请专利的，申请人应当在请求书中予以说明，并填写国务院专利行政部门制定的表格。

第三十条 申请人应当就每件外观设计产品所需要保护的内容提交有关图片或者照片。

申请局部外观设计专利的，应当提交整体产品的视图，并用虚线与实线相结合或者其他方式表明所需要保护部分的内容。

申请人请求保护色彩的，应当提交彩色图片或者照片。

第三十一条 外观设计的简要说明应当写明外观设计产品的名称、用途，外观设计的设计要点，并指定一幅最能表明设计要点的图片或者照片。省略视图或者请求保护色彩的，应当在简要说明中写明。

对同一产品的多项相似外观设计提出一件外观设计专利申请的，应当在简要说明中指定其中一项作为基本设计。

申请局部外观设计专利的，应当在简要说明中写明请求保护的部分，已在整体产品的视图中用虚线与实线相结合方式表明的除外。

简要说明不得使用商业性宣传用语，也不得说明产品的性能。

第三十二条 国务院专利行政部门认为必要时，可以要求外观设计专利申请人提交使用外观设计的产品样品或者模型。样品或者模型的体积不得超过 30 厘米 ×30 厘米 ×30 厘米，重量不得超过 15 公斤。易腐、易损或者危险品不得作为样品或者模型提交。

第三十三条 专利法第二十四条第（二）项所称中国政府承认的国际展览会，是指国际展览会公约规定的在国际展览局注册或者由其认可的国际展览会。

专利法第二十四条第（三）项所称学术会议或者技术会议，是指国务院有关主管部门或者全国性学术团体组织召开的学术会议或者技术会议，以及国务院有关主管部门认可的由国际组织召开的学术会议或者技术会议。

申请专利的发明创造有专利法第二十四条第（二）项或者第（三）项所列情形的，申请人应当在提出专利申请时声明，并自申请日起 2 个月内提交有关发明创造已经展出或者发表，以及展出或者发表日期的证明文件。

申请专利的发明创造有专利法第二十四条第（一）项或者第（四）项所列情形的，国务院专利行政部门认为必要时，可以要求申请人在指定期限内提交证明文件。

申请人未依照本条第三款的规定提出声明和提交证明文件的，或者未依照本条第四款的规定在指定期限内提交证明文件的，其申请不适用专利法第二十四条的规定。

第三十四条　申请人依照专利法第三十条的规定要求外国优先权的，申请人提交的在先申请文件副本应当经原受理机构证明。依照国务院专利行政部门与该受理机构签订的协议，国务院专利行政部门通过电子交换等途径获得在先申请文件副本的，视为申请人提交了经该受理机构证明的在先申请文件副本。要求本国优先权，申请人在请求书中写明在先申请的申请日和申请号的，视为提交了在先申请文件副本。

要求优先权，但请求书中漏写或者错写在先申请的申请日、申请号和原受理机构名称中的一项或者两项内容的，国务院专利行政部门应当通知申请人在指定期限内补正；期满未补正的，视为未要求优先权。

要求优先权的申请人的姓名或者名称与在先申请文件副本中记载的申请人姓名或者名称不一致的，应当提交优先权转让证明材料，未提交该证明材料的，视为未要求优先权。

外观设计专利申请人要求外国优先权，其在先申请未包括对外观设计的简要说明，申请人按照本细则第三十一条规定提交的简要说明未超出在先申请文件的图片或者照片表示的范围的，不影响其享有优先权。

第三十五条　申请人在一件专利申请中，可以要求一项或者多项优先权；要求多项优先权的，该申请的优先权期限从最早的优先权日起计算。

发明或者实用新型专利申请人要求本国优先权，在先申请是发明专利申请的，可以就相同主题提出发明或者实用新型专利申请；在先申请是实用新型专利申请的，可以就相同主题提出实用新型或者发明专利申请。外观设计专利申请人要求本国优先权，在先申请是发明或者实用新型专利申请的，可以就附图显示的设计提出相同主题的外观设计专利申请；在先申请是外观设计专利申请的，可以就相同主题提出外观设计专利申请。但是，提出后一申请时，在先申请的主题有下列情形之一的，不得作为要求本国优先权的基础：

（一）已经要求外国优先权或者本国优先权的；

（二）已经被授予专利权的；

（三）属于按照规定提出的分案申请的。

申请人要求本国优先权的，其在先申请自后一申请提出之日起即视为撤回，但外观设计专利申请人要求以发明或者实用新型专利申请作为本国优先权基础的除外。

第三十六条 申请人超出专利法第二十九条规定的期限，向国务院专利行政部门就相同主题提出发明或者实用新型专利申请，有正当理由的，可以在期限届满之日起2个月内请求恢复优先权。

第三十七条 发明或者实用新型专利申请人要求了优先权的，可以自优先权日起16个月内或者自申请日起4个月内，请求在请求书中增加或者改正优先权要求。

第三十八条 在中国没有经常居所或者营业所的申请人，申请专利或者要求外国优先权的，国务院专利行政部门认为必要时，可以要求其提供下列文件：

（一）申请人是个人的，其国籍证明；

（二）申请人是企业或者其他组织的，其注册的国家或者地区的证明文件；

（三）申请人的所属国，承认中国单位和个人可以按照该国国民的同等条件，在该国享有专利权、优先权和其他与专利有关的权利的证明文件。

第三十九条 依照专利法第三十一条第一款规定，可以作为一件专利申请提出的属于一个总的发明构思的两项以上的发明或者实用新型，应当在技术上相互关联，包含一个或者多个相同或者相应的特定技术特征，其中特定技术特征是指每一项发明或者实用新型作为整体，对现有技术作出贡献的技术特征。

第四十条 依照专利法第三十一条第二款规定，将同一产品的多项相似外观设计作为一件申请提出的，对该产品的其他设计应当与简要说明中指定的基本设计相似。一件外观设计专利申请中的相似外观设计不得超过10项。

专利法第三十一条第二款所称同一类别并且成套出售或者使用的产品的两项以上外观设计，是指各产品属于分类表中同一大类，习惯上同时出售或者同时使用，而且各产品的外观设计具有相同的设计构思。

将两项以上外观设计作为一件申请提出的，应当将各项外观设计的顺序编号标注在每件外观设计产品各幅图片或者照片的名称之前。

第四十一条　申请人撤回专利申请的，应当向国务院专利行政部门提出声明，写明发明创造的名称、申请号和申请日。

撤回专利申请的声明在国务院专利行政部门做好公布专利申请文件的印刷准备工作后提出的，申请文件仍予公布；但是，撤回专利申请的声明应当在以后出版的专利公报上予以公告。

第三章　专利申请的审查和批准

第四十二条　在初步审查、实质审查、复审和无效宣告程序中，实施审查和审理的人员有下列情形之一的，应当自行回避，当事人或者其他利害关系人可以要求其回避：

（一）是当事人或者其代理人的近亲属的；

（二）与专利申请或者专利权有利害关系的；

（三）与当事人或者其代理人有其他关系，可能影响公正审查和审理的；

（四）复审或者无效宣告程序中，曾参与原申请的审查的。

第四十三条　国务院专利行政部门收到发明或者实用新型专利申请的请求书、说明书（实用新型必须包括附图）和权利要求书，或者外观设计专利申请的请求书、外观设计的图片或者照片和简要说明后，应当明确申请日、给予申请号，并通知申请人。

第四十四条　专利申请文件有下列情形之一的，国务院专利行政部门不予受理，并通知申请人：

（一）发明或者实用新型专利申请缺少请求书、说明书（实用新型无附图）或者权利要求书的，或者外观设计专利申请缺少请求书、图片或者照片、简要说明的；

（二）未使用中文的；

（三）申请文件的格式不符合规定的；

（四）请求书中缺少申请人姓名或者名称，或者缺少地址的；

（五）明显不符合专利法第十七条或者第十八条第一款的规定的；

（六）专利申请类别（发明、实用新型或者外观设计）不明确或者难以确定的。

第四十五条 发明或者实用新型专利申请缺少或者错误提交权利要求书、说明书或者权利要求书、说明书的部分内容，但申请人在递交日要求了优先权的，可以自递交日起2个月内或者在国务院专利行政部门指定的期限内以援引在先申请文件的方式补交。补交的文件符合有关规定的，以首次提交文件的递交日为申请日。

第四十六条 说明书中写有对附图的说明但无附图或者缺少部分附图的，申请人应当在国务院专利行政部门指定的期限内补交附图或者声明取消对附图的说明。申请人补交附图的，以向国务院专利行政部门提交或者邮寄附图之日为申请日；取消对附图的说明的，保留原申请日。

第四十七条 两个以上的申请人同日（指申请日；有优先权的，指优先权日）分别就同样的发明创造申请专利的，应当在收到国务院专利行政部门的通知后自行协商确定申请人。

同一申请人在同日（指申请日）对同样的发明创造既申请实用新型专利又申请发明专利的，应当在申请时分别说明对同样的发明创造已申请了另一专利；未作说明的，依照专利法第九条第一款关于同样的发明创造只能授予一项专利权的规定处理。

国务院专利行政部门公告授予实用新型专利权，应当公告申请人已依照本条第二款的规定同时申请了发明专利的说明。

发明专利申请经审查没有发现驳回理由，国务院专利行政部门应当通知申请人在规定期限内声明放弃实用新型专利权。申请人声明放弃的，国务院专利行政部门应当作出授予发明专利权的决定，并在公告授予发明专利权时一并公告申请人放弃实用新型专利权声明。申请人不同意放弃的，国务院专利行政部门应当驳回该发明专利申请；申请人期满未答复的，视为撤回该发明专利申请。

实用新型专利权自公告授予发明专利权之日起终止。

第四十八条 一件专利申请包括两项以上发明、实用新型或者外观设计的，申请人可以在本细则第六十条第一款规定的期限届满前，向国务院专利行政部门提出分案申请；但是，专利申请已经被驳回、撤回或者视为撤回的，不能提出分案申请。

国务院专利行政部门认为一件专利申请不符合专利法第三十一条和本细则第三十九条或者第四十条的规定的，应当通知申请人在指定期限内对其申请进行修改；申请人期满未答复的，该申请视为撤回。

分案的申请不得改变原申请的类别。

第四十九条 依照本细则第四十八条规定提出的分案申请，可以保留原申请日，享有优先权的，可以保留优先权日，但是不得超出原申请记载的范围。

分案申请应当依照专利法及本细则的规定办理有关手续。

分案申请的请求书中应当写明原申请的申请号和申请日。

第五十条 专利法第三十四条和第四十条所称初步审查，是指审查专利申请是否具备专利法第二十六条或者第二十七条规定的文件和其他必要的文件，这些文件是否符合规定的格式，并审查下列各项：

（一）发明专利申请是否明显属于专利法第五条、第二十五条规定的情形，是否不符合专利法第十七条、第十八条第一款、第十九条第一款或者本细则第十一条、第十九条、第二十九条第二款的规定，是否明显不符合专利法第二条第二款、第二十六条第五款、第三十一条第一款、第三十三条或者本细则第二十条至第二十四条的规定；

（二）实用新型专利申请是否明显属于专利法第五条、第二十五条规定的情形，是否不符合专利法第十七条、第十八条第一款、第十九条第一款或者本细则第十一条、第十九条至第二十二条、第二十四条至第二十六条的规定，是否明显不符合专利法第二条第三款、第二十二条、第二十六条第三款、第二十六条第四款、第三十一条第一款、第三十三条或者本细则第二十三条、第四十九条第一款的规定，是否依照专利法第九条规定不能取得专利权；

（三）外观设计专利申请是否明显属于专利法第五条、第二十五条第一款第（六）项规定的情形，是否不符合专利法第十七条、第十八条第一款或者本细则第十一条、第十九条、第三十条、第三十一条的规定，是否明显不符合专利法第二条第四款、第二十三条第一款、第二十三条第二款、第二十七条第二款、第三十一条第二款、第三十三条或者本细则第四十九条第一款的规定，是否依照专利法第九条规定不能取得专利权；

（四）申请文件是否符合本细则第二条、第三条第一款的规定。

国务院专利行政部门应当将审查意见通知申请人，要求其在指定期限内陈述意见或者补正；申请人期满未答复的，其申请视为撤回。申请人陈述意见或者补正后，国务院专利行政部门仍然认为不符合前款所列各项规定的，应当予以驳回。

第五十一条 除专利申请文件外，申请人向国务院专利行政部门提交的与专利申请有关的其他文件有下列情形之一的，视为未提交：

（一）未使用规定的格式或者填写不符合规定的；

（二）未按照规定提交证明材料的。

国务院专利行政部门应当将视为未提交的审查意见通知申请人。

第五十二条 申请人请求早日公布其发明专利申请的，应当向国务院专利行政部门声明。国务院专利行政部门对该申请进行初步审查后，除予以驳回的外，应当立即将申请予以公布。

第五十三条 申请人写明使用外观设计的产品及其所属类别的，应当使用国务院专利行政部门公布的外观设计产品分类表。未写明使用外观设计的产品所属类别或者所写的类别不确切的，国务院专利行政部门可以予以补充或者修改。

第五十四条 自发明专利申请公布之日起至公告授予专利权之日止，任何人均可以对不符合专利法规定的专利申请向国务院专利行政部门提出意见，并说明理由。

第五十五条 发明专利申请人因有正当理由无法提交专利法第三十六条规定的检索资料或者审查结果资料的，应当向国务院专利行政部门声明，并在得到有关资料后补交。

第五十六条 国务院专利行政部门依照专利法第三十五条第二款的规定对专利申请自行进行审查时，应当通知申请人。

申请人可以对专利申请提出延迟审查请求。

第五十七条 发明专利申请人在提出实质审查请求时以及在收到国务院专利行政部门发出的发明专利申请进入实质审查阶段通知书之日起的 3 个月内，可以对发明专利申请主动提出修改。

实用新型或者外观设计专利申请人自申请日起 2 个月内，可以对实用新型或者外观设计专利申请主动提出修改。

申请人在收到国务院专利行政部门发出的审查意见通知书后对专利申请文件进行修改的，应当针对通知书指出的缺陷进行修改。

国务院专利行政部门可以自行修改专利申请文件中文字和符号的明显错误。国务院专利行政部门自行修改的，应当通知申请人。

第五十八条 发明或者实用新型专利申请的说明书或者权利要求书的修改部分，除个别文字修改或者增删外，应当按照规定格式提交替换页。外观设计专利申请的图片或者照片的修改，应当按照规定提交替换页。

第五十九条 依照专利法第三十八条的规定，发明专利申请经实质审查应当予以驳回的情形是指：

（一）申请属于专利法第五条、第二十五条规定的情形，或者依照专利法第九条规定不能取得专利权的；

（二）申请不符合专利法第二条第二款、第十九条第一款、第二十二条、第二十六条第三款、第二十六条第四款、第二十六条第五款、第三十一条第一款或者本细则第十一条、第二十三条第二款规定的；

（三）申请的修改不符合专利法第三十三条规定，或者分案的申请不符合本细则第四十九条第一款的规定的。

第六十条 国务院专利行政部门发出授予专利权的通知后，申请人应当自收到通知之日起 2 个月内办理登记手续。申请人按期办理登记手续的，国务院专利行政部门应当授予专利权，颁发专利证书，并予以公告。

期满未办理登记手续的，视为放弃取得专利权的权利。

第六十一条 保密专利申请经审查没有发现驳回理由的，国务院专利行政部门应当作出授予保密专利权的决定，颁发保密专利证书，登记保密专利权的有关事项。

第六十二条 授予实用新型或者外观设计专利权的决定公告后，专利法第六十六条规定的专利权人、利害关系人、被控侵权人可以请求国务院专利行政部门作出专利权评价报告。申请人可以在办理专利权登记手续时请求国务院专利行政部门作出专利权评价报告。

请求作出专利权评价报告的，应当提交专利权评价报告请求书，写明专利申请号或者专利号。每项请求应当限于一项专利申请或者专利权。

专利权评价报告请求书不符合规定的，国务院专利行政部门应当通知请求人在指定期限内补正；请求人期满未补正的，视为未提出请求。

第六十三条 国务院专利行政部门应当自收到专利权评价报告请求书后2个月内作出专利权评价报告，但申请人在办理专利权登记手续时请求作出专利权评价报告的，国务院专利行政部门应当自公告授予专利权之日起2个月内作出专利权评价报告。

对同一项实用新型或者外观设计专利权，有多个请求人请求作出专利权评价报告的，国务院专利行政部门仅作出一份专利权评价报告。任何单位或者个人可以查阅或者复制该专利权评价报告。

第六十四条 国务院专利行政部门对专利公告、专利单行本中出现的错误，一经发现，应当及时更正，并对所作更正予以公告。

第四章 专利申请的复审与专利权的无效宣告

第六十五条 依照专利法第四十一条的规定向国务院专利行政部门请求复审的，应当提交复审请求书，说明理由，必要时还应当附具有关证据。

复审请求不符合专利法第十八条第一款或者第四十一条第一款规定的，国务院专利行政部门不予受理，书面通知复审请求人并说明理由。

复审请求书不符合规定格式的，复审请求人应当在国务院专利行政部门指定的期限内补正；期满未补正的，该复审请求视为未提出。

第六十六条 请求人在提出复审请求或者在对国务院专利行政部门的复审通知书作出答复时，可以修改专利申请文件；但是，修改应当仅限于消除驳回决定或者复审通知书指出的缺陷。

第六十七条 国务院专利行政部门进行复审后，认为复审请求不符合专利法和本细则有关规定或者专利申请存在其他明显违反专利法和本细则有关规定情形的，应当通知复审请求人，要求其在指定期限内陈述意见。期满未答复的，该复审请求视为撤回；经陈述意见或者进行修改后，国务院专利行政部门认为仍不符合专利法和本细则有关规定的，应当作出驳回复审请求的复审决定。

国务院专利行政部门进行复审后，认为原驳回决定不符合专利法和本细则有关规定的，或者认为经过修改的专利申请文件消除了原驳回决定和复审通知书指出的缺陷的，应当撤销原驳回决定，继续进行审查程序。

第六十八条　复审请求人在国务院专利行政部门作出决定前，可以撤回其复审请求。

复审请求人在国务院专利行政部门作出决定前撤回其复审请求的，复审程序终止。

第六十九条　依照专利法第四十五条的规定，请求宣告专利权无效或者部分无效的，应当向国务院专利行政部门提交专利权无效宣告请求书和必要的证据一式两份。无效宣告请求书应当结合提交的所有证据，具体说明无效宣告请求的理由，并指明每项理由所依据的证据。

前款所称无效宣告请求的理由，是指被授予专利的发明创造不符合专利法第二条、第十九条第一款、第二十二条、第二十三条、第二十六条第三款、第二十六条第四款、第二十七条第二款、第三十三条或者本细则第十一条、第二十三条第二款、第四十九条第一款的规定，或者属于专利法第五条、第二十五条规定的情形，或者依照专利法第九条规定不能取得专利权。

第七十条　专利权无效宣告请求不符合专利法第十八条第一款或者本细则第六十九条规定的，国务院专利行政部门不予受理。

在国务院专利行政部门就无效宣告请求作出决定之后，又以同样的理由和证据请求无效宣告的，国务院专利行政部门不予受理。

以不符合专利法第二十三条第三款的规定为理由请求宣告外观设计专利权无效，但是未提交证明权利冲突的证据的，国务院专利行政部门不予受理。

专利权无效宣告请求书不符合规定格式的，无效宣告请求人应当在国务院专利行政部门指定的期限内补正；期满未补正的，该无效宣告请求视为未提出。

第七十一条　在国务院专利行政部门受理无效宣告请求后，请求人可以在提出无效宣告请求之日起1个月内增加理由或者补充证据。逾期增加理由或者补充证据的，国务院专利行政部门可以不予考虑。

第七十二条　国务院专利行政部门应当将专利权无效宣告请求书和有关文件的副本送交专利权人，要求其在指定的期限内陈述意见。

专利权人和无效宣告请求人应当在指定期限内答复国务院专利行政部门发出的转送文件通知书或者无效宣告请求审查通知书；期满未答复的，不影响国务院专利行政部门审理。

第七十三条 在无效宣告请求的审查过程中，发明或者实用新型专利的专利权人可以修改其权利要求书，但是不得扩大原专利的保护范围。国务院专利行政部门在修改后的权利要求基础上作出维持专利权有效或者宣告专利权部分无效的决定的，应当公告修改后的权利要求。

发明或者实用新型专利的专利权人不得修改专利说明书和附图，外观设计专利的专利权人不得修改图片、照片和简要说明。

第七十四条 国务院专利行政部门根据当事人的请求或者案情需要，可以决定对无效宣告请求进行口头审理。

国务院专利行政部门决定对无效宣告请求进行口头审理的，应当向当事人发出口头审理通知书，告知举行口头审理的日期和地点。当事人应当在通知书指定的期限内作出答复。

无效宣告请求人对国务院专利行政部门发出的口头审理通知书在指定的期限内未作答复，并且不参加口头审理的，其无效宣告请求视为撤回；专利权人不参加口头审理的，可以缺席审理。

第七十五条 在无效宣告请求审查程序中，国务院专利行政部门指定的期限不得延长。

第七十六条 国务院专利行政部门对无效宣告的请求作出决定前，无效宣告请求人可以撤回其请求。

国务院专利行政部门作出决定之前，无效宣告请求人撤回其请求或者其无效宣告请求被视为撤回的，无效宣告请求审查程序终止。但是，国务院专利行政部门认为根据已进行的审查工作能够作出宣告专利权无效或者部分无效的决定的，不终止审查程序。

第五章 专利权期限补偿

第七十七条 依照专利法第四十二条第二款的规定请求给予专利权期限补偿的，专利权人应当自公告授予专利权之日起 3 个月内向国务院专利行政部门提出。

第七十八条 依照专利法第四十二条第二款的规定给予专利权期限补偿的，补偿期限按照发明专利在授权过程中不合理延迟的实际天数计算。

前款所称发明专利在授权过程中不合理延迟的实际天数，是指自发明专利申请日起满 4 年且自实质审查请求之日起满 3 年之日至公告授予专利权之日的间隔天数，减去合理延迟的天数和由申请人引起的不合理延迟的天数。

下列情形属于合理延迟：

（一）依照本细则第六十六条的规定修改专利申请文件后被授予专利权的，因复审程序引起的延迟；

（二）因本细则第一百零三条、第一百零四条规定情形引起的延迟；

（三）其他合理情形引起的延迟。

同一申请人同日对同样的发明创造既申请实用新型专利又申请发明专利，依照本细则第四十七条第四款的规定取得发明专利权的，该发明专利权的期限不适用专利法第四十二条第二款的规定。

第七十九条　专利法第四十二条第二款规定的由申请人引起的不合理延迟包括以下情形：

（一）未在指定期限内答复国务院专利行政部门发出的通知；

（二）申请延迟审查；

（三）因本细则第四十五条规定情形引起的延迟；

（四）其他由申请人引起的不合理延迟。

第八十条　专利法第四十二条第三款所称新药相关发明专利是指符合规定的新药产品专利、制备方法专利、医药用途专利。

第八十一条　依照专利法第四十二条第三款的规定请求给予新药相关发明专利权期限补偿的，应当符合下列要求，自该新药在中国获得上市许可之日起 3 个月内向国务院专利行政部门提出：

（一）该新药同时存在多项专利的，专利权人只能请求对其中一项专利给予专利权期限补偿；

（二）一项专利同时涉及多个新药的，只能对一个新药就该专利提出专利权期限补偿请求；

（三）该专利在有效期内，且尚未获得过新药相关发明专利权期限补偿。

第八十二条　依照专利法第四十二条第三款的规定给予专利权期限补偿的，补偿期限按照该专利申请日至该新药在中国获得上市许可之日的间隔天数减去 5 年，在符合专利法第四十二条第三款规定的基础上确定。

第八十三条 新药相关发明专利在专利权期限补偿期间，该专利的保护范围限于该新药及其经批准的适应症相关技术方案；在保护范围内，专利权人享有的权利和承担的义务与专利权期限补偿前相同。

第八十四条 国务院专利行政部门对依照专利法第四十二条第二款、第三款的规定提出的专利权期限补偿请求进行审查后，认为符合补偿条件的，作出给予期限补偿的决定，并予以登记和公告；不符合补偿条件的，作出不予期限补偿的决定，并通知提出请求的专利权人。

第六章 专利实施的特别许可

第八十五条 专利权人自愿声明对其专利实行开放许可的，应当在公告授予专利权后提出。

开放许可声明应当写明以下事项：

（一）专利号；

（二）专利权人的姓名或者名称；

（三）专利许可使用费支付方式、标准；

（四）专利许可期限；

（五）其他需要明确的事项。

开放许可声明内容应当准确、清楚，不得出现商业性宣传用语。

第八十六条 专利权有下列情形之一的，专利权人不得对其实行开放许可：

（一）专利权处于独占或者排他许可有效期限内的；

（二）属于本细则第一百零三条、第一百零四条规定的中止情形的；

（三）没有按照规定缴纳年费的；

（四）专利权被质押，未经质权人同意的；

（五）其他妨碍专利权有效实施的情形。

第八十七条 通过开放许可达成专利实施许可的，专利权人或者被许可人应当凭能够证明达成许可的书面文件向国务院专利行政部门备案。

第八十八条 专利权人不得通过提供虚假材料、隐瞒事实等手段，作出开放许可声明或者在开放许可实施期间获得专利年费减免。

第八十九条 专利法第五十三条第（一）项所称未充分实施其专利，是指专利权人及其被许可人实施其专利的方式或者规模不能满足国内对专利产品或者专利方法的需求。

专利法第五十五条所称取得专利权的药品，是指解决公共健康问题所需的医药领域中的任何专利产品或者依照专利方法直接获得的产品，包括取得专利权的制造该产品所需的活性成分以及使用该产品所需的诊断用品。

第九十条　请求给予强制许可的，应当向国务院专利行政部门提交强制许可请求书，说明理由并附具有关证明文件。

国务院专利行政部门应当将强制许可请求书的副本送交专利权人，专利权人应当在国务院专利行政部门指定的期限内陈述意见；期满未答复的，不影响国务院专利行政部门作出决定。

国务院专利行政部门在作出驳回强制许可请求的决定或者给予强制许可的决定前，应当通知请求人和专利权人拟作出的决定及其理由。

国务院专利行政部门依照专利法第五十五条的规定作出给予强制许可的决定，应当同时符合中国缔结或者参加的有关国际条约关于为了解决公共健康问题而给予强制许可的规定，但中国作出保留的除外。

第九十一条　依照专利法第六十二条的规定，请求国务院专利行政部门裁决使用费数额的，当事人应当提出裁决请求书，并附具双方不能达成协议的证明文件。国务院专利行政部门应当自收到请求书之日起3个月内作出裁决，并通知当事人。

第七章　对职务发明创造的发明人或者设计人的奖励和报酬

第九十二条　被授予专利权的单位可以与发明人、设计人约定或者在其依法制定的规章制度中规定专利法第十五条规定的奖励、报酬的方式和数额。鼓励被授予专利权的单位实行产权激励，采取股权、期权、分红等方式，使发明人或者设计人合理分享创新收益。

企业、事业单位给予发明人或者设计人的奖励、报酬，按照国家有关财务、会计制度的规定进行处理。

第九十三条　被授予专利权的单位未与发明人、设计人约定也未在其依法制定的规章制度中规定专利法第十五条规定的奖励的方式和数额的，应当自公告授予专利权之日起3个月内发给发明人或者设计人奖金。一项发明专利的奖金最低不少于4000元；一项实用新型专利或者外观设计专利的奖金最低不少于1500元。

由于发明人或者设计人的建议被其所属单位采纳而完成的发明创造，被授予专利权的单位应当从优发给奖金。

第九十四条 被授予专利权的单位未与发明人、设计人约定也未在其依法制定的规章制度中规定专利法第十五条规定的报酬的方式和数额的，应当依照《中华人民共和国促进科技成果转化法》的规定，给予发明人或者设计人合理的报酬。

第八章 专利权的保护

第九十五条 省、自治区、直辖市人民政府管理专利工作的部门以及专利管理工作量大又有实际处理能力的地级市、自治州、盟、地区和直辖市的区人民政府管理专利工作的部门，可以处理和调解专利纠纷。

第九十六条 有下列情形之一的，属于专利法第七十条所称的在全国有重大影响的专利侵权纠纷：

（一）涉及重大公共利益的；

（二）对行业发展有重大影响的；

（三）跨省、自治区、直辖市区域的重大案件；

（四）国务院专利行政部门认为可能有重大影响的其他情形。

专利权人或者利害关系人请求国务院专利行政部门处理专利侵权纠纷，相关案件不属于在全国有重大影响的专利侵权纠纷的，国务院专利行政部门可以指定有管辖权的地方人民政府管理专利工作的部门处理。

第九十七条 当事人请求处理专利侵权纠纷或者调解专利纠纷的，由被请求人所在地或者侵权行为地的管理专利工作的部门管辖。

两个以上管理专利工作的部门都有管辖权的专利纠纷，当事人可以向其中一个管理专利工作的部门提出请求；当事人向两个以上有管辖权的管理专利工作的部门提出请求的，由最先受理的管理专利工作的部门管辖。

管理专利工作的部门对管辖权发生争议的，由其共同的上级人民政府管理专利工作的部门指定管辖；无共同上级人民政府管理专利工作的部门的，由国务院专利行政部门指定管辖。

第九十八条　在处理专利侵权纠纷过程中，被请求人提出无效宣告请求并被国务院专利行政部门受理的，可以请求管理专利工作的部门中止处理。

管理专利工作的部门认为被请求人提出的中止理由明显不能成立的，可以不中止处理。

第九十九条　专利权人依照专利法第十六条的规定，在其专利产品或者该产品的包装上标明专利标识的，应当按照国务院专利行政部门规定的方式予以标明。

专利标识不符合前款规定的，由县级以上负责专利执法的部门责令改正。

第一百条　申请人或者专利权人违反本细则第十一条、第八十八条规定的，由县级以上负责专利执法的部门予以警告，可以处10万元以下的罚款。

第一百零一条　下列行为属于专利法第六十八条规定的假冒专利的行为：

（一）在未被授予专利权的产品或者其包装上标注专利标识，专利权被宣告无效后或者终止后继续在产品或者其包装上标注专利标识，或者未经许可在产品或者产品包装上标注他人的专利号；

（二）销售第（一）项所述产品；

（三）在产品说明书等材料中将未被授予专利权的技术或者设计称为专利技术或者专利设计，将专利申请称为专利，或者未经许可使用他人的专利号，使公众将所涉及的技术或者设计误认为是专利技术或者专利设计；

（四）伪造或者变造专利证书、专利文件或者专利申请文件；

（五）其他使公众混淆，将未被授予专利权的技术或者设计误认为是专利技术或者专利设计的行为。

专利权终止前依法在专利产品、依照专利方法直接获得的产品或者其包装上标注专利标识，在专利权终止后许诺销售、销售该产品的，不属于假冒专利行为。

销售不知道是假冒专利的产品，并且能够证明该产品合法来源的，由县级以上负责专利执法的部门责令停止销售。

第一百零二条　除专利法第六十五条规定的外，管理专利工作的部门应当事人请求，可以对下列专利纠纷进行调解：

（一）专利申请权和专利权归属纠纷；

（二）发明人、设计人资格纠纷；

（三）职务发明创造的发明人、设计人的奖励和报酬纠纷；

（四）在发明专利申请公布后专利权授予前使用发明而未支付适当费用的纠纷；

（五）其他专利纠纷。

对于前款第（四）项所列的纠纷，当事人请求管理专利工作的部门调解的，应当在专利权被授予之后提出。

第一百零三条 当事人因专利申请权或者专利权的归属发生纠纷，已请求管理专利工作的部门调解或者向人民法院起诉的，可以请求国务院专利行政部门中止有关程序。

依照前款规定请求中止有关程序的，应当向国务院专利行政部门提交请求书，说明理由，并附具管理专利工作的部门或者人民法院的写明申请号或者专利号的有关受理文件副本。国务院专利行政部门认为当事人提出的中止理由明显不能成立的，可以不中止有关程序。

管理专利工作的部门作出的调解书或者人民法院作出的判决生效后，当事人应当向国务院专利行政部门办理恢复有关程序的手续。自请求中止之日起1年内，有关专利申请权或者专利权归属的纠纷未能结案，需要继续中止有关程序的，请求人应当在该期限内请求延长中止。期满未请求延长的，国务院专利行政部门自行恢复有关程序。

第一百零四条 人民法院在审理民事案件中裁定对专利申请权或者专利权采取保全措施的，国务院专利行政部门应当在收到写明申请号或者专利号的裁定书和协助执行通知书之日中止被保全的专利申请权或者专利权的有关程序。保全期限届满，人民法院没有裁定继续采取保全措施的，国务院专利行政部门自行恢复有关程序。

第一百零五条 国务院专利行政部门根据本细则第一百零三条和第一百零四条规定中止有关程序，是指暂停专利申请的初步审查、实质审查、复审程序，授予专利权程序和专利权无效宣告程序；暂停办理放弃、变更、转移专利权或者专利申请权手续，专利权质押手续以及专利权期限届满前的终止手续等。

第九章 专利登记和专利公报

第一百零六条 国务院专利行政部门设置专利登记簿，登记下列与专利申请和专利权有关的事项：

（一）专利权的授予；

（二）专利申请权、专利权的转移；

（三）专利权的质押、保全及其解除；

（四）专利实施许可合同的备案；

（五）国防专利、保密专利的解密；

（六）专利权的无效宣告；

（七）专利权的终止；

（八）专利权的恢复；

（九）专利权期限的补偿；

（十）专利实施的开放许可；

（十一）专利实施的强制许可；

（十二）专利权人的姓名或者名称、国籍和地址的变更。

第一百零七条 国务院专利行政部门定期出版专利公报，公布或者公告下列内容：

（一）发明专利申请的著录事项和说明书摘要；

（二）发明专利申请的实质审查请求和国务院专利行政部门对发明专利申请自行进行实质审查的决定；

（三）发明专利申请公布后的驳回、撤回、视为撤回、视为放弃、恢复和转移；

（四）专利权的授予以及专利权的著录事项；

（五）实用新型专利的说明书摘要，外观设计专利的一幅图片或者照片；

（六）国防专利、保密专利的解密；

（七）专利权的无效宣告；

（八）专利权的终止、恢复；

（九）专利权期限的补偿；

（十）专利权的转移；

（十一）专利实施许可合同的备案；

（十二）专利权的质押、保全及其解除；

（十三）专利实施的开放许可事项；

（十四）专利实施的强制许可的给予；

（十五）专利权人的姓名或者名称、国籍和地址的变更；

（十六）文件的公告送达；

（十七）国务院专利行政部门作出的更正；

（十八）其他有关事项。

第一百零八条 国务院专利行政部门应当提供专利公报、发明专利申请单行本以及发明专利、实用新型专利、外观设计专利单行本，供公众免费查阅。

第一百零九条 国务院专利行政部门负责按照互惠原则与其他国家、地区的专利机关或者区域性专利组织交换专利文献。

第十章　费　用

第一百一十条 向国务院专利行政部门申请专利和办理其他手续时，应当缴纳下列费用：

（一）申请费、申请附加费、公布印刷费、优先权要求费；

（二）发明专利申请实质审查费、复审费；

（三）年费；

（四）恢复权利请求费、延长期限请求费；

（五）著录事项变更费、专利权评价报告请求费、无效宣告请求费、专利文件副本证明费。

前款所列各种费用的缴纳标准，由国务院发展改革部门、财政部门会同国务院专利行政部门按照职责分工规定。国务院财政部门、发展改革部门可以会同国务院专利行政部门根据实际情况对申请专利和办理其他手续应当缴纳的费用种类和标准进行调整。

第一百一十一条 专利法和本细则规定的各种费用，应当严格按照规定缴纳。

直接向国务院专利行政部门缴纳费用的，以缴纳当日为缴费日；以邮局汇付方式缴纳费用的，以邮局汇出的邮戳日为缴费日；以银行汇付方式缴纳费用的，以银行实际汇出日为缴费日。

多缴、重缴、错缴专利费用的，当事人可以自缴费日起3年内，向国务院专利行政部门提出退款请求，国务院专利行政部门应当予以退还。

第一百一十二条 申请人应当自申请日起2个月内或者在收到受理通知书之日起15日内缴纳申请费、公布印刷费和必要的申请附加费；期满未缴纳或者未缴足的，其申请视为撤回。

申请人要求优先权的，应当在缴纳申请费的同时缴纳优先权要求费；期满未缴纳或者未缴足的，视为未要求优先权。

第一百一十三条 当事人请求实质审查或者复审的，应当在专利法及本细则规定的相关期限内缴纳费用；期满未缴纳或者未缴足的，视为未提出请求。

第一百一十四条 申请人办理登记手续时，应当缴纳授予专利权当年的年费；期满未缴纳或者未缴足的，视为未办理登记手续。

第一百一十五条 授予专利权当年以后的年费应当在上一年度期满前缴纳。专利权人未缴纳或者未缴足的，国务院专利行政部门应当通知专利权人自应当缴纳年费期满之日起6个月内补缴，同时缴纳滞纳金；滞纳金的金额按照每超过规定的缴费时间1个月，加收当年全额年费的5%计算；期满未缴纳的，专利权自应当缴纳年费期满之日起终止。

第一百一十六条 恢复权利请求费应当在本细则规定的相关期限内缴纳；期满未缴纳或者未缴足的，视为未提出请求。

延长期限请求费应当在相应期限届满之日前缴纳；期满未缴纳或者未缴足的，视为未提出请求。

著录事项变更费、专利权评价报告请求费、无效宣告请求费应当自提出请求之日起1个月内缴纳；期满未缴纳或者未缴足的，视为未提出请求。

第一百一十七条 申请人或者专利权人缴纳本细则规定的各种费用有困难的，可以按照规定向国务院专利行政部门提出减缴的请求。减缴的办法由国务院财政部门会同国务院发展改革部门、国务院专利行政部门规定。

第十一章　关于发明、实用新型国际申请的特别规定

第一百一十八条　国务院专利行政部门根据专利法第十九条规定，受理按照专利合作条约提出的专利国际申请。

按照专利合作条约提出并指定中国的专利国际申请（以下简称国际申请）进入国务院专利行政部门处理阶段（以下称进入中国国家阶段）的条件和程序适用本章的规定；本章没有规定的，适用专利法及本细则其他各章的有关规定。

第一百一十九条　按照专利合作条约已确定国际申请日并指定中国的国际申请，视为向国务院专利行政部门提出的专利申请，该国际申请日视为专利法第二十八条所称的申请日。

第一百二十条　国际申请的申请人应当在专利合作条约第二条所称的优先权日（本章简称优先权日）起30个月内，向国务院专利行政部门办理进入中国国家阶段的手续；申请人未在该期限内办理该手续的，在缴纳宽限费后，可以在自优先权日起32个月内办理进入中国国家阶段的手续。

第一百二十一条　申请人依照本细则第一百二十条的规定办理进入中国国家阶段的手续的，应当符合下列要求：

（一）以中文提交进入中国国家阶段的书面声明，写明国际申请号和要求获得的专利权类型；

（二）缴纳本细则第一百一十条第一款规定的申请费、公布印刷费，必要时缴纳本细则第一百二十条规定的宽限费；

（三）国际申请以外文提出的，提交原始国际申请的说明书和权利要求书的中文译文；

（四）在进入中国国家阶段的书面声明中写明发明创造的名称，申请人姓名或者名称、地址和发明人的姓名，上述内容应当与世界知识产权组织国际局（以下简称国际局）的记录一致；国际申请中未写明发明人的，在上述声明中写明发明人的姓名；

（五）国际申请以外文提出的，提交摘要的中文译文，有附图和摘要附图的，提交附图副本并指定摘要附图，附图中有文字的，将其替换为对应的中文文字；

（六）在国际阶段向国际局已办理申请人变更手续的，必要时提供变更后的申请人享有申请权的证明材料；

（七）必要时缴纳本细则第一百一十条第一款规定的申请附加费。

符合本条第一款第（一）项至第（三）项要求的，国务院专利行政部门应当给予申请号，明确国际申请进入中国国家阶段的日期（以下简称进入日），并通知申请人其国际申请已进入中国国家阶段。

国际申请已进入中国国家阶段，但不符合本条第一款第（四）项至第（七）项要求的，国务院专利行政部门应当通知申请人在指定期限内补正；期满未补正的，其申请视为撤回。

第一百二十二条　国际申请有下列情形之一的，其在中国的效力终止：

（一）在国际阶段，国际申请被撤回或者被视为撤回，或者国际申请对中国的指定被撤回的；

（二）申请人未在优先权日起32个月内按照本细则第一百二十条规定办理进入中国国家阶段手续的；

（三）申请人办理进入中国国家阶段的手续，但自优先权日起32个月期限届满仍不符合本细则第一百二十一条第（一）项至第（三）项要求的。

依照前款第（一）项的规定，国际申请在中国的效力终止的，不适用本细则第六条的规定；依照前款第（二）项、第（三）项的规定，国际申请在中国的效力终止的，不适用本细则第六条第二款的规定。

第一百二十三条　国际申请在国际阶段作过修改，申请人要求以经修改的申请文件为基础进行审查的，应当自进入日起2个月内提交修改部分的中文译文。在该期间内未提交中文译文的，对申请人在国际阶段提出的修改，国务院专利行政部门不予考虑。

第一百二十四条　国际申请涉及的发明创造有专利法第二十四条第（二）项或者第（三）项所列情形之一，在提出国际申请时作过声明的，申请人应当在进入中国国家阶段的书面声明中予以说明，并自进入日起2个月内提交本细则第三十三条第三款规定的有关证明文件；未予说明或者期满未提交证明文件的，其申请不适用专利法第二十四条的规定。

第一百二十五条　申请人按照专利合作条约的规定，对生物材料样品的保藏已作出说明的，视为已经满足了本细则第二十七条第（三）项的要求。

申请人应当在进入中国国家阶段声明中指明记载生物材料样品保藏事项的文件以及在该文件中的具体记载位置。

申请人在原始提交的国际申请的说明书中已记载生物材料样品保藏事项，但是没有在进入中国国家阶段声明中指明的，应当自进入日起 4 个月内补正。期满未补正的，该生物材料视为未提交保藏。

申请人自进入日起 4 个月内向国务院专利行政部门提交生物材料样品保藏证明和存活证明的，视为在本细则第二十七条第（一）项规定的期限内提交。

第一百二十六条 国际申请涉及的发明创造依赖遗传资源完成的，申请人应当在国际申请进入中国国家阶段的书面声明中予以说明，并填写国务院专利行政部门制定的表格。

第一百二十七条 申请人在国际阶段已要求一项或者多项优先权，在进入中国国家阶段时该优先权要求继续有效的，视为已经依照专利法第三十条的规定提出了书面声明。

申请人应当自进入日起 2 个月内缴纳优先权要求费；期满未缴纳或者未缴足的，视为未要求该优先权。

申请人在国际阶段已依照专利合作条约的规定，提交过在先申请文件副本的，办理进入中国国家阶段手续时不需要向国务院专利行政部门提交在先申请文件副本。申请人在国际阶段未提交在先申请文件副本的，国务院专利行政部门认为必要时，可以通知申请人在指定期限内补交；申请人期满未补交的，其优先权要求视为未提出。

第一百二十八条 国际申请的申请日在优先权期限届满之后 2 个月内，在国际阶段受理局已经批准恢复优先权的，视为已经依照本细则第三十六条的规定提出了恢复优先权请求；在国际阶段申请人未请求恢复优先权，或者提出了恢复优先权请求但受理局未批准，申请人有正当理由的，可以自进入日起 2 个月内向国务院专利行政部门请求恢复优先权。

第一百二十九条 在优先权日起 30 个月期满前要求国务院专利行政部门提前处理和审查国际申请的，申请人除应当办理进入中国国家阶段手续外，还应当依照专利合作条约第二十三条第二款规定提出请求。国际局尚未向国务院专利行政部门传送国际申请的，申请人应当提交经确认的国际申请副本。

第一百三十条　要求获得实用新型专利权的国际申请，申请人可以自进入日起2个月内对专利申请文件主动提出修改。

要求获得发明专利权的国际申请，适用本细则第五十七条第一款的规定。

第一百三十一条　申请人发现提交的说明书、权利要求书或者附图中的文字的中文译文存在错误的，可以在下列规定期限内依照原始国际申请文本提出改正：

（一）在国务院专利行政部门做好公布发明专利申请或者公告实用新型专利权的准备工作之前；

（二）在收到国务院专利行政部门发出的发明专利申请进入实质审查阶段通知书之日起3个月内。

申请人改正译文错误的，应当提出书面请求并缴纳规定的译文改正费。

申请人按照国务院专利行政部门的通知书的要求改正译文的，应当在指定期限内办理本条第二款规定的手续；期满未办理规定手续的，该申请视为撤回。

第一百三十二条　对要求获得发明专利权的国际申请，国务院专利行政部门经初步审查认为符合专利法和本细则有关规定的，应当在专利公报上予以公布；国际申请以中文以外的文字提出的，应当公布申请文件的中文译文。

要求获得发明专利权的国际申请，由国际局以中文进行国际公布的，自国际公布日或者国务院专利行政部门公布之日起适用专利法第十三条的规定；由国际局以中文以外的文字进行国际公布的，自国务院专利行政部门公布之日起适用专利法第十三条的规定。

对国际申请，专利法第二十一条和第二十二条中所称的公布是指本条第一款所规定的公布。

第一百三十三条　国际申请包含两项以上发明或者实用新型的，申请人可以自进入日起，依照本细则第四十八条第一款的规定提出分案申请。

在国际阶段，国际检索单位或者国际初步审查单位认为国际申请不符合专利合作条约规定的单一性要求时，申请人未按照规定缴纳附加费，导致国际申请某些部分未经国际检索或者未经国际初步审查，在进入中国国家阶段时，申请人要求将所述部分作为审查基础，国务院专利行政部门认为国际检索单位或者国际初步审查单位对发明单一性的判断正确的，应当通知申请人在指定期限内缴纳单一性恢复费。期满未缴纳或者未足额缴纳的，国际申请中未经检索或者未经国际初步审查的部分视为撤回。

第一百三十四条 国际申请在国际阶段被有关国际单位拒绝给予国际申请日或者宣布视为撤回的，申请人在收到通知之日起 2 个月内，可以请求国际局将国际申请档案中任何文件的副本转交国务院专利行政部门，并在该期限内向国务院专利行政部门办理本细则第一百二十条规定的手续，国务院专利行政部门应当在接到国际局传送的文件后，对国际单位作出的决定是否正确进行复查。

第一百三十五条 基于国际申请授予的专利权，由于译文错误，致使依照专利法第六十四条规定确定的保护范围超出国际申请的原文所表达的范围的，以依据原文限制后的保护范围为准；致使保护范围小于国际申请的原文所表达的范围的，以授权时的保护范围为准。

第十二章　关于外观设计国际申请的特别规定

第一百三十六条 国务院专利行政部门根据专利法第十九条第二款、第三款规定，处理按照工业品外观设计国际注册海牙协定（1999 年文本）（以下简称海牙协定）提出的外观设计国际注册申请。

国务院专利行政部门处理按照海牙协定提出并指定中国的外观设计国际注册申请（简称外观设计国际申请）的条件和程序适用本章的规定；本章没有规定的，适用专利法及本细则其他各章的有关规定。

第一百三十七条 按照海牙协定已确定国际注册日并指定中国的外观设计国际申请，视为向国务院专利行政部门提出的外观设计专利申请，该国际注册日视为专利法第二十八条所称的申请日。

第一百三十八条 国际局公布外观设计国际申请后，国务院专利行政部门对外观设计国际申请进行审查，并将审查结果通知国际局。

第一百三十九条 国际局公布的外观设计国际申请中包括一项或者多项优先权的，视为已经依照专利法第三十条的规定提出了书面声明。

外观设计国际申请的申请人要求优先权的，应当自外观设计国际申请公布之日起 3 个月内提交在先申请文件副本。

第一百四十条 外观设计国际申请涉及的外观设计有专利法第二十四条

第（二）项或者第（三）项所列情形的，应当在提出外观设计国际申请时声明，并自外观设计国际申请公布之日起 2 个月内提交本细则第三十三条第三款规定的有关证明文件。

第一百四十一条　一件外观设计国际申请包括两项以上外观设计的，申请人可以自外观设计国际申请公布之日起 2 个月内，向国务院专利行政部门提出分案申请，并缴纳费用。

第一百四十二条　国际局公布的外观设计国际申请中包括含设计要点的说明书的，视为已经依照本细则第三十一条的规定提交了简要说明。

第一百四十三条　外观设计国际申请经国务院专利行政部门审查后没有发现驳回理由的，由国务院专利行政部门作出给予保护的决定，通知国际局。

国务院专利行政部门作出给予保护的决定后，予以公告，该外观设计专利权自公告之日起生效。

第一百四十四条　已在国际局办理权利变更手续的，申请人应当向国务院专利行政部门提供有关证明材料。

第十三章　附　则

第一百四十五条　经国务院专利行政部门同意，任何人均可以查阅或者复制已经公布或者公告的专利申请的案卷和专利登记簿，并可以请求国务院专利行政部门出具专利登记簿副本。

已视为撤回、驳回和主动撤回的专利申请的案卷，自该专利申请失效之日起满 2 年后不予保存。

已放弃、宣告全部无效和终止的专利权的案卷，自该专利权失效之日起满 3 年后不予保存。

第一百四十六条　向国务院专利行政部门提交申请文件或者办理各种手续，应当由申请人、专利权人、其他利害关系人或者其代表人签字或者盖章；委托专利代理机构的，由专利代理机构盖章。

请求变更发明人姓名、专利申请人和专利权人的姓名或者名称、国籍和地址、专利代理机构的名称、地址和专利代理师姓名的，应当向国务院专利行政部门办理著录事项变更手续，必要时应当提交变更理由的证明材料。

第一百四十七条　向国务院专利行政部门邮寄有关申请或者专利权的文

件，应当使用挂号信函，不得使用包裹。

除首次提交专利申请文件外，向国务院专利行政部门提交各种文件、办理各种手续的，应当标明申请号或者专利号、发明创造名称和申请人或者专利权人姓名或者名称。

一件信函中应当只包含同一申请的文件。

第一百四十八条 国务院专利行政部门根据专利法和本细则制定专利审查指南。

第一百四十九条 本细则自2001年7月1日起施行。1992年12月12日国务院批准修订、1992年12月21日中国专利局发布的《中华人民共和国专利法实施细则》同时废止。

最高人民法院
关于审理专利纠纷案件适用法律问题的若干规定

（2001年6月19日最高人民法院审判委员会第1180次会议通过 根据2013年2月25日最高人民法院审判委员会第1570次会议通过的《最高人民法院关于修改〈最高人民法院关于审理专利纠纷案件适用法律问题的若干规定〉的决定》第一次修正 根据2015年1月19日最高人民法院审判委员会第1641次会议通过的《最高人民法院关于修改〈最高人民法院关于审理专利纠纷案件适用法律问题的若干规定〉的决定》第二次修正 根据2020年12月23日最高人民法院审判委员会第1823次会议通过的《最高人民法院关于修改〈最高人民法院关于审理侵犯专利权纠纷案件应用法律若干问题的解释（二）〉等十八件知识产权类司法解释的决定》第三次修正）

为了正确审理专利纠纷案件，根据《中华人民共和国民法典》《中华人民共和国专利法》《中华人民共和国民事诉讼法》和《中华人民共和国行政诉讼法》等法律的规定，作如下规定：

第一条 人民法院受理下列专利纠纷案件：

1．专利申请权权属纠纷案件；

2．专利权权属纠纷案件；

3．专利合同纠纷案件；

4．侵害专利权纠纷案件；

5．假冒他人专利纠纷案件；

6．发明专利临时保护期使用费纠纷案件；

7．职务发明创造发明人、设计人奖励、报酬纠纷案件；

8．诉前申请行为保全纠纷案件；

9．诉前申请财产保全纠纷案件；

10．因申请行为保全损害责任纠纷案件；

11．因申请财产保全损害责任纠纷案件；

12．发明创造发明人、设计人署名权纠纷案件；

13．确认不侵害专利权纠纷案件；

14．专利权宣告无效后返还费用纠纷案件；

15．因恶意提起专利权诉讼损害责任纠纷案件；

16．标准必要专利使用费纠纷案件；

17．不服国务院专利行政部门维持驳回申请复审决定案件；

18．不服国务院专利行政部门专利权无效宣告请求决定案件；

19．不服国务院专利行政部门实施强制许可决定案件；

20．不服国务院专利行政部门实施强制许可使用费裁决案件；

21．不服国务院专利行政部门行政复议决定案件；

22．不服国务院专利行政部门作出的其他行政决定案件；

23．不服管理专利工作的部门行政决定案件；

24．确认是否落入专利权保护范围纠纷案件；

25．其他专利纠纷案件。

第二条 因侵犯专利权行为提起的诉讼，由侵权行为地或者被告住所地人民法院管辖。

侵权行为地包括：被诉侵犯发明、实用新型专利权的产品的制造、使用、许诺销售、销售、进口等行为的实施地；专利方法使用行为的实施地，依照该专利方法直接获得的产品的使用、许诺销售、销售、进口等行为的实施地；

外观设计专利产品的制造、许诺销售、销售、进口等行为的实施地；假冒他人专利的行为实施地。上述侵权行为的侵权结果发生地。

第三条 原告仅对侵权产品制造者提起诉讼，未起诉销售者，侵权产品制造地与销售地不一致的，制造地人民法院有管辖权；以制造者与销售者为共同被告起诉的，销售地人民法院有管辖权。

销售者是制造者分支机构，原告在销售地起诉侵权产品制造者制造、销售行为的，销售地人民法院有管辖权。

第四条 对申请日在2009年10月1日前（不含该日）的实用新型专利提起侵犯专利权诉讼，原告可以出具由国务院专利行政部门作出的检索报告；对申请日在2009年10月1日以后的实用新型或者外观设计专利提起侵犯专利权诉讼，原告可以出具由国务院专利行政部门作出的专利权评价报告。根据案件审理需要，人民法院可以要求原告提交检索报告或者专利权评价报告。原告无正当理由不提交的，人民法院可以裁定中止诉讼或者判令原告承担可能的不利后果。

侵犯实用新型、外观设计专利权纠纷案件的被告请求中止诉讼的，应当在答辩期内对原告的专利权提出宣告无效的请求。

第五条 人民法院受理的侵犯实用新型、外观设计专利权纠纷案件，被告在答辩期间内请求宣告该项专利权无效的，人民法院应当中止诉讼，但具备下列情形之一的，可以不中止诉讼：

（一）原告出具的检索报告或者专利权评价报告未发现导致实用新型或者外观设计专利权无效的事由的；

（二）被告提供的证据足以证明其使用的技术已经公知的；

（三）被告请求宣告该项专利权无效所提供的证据或者依据的理由明显不充分的；

（四）人民法院认为不应当中止诉讼的其他情形。

第六条 人民法院受理的侵犯实用新型、外观设计专利权纠纷案件，被告在答辩期间届满后请求宣告该项专利权无效的，人民法院不应当中止诉讼，但经审查认为有必要中止诉讼的除外。

第七条 人民法院受理的侵犯发明专利权纠纷案件或者经国务院专利行政部门审查维持专利权的侵犯实用新型、外观设计专利权纠纷案件，被告在答辩期间内请求宣告该项专利权无效的，人民法院可以不中止诉讼。

第八条 人民法院决定中止诉讼，专利权人或者利害关系人请求责令被告停止有关行为或者采取其他制止侵权损害继续扩大的措施，并提供了担保，人民法院经审查符合有关法律规定的，可以在裁定中止诉讼的同时一并作出有关裁定。

第九条 人民法院对专利权进行财产保全，应当向国务院专利行政部门发出协助执行通知书，载明要求协助执行的事项，以及对专利权保全的期限，并附人民法院作出的裁定书。

对专利权保全的期限一次不得超过六个月，自国务院专利行政部门收到协助执行通知书之日起计算。如果仍然需要对该专利权继续采取保全措施的，人民法院应当在保全期限届满前向国务院专利行政部门另行送达继续保全的协助执行通知书。保全期限届满前未送达的，视为自动解除对该专利权的财产保全。

人民法院对出质的专利权可以采取财产保全措施，质权人的优先受偿权不受保全措施的影响；专利权人与被许可人已经签订的独占实施许可合同，不影响人民法院对该专利权进行财产保全。

人民法院对已经进行保全的专利权，不得重复进行保全。

第十条 2001 年 7 月 1 日以前利用本单位的物质技术条件所完成的发明创造，单位与发明人或者设计人订有合同，对申请专利的权利和专利权的归属作出约定的，从其约定。

第十一条 人民法院受理的侵犯专利权纠纷案件，涉及权利冲突的，应当保护在先依法享有权利的当事人的合法权益。

第十二条 专利法第二十三条第三款所称的合法权利，包括就作品、商标、地理标志、姓名、企业名称、肖像，以及有一定影响的商品名称、包装、装潢等享有的合法权利或者权益。

第十三条 专利法第五十九条第一款[①]所称的“发明或者实用新型专利权的保护范围以其权利要求的内容为准，说明书及附图可以用于解释权利要求的内容”，是指专利权的保护范围应当以权利要求记载的全部技术特征所确定

---

① 现为《专利法》(2020 年修正）第六十四条第一款。

的范围为准，也包括与该技术特征相等同的特征所确定的范围。

等同特征，是指与所记载的技术特征以基本相同的手段，实现基本相同的功能，达到基本相同的效果，并且本领域普通技术人员在被诉侵权行为发生时无需经过创造性劳动就能够联想到的特征。

第十四条 专利法第六十五条规定的权利人因被侵权所受到的实际损失可以根据专利权人的专利产品因侵权所造成销售量减少的总数乘以每件专利产品的合理利润所得之积计算。权利人销售量减少的总数难以确定的，侵权产品在市场上销售的总数乘以每件专利产品的合理利润所得之积可以视为权利人因被侵权所受到的实际损失。

专利法第六十五条[①]规定的侵权人因侵权所获得的利益可以根据该侵权产品在市场上销售的总数乘以每件侵权产品的合理利润所得之积计算。侵权人因侵权所获得的利益一般按照侵权人的营业利润计算，对于完全以侵权为业的侵权人，可以按照销售利润计算。

第十五条 权利人的损失或者侵权人获得的利益难以确定，有专利许可使用费可以参照的，人民法院可以根据专利权的类型、侵权行为的性质和情节、专利许可的性质、范围、时间等因素，参照该专利许可使用费的倍数合理确定赔偿数额；没有专利许可使用费可以参照或者专利许可使用费明显不合理的，人民法院可以根据专利权的类型、侵权行为的性质和情节等因素，依照专利法第六十五条第二款的规定确定赔偿数额。

第十六条 权利人主张其为制止侵权行为所支付合理开支的，人民法院可以在专利法第六十五条确定的赔偿数额之外另行计算。

第十七条 侵犯专利权的诉讼时效为三年，自专利权人或者利害关系人知道或者应当知道权利受到损害以及义务人之日起计算。权利人超过三年起诉的，如果侵权行为在起诉时仍在继续，在该项专利权有效期内，人民法院应当判决被告停止侵权行为，侵权损害赔偿数额应当自权利人向人民法院起诉之日起向前推算三年计算。

第十八条 专利法第十一条、第六十九条所称的许诺销售，是指以做广告、在商店橱窗中陈列或者在展销会上展出等方式作出销售商品的意思表示。

---

① 现为《专利法》(2020 年修正) 第七十一条。

第十九条　人民法院受理的侵犯专利权纠纷案件，已经过管理专利工作的部门作出侵权或者不侵权认定的，人民法院仍应当就当事人的诉讼请求进行全面审查。

第二十条　以前的有关司法解释与本规定不一致的，以本规定为准。

五、不正当竞争

中华人民共和国反不正当竞争法

（1993 年 9 月 2 日第八届全国人民代表大会常务委员会第三次会议通过　2017 年 11 月 4 日第十二届全国人民代表大会常务委员会第三十次会议第一次修订　根据 2019 年 4 月 23 日第十三届全国人民代表大会常务委员会第十次会议《关于修改〈中华人民共和国建筑法〉等八部法律的决定》修正　2025 年 6 月 27 日第十四届全国人民代表大会常务委员会第十六次会议第二次修订）

目　　录

第一章　总　则

第一条　为了促进社会主义市场经济健康发展，鼓励和保护公平竞争，预防和制止不正当竞争行为，保护经营者和消费者的合法权益，制定本法。

第二条　经营者在生产经营活动中，应当遵循自愿、平等、公平、诚信的原则，遵守法律和商业道德，公平参与市场竞争。

本法所称的不正当竞争行为，是指经营者在生产经营活动中，违反本法规定，扰乱市场竞争秩序，损害其他经营者或者消费者的合法权益的行为。

本法所称的经营者，是指从事商品生产、经营或者提供服务（以下所称商品包括服务）的自然人、法人和非法人组织。

第三条 反不正当竞争工作坚持中国共产党的领导。

国家健全完善反不正当竞争规则制度，加强反不正当竞争执法司法，维护市场竞争秩序，健全统一、开放、竞争、有序的市场体系。

国家建立健全公平竞争审查制度，依法加强公平竞争审查工作，保障各类经营者依法平等使用生产要素、公平参与市场竞争。

第四条 各级人民政府应当采取措施，预防和制止不正当竞争行为，为公平竞争创造良好的环境和条件。

国务院建立健全反不正当竞争工作协调机制，协调处理维护市场竞争秩序的重大问题。

第五条 县级以上人民政府履行市场监督管理职责的部门对不正当竞争行为进行监督检查；法律、行政法规规定由其他部门监督检查的，依照其规定。

第六条 国家鼓励、支持和保护一切组织和个人对不正当竞争行为进行社会监督。

国家机关及其工作人员不得支持、包庇不正当竞争行为。

行业组织应当加强行业自律，引导、规范本行业的经营者依法竞争，维护市场竞争秩序。

第二章　不正当竞争行为

第七条 经营者不得实施下列混淆行为，引人误认为是他人商品或者与他人存在特定联系：

（一）擅自使用与他人有一定影响的商品名称、包装、装潢等相同或者近似的标识；

（二）擅自使用他人有一定影响的名称（包括简称、字号等）、姓名（包括笔名、艺名、网名、译名等）；

（三）擅自使用他人有一定影响的域名主体部分、网站名称、网页、新媒体账号名称、应用程序名称或者图标等；

（四）其他足以引人误认为是他人商品或者与他人存在特定联系的混淆行为。

擅自将他人注册商标、未注册的驰名商标作为企业名称中的字号使用，或者将他人商品名称、企业名称（包括简称、字号等）、注册商标、未注册的驰名商标等设置为搜索关键词，引人误认为是他人商品或者与他人存在特定联系的，属于前款规定的混淆行为。

经营者不得帮助他人实施混淆行为。

第八条　经营者不得采用给予财物或者其他手段贿赂下列单位或者个人，以谋取交易机会或者竞争优势：

（一）交易相对方的工作人员；

（二）受交易相对方委托办理相关事务的单位或者个人；

（三）利用职权或者影响力影响交易的单位或者个人。

前款规定的单位和个人不得收受贿赂。

经营者在交易活动中，可以以明示方式向交易相对方支付折扣，或者向中间人支付佣金。经营者向交易相对方支付折扣、向中间人支付佣金的，应当如实入账。接受折扣、佣金的经营者也应当如实入账。

经营者的工作人员进行贿赂的，应当认定为经营者的行为；但是，经营者有证据证明该工作人员的行为与为经营者谋取交易机会或者竞争优势无关的除外。

第九条　经营者不得对其商品的性能、功能、质量、销售状况、用户评价、曾获荣誉等作虚假或者引人误解的商业宣传，欺骗、误导消费者和其他经营者。

经营者不得通过组织虚假交易、虚假评价等方式，帮助其他经营者进行虚假或者引人误解的商业宣传。

第十条　经营者不得实施下列侵犯商业秘密的行为：

（一）以盗窃、贿赂、欺诈、胁迫、电子侵入或者其他不正当手段获取权利人的商业秘密；

（二）披露、使用或者允许他人使用以前项手段获取的权利人的商业秘密；

（三）违反保密义务或者违反权利人有关保守商业秘密的要求，披露、使用或者允许他人使用其所掌握的商业秘密；

（四）教唆、引诱、帮助他人违反保密义务或者违反权利人有关保守商业秘密的要求，获取、披露、使用或者允许他人使用权利人的商业秘密。

经营者以外的其他自然人、法人和非法人组织实施前款所列违法行为的，视为侵犯商业秘密。

第三人明知或者应知商业秘密权利人的员工、前员工或者其他单位、个人实施本条第一款所列违法行为，仍获取、披露、使用或者允许他人使用该商业秘密的，视为侵犯商业秘密。

本法所称的商业秘密，是指不为公众所知悉、具有商业价值并经权利人采取相应保密措施的技术信息、经营信息等商业信息。

第十一条 经营者进行有奖销售不得存在下列情形：

（一）所设奖的种类、兑奖条件、奖金金额或者奖品等有奖销售信息不明确，影响兑奖；

（二）有奖销售活动开始后，无正当理由变更所设奖的种类、兑奖条件、奖金金额或者奖品等有奖销售信息；

（三）采用谎称有奖或者故意让内定人员中奖等欺骗方式进行有奖销售；

（四）抽奖式的有奖销售，最高奖的金额超过五万元。

第十二条 经营者不得编造、传播或者指使他人编造、传播虚假信息或者误导性信息，损害其他经营者的商业信誉、商品声誉。

第十三条 经营者利用网络从事生产经营活动，应当遵守本法的各项规定。

经营者不得利用数据和算法、技术、平台规则等，通过影响用户选择或者其他方式，实施下列妨碍、破坏其他经营者合法提供的网络产品或者服务正常运行的行为：

（一）未经其他经营者同意，在其合法提供的网络产品或者服务中，插入链接、强制进行目标跳转；

（二）误导、欺骗、强迫用户修改、关闭、卸载其他经营者合法提供的网络产品或者服务；

（三）恶意对其他经营者合法提供的网络产品或者服务实施不兼容；

（四）其他妨碍、破坏其他经营者合法提供的网络产品或者服务正常运行的行为。

经营者不得以欺诈、胁迫、避开或者破坏技术管理措施等不正当方式，获取、使用其他经营者合法持有的数据，损害其他经营者的合法权益，扰乱市场竞争秩序。

经营者不得滥用平台规则，直接或者指使他人对其他经营者实施虚假交易、虚假评价或者恶意退货等行为，损害其他经营者的合法权益，扰乱市场竞争秩序。

第十四条　平台经营者不得强制或者变相强制平台内经营者按照其定价规则，以低于成本的价格销售商品，扰乱市场竞争秩序。

第十五条　大型企业等经营者不得滥用自身资金、技术、交易渠道、行业影响力等方面的优势地位，要求中小企业接受明显不合理的付款期限、方式、条件和违约责任等交易条件，拖欠中小企业的货物、工程、服务等账款。

第三章　对涉嫌不正当竞争行为的调查

第十六条　监督检查部门调查涉嫌不正当竞争行为，可以采取下列措施：

（一）进入涉嫌不正当竞争行为的经营场所进行检查；

（二）询问被调查的经营者、利害关系人及其他有关单位、个人，要求其说明有关情况或者提供与被调查行为有关的其他资料；

（三）查询、复制与涉嫌不正当竞争行为有关的协议、账簿、单据、文件、记录、业务函电和其他资料；

（四）查封、扣押与涉嫌不正当竞争行为有关的财物；

（五）查询涉嫌不正当竞争行为的经营者的银行账户。

采取前款规定的措施，应当向监督检查部门主要负责人书面报告，并经批准。采取前款第四项、第五项规定的措施，应当向设区的市级以上人民政府监督检查部门主要负责人书面报告，并经批准。

监督检查部门调查涉嫌不正当竞争行为，应当遵守《中华人民共和国行政强制法》和其他有关法律、行政法规的规定，并应当依法将查处结果及时向社会公开。

第十七条 监督检查部门调查涉嫌不正当竞争行为，被调查的经营者、利害关系人及其他有关单位、个人应当如实提供有关资料或者情况。

第十八条 经营者涉嫌违反本法规定的，监督检查部门可以对其有关负责人进行约谈，要求其说明情况、提出改进措施。

第十九条 监督检查部门及其工作人员对调查过程中知悉的商业秘密、个人隐私和个人信息依法负有保密义务。

第二十条 对涉嫌不正当竞争行为，任何单位和个人有权向监督检查部门举报，监督检查部门接到举报后应当依法及时处理。

监督检查部门应当向社会公开受理举报的电话、信箱或者电子邮件地址，并为举报人保密。对实名举报并提供相关事实和证据的，监督检查部门应当将处理结果及时告知举报人。

第二十一条 平台经营者应当在平台服务协议和交易规则中明确平台内公平竞争规则，建立不正当竞争举报投诉和纠纷处置机制，引导、规范平台内经营者依法公平竞争；发现平台内经营者实施不正当竞争行为的，应当及时依法采取必要的处置措施，保存有关记录，并按规定向平台经营者住所地县级以上人民政府监督检查部门报告。

第四章　法律责任

第二十二条 经营者违反本法规定，给他人造成损害的，应当依法承担民事责任。

经营者的合法权益受到不正当竞争行为损害的，可以向人民法院提起诉讼。

因不正当竞争行为受到损害的经营者的赔偿数额，按照其因被侵权所受到的实际损失或者侵权人因侵权所获得的利益确定。经营者故意实施侵犯商业秘密行为，情节严重的，可以在按照上述方法确定数额的一倍以上五倍以下确定赔偿数额。赔偿数额还应当包括经营者为制止侵权行为所支付的合理开支。

经营者违反本法第七条、第十条规定，权利人因被侵权所受到的实际损失、侵权人因侵权所获得的利益难以确定的，由人民法院根据侵权行为的情节判决给予权利人五百万元以下的赔偿。

第二十三条　经营者违反本法第七条规定实施混淆行为或者帮助他人实施混淆行为的，由监督检查部门责令停止违法行为，没收违法商品。违法经营额五万元以上的，可以并处违法经营额五倍以下的罚款；没有违法经营额或者违法经营额不足五万元的，可以并处二十五万元以下的罚款；情节严重的，并处吊销营业执照。

销售本法第七条规定的违法商品的，依照前款规定予以处罚；销售者不知道其销售的商品属于违法商品，能证明该商品是自己合法取得并说明提供者的，由监督检查部门责令停止销售，不予行政处罚。

经营者登记的名称违反本法第七条规定的，应当及时办理名称变更登记；名称变更前，由登记机关以统一社会信用代码代替其名称。

第二十四条　有关单位违反本法第八条规定贿赂他人或者收受贿赂的，由监督检查部门没收违法所得，处十万元以上一百万元以下的罚款；情节严重的，处一百万元以上五百万元以下的罚款，可以并处吊销营业执照。

经营者的法定代表人、主要负责人和直接责任人员对实施贿赂负有个人责任，以及有关个人收受贿赂的，由监督检查部门没收违法所得，处一百万元以下的罚款。

第二十五条　经营者违反本法第九条规定对其商品作虚假或者引人误解的商业宣传，或者通过组织虚假交易、虚假评价等方式帮助其他经营者进行虚假或者引人误解的商业宣传的，由监督检查部门责令停止违法行为，处一百万元以下的罚款；情节严重的，处一百万元以上二百万元以下的罚款，可以并处吊销营业执照。

经营者违反本法第九条规定，属于发布虚假广告的，依照《中华人民共和国广告法》的规定处罚。

第二十六条　经营者以及其他自然人、法人和非法人组织违反本法第十条规定侵犯商业秘密的，由监督检查部门责令停止违法行为，没收违法所得，处十万元以上一百万元以下的罚款；情节严重的，处一百万元以上五百万元以下的罚款。

第二十七条　经营者违反本法第十一条规定进行有奖销售的，由监督检查部门责令停止违法行为，处五万元以上五十万元以下的罚款。

第二十八条　经营者违反本法第十二条规定损害其他经营者商业信誉、

商品声誉的，由监督检查部门责令停止违法行为、消除影响，处十万元以上一百万元以下的罚款；情节严重的，处一百万元以上五百万元以下的罚款。

第二十九条 经营者违反本法第十三条第二款、第三款、第四款规定利用网络从事不正当竞争的，由监督检查部门责令停止违法行为，处十万元以上一百万元以下的罚款；情节严重的，处一百万元以上五百万元以下的罚款。

第三十条 平台经营者违反本法第十四条规定强制或者变相强制平台内经营者以低于成本的价格销售商品的，由监督检查部门责令停止违法行为，处五万元以上五十万元以下的罚款；情节严重的，处五十万元以上二百万元以下的罚款。

第三十一条 经营者违反本法第十五条规定滥用自身优势地位的，由省级以上人民政府监督检查部门责令限期改正，逾期不改正的，处一百万元以下的罚款；情节严重的，处一百万元以上五百万元以下的罚款。

第三十二条 经营者违反本法规定从事不正当竞争，有主动消除或者减轻违法行为危害后果等法定情形的，依法从轻或者减轻行政处罚；违法行为轻微并及时纠正，没有造成危害后果的，不予行政处罚。

第三十三条 经营者违反本法规定从事不正当竞争，受到行政处罚的，由监督检查部门记入信用记录，并依照有关法律、行政法规的规定予以公示。

第三十四条 经营者违反本法规定，应当承担民事责任、行政责任和刑事责任，其财产不足以支付的，优先用于承担民事责任。

第三十五条 妨害监督检查部门依照本法履行职责，拒绝、阻碍调查的，由监督检查部门责令改正，对个人可以处一万元以下的罚款，对单位可以处十万元以下的罚款。

第三十六条 当事人对监督检查部门作出的决定不服的，可以依法申请行政复议或者提起行政诉讼。

第三十七条 监督检查部门的工作人员滥用职权、玩忽职守、徇私舞弊或者泄露调查过程中知悉的商业秘密、个人隐私或者个人信息的，依法给予处分。

第三十八条 违反本法规定，构成违反治安管理行为的，依法给予治安管理处罚；构成犯罪的，依法追究刑事责任。

第三十九条 在侵犯商业秘密的民事审判程序中，商业秘密权利人提供初步证据，证明其已经对所主张的商业秘密采取保密措施，且合理表明商业秘密被侵犯，涉嫌侵权人应当证明权利人所主张的商业秘密不属于本法规定的商业秘密。

商业秘密权利人提供初步证据合理表明商业秘密被侵犯，且提供以下证据之一的，涉嫌侵权人应当证明其不存在侵犯商业秘密的行为：

（一）有证据表明涉嫌侵权人有渠道或者机会获取商业秘密，且其使用的信息与该商业秘密实质上相同；

（二）有证据表明商业秘密已经被涉嫌侵权人披露、使用或者有被披露、使用的风险；

（三）有其他证据表明商业秘密被涉嫌侵权人侵犯。

第五章　附　则

第四十条　在中华人民共和国境外实施本法规定的不正当竞争行为，扰乱境内市场竞争秩序，损害境内经营者或者消费者的合法权益的，依照本法以及有关法律的规定处理。

第四十一条　本法自 2025 年 10 月 15 日起施行。

最高人民法院
关于适用《中华人民共和国反不正当竞争法》若干问题的解释

法释〔2022〕9 号

（2022 年 1 月 29 日最高人民法院审判委员会第 1862 次会议通过
2022 年 3 月 16 日最高人民法院公告公布　自 2022 年 3 月 20 日起施行）

为正确审理因不正当竞争行为引发的民事案件，根据《中华人民共和国民法典》《中华人民共和国反不正当竞争法》《中华人民共和国民事诉讼法》等有关法律规定，结合审判实践，制定本解释。

第一条　经营者扰乱市场竞争秩序，损害其他经营者或者消费者合法权益，且属于违反反不正当竞争法第二章及专利法、商标法、著作权法等规定之外情形的，人民法院可以适用反不正当竞争法第二条予以认定。

第二条 与经营者在生产经营活动中存在可能的争夺交易机会、损害竞争优势等关系的市场主体，人民法院可以认定为反不正当竞争法第二条规定的“其他经营者”。

第三条 特定商业领域普遍遵循和认可的行为规范，人民法院可以认定为反不正当竞争法第二条规定的“商业道德”。

人民法院应当结合案件具体情况，综合考虑行业规则或者商业惯例、经营者的主观状态、交易相对人的选择意愿、对消费者权益、市场竞争秩序、社会公共利益的影响等因素，依法判断经营者是否违反商业道德。

人民法院认定经营者是否违反商业道德时，可以参考行业主管部门、行业协会或者自律组织制定的从业规范、技术规范、自律公约等。

第四条 具有一定的市场知名度并具有区别商品来源的显著特征的标识，人民法院可以认定为反不正当竞争法第六条[①]规定的“有一定影响的”标识。

人民法院认定反不正当竞争法第六条规定的标识是否具有一定的市场知名度，应当综合考虑中国境内相关公众的知悉程度，商品销售的时间、区域、数额和对象，宣传的持续时间、程度和地域范围，标识受保护的情况等因素。

第五条 反不正当竞争法第六条规定的标识有下列情形之一的，人民法院应当认定其不具有区别商品来源的显著特征：

（一）商品的通用名称、图形、型号；

（二）仅直接表示商品的质量、主要原料、功能、用途、重量、数量及其他特点的标识；

（三）仅由商品自身的性质产生的形状，为获得技术效果而需有的商品形状以及使商品具有实质性价值的形状；

（四）其他缺乏显著特征的标识。

前款第一项、第二项、第四项规定的标识经过使用取得显著特征，并具有一定的市场知名度，当事人请求依据反不正当竞争法第六条规定予以保护的，人民法院应予支持。

---

① 现为《反不正当竞争法》（2025 年修订）第七条。

第六条　因客观描述、说明商品而正当使用下列标识，当事人主张属于反不正当竞争法第六条规定的情形的，人民法院不予支持：

（一）含有本商品的通用名称、图形、型号；

（二）直接表示商品的质量、主要原料、功能、用途、重量、数量以及其他特点；

（三）含有地名。

第七条　反不正当竞争法第六条规定的标识或者其显著识别部分属于商标法第十条第一款规定的不得作为商标使用的标志，当事人请求依据反不正当竞争法第六条规定予以保护的，人民法院不予支持。

第八条　由经营者营业场所的装饰、营业用具的式样、营业人员的服饰等构成的具有独特风格的整体营业形象，人民法院可以认定为反不正当竞争法第六条第一项规定的“装潢”。

第九条　市场主体登记管理部门依法登记的企业名称，以及在中国境内进行商业使用的境外企业名称，人民法院可以认定为反不正当竞争法第六条第二项规定的“企业名称”。

有一定影响的个体工商户、农民专业合作社（联合社）以及法律、行政法规规定的其他市场主体的名称（包括简称、字号等），人民法院可以依照反不正当竞争法第六条第二项予以认定。

第十条　在中国境内将有一定影响的标识用于商品、商品包装或者容器以及商品交易文书上，或者广告宣传、展览以及其他商业活动中，用于识别商品来源的行为，人民法院可以认定为反不正当竞争法第六条规定的“使用”。

第十一条　经营者擅自使用与他人有一定影响的企业名称（包括简称、字号等）、社会组织名称（包括简称等）、姓名（包括笔名、艺名、译名等）、域名主体部分、网站名称、网页等近似的标识，引人误认为是他人商品或者与他人存在特定联系，当事人主张属于反不正当竞争法第六条第二项、第三项规定的情形的，人民法院应予支持。

第十二条　人民法院认定与反不正当竞争法第六条规定的“有一定影响的”标识相同或者近似，可以参照商标相同或者近似的判断原则和方法。

反不正当竞争法第六条规定的“引人误认为是他人商品或者与他人存在

特定联系”，包括误认为与他人具有商业联合、许可使用、商业冠名、广告代言等特定联系。

在相同商品上使用相同或者视觉上基本无差别的商品名称、包装、装潢等标识，应当视为足以造成与他人有一定影响的标识相混淆。

第十三条 经营者实施下列混淆行为之一，足以引人误认为是他人商品或者与他人存在特定联系的，人民法院可以依照反不正当竞争法第六条第四项予以认定：

（一）擅自使用反不正当竞争法第六条第一项、第二项、第三项规定以外“有一定影响的”标识；

（二）将他人注册商标、未注册的驰名商标作为企业名称中的字号使用，误导公众。

第十四条 经营者销售带有违反反不正当竞争法第六条规定的标识的商品，引人误认为是他人商品或者与他人存在特定联系，当事人主张构成反不正当竞争法第六条规定的情形的，人民法院应予支持。

销售不知道是前款规定的侵权商品，能证明该商品是自己合法取得并说明提供者，经营者主张不承担赔偿责任的，人民法院应予支持。

第十五条 故意为他人实施混淆行为提供仓储、运输、邮寄、印制、隐匿、经营场所等便利条件，当事人请求依据民法典第一千一百六十九条第一款予以认定的，人民法院应予支持。

第十六条 经营者在商业宣传过程中，提供不真实的商品相关信息，欺骗、误导相关公众的，人民法院应当认定为反不正当竞争法第八条[①]第一款规定的虚假的商业宣传。

第十七条 经营者具有下列行为之一，欺骗、误导相关公众的，人民法院可以认定为反不正当竞争法第八条第一款规定的“引人误解的商业宣传”：

（一）对商品作片面的宣传或者对比；

（二）将科学上未定论的观点、现象等当作定论的事实用于商品宣传；

（三）使用歧义性语言进行商业宣传；

（四）其他足以引人误解的商业宣传行为。

---

① 现为《反不正当竞争法》（2025 年修订）第九条。

人民法院应当根据日常生活经验、相关公众一般注意力、发生误解的事实和被宣传对象的实际情况等因素，对引人误解的商业宣传行为进行认定。

第十八条　当事人主张经营者违反反不正当竞争法第八条第一款的规定并请求赔偿损失的，应当举证证明其因虚假或者引人误解的商业宣传行为受到损失。

第十九条　当事人主张经营者实施了反不正当竞争法第十一条[①]规定的商业诋毁行为的，应当举证证明其为该商业诋毁行为的特定损害对象。

第二十条　经营者传播他人编造的虚假信息或者误导性信息，损害竞争对手的商业信誉、商品声誉的，人民法院应当依照反不正当竞争法第十一条予以认定。

第二十一条　未经其他经营者和用户同意而直接发生的目标跳转，人民法院应当认定为反不正当竞争法第十二条[②]第二款第一项规定的"强制进行目标跳转"。

仅插入链接，目标跳转由用户触发的，人民法院应当综合考虑插入链接的具体方式、是否具有合理理由以及对用户利益和其他经营者利益的影响等因素，认定该行为是否违反反不正当竞争法第十二条第二款第一项的规定。

第二十二条　经营者事前未明确提示并经用户同意，以误导、欺骗、强迫用户修改、关闭、卸载等方式，恶意干扰或者破坏其他经营者合法提供的网络产品或者服务，人民法院应当依照反不正当竞争法第十二条第二款第二项予以认定。

第二十三条　对于反不正当竞争法第二条、第八条、第十一条、第十二条规定的不正当竞争行为，权利人因被侵权所受到的实际损失、侵权人因侵权所获得的利益难以确定，当事人主张依据反不正当竞争法第十七条[③]第四款确定赔偿数额的，人民法院应予支持。

第二十四条　对于同一侵权人针对同一主体在同一时间和地域范围实施的侵权行为，人民法院已经认定侵害著作权、专利权或者注册商标专用权等并判令承担民事责任，当事人又以该行为构成不正当竞争为由请求同一侵权

---

① 现为《反不正当竞争法》（2025 年修订）第十二条。

② 现为《反不正当竞争法》（2025 年修订）第十三条。

③ 现为《反不正当竞争法》（2025 年修订）第二十二条。

人承担民事责任的，人民法院不予支持。

第二十五条 依据反不正当竞争法第六条的规定，当事人主张判令被告停止使用或者变更其企业名称的诉讼请求依法应予支持的，人民法院应当判令停止使用该企业名称。

第二十六条 因不正当竞争行为提起的民事诉讼，由侵权行为地或者被告住所地人民法院管辖。

当事人主张仅以网络购买者可以任意选择的收货地作为侵权行为地的，人民法院不予支持。

第二十七条 被诉不正当竞争行为发生在中华人民共和国领域外，但侵权结果发生在中华人民共和国领域内，当事人主张由该侵权结果发生地人民法院管辖的，人民法院应予支持。

第二十八条 反不正当竞争法修改决定施行以后人民法院受理的不正当竞争民事案件，涉及该决定施行前发生的行为的，适用修改前的反不正当竞争法；涉及该决定施行前发生、持续到该决定施行以后的行为的，适用修改后的反不正当竞争法。

第二十九条 本解释自 2022 年 3 月 20 日起施行。《最高人民法院关于审理不正当竞争民事案件应用法律若干问题的解释》(法释〔2007〕2 号)同时废止。

本解释施行以后尚未终审的案件，适用本解释；施行以前已经终审的案件，不适用本解释再审。

六、植物新品种

中华人民共和国植物新品种保护条例

（1997年3月20日中华人民共和国国务院令第213号公布　根据2013年1月31日《国务院关于修改〈中华人民共和国植物新品种保护条例〉的决定》第一次修订　根据2014年7月29日《国务院关于修改部分行政法规的决定》第二次修订　2025年4月29日中华人民共和国国务院令第807号第三次修订）

第一章　总　则

第一条　为了保护植物新品种权，鼓励培育和推广应用植物新品种，促进农业、林草业的发展，根据《中华人民共和国种子法》，制定本条例。

第二条　本条例所称植物新品种，是指经过人工选育或者对发现的野生植物加以改良，具备新颖性、特异性、一致性、稳定性和适当命名的植物品种。

第三条　植物新品种保护工作应当坚持中国共产党的领导，贯彻党和国家知识产权战略部署，促进育种创新，推动种业高质量发展。

第四条　国务院农业农村、林业草原主管部门按照职责分工负责全国植物新品种保护工作，开展植物新品种权申请的受理和审查，并对符合本条例规定的植物新品种授予植物新品种权（以下称品种权）；健全植物新品种测试体系，完善繁殖材料保藏管理，加强植物新品种保护宣传培训和相关技术研究。

县级以上地方人民政府农业农村、林业草原主管部门依照各自职责，负责本行政区域内的植物新品种保护工作。

第五条　对在植物新品种培育和推广应用等工作中做出突出贡献的单位和个人，按照国家有关规定给予表彰和奖励。

第六条 生产、经营和推广被授予品种权的植物新品种（以下称授权品种），应当符合有关种子管理的法律法规的规定。

第二章 品种权的内容和归属

第七条 品种权所有人（以下称品种权人）对其授权品种，享有排他的独占权。除法律和本条例另有规定外，任何单位或者个人未经品种权人许可，不得对该授权品种的繁殖材料，实施下列行为：

（一）生产、繁殖和为繁殖而进行处理；

（二）许诺销售、销售；

（三）进口、出口；

（四）为实施本款第一项至第三项行为进行储存。

实施前款规定的行为，涉及由未经许可使用授权品种的繁殖材料而获得的收获材料的，应当得到品种权人的许可；但是，品种权人对繁殖材料已有合理机会行使其权利的除外。

对下列品种实施第一款、第二款规定的行为，应当得到授权品种的品种权人的许可：

（一）授权品种的实质性派生品种，但该授权品种本身不是实质性派生品种；

（二）与授权品种相比，不具备本条例第十六条规定的明显区别的品种；

（三）为商业目的重复使用授权品种进行生产或者繁殖的另一品种。

第八条 国家分步实施实质性派生品种制度，国务院农业农村、林业草原主管部门以目录形式确定具体实施范围，报国务院批准后公布施行。

实质性派生品种主要依据分子检测、表型测试结果判定，必要时综合考虑育种方法、选育过程、亲缘关系等因素。国务院农业农村、林业草原主管部门应当制定实质性派生品种判定指南，确定适用范围、检测和测试方法、判定阈值、技术流程等，并明确检测、测试机构应当具备的条件。

国务院农业农村、林业草原主管部门组建由育种、检测、测试、管理及法律等方面专家组成的专家库，为实施实质性派生品种制度提供专业支持。

第九条 执行本单位的任务或者主要是利用本单位的物质技术条件所完成的职务育种，品种权的申请权属于该单位；非职务育种，品种权的申请权属于完成育种的个人。利用本单位的物质技术条件所完成的育种，单位与完成育种的个人对品种权的申请权有合同约定的，从其约定。

委托育种或者合作育种，当事人可以在合同中约定品种权的申请权归属；没有合同约定的，品种权的申请权属于受委托完成或者共同完成育种的单位或者个人。

申请被批准后，品种权属于申请人。

第十条　一个植物新品种只能授予一项品种权。两个以上的申请人分别就同一个植物新品种申请品种权的，品种权授予最先申请的人；同时申请的，品种权授予最先完成该植物新品种育种的人。

第十一条　品种权的申请权和品种权可以依法转让。

中国的单位或者个人就其在境内培育的植物新品种向外国人、外国企业或者外国其他组织转让申请权或者品种权的，应当经国务院农业农村、林业草原主管部门批准。

转让申请权或者品种权的，当事人应当订立书面合同，并向国务院农业农村、林业草原主管部门登记，由国务院农业农村、林业草原主管部门予以公告。转让自登记之日起生效。

以品种权出质的，由出质人和质权人共同向国务院农业农村、林业草原主管部门办理出质登记，由国务院农业农村、林业草原主管部门予以公告。

第十二条　在下列情况下使用授权品种的，可以不经品种权人许可，不向其支付使用费，但是不得侵犯品种权人依照本条例和有关法律、行政法规享有的其他权利：

（一）利用授权品种进行育种及其他科研活动；

（二）农民自繁自用授权品种的繁殖材料。

第十三条　为了国家利益或者社会公共利益，国务院农业农村、林业草原主管部门可以作出实施品种权强制许可的决定，并予以登记和公告。

取得实施强制许可的单位或者个人应当付给品种权人合理的使用费，其数额由双方商定；双方不能达成协议的，由国务院农业农村、林业草原主管部门裁决。

品种权人对强制许可决定不服的，品种权人和取得实施强制许可的单位或者个人对强制许可使用费的裁决不服的，可以依法提起诉讼。

取得实施强制许可的单位或者个人不享有独占的实施权，并且无权允许他人实施。

第三章　授予品种权的条件

第十四条　申请品种权的植物新品种应当属于国家植物品种保护名录中列举的植物的属或者种。植物品种保护名录由国务院农业农村、林业草原主管部门确定和公布。

对违反法律，危害社会公共利益、生态环境的植物新品种，不授予品种权。

第十五条　授予品种权的植物新品种应当具备新颖性。新颖性，是指申请品种权的植物新品种在申请日前该品种繁殖材料、收获材料未被销售、推广，或者经申请权人自行或者同意销售、推广该品种繁殖材料、收获材料，在中国境内未超过1年；在境外，木本、藤本植物品种未超过6年，其他植物品种未超过4年。

2016年1月1日《中华人民共和国种子法》施行后新列入植物品种保护名录的植物的属或者种，从名录公布之日起1年内提出品种权申请的，申请日前在中国境内销售、推广该品种繁殖材料、收获材料未超过4年的，具备新颖性。

除销售、推广行为丧失新颖性外，下列情形视为已丧失新颖性：

（一）品种经省、自治区、直辖市人民政府农业农村、林业草原主管部门依据播种面积确认已经形成事实扩散的；

（二）农作物品种已审定或者登记2年以上未申请植物新品种权的。

第十六条　授予品种权的植物新品种应当具备特异性。特异性，是指一个植物品种有一个以上性状明显区别于已知品种。

第十七条　授予品种权的植物新品种应当具备一致性。一致性，是指一个植物品种的特性，除可预期的自然变异外，群体内个体间相关的特征或者特性表现一致。

第十八条　授予品种权的植物新品种应当具备稳定性。稳定性，是指一个植物品种经过反复繁殖后或者在特定繁殖周期结束时，其主要性状保持不变。

第十九条 授予品种权的植物新品种应当具备适当的名称，并与相同或者相近的植物属或者种中已知品种的名称相区别。该名称经授权后即为该植物新品种的通用名称。不论授权品种的保护期是否届满，销售、推广该授权品种应当使用其授权的名称。

下列名称不得用于品种命名：

（一）仅以数字表示的；

（二）违反社会公德的；

（三）对植物新品种的特征、特性或者育种者身份等容易引起误解的；

（四）损害他人在先权利的；

（五）法律、行政法规以及国家规定禁止的其他情形。

同一植物品种在申请新品种保护和品种审定、品种登记、销售、推广时只能使用同一个名称。

第四章 品种权的申请和受理

第二十条 中国的单位或者个人申请品种权的，可以直接或者委托代理机构向国务院农业农村、林业草原主管部门提出申请。

中国的单位或者个人申请品种权的植物新品种涉及国家安全或者重大利益需要保密的，应当按照国家有关规定办理。

第二十一条 外国人、外国企业或者外国其他组织在中国申请品种权的，应当按其所属国和中华人民共和国签订的协议或者共同参加的国际条约办理，或者根据互惠原则，依照本条例办理。

在中国没有经常居所或者营业场所的外国人、外国企业或者外国其他组织，向国务院农业农村、林业草原主管部门提出品种权申请的，应当委托在中国依法设立的代理机构办理。

第二十二条 申请品种权的，应当向国务院农业农村、林业草原主管部门提交符合规定格式要求的申请文件。

申请文件应当使用中文书写。

第二十三条 国务院农业农村、林业草原主管部门收到品种权申请文件之日为申请日；申请文件是邮寄的，以寄出的邮戳日为申请日。

第二十四条 申请人自在外国第一次提出品种权申请之日起 12 个月内，

又在中国就该植物新品种提出品种权申请的，依照该外国同中华人民共和国签订的协议或者共同参加的国际条约，或者根据相互承认优先权的原则，可以享有优先权。

申请人要求优先权的，应当在申请时提出书面说明，并在3个月内提交经原受理机关确认的第一次提出的品种权申请文件的副本；未依照本条例规定提出书面说明或者提交申请文件副本的，视为未要求优先权。

第二十五条 对符合本条例第二十二条规定的品种权申请，国务院农业农村、林业草原主管部门应当予以受理，明确申请日、给予申请号，并自收到申请之日起1个月内通知申请人缴纳申请费。

对不符合或者经修改仍不符合本条例第二十二条规定的品种权申请，国务院农业农村、林业草原主管部门不予受理，并通知申请人。

第二十六条 申请人可以在品种权授予前修改或者撤回品种权申请。

第二十七条 任何单位或者个人将在中国境内培育的植物新品种向境外申请品种权的，应当向国务院农业农村、林业草原主管部门登记；向境外提供繁殖材料的，应当遵守《中华人民共和国种子法》关于向境外提供种质资源的规定。

第五章 品种权的审查与批准

第二十八条 申请人缴纳申请费后，国务院农业农村、林业草原主管部门对品种权申请的下列内容进行初步审查：

（一）是否属于植物品种保护名录列举的植物属或者种的范围；

（二）是否符合本条例第二十一条的规定；

（三）是否符合新颖性的规定；

（四）植物新品种的命名是否适当。

第二十九条 国务院农业农村、林业草原主管部门应当自受理品种权申请之日起3个月内完成初步审查；情况复杂的，可以延长3个月。对经初步审查合格的品种权申请，国务院农业农村、林业草原主管部门予以公告，并通知申请人在3个月内缴纳审查费。

对经初步审查不合格的品种权申请，国务院农业农村、林业草原主管部门应当通知申请人在3个月内陈述意见或者予以修正。逾期未答复的，品种权申请视为撤回；修正后仍然不合格的，驳回申请。

第三十条　申请人按照规定缴纳审查费后，国务院农业农村、林业草原主管部门对品种权申请的特异性、一致性和稳定性进行实质审查。

申请人未按照规定缴纳审查费的，品种权申请视为撤回。

第三十一条　国务院农业农村、林业草原主管部门主要依据申请文件和其他有关书面材料进行实质审查。国务院农业农村、林业草原主管部门认为必要时，可以委托指定的测试机构进行测试或者考察业已完成的种植或者其他试验的结果。

因审查需要，申请人应当根据国务院农业农村、林业草原主管部门的要求提供必要的资料和该植物新品种的繁殖材料。

第三十二条　对经实质审查符合本条例规定的品种权申请，国务院农业农村、林业草原主管部门应当作出授予品种权的决定，颁发品种权证书，并予以登记和公告，品种权自授权公告之日起生效。

对经实质审查不符合本条例规定的品种权申请，国务院农业农村、林业草原主管部门予以驳回，并通知申请人。

第三十三条　国务院农业农村、林业草原主管部门设立植物新品种复审委员会（以下称复审委员会）。

对驳回品种权申请的决定不服的，申请人可以自收到通知之日起 3 个月内，向复审委员会请求复审。复审请求符合规定的，复审委员会应当自收到之日起 6 个月内作出决定，并通知申请人。依法需要检测、测试鉴定的，所需时间不计算在规定期限内。

申请人对复审委员会的复审决定不服的，可以依法提起诉讼。

复审的具体规定由国务院农业农村、林业草原主管部门制定。

第三十四条　品种权被授予后，在自初步审查合格公告之日起至被授予品种权之日止的期间，任何单位或者个人违反本条例第七条规定的，品种权人享有追偿的权利。

第六章　品种权的期限、终止和无效

第三十五条　品种权的保护期限，自授权公告之日起，木本、藤本植物为 25 年，其他植物为 20 年。

第三十六条 品种权人应当自被授予品种权的当年开始缴纳年费，并且按照国务院农业农村、林业草原主管部门的要求提供用于检测、测试的该授权品种的繁殖材料。

第三十七条 有下列情形之一的，品种权在其保护期限届满前终止：

（一）品种权人以书面声明放弃品种权的；

（二）品种权人未按照规定缴纳年费的；

（三）品种权人未按照国务院农业农村、林业草原主管部门的要求提供检测、测试所需的该授权品种的繁殖材料的；

（四）经检测、测试该授权品种不再符合被授予品种权时的特征和特性的。

品种权的终止，由国务院农业农村、林业草原主管部门登记和公告。

第三十八条 自公告授予品种权之日起，复审委员会可以依据职权或者依据任何单位或者个人的书面请求，对不符合本条例第十五条至第十八条规定的，宣告品种权无效；对不符合本条例第十九条规定的，责令更名，拒不更名的，宣告品种权无效。宣告品种权无效或者更名的决定，由国务院农业农村、林业草原主管部门登记和公告，并由复审委员会通知当事人。

当事人对复审委员会的无效宣告决定不服的，可以依法提起诉讼。

第三十九条 被宣告无效的品种权视为自始不存在。

宣告品种权无效的决定，对在宣告前人民法院作出并已执行的植物新品种侵权的判决、调解书，县级以上人民政府农业农村、林业草原主管部门作出并已执行的植物新品种侵权处理决定，以及已经履行的品种权实施许可合同和品种权转让合同，不具有追溯力。但是，因品种权人的恶意给他人造成损失的，应当给予合理赔偿。

依照前款规定不返还植物新品种侵权赔偿金、品种权使用费、品种权转让费，明显违反公平原则的，应当全部或者部分返还。

第四十条 当事人因不可抗力而延误本条例规定的期限或者国务院农业农村、林业草原主管部门指定的期限，导致其权利丧失的，自障碍消除之日起 2 个月内且自期限届满之日起 2 年内，可以向国务院农业农村、林业草原主管部门说明理由，并附具有关证明文件，请求恢复其权利。

当事人因其他正当理由而延误本条例规定的期限或者国务院农业农村、林业草原主管部门指定的期限，导致其权利丧失的，可以自收到国务院农业农村、林业草原主管部门通知之日起2个月内向国务院农业农村、林业草原主管部门说明理由，请求恢复其权利；但是，延误复审请求期限的，可以自复审请求期限届满之日起2个月内向国务院农业农村、林业草原主管部门请求恢复其权利。

当事人请求延长国务院农业农村、林业草原主管部门指定期限的，应当在期限届满前，向国务院农业农村、林业草原主管部门说明理由并办理有关手续。

本条第一款和第二款的规定不适用本条例第十五条、第二十四条、第三十五条规定的期限。

第七章　法律责任

第四十一条　违反本条例第七条规定，有侵犯品种权行为的，由当事人协商解决。不愿协商或者协商不成的，品种权人或者利害关系人可以请求县级以上人民政府农业农村、林业草原主管部门依据各自的职权进行处理，也可以依法提起诉讼。

县级以上人民政府农业农村、林业草原主管部门依据各自的职权，根据当事人自愿的原则，对侵犯品种权所造成的损害赔偿可以进行调解。调解达成协议的，当事人应当履行；当事人不履行协议或者调解未达成协议的，品种权人或者利害关系人可以依法提起诉讼。

县级以上人民政府农业农村、林业草原主管部门处理侵犯品种权案件时，为了维护社会公共利益，责令侵权人停止侵权行为，没收违法所得和植物品种繁殖材料；货值金额不足5万元的，并处1万元以上25万元以下罚款；货值金额5万元以上的，并处货值金额5倍以上10倍以下罚款。

第四十二条　假冒授权品种的，由县级以上人民政府农业农村、林业草原主管部门责令停止假冒行为，没收违法所得和植物品种繁殖材料；货值金额不足5万元的，并处1万元以上25万元以下罚款；货值金额5万元以上的，并处货值金额5倍以上10倍以下罚款；构成犯罪的，依法追究刑事责任。

第四十三条　县级以上人民政府农业农村、林业草原主管部门在查处侵犯品种权案件和假冒授权品种案件时，有权依法采取下列措施：

（一）进入生产经营场所进行现场检查；

（二）对植物品种的繁殖材料、收获材料进行取样测试、试验或者检验；

（三）查阅、复制与涉嫌违法行为有关的合同、票据、账簿、生产经营档案及其他有关资料；

（四）查封、扣押有证据证明是侵犯品种权或者假冒授权品种的植物品种繁殖材料，以及用于侵犯品种权或者假冒授权品种的工具、设备及运输工具等；

（五）查封从事侵犯品种权或者假冒授权品种活动的场所。

县级以上人民政府农业农村、林业草原主管部门依法行使前款规定的职权时，当事人应当协助、配合，不得拒绝、阻挠。

第四十四条 当事人就品种权的申请权和品种权的权属发生争议的，可以依法提起诉讼。

第四十五条 对不知道是侵犯品种权的繁殖材料、收获材料实施下列行为，能够证明有合法来源的，不承担赔偿责任：

（一）为他人繁殖而进行处理；

（二）许诺销售、销售；

（三）为实施前两项行为进行储存。

第四十六条 县级以上人民政府农业农村、林业草原主管部门及有关部门工作人员滥用职权、玩忽职守、徇私舞弊或者索取、收受贿赂的，依法给予处分；构成犯罪的，依法追究刑事责任。

第四十七条 在品种权申请过程中存在欺骗、隐瞒、伪造等不诚信行为的，由国务院农业农村、林业草原主管部门按照国家有关规定记入相关主体信用记录，并向社会公布。

第八章 附 则

第四十八条 本条例下列用语的含义是：

（一）繁殖材料是指可用于繁殖的植物整株或者部分，包括籽粒、果实、根、茎、苗、芽、叶、花等；

（二）收获材料是指经过种植后获得的植物整株或者部分。

第四十九条 本条例自2025年6月1日起施行。